高等院校继续教育财经类系列教材

经 济 法

主　编　陈琦华
副主编　刘洪明

上海大学出版社
·上海·

图书在版编目(CIP)数据

经济法/陈琦华主编. —上海:上海大学出版社,
2021.8
 ISBN 978-7-5671-4257-2

Ⅰ.①经… Ⅱ.①陈… Ⅲ.①经济法-中国 Ⅳ.
①D922.29

中国版本图书馆 CIP 数据核字(2021)第 163560 号

责任编辑 石伟丽
封面设计 缪炎栩
技术编辑 金 鑫 钱宇坤

经济法

主 编 陈琦华
副主编 刘洪明

上海大学出版社出版发行
(上海市上大路 99 号 邮政编码 200444)
(http://www.shupress.cn 发行热线 021-66135112)
出版人 戴骏豪

*

南京展望文化发展有限公司排版
上海东亚彩印有限公司印刷 各地新华书店经销
开本 787mm×1092mm 1/16 印张 20.75 字数 442 千字
2021 年 8 月第 1 版 2021 年 8 月第 1 次印刷
ISBN 978-7-5671-4257-2/D·239 定价 48.00 元

版权所有 侵权必究
如发现本书有印装质量问题请与印刷厂质量科联系
联系电话: 021-34536788

丛书编委会

主　任　陈方泉
副主任　沈　瑶　徐宗宇
编　委　聂永有　尹应凯　胡笑寒
　　　　房　林　严惠根　郭　琴
秘　书　石伟丽

总　序

随着经济全球化的不断深入和我国社会主义市场经济的不断发展,培养更多能够"知行合一"的高素质应用型经济管理人才是高校经管学科面临的重大任务和挑战。为此,我们遵循"笃学、笃用、笃行"的原则,组织上海大学相关学院的专业骨干教师,并与业界专业人士合作,编写这套新型的经济管理类教材。

本系列教材力求遵循教育教学规律,体现研究型挑战性教学要求,努力把握好"学习、实践、应用"三大关键。一是准确阐述本学科前沿理论知识,正确反映国家治理和制度创新的最新成就,体现经济社会发展趋势,使学生在学习专业知识的同时,养成正确的家国情怀和社会责任感,从而达到良好的思想政治和职业操守教育效果;二是通过"导入"等新的教学环节设计,教授学生科学、专业的思维方式和工作方法,培养学生在专业领域内由浅入深、由表及里,发现问题、分析问题、解决问题的能力;三是通过"拓展学习"的设计,引导学生关注并研究经济社会发展中出现的新问题,运用专业知识求实探索,寻求解决新问题的对策,培养学生的批判精神和创造能力,从而达到"授之以渔"的效果。

本系列教材的主要对象是高校经济管理学科接受继续教育的学生,同时也适用于有兴趣不断学习、更新经济管理知识的人士使用。我们还将运用现代信息技术和数字化教学资源,建设本系列教材的音像、网络课程,以及虚拟仿真实训平台等动态、共享的课程资源库。

本系列教材难免不足之处,敬请广大读者批评指正。

丛书编委会

2021 年 4 月

前言

为了适应新时期工商管理类及经济类专业人才培养目标的要求,培养能够掌握一定的经济法律法规知识、具有创新意识和创新精神的工商管理类及经济类专业人才,本书将经济法、民商法中与市场经济有直接密切联系的法律制度组合在一起,作为非法律专业经济法课程的教学内容。

本书主要有以下特点:

一、实用性强。本书充分考虑了经济、管理专业学生在未来的学习和工作中可能会遇到的法律问题,精心设计各章节内容,并按照宏观调控法、市场规制法以及与经济法相关的典型民商法这一逻辑顺序对各章节进行编排。

二、时效性强。本书注意基本知识、基本观点、基本技能的传授和训练,并引用了最新有效的经济法律法规。

三、应用性强。本书每章内容都有典型案例作为导入,典型案例中需要解决的法律问题在正文中提供答案并予以解释,使学生能带着问题进入知识的学习,在学习的过程中找到答案。

四、操作性强。本书每章后均附有思考题和案例分析题,以培养学生的实际操作能力,体现"教学做"合一的教育特色。

五、前瞻性强。本书每章后均有拓展学习的内容,主要针对每章涉及的知识点中具有争议性和前沿性的问题,引导学生进一步思考。

在本书的编写过程中,上海大学的硕士研究生沈晓旭、王霞、李亚楠、张媛莹参与了第一章至第十五章相关资料的收集和整理工作。全书由陈琦华和上海市静安区人民法院刘洪明统一修改定稿。

本书可作为普通高校、民办高校、高等职业院校、高等专科学校、职业技术学院经管类专业的通用教材，也可作为各类成人教育院校相关专业教材，还可以作为社会从业人员的业务参考书和培训用书。

  本书编写过程中吸收了众多经济法教材编写的优秀成果，借鉴了众多同仁的成功经验及成果，尽管已尽力注明，但难免有遗漏之处，尚祈见谅。对于书中的不足之处，恳望广大读者和同行多提宝贵意见，编者不胜感激！

编　者
2021 年 3 月

目 录

第一章　经济法概述 ……………………………………………………… 1
第一节　经济法的概念 …………………………………………………… 2
第二节　经济法的历史沿革 ……………………………………………… 4
第三节　我国经济法的体系和渊源 ……………………………………… 9
第四节　经济法律关系 ……………………………………………………11

第二章　预算法 …………………………………………………………… 17
第一节　预算法的概述 ……………………………………………………18
第二节　预算的管理职权 …………………………………………………20
第三节　预算的管理程序 …………………………………………………23
第四节　违反预算法的法律责任 …………………………………………30

第三章　税法 ……………………………………………………………… 34
第一节　税法概论 …………………………………………………………35
第二节　流转税法 …………………………………………………………39
第三节　所得税法 …………………………………………………………45
第四节　财产税法、资源税法和特定目的税法 …………………………50
第五节　税收征收管理法 …………………………………………………56

第四章　审计法 …………………………………………………………… 62
第一节　审计法概述 ………………………………………………………63
第二节　审计机关和审计人员 ……………………………………………65
第三节　审计机关的职责与权限 …………………………………………66
第四节　审计程序 …………………………………………………………69
第五节　法律责任 …………………………………………………………71

第六节　争议解决 …… 73

第五章　银行法 …… 75
　　第一节　银行及银行法概述 …… 77
　　第二节　中国人民银行法 …… 78
　　第三节　商业银行法 …… 82
　　第四节　银行业监督管理法 …… 91
　　第五节　争议解决 …… 93

第六章　反垄断法 …… 96
　　第一节　反垄断法概述 …… 98
　　第二节　垄断行为 …… 100
　　第三节　垄断行为的调查与法律责任 …… 112

第七章　反不正当竞争法 …… 118
　　第一节　反不正当竞争法概述 …… 120
　　第二节　不正当竞争行为 …… 122
　　第三节　对不正当竞争的监督检查 …… 128
　　第四节　违反《反不正当竞争法》的法律责任 …… 129

第八章　产品质量法 …… 134
　　第一节　产品质量法概述 …… 135
　　第二节　产品质量的监督和管理 …… 138
　　第三节　生产者、销售者的产品质量义务 …… 141
　　第四节　生产者、销售者的产品质量责任 …… 144

第九章　消费者权益保护法 …… 151
　　第一节　消费者权益保护法概述 …… 152
　　第二节　消费者的权利与经营者的义务 …… 155
　　第三节　消费争议的解决与法律责任 …… 163

第十章　物权法 …… 169
　　第一节　物权与物权法 …… 171
　　第二节　所有权制度 …… 174
　　第三节　他物权制度 …… 180

第四节　占有的法律制度 …… 188
　　第五节　物权的法律保护 …… 190

第十一章　公司法 …… 192
　　第一节　公司和公司法概述 …… 194
　　第二节　公司法基本制度 …… 196
　　第三节　有限责任公司 …… 202
　　第四节　股份有限公司 …… 208

第十二章　合伙企业法 …… 216
　　第一节　合伙企业法概述 …… 218
　　第二节　合伙企业的类型 …… 220
　　第三节　合伙企业的解散与清算 …… 234
　　第四节　争议解决 …… 235

第十三章　企业破产法 …… 237
　　第一节　企业破产法概述 …… 239
　　第二节　破产申请和受理 …… 241
　　第三节　破产管理人与债务人财产 …… 246
　　第四节　债权申报与债权人会议 …… 251
　　第五节　重整与和解制度 …… 253
　　第六节　破产清算 …… 259
　　第七节　法律责任 …… 262

第十四章　合同法 …… 265
　　第一节　合同法概述 …… 266
　　第二节　合同的订立 …… 268
　　第三节　合同的效力 …… 273
　　第四节　合同的履行 …… 275
　　第五节　合同的变更和转让 …… 280
　　第六节　合同权利义务的终止 …… 282
　　第七节　违约责任 …… 285

第十五章　知识产权法 …… 289
　　第一节　知识产权法概述 …… 291

第二节 著作权法概述 …………………………………… 293
第三节 专利法概述 ……………………………………… 300
第四节 商标法概述 ……………………………………… 308

参考文献 ……………………………………………………… 316

第一章

经济法概述

 本章教学目标

本章主要介绍经济法总论的内容,通过本章的学习,学生应了解经济法的概念、经济法与其他部门法的关系、经济法的产生和发展;掌握经济法的体系和渊源,经济法律关系的主体、客体、内容、产生、变更和消灭等知识,学会识别、分析基本经济法律关系。

 本章核心概念

经济法;经济法的体系;经济法的渊源;经济法律关系

 导入

甲、乙和丙在某市设立 A 公司,主要生产坚果类零食,经市发展改革委对 A 公司的设立事项进行审批和备案后,向市市场监督管理部门申请登记,公司注册成立,并发放营业执照。A 公司成立后向生产、经营所在地的税务机关申报办理税务登记,并在经营期间依法纳税。

A 公司设立后,很快有了第一笔订单,与 B 公司签订了买卖合同,双方约定,A 公司向 B 公司提供 100 万份坚果类零食,B 公司于合同签订后向 A 公司支付预付款 100 万元人民币,但因坚果供货地遭受严重自然灾害,没有如期供货,导致 A 公司未能向 B 公司在合同约定的时间内交货。双方协商未果,B 公司向法院起诉,请求法院判令 A 公司退还预付款及同期银行利息,并承担本案的诉讼费用。

因 A 公司生产经营不顺,故为挽救处于困境中的公司,扩大销量,A 公司决定在零食包装袋上使用与某知名坚果类零食品牌企业名称近似的字样,并仿照该品牌零食的包装样式,让消费者产生混淆,果然一段时间内,零食销量剧增,A 公司获利颇丰。但好景不长,该知名公司发现了 A 公司的违法行为,认为其实施的混淆行为构成不正当竞争行为,向人民法院提起诉讼,并要求赔偿相应的损失。

问题:

(1) 上述案例中共涉及几类法律关系?请分别简述各法律关系的要素。

(2) 行政法和经济法有哪些异同?

（3）民商法和经济法有哪些异同？

带着这些问题，让我们进入本章的学习。

第一节 经济法的概念

一、经济法的语义溯源

1755年，法国空想共产主义者摩莱里（Morelly）出版的《自然法典》中最早出现"经济法"一词，该书中的用语为"分配法或经济法"，故其将"经济法"等同于"分配法"。1842年，法国空想共产主义者德萨米（Dézamy）出版的《公有法典》也使用了"经济法"一词，其发展了前者的经济法思想，认为经济法是在一个理想社会中调整产品分配关系的规则或方法。由于他们的思想都是基于空想共产主义理论，虽与现代意义上的"经济法"有所差异，但也体现了经济法最本质的内容——国家运用经济职能介入社会经济发展，故可视为最初的"经济法"语源。

一般认为德国学者莱特（Ritter）于1906年出版的《世界经济年鉴》首次使用了现代意义上的"经济法"。此后，"经济法"一词作为法律用语开始频繁出现在各国的法学专著和法律规范之中。

在我国，20世纪30年代出版的《法律大辞典》中首次出现经济法一词："在现代，则以经济精神为一切之基调，故一切皆冠以'经济'二字。例如经济哲学、经济政策、经济史、经济地理、经济部、经济议会、经济裁判所等不胜枚举。其中与此等相伍而生之新法律观念，即称为经济法。"[①]此后，特别是改革开放以来，"经济法"更普遍出现于全国人民代表大会、中共中央和国务院的文件中，学界围绕"经济法"展开了广泛的研究和讨论。

二、经济法的概念

经济法概念无论在国内还是在国外都处于悬而未决的状态，我国虽已经制定了许多经济单行法律、法规，但没有一部统一的有关经济法律方面的法典，因而经济法缺少一个权威性概念。本书采取传统的概念界定方式，即某一部门法是调整某类社会关系的法律规范的总称，那么，经济法即为调整国家介入市场经济运行过程所形成的经济关系的法律规范的总称。

这一概念包含三层含义。第一，经济法是许多有关经济性规范的总称。由于我国没有一部经济法典，有关的经济立法大多以单行法律的形式颁布并予以适用，故经济法并不特指某一部法律，而是许多规制经济关系的法律、行政法规、地方性法规、规章等规范的总和。第二，经济法调整的是特定的经济关系。经济法并不调整所有的经济关系，例如体现

---

① 汪翰章：《法律大辞典》，上海人民出版社2014年版，第864页。

平等主体之间意思自治的商事交易行为所形成的经济关系,但当主体之间意思自治违背社会公共利益,并超出民商法的调整范围时,即落入了经济法调整的范畴内,需要国家强制力介入并予以规范。故经济法仅仅调整国家介入经济运行过程中所产生的特定的经济关系,反映了国家和市场的有机结合。第三,经济法调整国家对社会经济介入的过程中形成的经济关系。这种"介入"遵循市场经济发展规律,符合现代经济法意义。

三、经济法与其他部门法的关系

为进一步明确经济法概念的内涵,还需将其与其他部门法作一个简单的比较研究:

（一）经济法与行政法

经济法与行政法在法律关系主体和调整方式等内容上存在一定联系,为准确适用法律,应明确它们的区别。

第一,法律关系主体不同。经济法的主体包括管理主体和经济活动主体,管理主体主要指国家行政机关中的经济管理机关,特定情况下,国家也可成为经济法律关系主体,如发行国债;经济活动主体主要有各类企业、事业单位、社会团体、农村承包经营户、个体工商户等;行政法的主体包括行政主体、行政相对人和其他行政法主体,行政主体包括国家行政机关、法律和法规授权的组织如事业单位、社会团体等。故经济法与行政法在法律关系主体上既有区别又有联系。

第二,调整对象不同。经济法的调整对象是在国家管理本国经济运行过程中发生的经济关系,例如市场管理关系、宏观调整关系等经济管理关系,具体体现为个体与社会之间的经济关系;行政法的调整对象为行政管理关系,包括行政主体之间的关系,以及行政主体与行政相对人之间的关系,具体体现为个体与国家之间的关系,不调整经济管理关系。

第三,调整手段不同。对于违反经济法义务而引起的不利法律后果,经济法主要运用经济手段,行政手段仅具有辅助功能,一般两者结合运用;行政法则是以行政手段为主,多以行政制裁方式实施。

（二）经济法与民商法

经济法和民商法在法律关系主体、调整对象以及调整方式等内容上有一定交叉性,在经济关系调整中相辅相成,为准确适用法律,应明确经济法和民商法的区别。

第一,法律关系主体不同。经济法的主体有管理主体和经济活动主体,经济法主体之间是一种管理与被管理、指导与被指导、监督与被监督关系;民商法主体是自然人、法人及其他组织,民商法主体是平等的,没有管理关系。

第二,调整对象不同。经济法的调整对象是在国家协调本国经济运行过程中发生的社会公共性经济关系,不调整人身关系,经济法更关注宏观经济运行秩序;而民商法调整平等主体之间的财产关系和人身关系,民商法注重于保护微观个体的民商事利益。

第三,调整方式不同。民商法以意思自治为原则,当事人自主决定权利和义务,国家不过分干涉；经济法的调整方式既有意志自治的因素，也有强制性因素，运用多种手段综合地调整经济关系。

经济法与其他部门法的关系

> **探究与发现**
>
> 通过上述学习，你是否对"导入"所提出的问题进行了相关的思考？案例中共涉及多少法律关系？分别属于什么法的调整范围？
>
> 上述案例中，某市发展改革委对A公司的设立事项进行审批和备案、市场监督管理部门登记并发放营业执照是行政机关实施的具体行政行为，行政机关和A公司之间形成行政主体与相对人之间的行政管理关系，属于行政法调整范围；A公司依法办理税务登记并纳税，国家依法征税属于经济法宏观调控法调整范围；A公司为了在市场竞争中处于有利地位实施了不正当竞争行为，损害了国民经济运行的正常秩序，这超出了民商法的调整范围，A公司应按照经济法规范承担法律责任，其行为属于经济法中市场规制法的调整范围；而A公司与B公司的买卖合同纠纷，是平等主体之间的财产纠纷，属于民商法的调整范围。

第二节　经济法的历史沿革

　　法律是社会发展的产物，在不同的历史阶段表现出不同的特征，并伴随着政治、经济等社会条件的发展而不断完善。在世界法律史的进程中，法律经历了从"诸法合一、以刑为主"的单一形式到现代多部门法并驱的体系，现代意义上的经济法亦是市场经济发展到一定阶段的产物，是市场经济内在矛盾发展的必然产物。市场调节失灵，只能依靠国家行使经济法律规定的经济调控职能，解决市场运行的难解困境，在这一过程中有关经济的法逐渐发展、分离并独立成为一个法律部门。

一、经济法在国外的产生和发展

（一）小商品经济时期法律的单一形式

　　小商品经济时期，立法者没有区分所调整的全部社会关系的不同特征及其相应的调整手段，故表现为对违反法律规定产生的法律责任统一使用刑罚制裁的方式，处于刑民不分的立法状态。但这一时期，随着商品经济的萌芽和发展，经济社会关系成为重要的社会关系，故调整商品经济关系的规范亦是法律基本内容之一。公元前20世纪西亚地区亚述王朝制定的《亚述法典》中对土地所有权、债权债务等基本经济关系作出规定；公元前18世纪古巴比伦王国的《汉谟拉比法典》和公元前5世纪古罗马共和国的《十二铜表法》都有关于奴隶主财产权的确认和对农田水利、商业、借贷等活动进行调整的规范内容；6世纪东罗马帝国编纂的《查士丁尼民法大全》规定了所有权、役权、永佃权与商品生产和交换过程中出现的契约等。因小商品经济时期经济法律散见于诸法共存的法典中,没有形成独立的法律部门,且主要体现占统治地位的奴隶主和封建主的意志,故这些有关经济的法不是真正意义上的经济法,但从法律规制对象即商品经济交往中产生的关系角度来看,其至少是一种调整经济关系的规范。

(二)自由资本主义时期法律体系的建立

资本主义商品经济时期,在亚当·斯密(Adam Smith)"看不见的手"的市场调节理论下,政府被认为管得越少越好,一直扮演着"守夜人"的角色。但随着社会生产力的迅速发展,经济交往中商品的生产和交换产生的经济关系日益复杂和重要,并逐步成为法律调整的重要内容,法律开始内部分工,出现了专门调整经济社会关系的单行法律、法规。因未从民法和商法规范中剥离,或只是局限于某些零星的法律规范之中,这些法律规范还不能称为现代意义上的"经济法"。例如,英国1700—1760年先后颁布了208个法案,1815年制定了《谷物法》。

1799年11月9日,法国爆发雾月政变,当晚拿破仑便下令起草民法典,法典草案在一年之后完成,经过三年半的修改、讨论,1804年3月,法国立法院通过了世界历史上第一部资本主义国家的民法典——《法国民法典》,开创了法律史上的刑民分工模式,为资本主义商品经济法律体系的构建奠定了基础。1807年,法国以1673年商法典为蓝本制定、颁布了《法国商法典》,该商法典分为"商业事务""海上贸易""破产""商事法院及诉讼程序"四编①,是对民法典的补充,进一步完善了资本主义商品经济法律体系。

(三)现代经济法的产生和发展

现代经济法普遍产生于自由资本主义向垄断资本主义过渡时期,在自由资本主义时期,通过价值规律,市场有着很强的自我调节能力,故依靠市场的自我调节,经济得到了迅速发展,市场受到了充分的尊重,国家对经济活动采取"自由放任"的政策,政府对经济活动的干预处于最低限度,但市场缺陷仍然存在,其并不总能消除经济发展中出现的波动,周期性的经济危机造成了经济的萧条甚至崩溃。经过第二次工业革命,社会生产力飞速发展,资本主义自由竞争发展到一定阶段,不可避免地产生了垄断经济,生产社会化和资本私人占有之间的矛盾不可调和并且日益加剧,造成经济秩序混乱,损害了国家和社会利益,市场万能的神话破灭。同时,日德等国家发动了世界性战争,为支撑战争,需要集中国家资源并改变战后出现的经济崩溃的局面等。为了解决这些问题,国家的经济调节职能重新被审视,出现了强调运用国家权力干预社会经济活动的"国家干涉主义"观点,反映到法律上,表现为调整公民之间权利义务关系的民事规范已经不能适应需求,迫切需要既尊重市场调节又体现国家干预经济的新法律部门出现,故一系列由国家主导干预国民经济的资本主义经济法应运而生。

---

① 《法国商法典》第一、二、四编于1807年9月通过并公布;第三编于1808年5月28日通过,同年6月8日公布。

1. 德国

1871年,在普鲁士的领导下,德国结束了长期分裂的割据局面,建立了中央集权的资本主义国家,形成了一个统一的国内市场,采取统一税制和货币等一系列措施,促进了德国资本主义的迅速发展。在第二次工业革命的推动下,资本主义生产社会化的趋势加强,加剧了企业间竞争,促进了生产和资本集中,产生了流通和生产领域的垄断组织,大量的社会财富日益集中到少数大资本家手中。为了保证市场经济协调发展,德国制定了大量经济法规范,1894年颁布了《保护商标法》,禁止假冒商标的违法行为,1896年出台了《反不正当竞争行为斗争法》,在当时已有的民法和知识产权法法律体系之外,以单行法形式对商业竞争中的违法行为予以规制。

德国作为两次世界大战的发动国和战败国,不论是战争时期还是经济复苏时期,为了集中国内的财物资源,都需要国家对国民经济进行直接干预,从而控制重要物资及物价。一战时期,德国颁布了《关于限制契约最高价格的通知》《确保战时国民粮食措施令》等经济规制法令。战后,为了挽救赔款造成的经济崩溃,1919年制定的《魏玛宪法》将"经济生活"单独列章,详细规定了公民的经济权利,强调"社会化"原则,又相继制定颁布了《卡特尔规章法》《煤炭经济法》《碳酸钾经济法》《防止滥用经济权力法令》等经济法规范。此外,学界对经济法的概念、调整对象、体系等基础理论亦进行了广泛讨论。第二次世界大战后,1949年5月德意志联邦共和国成立,德国经济法有了新发展,例如《反对限制竞争法》《德意志联邦银行法》《经济稳定与增长促进法》等多部法律规范相继而生,调整经济关系的法律基本覆盖了经济活动的各个方面,完善的法律规范为社会经济发展营造了稳定的商业环境。在经济司法方面相应建立了财政法院、专利法院,分别审理财税和工业产权案件。

2. 美国

美国经过1861—1865年的内战,扫除了经济发展障碍,经济飞速发展,资本和市场高度集中,自由放任的资本主义逐渐向垄断资本主义过渡,社会矛盾锐增,政府为此颁布了大量经济法规范。1887年,联邦政府颁布了有关铁路管理的《州际商务法》;1890年美国国会通过的《谢尔曼反托拉斯法案》是资本主义国家放弃"放任自由"政策,采用法律手段干预和限制经济活动的第一部法律文件,该法案规定凡是以托拉斯形式订立契约、实行合并或限制贸易的行为,都应承担民事和刑事责任;1914年制定《联邦贸易委员会法》,授权建立联邦贸易委员会,该委员会作为负责执行各项反托拉斯法律的行政机构;1914年通过的《克莱顿法》和1936年通过的《罗宾森-帕特曼法案》都是关于规制商业垄断行为的法律。

第一次世界大战期间,美国作为战需出口国,为实现联邦政府对国民经济的统一管理和分配,成立"战时产业局"来分配原料、燃料和劳动力,1917年国会通过了《粮食生产法令》《燃料管理法令》,以解决粮食和燃料供需问题。一战后,为了应对严重经济危机,罗斯福(Roosevelt)总统实行新政,制定了一系列国家干预经济的规范,例如《全国工业复兴法》《农业调整法》《联邦食品、药品和化妆品法》等。

二战后,美国经济法进一步修改和完善。例如,1962年肯尼迪(Kennedy)总统向国会提出"关于保护消费者利益的总统特别国情咨文",首次概括了安全权、了解权、选择权和建议权四项消费者基本权利,并在1972年通过的《消费品安全法》中确定;1950年颁布的《赛勒-凯弗维尔法》和1980年颁布的《反托拉斯诉讼程序改进法》对《联邦贸易委员会法》第7条作出修正,进一步明确规定了垄断行为;1982年,为提高储蓄业的灵活性和稳定性,国会又通过《加恩-圣杰曼存款机构法》。

3. 日本

作为战争侵略国和战败国,日本为了应对战后经济危机,复兴经济,颁布了大量经济法规范,同时,法学界对经济法的概念、性质、体系等基础理论也展开了广泛的讨论。例如,关于经济法是否作为独立的法律部门,就形成了以丹宗昭信、正田彬为代表的"中心说"(即经济法是以《关于禁止私人垄断和确保公正交易的法律》为中心)和以今村成和、金泽良雄为代表的"非中心说"(即不认为《关于禁止私人垄断和确保公正交易的法律》是经济法的中心)两大理论学说。目前,日本已经基本形成了一套门类齐全的经济法规范体系,包括:① 实行经济民主化的经济法,如《经济力量过度集中排除法》《劳动关系调整法》等;② 维护竞争、限制垄断的经济法,如《关于禁止私人垄断和确保公正交易的法律》《不正当竞争防止法》等;③ 振兴经济、促进企业合理发展的经济法,如《机械工业振兴临时措施法》《电子工业振兴临时措施法》等;④ 协调国际经济关系法,如《外汇及外贸管理法》《海外经济协力基金法》等。

二、经济法在我国的产生和发展

(一) 计划经济时期的经济立法

新中国成立后,我国先后颁布了大量有关经济的法律法规。特别是在1946—1956年的国民经济恢复时期和社会主义改造时期,国家对农业、手工业和资本主义工商业进行社会主义改造,为了稳定社会经济秩序,颁布了大量经济法律、法规。社会主义改造完成后至经济体制改革前,国民经济发展受到重创,经济法制建设较缓慢,出台了一些单行经济法规。我国计划经济时期的经济立法具体如下:

(1) 有关市场主体规制方面的法规政策:1950年通过的《私营企业暂行条例》、1954年通过的《公私合营工业企业暂行条例》、1958年发布的《关于工业企业下放的几项规定》和《关于实行企业利润留成制度的几项规定》、1961年起草的《国营工业企业工作条例(草案)》等。

(2) 宏观调控方面法规政策:1950年发布的《中国税政实施要则》和《公营企业缴纳工商业税暂行办法》、1953年发布的《关于发放农业贷款的指示》、1958年发布的《关于物价管理权限和有关商业管理体制的几项规定》、1982年发布的《物价管理暂行条例》等。

(二) 经济体制改革后经济法的发展

1978年,党的十一届三中全会确立了实行改革开放的方针政策,"经济法"概念开始在理论学界引发广泛讨论,并出现在权力机关、行政机关的正式文件之中。与此同时,法学著作、教材等资料中,开始出现"经济法"一词。1992年,中共十四大作出中国要建立社会主义市场经济体制的决定,标志着中国从计划经济体制转向市场经济体制,经济立法工作又进入一个加速期。1993年,宪法修正案明确提出"国家实行社会主义市场经济",并提出要注重经济立法。1996年3月,第八届全国人大四次会议通过的《中华人民共和国国民经济和社会发展"九五"计划和2010年远景目标纲要》规定:"九五"期间,我国仍将坚持改革开放和法制建设的统一,做到改革决策、发展决策与立法决策紧密结合,并把经济立法放在重要位置。用法律引导、推进和保障社会主义市场经济的健康发展。继续制定和完善规范市场主体和市场行为,维护市场秩序,改善和加强宏观调控,建立社会保障制度,促进对外开放等方面的法律。制定和完善振兴基础产业和支柱产业,规范政府行为,保护环境资源,保护知识产权等方面的法律。

这一时期的经济法律法规主要有:

(1) 市场主体方面的法律法规:1979年通过的《中外合资经营企业法》、1983年发布的《国营工业企业暂行条例》和《中外合资经营企业法实施条例》、1986年通过的《外资企业法》和《企业破产法》;1988年通过的《全民所有制工业企业法》和《中外合作经营企业法》;1993年通过的《公司法》;1997年通过的《合伙企业法》;1999年通过的《个人独资企业法》等。

(2) 市场管理方面的法律规范:1981年通过的《经济合同法》、1985年通过的《涉外经济合同法》和1987年通过的《技术合同法》这三部法律合并为《合同法》,于1999年第九届全国人民代表大会第二次会议通过。除此之外,1993年通过了《反不正当竞争法》《消费者权益保护法》和《产品质量法》;1994年通过了《广告法》和《城市房地产管理法》;1997年通过了《价格法》等。

(3) 宏观调控方面的法律法规:1979年颁布的《关于开征国营工业企业固定资产税的暂行规定》、1980年通过的《中外合资经营企业所得税法》和《个人所得税法》、1992年通过的《税收征收管理法》、1994年通过的《预算法》、2008年通过的《企业所得税法》等财税法;1995年通过的《中国人民银行法》和《商业银行法》、2003年通过的《银行业监督管理法》等金融法;1983年通过的《统计法》和1987年发布的《统计法实施细则》等统计计划法;1985年通过的《会计法》和1994年通过的《审计法》等会计审计法。

2001年中国加入世界贸易组织(WTO),为适应世界贸易组织法律机制的要求,在加入世界贸易组织之前,对大量的法律法规进行了修改,特别是涉外经济立法,涵盖外商投资、对外贸易、知识产权保护、市场竞争、税制改革等内容,其中涉及的法律有《外资企业法》《中外合作经营企业法》等。

当前,我国社会政治、经济和社会体制改革还处于不断深化的进程中,相应的经济法也必将随之不断完善、发展,在促进市场经济结构的调整和优化、提高市场运行效率等方面发挥更重要的作用。

第三节　我国经济法的体系和渊源

一、我国经济法的体系

经济法体系是指由各种经济法部门组成的有机联系的统一整体。经济法的体系与经济法的调整对象密不可分,学界对此众说纷纭,但普遍认为经济法体系至少由市场规制法和宏观调控法两部分组成,以下具体分述。

(一) 市场规制法

市场规制法是指调整国家在调控市场秩序过程中发生的社会关系的法律规范总称。要发展社会主义市场经济,必须建立统一、开放、高效的市场体系,在市场经济条件下,最能影响市场秩序的垄断、不正当竞争、假冒商品及其他损害消费者权益的行为,单纯依靠民法的私法力量难以有效调控,只能依赖于国家强制干预。市场规制法是立足于社会整体利益,对建立在自由竞争基础上的市场秩序进行调控的法,目的在于维持合理的市场竞争关系,保持市场可持续发展,具体包括《消费者权益保护法》《产品质量法》《反不正当竞争法》《反垄断法》等。

(二) 宏观调控法

宏观调控法是国家对国民经济和社会发展运行进行规划、调节和控制的过程中发生的经济关系的法律规范的总称,宏观调控法具有调控范围的整体性和普遍性、调整方法的指导性和调节性以及调整手段的综合性和协调性等突出特征。宏观调控的目的是促进经济结构不断优化,实现国民经济持续、快速和健康发展,因为市场调节具有滞后性、自发性等缺点,并不能解决经济发展过程中的全部问题,特别是关系经济结构的整体布局和调控、涉及重大公共利益的基础设施建设、生态环境保护、资源有效合理分配等问题,市场无法进行调节,只能依靠有关国家机关发挥经济调控职能。各国主要运用财税、金融、计划等经济手段进行宏观调控。根据不同的宏观调控职能或方式,这些法律规范可以进一步分为财税法、金融法和计划法,具体包括《预算法》《税收法》《中国人民银行法》等。

经济法作为一个独立的法律部门存在与发展,构成经济法体系的各种经济法律规范虽然具有不同的性能,但它们都是按照逻辑统一性被梳理在体系架构内,彼此有机联系、相互作用。同时经济法的体系问题具有时代性,随着社会经济的发展而不断发展,在急剧的社会变迁背景下,新的经济领域不断涌现,需要国家进行必要的干预,这也意味着需要有新的经济法律规范出现,不断完善我们现存的经济法架构体系,以保证国民经济安全运行,为社会经济发展提供更为有力的支持和保障。

二、我国经济法的渊源

(一) 经济法渊源的概念

经济法的渊源指经济法律规范借以存在和表现的形式,包括实质渊源和形式渊源。

实质渊源指法体现掌握国家政权的阶级意志,形式渊源即经济法律规范表现为何种法的形式。我们通常所说的经济法的渊源特指形式渊源。法的形式渊源可根据法的形式是否为成文法分为成文法渊源和不成文法渊源,又可根据法的效力来源不同分为宪法、法律、法规、规章等。

(二)我国经济法渊源的种类

我国经济法的渊源主要是各种制定法,具体包括:

1. 宪法

宪法是国家的根本大法,规定国家的根本制度和任务,具有最高的法律效力,其他法律以宪法为原则性文件。宪法规定的我国基本经济制度及其他原则性规定是制定经济法规范的基本准则,是经济法的重要渊源。

2. 法律

法律特指由全国人民代表大会及其常务委员会制定的规范,是经济法最主要的渊源,例如财税领域的《个人所得税法》《政府采购法》《预算法》,金融领域的《商业银行法》《保险法》《证券法》,市场运行领域的《反不正当竞争法》《反垄断法》《产品质量法》等。

3. 行政法规

行政法规指国务院根据宪法和法律的规定,为执行法律或根据宪法规定的国务院行政管理职权事项制定的规范。行政法规是经济法的重要渊源。例如,《企业所得税实施条例》《外汇管理条例》《证券公司监督管理条例》《国务院关于鼓励外商投资的规定》等。

4. 地方性法规

《立法法》规定,省、自治区、直辖市的人民代表大会及其常务委员会根据本行政区域的具体情况和实际需要,在不同宪法、法律、行政法规相抵触的前提下,可以制定地方性法规;设区的市的人民代表大会及其常务委员会根据本市的具体情况和实际需要,在不同宪法、法律、行政法规和本省、自治区的地方性法规相抵触的前提下,可以对城乡建设与管理、环境保护、历史文化保护等方面的事项制定地方性法规,法律对设区的市制定地方性法规的事项另有规定的从其规定。为配合经济法律和行政法规在地方的实施并体现地方的差异性,许多地方都制定了地方性法规,是经济法数量较大的一种渊源。例如,上海市人大常委会制定了《中国(上海)自由贸易试验区条例》《上海市台湾同胞投资权益保护规定》《上海市消费者权益保护条例》《上海市建筑市场管理条例》等地方性法规。

5. 自治条例和单行条例

民族自治地方的人民代表大会有权依照当地民族的政治、经济和文化的特点,制定自治条例和单行条例。根据《立法法》的规定,自治条例和单行条例可以依照当地民族的特点,对法律和行政法规的规定作出变通规定,但不得违背法律或者行政法规的基本原则,不得对宪法和民族区域自治法的规定以及其他有关法律、行政法规专门就民族自治地方所作的规定作出变通规定。例如,广西壮族自治区巴马瑶族自治县人民代表大会通过了《巴马瑶族自治县包装饮用水水源保护及开发管理条例》等条例。

6. 国务院部、委规章

国务院部、委规章指国务院部门及其直属机构在其职权范围内制定的规范性文件,又称部门规章,例如中国人民银行制定的《银行卡清算机构管理办法》、中国证监会制定的《公开发行股票公司信息披露实施细则》、财政部制定的《资产评估行业财政监督管理办法》等。

7. 地方政府规章

2015年《立法法》修改后,地方政府规章指省、自治区、直辖市、设区的市、自治州的人民政府以及广东省东莞市和中山市、甘肃省嘉峪关市、海南省三沙市等四个不设区的市人民政府,可以根据法律、行政法规和本省、自治区、直辖市的地方性法规制定的规范性文件。各级地方政府为执行经济法律、行政法规和地方性法规制定名目繁多的决定、命令类规章,也是经济法的渊源。例如,上海市人民政府制定的地方性经济规章包括《中国(上海)自由贸易试验区管理办法》《上海市网络预约出租汽车经营服务管理若干规定》《上海市建设工程招标投标管理办法》等。

8. 司法解释

司法解释是最高人民法院在总结审判经验的基础上,为明确法律适用,统一全国的审判工作发布的指导性文件,例如最高人民法院出台的《最高人民法院关于适用〈中华人民共和国公司法〉若干问题的规定(四)》《关于审理不正当竞争民事案件应用法律若干问题的解释》等司法解释。

9. 国际条约和协定

国际条约和协定指我国与他国或地区缔结的双边、多边协议和其他具有条约性质的文件。我国加入的国际条约对于国内的国家机关、社会团体、企事业单位和公民具有约束力,因而具有经济法内容的国际条约或协定也是我国经济法的渊源,例如WTO协定中的《与贸易有关的投资措施协定》(TRIMS)和《服务贸易总协定》(GATS)等国际条约和协定。

对于习惯法和判例能否成为经济法的渊源,学界仍存在争议,但这些习惯和判例对立法和司法活动有一定的参考或辅助作用,故也可视为经济法的渊源。

第四节　经济法律关系

一、经济法律关系的概念和特征

法律关系是由法律规范调整的、具有权利义务内容的社会关系的总称,与其他社会关系相比,法律关系具有以下特征:第一,意志性,即法律关系依据国家立法机关意志和行为人意志而产生;第二,强制性,即法律关系的内容受到相应法律规范的调整和确认,行为人不能随意变更。根据法律规范内容的不同,法律关系可以划分为:民事法律关系、刑事法律关系、行政法律关系、经济法律关系等。

经济法律关系作为法律关系的一种,是指由经济法调整的经济法主体之间的经济权利和经济义务关系。经济法律关系与其他法律关系相比,有如下几个特征:

(1) 经济法律关系发生于国家对国民经济的调控过程中。经济法律关系产生于国家对国民经济的宏观调控和市场管理领域,体现国家和当事人双重意志,两者意志不平等。在市场管理过程中,市场的经营者必须服从管理者的管理,并以管理者的意志为主导;在宏观调控中,制定适用宏观调控政策并不需要市场同意。但双方意志不平等并不意味着经济法律关系参与者之间存在从属关系。

(2) 经济法律关系由经济法律规范确认和调整。社会关系纷繁复杂,只有受法律规范调整的关系才称为法律关系,从而区别于其他客观存在的社会关系。故经济关系只有被经济法律规范确认、调整后才上升为经济法律关系,从而受到国家强制力的保障,这一过程体现了经济法的本质。

(3) 经济法律关系的内容为经济权利和义务。经济法律关系是当事人为实现一定的经济目的而结成的法律关系,其权利和义务必然具有经济性,在学理上称为经济权利和义务,经济法律关系随经济权利和义务的变更、消灭而变更、消灭,经济权利的实现和经济义务的履行是当事人建立经济法律关系的根本目的。

二、经济法律关系的要素

通说认为法律关系由三个要素组成,即主体、内容、客体,经济法律关系作为法律关系的一种,也不例外。

(一) 经济法律关系的主体

经济法律关系的主体是指参与经济法律关系,依法享有经济权利和承担经济义务的当事人。享有经济权利的一方为权利主体,承担经济义务的一方为义务主体,在同一经济法律关系中,双方当事人互为权利义务主体,即各方当事人都既是权利主体又是义务主体,享有权利并承担相应的义务。经济法律关系的主体由经济法的调整对象范围所决定,具体可分为以下三类:

1. 自然人

自然人在一定条件下可以成为经济法律关系的主体,比如自然人从事工商业经营,依法登记,成为个体工商户,从而成为经济法律关系主体。一般要求经济法律关系的主体具有完全民事行为能力,民事行为能力指自然人能够通过自己的行为取得民事权利和承担民事义务的能力。自然人的民事行为能力与其年龄和智力、健康状况有关。

2. 法人

法人指具有民事权利能力和民事行为能力,依法独立享有民事权利和承担民事义务的组织。法人的民事权利能力和民事行为能力,从法人成立时产生,到法人终止时消灭。法人必须依法成立,有自己的名称、组织机构、场所、财产或者经费并以其全部财产独立承担民事责任。法人是经济法律关系最重要的主体,是国民经济最重要的参与者,也是经济活动主要实施者。

3. 非法人组织

非法人组织是不具有法人资格但是能够依法以自己的名义从事民事活动的组织。在我国,非法人组织包括个人独资企业、合伙企业以及不具有法人资格的专业服务机构。当出现非法人组织的财产不足以清偿债务的情况时,其出资人或者设立人承担无限责任。

(二)经济法律关系的内容

经济法律关系的内容是指经济法律关系的主体享有的经济权利和承担的经济义务。经济权利和义务一旦确定即受到国家强制力的保护和约束。

经济权利是指经济法律关系的主体在法律范围内有权做出(不做出)或要求他人做出(不做出)一定行为的资格,在权利受到侵犯时有权请求国家机关予以保护。经济权利根据权利主体性质及权利内容不同可划分为以下四类:

1. 经济职能权

经济职能权指经济管理机关进行经济管理时享有的权利,包括宏观调控和市场监管职能,例如计划权、分配权、审核权、批准权、禁止权、征税权、协调权及监督权等。

2. 财产权

财产权指财产所有者对经济性财产所享有的占有、使用、收益和处分的权利。占有权即对财产实际控制的权利,使用权即对财产按其性能加以利用的权利,收益权即取得财产收益的权利,处分权即决定财产事实上和法律上命运的权利。

3. 组织管理权

组织管理权指各类市场组织包括法人、非法人组织及其分支机构、个体经营户等开展经济活动时享有的对其内部人员、财产、结构及外部生产、销售等事项的管理权利。

4. 请求权

当经济法律关系的主体合法的经济权利受到侵害时,其有权要求侵权人停止侵权行为,造成损失还可要求赔偿损失,可以通过调解或者向国家机关申请仲裁或诉讼的方式,保证自身合法权益的实现。请求权具体包括请求赔偿权、请求调解权、申请仲裁权、提起诉讼权等。

经济义务是指义务人为实现国家利益或经济主体权利而按照法律规定必须做出或不做出一定的行为,并且不妨碍他人合法权利的实现,如不履行或不按照法律或约定的方式履行义务,将受到国家强制力制裁。经济义务的主要内容包括:依法实施经济管理职能、依法贯彻国家的经济方针政策、依法纳税、公平竞争、保护生态环境、保证产品质量等。

通常,权利和义务相伴而生,没有无权利的义务,也没有无义务的权利,当事人一方享有权利的同时必然承担相应的义务。如在产品买卖合同中,收取对价是提供产品方的权利,支付相应的价款就是购买方的义务,相应地,要求提供无缺陷的产品是购买方的权利,而提供符合《产品质量法》规定的产品就是生产方的义务,生产方的权利实现有赖于购买方义务的履行,购买方的权利实现依靠于生产方义务的履行。

（三）经济法律关系的客体

经济法律关系的客体指经济法律关系的主体权利和义务所共同指向的对象，是经济权利和义务所依附的载体，学者们对经济法律关系的客体争论颇多，本书概括为以下三类：

1. 物

物指有经济价值、可为人力所支配并以物质形态表现出来的客观物体，例如货币、有价证券、金属、房屋、土地等，但是像星体、空气等或不为人力所支配或无形态的物体则不属于经济法律关系客体物的范围。民事主体依法享有物权，物权是权利人依法对特定的物享有的直接支配和排他的权利，包括所有权、用益物权和担保物权。

2. 经济行为

经济行为是指经济法律关系主体为达到一定目的所进行的活动，主要包括：其一，国家机关依法行使经济管理职能所实施的经济活动，如经济决策行为、经济计划行为、经济监督规制行为、政府指导和信息服务行为等；其二，其他经济法律关系主体直接从事市场经济活动的具体生产经营行为，如市场主体从事的社会生产、分配、交换、消费等一般性经济行为，经济组织的设立、变更、终止等组织性经济行为等。

3. 智力成果

智力成果又可称为非物质财产、无形财产，是人的脑力劳动成果，虽然不具有直接的物质形态，但同样可以创造物质财富和经济效益。作为经济法律关系客体的智力成果应具备一定的条件：① 虽然没有具体物质形态但应有一定的物资载体；② 有一定的经济价值；③ 经法律规范确认。作为经济法律关系客体的智力成果主要是知识产权所指向的客体，包括作品、发明、实用新型、外观设计、商标、地理标志、商业秘密、集成电路布图设计、植物新品种及法律规定的其他客体。

三、经济法律关系的产生、变更和终止

经济法律关系的产生是指由于一定客观情况的出现而在主体之间所形成的经济权利与义务关系；经济法律关系的变更是指经济法律关系的主体、内容、客体发生变化；经济法律关系的终止是指经济法律关系主体之间的经济权利与义务关系消灭。

经济法律关系的产生、变更和终止必须具备两个条件：一是有调整此类经济关系的法律规范，经济关系只有受到相应的经济法律规范的调整，才能确认为经济法律关系；二是发生了直接影响当事人经济权利和义务关系的客观情况，这种客观情况，法学上称为经济法律事实，根据其与当事人主观意志的关系不同，可以将其划分为事件和行为两大类。

（一）事件

事件是指不以人的意志为转移的法律事实，如地震、火灾、泥石流、火山喷发等自然事件和战争、罢工及暴动等社会事件，这些事件可能引起税收法律关系、计划法律关系、对外贸易规制关系等经济法律关系的变化。因事件的发生不以具体经济法律关系中的当事人意志为转移，法学上又称为不可抗力。但只有那些造成经济法律关系产生、变更和终止的

不可抗力才是经济法上所讲的事件。因不可抗力所产生的经济法律关系变化而产生的法律责任，当事人可以不承担。

（二）行为

行为是指由法律规范规定的，以当事人的意志为转移，能够引起法律关系产生、变更和终止的法律事实。行为是当事人为实现一定目的所做出的意思表示，是引起法律关系形成、变更和终止的最普遍的法律事实。根据不同的标准，可对行为作如下分类：

（1）按行为的性质分为合法行为和违法行为。经济法律关系的主体只有实施合法行为，才能顺利实现自己的经济目的，行为是引起经济法律关系产生、变更和终止的最主要的法律事实。合法行为如依法纳税行为、公平的市场竞争行为、依法制定经济计划等。违法行为不受法律确认和保护，相反还应受到法律的制裁，例如征税机关不正当征税、市场经营者或生产者侵犯消费者合法权益等行为。

（2）按行为的方式分为作为和不作为。例如《银行业监督管理法》[①]第十六条规定，国务院银行业监督管理机构依照法律、行政法规规定的条件和程序，审查批准银行业金融机构的设立、变更、终止以及业务范围。银行监督管理机构审批金融机构的有关事项，金融机构提交有关的审批请求，这一行为使双方发生经济法律关系。而不作为如该法第四十七条规定，银行业金融机构不按照规定提供报表、报告等文件、资料的，由银行业监督管理机构责令改正，逾期不改正的，处 10 万元以上 30 万元以下罚款。即金融机构不按照规定提供相关资料的，承担相应的不利后果。由此可见，有作为义务的一方应当按照法律规范去履行义务，既不能不作为也不能违法作为。

本 章 小 结

在资本扩张和利益的驱使下，人们对个体利益最大化的过度追求，导致个体利益与社会整体利益存在明显冲突，经济法在促进社会效率、实现实质性的社会公平和正义、维护社会整体利益等方面具有重要意义。本章从经济法的概念入手，分析了经济法与其他部门法的关系、经济法的产生和发展，以我国经济法的体系和渊源、经济法律关系的要素为核心，重点介绍了经济法律关系的主体、客体、内容、产生、变更和终止等基本内容。

思 考 题

1. 简述经济法的概念。
2. 试述经济法与民商法的关系。

[①] 《中华人民共和国银行业监督管理法》于 2003 年 12 月 27 日通过，最新修正是根据 2006 年 10 月 31 日第十届全国人民代表大会常务委员会第二十四次会议《关于修改〈中华人民共和国银行业监督管理法〉的决定》进行的修正，自 2007 年 1 月 1 日起施行。

3. 试述我国经济法的渊源。

4. 简述经济法律关系的构成要素。

5. A市市场监督管理部门根据群众举报，对某房产租赁服务有限公司涉嫌传播虚假信息、损害竞争对手商品声誉的行为予以立案调查。经查，当事人作为专业房产租赁公司，主要从事小公寓的租赁中介服务。2020年10月，当事人在无事实依据的情况下，利用其网站平台，转发了一篇新闻资讯文章。在文章中，当事人将其所经营的租赁服务与同行业多家公司在公寓装修、服务质量等方面进行了贬损性对比。A市市场监督管理部门认为，当事人的上述行为违反了《反不正当竞争法》的规定，构成传播虚假信息、损害竞争对手商品声誉的违法行为。该部门根据《反不正当竞争法》和《行政处罚法》的规定，对当事人作出处罚。

问题：

（1）本案中是否构成经济法律关系？若构成，其属于何种经济法律关系？

（2）请具体分析该经济法律关系的要素。

拓 展 学 习

梳理自改革开放以来经济法在我国的发展历程可以发现，我国经济法起步较晚，属于年轻的法律。随着我国经济改革的不断深入和持续发展、国家经济职能的充分发挥，经济法将以经济民主原则推动经济立法和执法的正当程序构建，从而促进市场自由竞争，加强国家宏观调控，保证经济结构合理布局，实现供求平衡、分配公平、社会和谐正义，使国民经济协调有序快速高效地发展。

纵观我国的经济立法，还有许多问题亟待解决。首先，现行经济法律体系缺少一部经济法的基本法，即统率整个经济法体系的基本法律，为此应科学规划经济立法的总计划，为经济法法律体系的构建提供前瞻性的思路指引和体系安排；其次，对于《银行法》《消费者权益保护法》等法律中存在的不适应经济发展的内容，需与时俱进地加以完善；再次，在经济、技术日新月异、不断创新的大背景之下，金融衍生产品层出不穷，影响范围大，应加强对金融机构和金融产品的监管立法；最后，集中审判金融类民商事案件，营造良好的营商环境，多地试点金融法院，并探索如何在全国逐步推行，从而在国际社会展示我国良好的金融法治环境，以提升我国金融司法的国际影响力等。

第二章

预算法

 本章教学目标

本章主要介绍预算的管理职权、管理程序。通过本章的学习,学生应了解我国预算的范围与基本体系,理清不同国家机关之间、中央和地方各级行政机关在预算管理方面的职权划分,明确各级机关的权力范围,掌握预算管理活动的基本程序步骤,认识到预算活动的程序规范与要求以及违反预算法需承担的法律责任。

 本章核心概念

预算;预算管理;预算编制;预算调整

 导入

2018年12月,我国甲省政府根据国务院下达的编制下一年度政府预算草案的指示,通知全省范围内的市县乡等各级政府积极完成本级政府的预算编制工作。甲省乙市丙县政府接到上级政府指示后,部署该县财政部门负责本县2019年度预算草案的具体编制工作。

丙县政府财政部门工作人员参照2018年度预算的执行情况、收入支出的绩效评价以及2019年度本县的经济发展目标,汇总各乡镇、街道的预算数据,编制出本县下一年度的预算草案。但由于编制工作前期花费的时间较长,初步草案编制完成时距向上级乙市政府上报的时间只剩一周,丙县政府主要领导召开紧急会议,决定直接将该预算的初步方案提交给3日后召开的县级人大会议审议。3日后,县级财政部门根据县级政府指示,将预算草案提交县级人大会议,县级人大审查通过,该预算草案也顺利上交乙市政府。

预算草案审核通过后,丙县政府开始根据预算安排进行财政收支活动。财政收入方面,在合法开展税收征收的基础上,因该地煤矿资源极为丰富外加加快产业转化的政策鼓励,该地获取了较高的煤矿资源有偿使用的收入。丙县国有资源管理局的局长丁某见该部门的财政收入颇丰,遂与本部门负责财务工作的戊某相互串通,擅自利用部门假账私自占有应当上缴国库的财政收入,两人共牟利逾百万元。除了本地财政收入外,丙县政府根据预算收支计划,接收到上级乙市政府的专项复垦复耕复林及塌陷区治理拨款,专门用于丙县煤矿深陷区土地的复耕复林等专项整治工作。丙县政府接收到该笔款项后,因城市棚户区改造尚缺资金,丙县政府领导遂决定将该笔款项先用于棚户区建造安置事宜,塌陷区整治工作日后进行。丙县领导庚某见隔壁己县新建了政府大楼,遂与其他工作人员一同商议翻新政府大楼,同时建议为本县公务人员增加建造一个体育锻炼场馆,该项决议得到其他工作人员的同意,但由于本年度政府场馆市政预算资金不足,为了翻新工作的正常进行,丙县领导庚某决定减少一部分本地社会保险的支出,用于补足场馆的建设费用。

问题:
(1) 丙县政府财政部门编制本县下一年度的预算草案的程序是否符合预算编制的程序?
(2) 丁某与戊某的行为是否符合《预算法》的规定?若不合法,需承担何种法律责任?
(3) 丙县政府改变复耕复林等专笔款项的用途行为是否符合法律规定?
(4) 丙县领导庚某的行为是否符合《预算法》的规定?若不合法,需承担何种法律责任?
带着这些问题,让我们进入本章的学习。

第一节　预算法的概述

一、预算的概念与体系

(一) 预算的概念

预算包括形式意义上的预算和实质意义上的预算。形式意义上的预算,指按照一定标准将会计年度内的财政收入和财政支出分类列出所形成的财政收支结构表,也被称为财政活动的数字估值表;实质意义上的预算,指国家相关部门依照法定职权、原则和程序编制、议定、审批和执行的未来会计年度的财政收支计划,是国家对会计年度内的收入与支出的预先计算。国家预算不仅仅是单一的静态的收支计划表,它也反映了国家进行预算的编制、议定与执行等一系列的动态活动。预算文件通过计划政府财政收入的取得与财政支出的使用情况,反映政府活动的范围、方向与政策,展现政府是如何利用预算方法进行宏观调控的;同时预算方案需要经过权力机关的批准才能实施,权力机关运用审查批准权实现对各级政府的财政活动的监督。

(二) 预算的体系

我国预算结构可以划分为纵向与横向两个不同的维度。

纵向的预算结构,与我国政府基本的行政区划层级相一致,实行一级政府一级预算。我国的预算主要根据政权结构分为五级:① 中央预算;② 省、自治区、直辖市预算;③ 设区的市、自治州预算;④ 县、自治县、不设区的市、市辖区预算;⑤ 乡、民族乡、镇预算。综合来看,全国预算由中央预算和地方预算组成。中央预算由中央各部门(含直属单位)的预算组成,包括地方向中央上缴的收入数额和中央对地方返还或者给予补助的数额。地方预算由各省、自治区、直辖市总预算组成。地方各级总预算由本级预算和汇总的下一级总预算组成;下一级只有本级预算的,下一级总预算即指下一级的本级预算。没有下一级预算的,总预算即指本级预算。由于乡一级预算没有下一级预算,因而乡级的总预算就是本级预算。

横向的预算结构,由预算收入与预算支出构成,主要包括一般公共预算、政府性基金预算、国有资本经营预算、社会保险基金预算四个部分。上述四类预算应保持完整、独立,政府性基金预算、国有资本经营预算、社会保险基金预算应当与一般公共预算相衔接。

一般公共预算是对以税收为主体的财政收入,安排用于保障和改善民生、推动经济社会发展、维护国家安全、维持国家机构正常运转等方面的收支预算;它又被分为中央和地方两个部分。中央一般公共预算包括中央各部门(含直属单位)的预算和中央对地方的税收返还、转移支付预算,其预算收入包括中央本级收入和地方向中央的上解收入;其预算支出包括中央本级支出、中央对地方的税收返还和转移支付。地方各级一般公共预算包括本级各部门(含直属单位,下同)的预算和税收返还、转移支付预算,其预算收入包括地方本级收入、上级政府对本级政府的税收返还和转移支付、下级政府的上解收入;其预算支出包括地方本级支出、对上级政府的上解支出、对下级政府的税收返还和转移支付。上述中央和地方一般公共预算中的各部门预算由本部门及其所属各单位预算组成。

政府性基金预算是对依照法律、行政法规的规定在一定期限内向特定对象征收、收取或者以其他方式筹集的资金,专项用于特定公共事业发展的收支预算。政府性基金预算应当根据基金项目收入情况和实际支出需要,按基金项目编制,做到以收定支。

国有资本经营预算是对国有资本收益作出支出安排的收支预算。国有资本经营预算应当按照收支平衡的原则编制,不列赤字,并安排资金调入一般公共预算。

社会保险基金预算是对社会保险缴款、一般公共预算安排和其他方式筹集的资金,专项用于社会保险的收支预算。社会保险基金预算应当按照统筹层次和社会保险项目分别编制,做到收支平衡。

二、预算的收支范围

预算由预算收入与预算支出构成,明确预算收支范围,对了解预算的编制、审批、执行与调整等行为具有重要意义。由于各类预算的收支范围不同,《中华人民共和国预算法》[①](以下简称《预算法》)着重对一般公共预算的收支范围进行规定,其他政府性基金预算、国有资本经营预算和社会保险基金预算的收支范围,按照法律、行政法规和国务院的规定执行。

关于预算收入的范围,《预算法》规定一般公共预算收入包括各项税收收入、行政事业性收费收入、国有资源(资产)有偿使用收入、转移性收入和其他收入。税收收入是国家预算收入的主要来源,是总收入最主要的部分;国有资源(资产)有偿使用收入,是国家作为所有者身份而获得的收益,其他行政收费收入、转移性收入虽与国有资源(资产)收益获得

---

① 《中华人民共和国预算法》自1995年1月1日起施行,最新修正是根据2018年12月29日第十三届全国人民代表大会常务委员会第七次会议《关于修改〈中华人民共和国产品质量法〉等五部法律的决定》进行的第二次修正。

的依据不同,但都属于"非税收入"。

关于预算支出的范围,我国《预算法》规定一般公共预算支出按照其功能分类,包括一般公共服务支出,外交、公共安全、国防支出,农业、环境保护支出,教育、科技、文化、卫生、体育支出,社会保障及就业支出和其他支出。而且,一般公共预算支出若按照其经济性质分类,包括工资福利支出、商品和服务支出、资本性支出和其他支出。

三、预算法的概念与立法目的

（一）预算法的概念

预算法以规范政府收支行为、加强对预算的管理和监督为目的,调整国家在进行预算资金的筹集、分配、使用、管理过程中所发生的社会关系的法律规范的总称。预算法所调整的社会关系主要是预算关系。预算关系主要包括预算程序关系、预算实体关系和预算管理体制关系。预算程序关系主要指预算主体在进行预算的编制、议定、执行的程序过程中所发生的社会关系;预算实体关系指在组织、取得和分配使用预算资金过程中所发生的经济关系;预算管理体制关系主要指各级国家机关之间以及中央和地方政府之间划分预算管理职权所发生的各类关系。

为了规制政府收支行为,加强对预算的管理和监督,建立健全全面规范、公开透明的预算制度,1994年3月22日,我国正式颁布《预算法》。

（二）预算法的立法目的

《预算法》的立法宗旨是为了规范政府收支行为,强化预算约束,加强对预算的管理和监督,建立健全全面规范、公开透明的预算制度,保障经济社会的健康发展。在《预算法》中,通过明确划分不同国家机关、中央和地方各级行政机关的预算管理职权,设置预算的编制、审查批准、执行与调整各个过程中的程序要求,以及预算决算的监督制度、法律责任等内容,从职权、程序、监督、责任等多方面规范政府财政收支的行为,促使各级政府及政府部门依法实施宏观调控行为,推动经济持续发展。

第二节　预算的管理职权

国家实行一级政府一级预算,为了加强对各级预算的监督与管理,我国《预算法》建立完善的预算管理体制,划分国家机关之间、中央和地方各级机关在预算的编制、审批、执行、调整、监督与管理上的权力。各级国家机关的预算管理职权具体如下:

一、各级人民代表大会及常务委员会的预算管理职权

（一）全国人民代表大会及其常务委员会的预算管理职权

全国人民代表大会的预算管理职权包括:① 审查权,审查中央和地方预算草案及中央

和地方预算执行情况的报告;② 批准权,批准中央预算和中央预算执行情况的报告;③ 变更撤销权,改变或者撤销全国人民代表大会常务委员会关于预算、决算的不适当的决议。

全国人民代表大会常务委员会的预算管理职权是:① 监督权,监督中央和地方预算的执行;② 审查批准权,审查和批准中央预算的调整方案、中央决算;③ 撤销权,撤销国务院制定的同宪法、法律相抵触的关于预算、决算的行政法规、决定和命令,撤销省、自治区、直辖市人民代表大会及其常务委员会制定的同宪法、法律和行政法规相抵触的关于预算、决算的地方性法规和决议。

(二) 地方各级人民代表大会及其常务委员会的预算管理职权

县级以上地方各级人民代表大会的预算管理职权包括:① 审查权,审查本级总预算草案及本级总预算执行情况的报告;② 批准权,批准本级预算和本级预算执行情况的报告;③ 变更撤销权,改变或者撤销本级人民代表大会常务委员会关于预算、决算的不适当的决议,撤销本级政府关于预算、决算的不适当的决定和命令。由于乡、民族乡、镇不设立人大常委会,因此乡、民族乡、镇人民代表大会的预算管理职权除了上述的审查权、批准权、变更撤销权之外,还包括审查和批准本级预算的调整方案、本级决算,撤销本级政府关于预算、决算的不适当的决定和命令。

县级以上地方各级人民代表大会常务委员会的预算管理职权包括:① 监督权,监督本级总预算的执行;② 审查批准权,审查和批准本级预算的调整方案、本级决算;③ 撤销权,撤销本级政府和下一级人民代表大会及其常务委员会关于预算、决算的不适当的决定、命令和决议。

二、各级人民政府的预算管理职权

(一) 国务院的预算管理职权

国务院的预算管理职权包括:① 编制权,编制中央预算、决算草案;编制中央预算调整方案;② 报告权,向全国人民代表大会作关于中央和地方预算草案的报告,将省、自治区、直辖市政府报送备案的预算汇总后报全国人民代表大会常务委员会备案,向全国人民代表大会、全国人民代表大会常务委员会报告中央和地方预算的执行情况;③ 执行权,组织中央和地方预算的执行;④ 决定权,决定中央预算预备费的动用;⑤ 监督权,监督中央各部门和地方政府的预算执行;⑥ 变更撤销权,改变或者撤销中央各部门和地方政府关于预算、决算的不适当的决定、命令。

(二) 县级以上地方各级政府的预算管理职权

县级以上地方各级政府的预算管理职权包括:① 编制权,编制本级预算、决算草案;编制本级预算的调整方案;② 报告权,向本级人民代表大会作关于本级总预算草案的报告,将下一级政府报送备案的预算汇总后报本级人民代表大会常务委员会备案,向本级人民代表大会、本级人民代表大会常务委员会报告本级总预算的执行情况;③ 执行权,组织本级总预算的执行;④ 决定权,决定本级预算预备费的动用;⑤ 监督权,监督本级各部门和下级政府的预算执行;⑥ 变更撤销权,改变或者撤销本级各部门和下级政府关于预算、决算的不适当的决定、命令。

(三) 乡、民族乡、镇政府的预算管理职权

县级以上地方各级政府的预算管理职权包括:① 编制权,编制本级预算、决算草案,编制本级预算的调整方案;② 报告权,向本级人民代表大会作关于本级预算草案的报告,向本级人民代表大会报告本级预算的执行情况;③ 执行权,组织本级预算的执行;④ 决定权,决定本级预算预备费的动用。

三、各级财政部门的预算管理职权

(一) 国务院财政部门的预算管理职权

国务院财政部门的预算管理职权包括:① 编制权,具体编制中央预算、决算草案,具体编制中央预算的调整方案;② 执行权,具体组织中央和地方预算的执行;③ 提案权,提出中央预算预备费动用方案;④ 报告权,定期向国务院报告中央和地方预算的执行情况。

(二) 地方各级政府财政部门的预算管理职权

地方各级政府财政部门的预算管理职权包括:① 编制权,具体编制本级预算、决算草案,具体编制本级预算的调整方案;② 执行权,具体组织本级总预算的执行;③ 提案权,提出本级预算预备费动用方案;④ 报告权,定期向本级政府和上一级政府财政部门报告本级总预算的执行情况。

(三) 各部门、各单位的预算管理职权

各部门、各单位的预算管理职权包括:① 编制权,编制本部门、本单位预算、决算草案;② 组织与监督权,组织和监督本部门预算的执行;③ 报告权,定期向本级政府财政部门报告预算的执行情况。

各级国家机关的预算管理职权,如表 2.1 所示。

表 2.1　　　　　　　　各级国家机关的预算管理职权

	国家机关	预算的管理职权	备注
权力机关	全国及地方各级人民代表大会	审查权、批准权、变更撤销权	
	全国及地方各级人民代表大会常委会	监督权、审查批准权、撤销权	乡、镇级管理职权由乡级人民代表大会行使
行政机关	国务院及县级以上地方各级政府	编制权、报告权、执行权、决定权、监督权、变更撤销权	
	乡、民族乡、镇政府	编制权、报告权、执行权、决定权	
	国务院财政部门及地方各级政府财政部门	编制权、执行权、提案权、报告权	
	其他各部门、各单位	编制权、组织与监督权、报告权	

第三节 预算的管理程序

一、预算的编制

预算编制是国家预算活动的首要环节,其主要指各级政府、各部门、各单位制定筹集预算收入和分配支出预算资金的年度计划活动。预算的编制应在法律规范的框架内进行,需要遵守相应的编制原则与编制程序。

(一) 预算编制的原则

预算的编制应注意科学性、合理性与可行性,需遵循以下原则:

1. 真实合法原则

各级预算收入的编制,应当与经济社会发展水平相适应,与财政政策相衔接。各级政府、各部门、各单位应当依照本法规定,将所有政府收入全部列入预算,不得隐瞒、少列。

2. 节约统筹原则

各级预算支出的编制,应当贯彻勤俭节约的原则,严格控制各部门、各单位的机关运行经费和楼堂馆所等基本建设支出,同时应当统筹兼顾,在保证基本公共服务合理需要的前提下,优先安排国家确定的重点支出。各级预算支出应当按其功能和经济性质分类编制。

3. 民主科学的原则

各级预算应当根据年度经济社会发展目标、国家宏观调控总体要求和跨年度预算平衡的需要,参考上一年预算执行情况、有关支出绩效评价结果和本年度收支预测,按照规定程序征求各方面意见后,进行编制。各级政府依据法定权限作出决定或者制定行政措施,凡涉及增加或者减少财政收入或者支出的,应当在预算批准前提出并在预算草案中作出相应安排。

4. 控制债务的原则

各级预算按照量入为出、收支平衡的原则编制,除法律另有规定外,不列赤字。但特定情况下,各级预算需要的部分资金,可以通过举借债务的方式取得,但应把债务规模控制在法定的范围之内。例如,中央一般公共预算中必需的部分资金,可以通过举借国内和国外债务等方式筹措,举借债务应当控制适当的规模,保持合理的结构,上述举借的债务实行余额管理,余额的规模不得超过全国人民代表大会批准的限额。经国务院批准的省、自治区、直辖市的预算中必需的建设投资的部分资金,可以在国务院确定的限额内,通过发行地方政府债券举借债务的方式筹措。举借债务的规模,由国务院报全国人民代表大会或者全国人民代表大会常务委员会批准。省、自治区、直辖市依照国务院下达的限额举借的债务,列入本级预算调整方案,报本级人民代表大会常务委员会批准。举借的债务应当有偿还计划和稳定的偿还资金来源,只能用于公益性资本支出,不得用于经常性支出。除前款规定外,地方政府及其所属部门不得以任何方式举借债务。

（二）预算编制的程序

我国预算编制要经过以下程序：

（1）每年11月10日前，国务院向中央各部门和省级政府下达编制下一年度政府预算草案的指示，并提出原则与要求，财政部部署具体事宜。

（2）中央各部门安排并组织所属各单位编制各单位预算草案，审核各单位的预算草案后，汇总各单位的预算草案编制本部门预算草案，并于每年12月10日前报财政部审核。

（3）省级政府安排部署本行政区域内的预算草案编制工作。县级以上地方各级政府财政部门审核本级政府各部门的预算草案，并汇总各部门的预算草案编制本级政府的预算草案，经本级政府审核确定，按照规定期限上报上一级政府。省级政府财政部门应于第二年1月10日前将本级总预算草案上报财政部审核。

（4）财政部审核中央各部门预算草案，编制中央预算草案；汇总地方预算草案，汇编中央和地方预算草案。

二、预算的审查与批准

各级政府编制的预算草案完成后，需经过国家各级权力机关的审查与批准，才能成为正式预算，具有法律效力。预算的审批完成是预算执行的前提与基础。

（一）预算草案的初步审查

对于中央预算草案，国务院财政部门应当在每年全国人民代表大会会议举行的45日前，将中央预算草案的初步方案提交全国人民代表大会财政经济委员会进行初步审查。对于各级地方预算草案，设区的市、自治州以上的政府财政部门（包括省、自治区、直辖市政府财政部门）应当在本级人民代表大会会议举行的30日前，将本级预算草案的初步方案提交本级人民代表大会有关专门委员会进行初步审查，或者送交本级人民代表大会常务委员会有关工作机构征求意见。县、自治县、不设区的市、市辖区政府应当在本级人民代表大会会议举行的30日前，将本级预算草案的初步方案提交本级人民代表大会常务委员会进行初步审查。

（二）预算草案的审查与批准

中央预算由全国人民代表大会审查和批准；地方各级预算由本级人民代表大会审查和批准。国务院在全国人民代表大会举行会议时，向大会作关于中央和地方预算草案以及中央和地方预算执行情况的报告；地方各级政府在本级人民代表大会举行会议时，向大会作关于总预算草案和总预算执行情况的报告。

全国人民代表大会和地方各级人民代表大会对预算草案及其报告、预算执行情况的报告重点审查下列内容：①上一年预算执行情况是否符合本级人民代表大会预算决议的要求；②预算安排是否符合本法的规定；③预算安排是否贯彻国民经济和社会发展的方针政策，收支政策是否切实可行；④重点支出和重大投资项目的预算安排是否适当；⑤预算的编制是否完整，是否符合本法的规定；⑥对下级政府的转移性支出预算是否规范、适当；⑦预算安排举借的债务是否合法、合理，是否有偿还计划和稳定的偿还资金来源；

⑧ 与预算有关重要事项的说明是否清晰。

在全国人大和地方各级人大审查预算草案期间,全国人民代表大会财政经济委员会负责向全国人民代表大会主席团提出关于中央和地方预算草案及中央和地方预算执行情况的审查结果报告。省、自治区、直辖市、设区的市、自治州人民代表大会有关专门委员会,县、自治县、不设区的市、市辖区人民代表大会常务委员会,负责向本级人民代表大会主席团提出关于总预算草案及上一年总预算执行情况的审查结果报告。

审查结果报告应当包括下列内容:① 对上一年预算执行和落实本级人民代表大会预算决议的情况作出评价;② 对本年度预算草案是否符合本法的规定,是否可行作出评价;③ 对本级人民代表大会批准预算草案和预算报告提出建议;④ 对执行年度预算、改进预算管理、提高预算绩效、加强预算监督等提出意见和建议。

(三) 预算的备案审查

为了加强对地方预算合法性的监督,地方各级人大对预算草案审查批准后,各级地方政府应及时将本级预算向上一级政府备案,同时对于下一级政府预算应及时向本级人大常委会备案。预算的备案审查规定如下:乡、民族乡、镇政府应当及时将经本级人民代表大会批准的本级预算报上一级政府备案。县级以上地方各级政府应当及时将经本级人民代表大会批准的本级预算及下一级政府报送备案的预算汇总,报上一级政府备案。县级以上地方各级政府将下一级政府依照前款规定报送备案的预算汇总后,报本级人民代表大会常务委员会备案。国务院将省、自治区、直辖市政府依照前款规定报送备案的预算汇总后,报全国人民代表大会常务委员会备案。

(四) 预算的批复

各级预算经本级人民代表大会批准后,本级政府财政部门应当在 20 日内向本级各部门批复预算。各部门应当在接到本级政府财政部门批复的本部门预算后 15 日内向所属各单位批复预算。县级以上各级政府财政部门应当将批复本级各部门的预算和批复下级政府的转移支付预算,抄送本级人民代表大会财政经济委员会、有关专门委员会和常务委员会有关工作机构。

三、预算的执行

中央和地方预算经过全国人民代表大会和地方各级人民代表大会的批准后,进入执行环节。预算执行主要指各级财政部门和其他预算主体组织预算收入和划拨预算支出的活动。在我国,各级政府组织领导本级预算的执行,但具体工作由本级政府财政部门负责实施。各部门、各单位是本部门、本单位的预算执行主体,负责本部门、本单位的预算执行,并对执行结果负责。

(一) 预算收入的组织与预算支出的拨付

在预算收入方面,预算收入征收部门和单位,必须依照法律、行政法规的规定,及时、足额征收应征的预算收入。不得违反法律、行政法规规定,多征、提前征收或者减征、免征、缓征应征的预算收入,不得截留、占用或者挪用预算收入。各级政府不得向预算收入征收部门和单位下达收入指标。政府的全部收入应当上缴国家金库(以下简称国库),任何部门、单位和个人不得截留、占用、挪用或者拖欠;对于法律有明确规定或者经国务院批准的特定专用资金,可以依照国务院的规定设立财政专户。

在预算支出方面,各级政府财政部门必须依照法律、行政法规和国务院财政部门的规定,及时、足额地拨付预算支出资金,加强对预算支出的管理和监督。各级政府、各部门、各单位的支出必须按照预算执行,不得虚假列支,同时应当对预算支出情况开展绩效评价。

各级预算的收入和支出实行收付实现制。各级政府应当加强对预算执行的领导,支持政府财政、税务、海关等预算收入的征收部门依法组织预算收入,支持政府财政部门严格管理预算支出。财政、税务、海关等部门在预算执行中,应当加强对预算执行的分析;发现问题时应当及时建议本级政府采取措施予以解决。

(二)国库的建立与管理

国库是预算收入收缴与预算支出拨付的中间环节,预算的执行离不开国库支持。在我国,国家实行国库集中收缴和集中支付制度,对政府全部收入和支出实行国库集中收付管理。为了有效开展预算活动,国家对国库的管理作出如下规定:

县级以上各级预算必须设立国库;具备条件的乡、民族乡、镇也应当设立国库。中央国库业务由中国人民银行经理,地方国库业务依照国务院的有关规定办理。

各级国库应当按照国家有关规定,及时准确地办理预算收入的收纳、划分、留解、退付和预算支出的拨付。各级国库库款的支配权属于本级政府财政部门。除法律、行政法规另有规定外,未经本级政府财政部门同意,任何部门、单位和个人都无权冻结、动用国库库款或者以其他方式支配已入国库的库款。各级政府应当加强对本级国库的管理和监督,按照国务院的规定完善国库现金管理,合理调节国库资金余额。

(三)预算稳定调节基金

各级一般公共预算年度执行中有超收收入的,只能用于冲减赤字或者补充预算稳定调节基金。除此之外,各级一般公共预算的结余资金,也应当补充预算稳定调节基金。省、自治区、直辖市一般公共预算年度执行中出现短收,通过调入预算稳定调节基金、减少支出等方式仍不能实现收支平衡的,省、自治区、直辖市政府报本级人民代表大会或者其常务委员会批准,可以增列赤字,报国务院财政部门备案,并应当在下一年度预算中予以弥补。

四、预算的调整

预算的调整主要指预算在执行过程中,因客观情况发生变化而需要对预算进行变动的活动。预算草案经人民代表大会批准后,具有确定性,各级政府及相关部门应严格执行。因此,在预算执行中,各级政府一般不制定新的增加财政收入或者支出的政策和措施,也不制定减少财政收入的政策和措施;必须作出并需要进行预算调整的,应当在预算调整方案中作出安排。

(一) 预算调整的情形

经全国人民代表大会批准的中央预算和经地方各级人民代表大会批准的地方各级预算,在执行中出现下列情况之一的,应当进行预算调整:① 需要增加或者减少预算总支出的;② 需要调入预算稳定调节基金的;③ 需要调减预算安排的重点支出数额的;④ 需要增加举借债务数额的。但也存在例外情形,在预算执行中,地方各级政府因上级政府增加不需要本级政府提供配套资金的专项转移支付而引起的预算支出变化,不属于预算调整。

(二) 预算调整的程序

1. 预算调整方案的编制

在预算执行中,各级政府对于必须进行的预算调整,应当编制预算调整方案。预算调整方案应当说明预算调整的理由、项目和数额。除此之外,在预算执行中,由于发生自然灾害等突发事件,必须及时增加预算支出的,应当先动支预备费;预备费不足支出的,各级政府可以先安排支出,属于预算调整的,列入预算调整方案。

2. 预算调整方案的初步审查

国务院财政部门应当在全国人民代表大会常务委员会举行会议审查和批准预算调整方案的 30 日前,将预算调整初步方案送交全国人民代表大会财政经济委员会进行初步审查。省、自治区、直辖市政府财政部门应当在本级人民代表大会常务委员会举行会议审查和批准预算调整方案的 30 日前,将预算调整初步方案送交本级人民代表大会有关专门委员会进行初步审查。设区的市、自治州以上的政府财政部门应当在本级人民代表大会常务委员会举行会议审查和批准预算调整方案的 30 日前,将预算调整初步方案送交本级人民代表大会有关专门委员会进行初步审查,或者送交本级人民代表大会常务委员会有关工作机构征求意见。县、自治县、不设区的市、市辖区政府财政部门应当在本级人民代表大会常务委员会举行会议审查和批准预算调整方案的 30 日前,将预算调整初步方案送交本级人民代表大会常务委员会有关工作机构征求意见。

3. 预算调整方案的批准与执行

中央预算的调整方案应当提请全国人民代表大会常务委员会审查和批准。县级以上地方各级预算的调整方案应当提请本级人民代表大会常务委员会审查和批准;乡、民族乡、镇预算的调整方案应当提请本级人民代表大会审查和批准。未经批准,不得调整预算。

经批准的预算调整方案,各级政府应当严格执行。未经法定程序,各级政府不得作出预算调整的决定。对违反规定作出的决定,本级人民代表大会、本级人民代表大会常务委员会或者上级政府应当责令其改变或者撤销。地方各级预算的调整方案经批准后,由本级政府报上一级政府备案。

五、决算制度

决算是对预算执行情况的总结,是预算管理程序中的最后一个阶段。各级政府、各部门、各单位要在每一个预算年度终了后及时进行编制。

（一）决算草案的编制

决算草案由各级政府、各部门、各单位,在每一预算年度终了后按照国务院规定的时间编制,编制决算草案的具体事项,主要由国务院财政部门部署。编制决算草案,必须符合法律、行政法规,做到收支真实、数额准确、内容完整、报送及时。同时,决算草案应当与预算相对应,按预算数、调整预算数、决算数分别列出。

（二）决算草案的审批

1. 决算草案的审查

各级政府编制完本级决算草案后,决算草案需要经过审查,主要包括初步审查与正式审查两部分。

决算草案的初步审查方面,对于中央决算草案,国务院财政部门应当在全国人民代表大会常务委员会举行会议审查和批准中央决算草案的 30 日前,将上一年度中央决算草案提交全国人民代表大会财政经济委员会进行初步审查。对于地方各级决算草案,省、自治区、直辖市政府财政部门应当在本级人民代表大会常务委员会举行审查和批准本级决算草案的 30 日前,将上一年度本级决算草案提交本级人民代表大会有关专门委员会进行初步审查;设区的市、自治州以上的政府财政部门应当在本级人民代表大会常务委员会举行会议审查和批准本级决算草案的 30 日前,将上一年度本级决算草案提交本级人民代表大会有关专门委员会进行初步审查,或者送交本级人民代表大会常务委员会有关工作机构征求意见;县、自治县、不设区的市、市辖区政府财政部门应当在本级人民代表大会常务委员会举行会议审查和批准本级决算草案的 30 日前,将上一年度本级决算草案送交本级人民代表大会常务委员会有关工作机构征求意见。

决算草案的正式审查方面,决算草案的正式审查主体是全国人民代表大会常务委员会及地方本级人民代表大会常务委员会,由于乡、民族乡、镇一级不设立人民代表大会常务委员会,因而乡级决算草案主要由乡级人民代表大会负责审查。县级以上各级人民代表大会常务委员会和乡、民族乡、镇人民代表大会对本级决算草案,重点审查下列内容:① 预算收入情况;② 支出政策实施情况和重点支出、重大投资项目资金的使用及绩效情况;③ 结转资金的使用情况;④ 资金结余情况;⑤ 本级预算调整及执行情况;⑥ 财政转移支付安排执行情况;⑦ 经批准举借债务的规模、结构、使用、偿还等情况;⑧ 本级预算周转金规模和使用情况;⑨ 本级预备费使用情况;⑩ 超收收入安排情况,预算稳定调节基金的规模和使用情况;⑪ 本级人民代表大会批准的预算决议落实情况;⑫ 其他与决算有关的重要情况。

2. 决算草案的批准

对于中央决算草案,国务院财政部门编制中央决算草案,经国务院审计部门审计后,报国务院审定,由国务院提请全国人民代表大会常务委员会批准。对于地方决算草案,县级以上地方各级政府财政部门编制本级决算草案,经本级政府审计部门审计后,报本级政府审定,由本级政府提请本级人民代表大会常务委员会批准。乡、民族乡、镇政府编制本级决算草案,提请本级人民代表大会审查和批准。

（三）决算的备案

各级决算经批准后,财政部门应当在 20 日内向本级各部门批复决算。各部门应当在接到本级政府财政部门批复的本部门决算后 15 日内向所属单位批复决算。地方各级政府应当将经批准的决算及下一级政府上报备案的决算汇总,报上一级政府备案。县级以上各级政府应当将下一级政府报送备案的决算汇总后,报本级人民代表大会常务委员会备案。同时,国务院和县级以上地方各级政府对下一级政府依法报送备案的决算,认为有同法律、行政法规相抵触或者有其他不适当之处,需要撤销批准该项决算的决议的,应当提请本级人民代表大会常务委员会审议决定;经审议决定撤销的,该下级人民代表大会常务委员会应当责成本级政府依照本法规定重新编制决算草案,提请本级人民代表大会常务委员会审查和批准。

预算管理的程序如图 2-1 和图 2-2 所示。

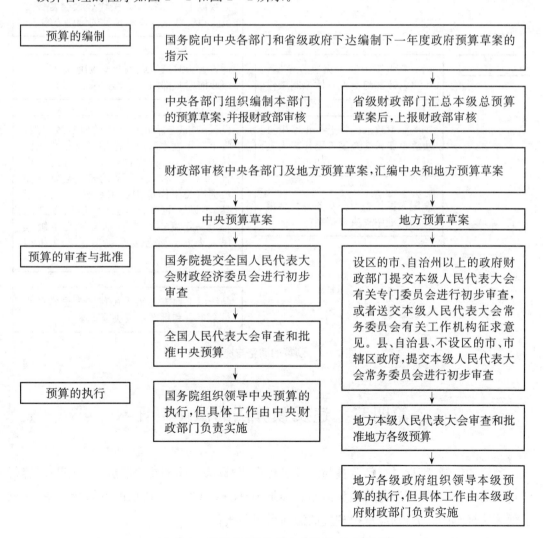

图 2-1　预算的编制、审查与批准、执行程序

预算的调整

国务院组织编制中央预算的调整方案,中央财政部门负责具体编制工作	地方各级政府组织编制本级预算的调整方案,各级政府财政部门负责具体编制工作
↓	↓
国务院财政部门将预算调整初步方案送交全国人民代表大会财政经济委员会进行初步审查	设区的市、自治州以上的政府财政部门,将预算调整初步方案送交本级人民代表大会有关专门委员会进行初步审查,或者送交本级人民代表大会常务委员会有关工作机构征求意见。县、自治县、不设区的市、市辖区政府财政部门将预算调整初步方案送交本级人民代表大会常务委员会有关工作机构征求意见
↓	↓
全国人民代表大会常务委员会审查和批准中央预算的调整方案	县级以上地方各级人民代表大会常务委员会审查和批准本级预算的调整方案

决算

国务院组织编制中央决算草案,中央财政部门负责具体编制工作	地方各级政府组织编制本级决算草案,各级政府财政部门负责具体编制工作
↓	↓
国务院财政部门将上一年度中央决算草案送交全国人民代表大会财政经济委员会进行初步审查	设区的市、自治州以上的政府财政部门,将上一年度本级决算草案送交本级人民代表大会有关专门委员会进行初步审查,或者送交本级人民代表大会常务委员会有关工作机构征求意见。县、自治县、不设区的市、市辖区政府财政部门将上一年度本级决算草案送交本级人民代表大会常务委员会有关工作机构征求意见
↓	↓
全国人民代表大会常务委员会审查和批准中央决算草案	县级以上地方各级人民代表大会常务委员会审查和批准本级决算草案

图 2-2 预算的调整与决算程序

第四节 违反预算法的法律责任

预算的编制、审批、执行、调整与决算过程中,预算法主体都要按照法定程序与内容行使自己的职权,有序开展各类预算活动。如果预算法主体在任一阶段的预算活动中,违反了预算法规定的义务,则应承担相应的法律后果与责任。

我国《预算法》对预算法主体的预算违法行为所应承担的法律责任规定如下:

一、预算编制、调整过程中的主要责任规范

各级政府及有关部门有下列行为之一的,责令改正,对负有直接责任的主管人员和其他直接责任人员追究行政责任:① 未依照本法规定,编制、报送预算草案、预算调整方案、决算草案和部门预算、决算以及批复预算、决算的;② 违反本法规定,进行预算调整的;③ 未依照本法规定对有关预算事项进行公开和说明的;④ 违反规定设立政府性基金项目和其他财政收入项目的;⑤ 违反法律、法规规定使用预算预备费、预算周转金、预算稳定调节基金、超收收入的;⑥ 违反本法规定开设财政专户的。

> **探究与发现**
>
> 通过上述学习,你是否对"导入"所提出的问题进行了相关的思考?案例中,甲省乙市丙县政府财政部门编制本县下一年度的预算草案的程序是否符合预算编制的程序?丙县领导庚某减少一部分本地社会保险的支出的行为是否符合《预算法》的规定?
>
> 上述案例中,甲省乙市丙县政府在编制完本县预算草案后,因上报上级政府的时间紧张,其直接将预算草案提交给县级人大会议审查,而省略了预算草案需要由县级政府在本级人民代表大会会议举行的 30 日前将本级预算草案的初步方案提交本级人民代表大会常务委员会进行初步审查的步骤,丙县政府不履行预算草案初步审查的行为违法,应追究县政府主要责任人员的行政责任。除此之外,丙县领导庚某为翻新政府大楼,建造一个新的体育锻炼场馆,私自决定减少一部分的本地社会保险的支出的行为,已经属于预算的调整情形,应按照法定程序编制预算调整方案进行审议,而非由个人违法决定减少重点领域的支出。

二、预算执行过程中的主要责任规范

各级政府及有关部门、单位有下列行为之一的,责令改正,对负有直接责任的主管人员和其他直接责任人员依法给予降级、撤职、开除的处分:① 未将所有政府收入和支出列入预算或者虚列收入和支出的;② 违反法律、行政法规的规定,多征、提前征收或者减征、免征、缓征应征预算收入的;③ 截留、占用、挪用或者拖欠应当上缴国库的预算收入的;④ 违反本法规定,改变预算支出用途的;⑤ 擅自改变上级政府专项转移支付资金用途的;⑥ 违反本法规定拨付预算支出资金,办理预算收入收纳、划分、留解、退付,或者违反本法规定冻结、动用国库库款或者以其他方式支配已入国库库款的。

> **探究与发现**
>
> 通过上述学习,你是否对"导入"所提出的问题进行了相关的思考?案例中丁某与戊某截留上缴国库的收入的行为是否符合《预算法》的规定?丙县政府改变复耕复

林等专笔款项的用途行为是否符合法律规定？若不合法，应承担何种法律责任？

　　上述案例中，丁某与戊某两人利用丙县国有资源管理局局长和本部门负责财务工作人员的身份，擅自截留应当上缴县国库的矿产资源有偿使用的收入，侵吞国家财政收入，上述两人应当受到法律制裁。除此之外，案例中的丙县政府的领导，擅自将上级乙市政府的专项复垦复耕复林及塌陷区治理的预算拨款用于棚户区建造安置事宜，违规改变了上级政府专项转移资金的支出用途，该主要工作人员应承担行政责任。

　　各级政府、各部门、各单位违反本法规定举借债务或者为他人债务提供担保，或者挪用重点支出资金，或者在预算之外及超预算标准建设楼堂馆所的，责令改正，对负有直接责任的主管人员和其他直接责任人员给予撤职、开除的处分。

　　各级政府有关部门、单位及其工作人员有下列行为之一的，责令改正，追回骗取、使用的资金，有违法所得的没收违法所得，对单位给予警告或者通报批评；对负有直接责任的主管人员和其他直接责任人员依法给予处分：① 违反法律、法规的规定，改变预算收入上缴方式的；② 以虚报、冒领等手段骗取预算资金的；③ 违反规定扩大开支范围、提高开支标准的；④ 其他违反财政管理规定的行为。

探究与发现

　　通过上述学习，你是否对"导入"所提出的问题进行了相关的思考？案例中，丙县领导庚某超预算修建办公大楼、丁某侵吞预算收入的行为是否合法？若不合法，应分别承担何种法律责任？

　　上述案例中，丙县领导庚某超预算修建政府大楼及附属的体育锻炼场馆的行为、丙县国有资源管理局局长丁某与他人合谋侵吞预算收入的行为都是妨碍财政正常收入与支出的行为，应对该行为予以制止，并对违法的庚某和丁某分别给予行政处分，构成犯罪的，依法追究刑事责任。

本章小结

　　预算由预算收入与预算支出构成，我国实行一级政府一级预算。为了规范政府收支行为，强化预算约束，加强对预算的管理和监督，建立健全全面规范、公开透明的预算制度，1995年1月1日开始实施的《预算法》建立了完善的预算管理体制，划分了不同国家机关之间、中央和地方各级行政机关在预算的编制、审批、执行、调整、监督与管理上的权力。在管理职权之外，在预算的编制、审查与批准、执行、调整等管理程序上，也建立完善的程序规范与要求。预算法主体在任一阶段的预算活动中违反预算法规定的义务，都应承担相应的法律后果与责任。

思 考 题

1. 我国《预算法》制定的目的是什么？其对国家宏观调控的实施有何作用？

2. 我国国家权力机关的预算管理职权有哪些？国务院的预算管理职权有哪些？

3. 预算管理的基本程序包括哪些？能够随意增加预算支出的数额吗？如需增加预算支出的数额，应该满足何种条件？

4. 我国基本的预算体系是什么？其与我国的预算管理职权的划分有什么关系？

5. 某乡政府因资金周转需要，于2018年2月9日向周某借款50万元并约定以2%的月利率支付借款利息，同时出具了一份所在省行政事业单位（社团）往来结算凭证。双方在借款协议内约定：自2018年3月23日起，该乡政府先后通过银行转账及现金形式偿还周某借款，直至还清50万元。该乡政府借款后，连续数月向周某偿还借款，周某每次均向该政府出具一份收据，至2020年3月23日乡政府共偿还30万元。剩余的20万元借款，该乡政府至今未予归还。经周某多次催收，该乡政府仍未归还，故周某诉至法院。

问题：

(1) 该乡政府是否可以通过签订借款合同的方式对外举借债务？

(2) 地方政府及其所属部门可以何种方式筹措其预算中必需的建设投资的部分资金？对外举借债务需经过何种必要程序？对举借债务的用途有何要求？

(3) 该借款协议是否有效？该乡政府是否应当返还周某借款本金及相应的利息？

拓 展 学 习

2020年10月1日起，新的《中华人民共和国预算法实施条例》[①]（以下简称《预算法实施条例》）开始施行。作为《预算法》的细化规定，《预算法实施条例》将财税制度改革与预算管理实践的成果以法律形式确定下来，对预算收支范围、预算公开、转移支付、预算编制等事项作出了新的细化，明确项目成为预算编制基本单位；新增项目入库要求；完善转移支付制度，明确提前下达比例及评估比例等。该《实施条例》对于理解《预算法》的相关规范具有重要的辅助作用，可以通过阅读该条例明确预算管理的程序与方法，强化预算约束和监督。

[①] 《中华人民共和国预算法实施条例》自1995年1月1日起施行，最新修订是根据2020年8月3日中华人民共和国国务院令第729号修订的，自2020年10月1日起施行。

第三章

税　法

 本章教学目标

通过本章的学习,学生应了解税收的概念、特征,税法的概念、特征、构成要素;掌握流转税法、所得税法、财产税法、资源税法、特定目的税法的基本内容。

 本章核心概念

税法的分类;税法的构成要素;税收征管制度

 导入

【案例1】　A烟酒集团有限公司于2004年1月15日在某市登记成立,并于2月10日进行了税务登记,其经营范围包括生产销售烟酒、货物专用运输(冷藏保鲜)、货物进出口、代理进出口等,旗下拥有一套价值9 000万元的厂房、20辆机动车,其中载重货车15辆(4.5吨汽车9辆、2吨汽车6辆)、载人汽车5辆。随着经济的发展,公司规模逐渐壮大,为了公司业务的需要,2018年4月A公司从国外进口了5辆8吨的货车,支付买价100万元、相关费用8万元,支付到达我国海关前的运输费用8万元、保险费用5万元。2018年7月,市税务局直属征收分局在审查其纳税申报时,发现纳税情况异常,特别是消费税应纳税额与上年同期相比下降很大,7月20日征收分局对其该年1—6月纳税情况进行了检查,通过检查产品销售明细、产品账目,发现该企业2018年1—6月结转药酒销售成本与药酒产品销售收入明显不符,企业存在混淆白酒产品与药酒产品销售的问题,将高税率粮食白酒销售收入计入低税率药酒销售收入,逃避纳税。

问题:

(1) A烟酒集团有限公司是不是增值税、消费税的纳税义务人?

(2) A烟酒集团有限公司哪些营业活动属增值税的纳税范围?

(3) 消费税酒税目中,其子税目白酒、黄酒、啤酒的税率各是多少?

(4) A烟酒集团有限公司的哪些物品需要缴纳关税?

(5) A烟酒集团有限公司的税务登记是否符合法律规定?

【案例2】　2019年6月,税务局接到群众举报称某个人独资企业有两本账簿,税务局遂对该个人独资企业进行了为期10天的税务稽查,通过审核该企业所提供的账簿、记账凭证、财务报告等一系列资料以及暗中走访,发现该个人独资企业的投资人王某与当地税务分局副局长钱某系叔侄关系,在钱某的庇护下,通过不合法使用税收优惠政策以及设置账外账等方式,少缴各种税款共计7.94万元且自2018年7月至2019年6月期间拖欠缴纳增值税、个人所得税、城市维护建设税等各种税款共计13.58万元。稽查结束,税务机关责令该公司限期补缴少缴、欠缴的税款及滞纳金。限期届满,该企业仍未缴纳,且经税务机关多次催缴,该企业负责人王某都以公司不景气,银行账户没钱为由,一再拖欠,对税务机关催缴通知置之不理。税务机关遂于2019年7月25日依法查封、扣押了该企业一辆总价值30万元的小汽车,并于8月通过某拍卖行将轿车以32.5万元的价格拍卖,以拍卖所得抵缴该企业所欠税款及滞纳金。

问题:
(1) 个人独资企业是不是企业所得税的纳税义务人?
(2) 本案例中个人独资企业的哪些行为违反了税收法律规定?
(3) 税务机关查封、扣押、拍卖个人独资企业小汽车的行为是否有法律依据?
(4) 税务分局副局长钱某应当承担何种法律责任?

【案例3】 吴某2016年入职上海某互联网公司,2020年收入情况如下:在单位每月取得工资、薪金17 000元,每月按照国家规定的范围和标准缴纳"三险一金"3 200元,享受子女教育、赡养老人、住房贷款利息等专项附加扣除每月5 500元。此外,2020年10月份,吴某接受某单位邀请举办讲座,取得劳务报酬20 000元;11月份,出版了一本图书,获取稿酬70 000元。

问题:
吴某2020年度应缴纳的个人所得税是多少?如何计算?
带着这些问题,让我们进入本章的学习。

第一节 税法概论

一、税收与税法概述

现代国家被称为"税收国家",税收与税法直接关系到国计民生。我们国家有哪些税、什么情况下要交税、要交多少税等都需要了解清楚。

(一) 税收的概念与特征

税收与税法是一对相互关联的概念,税法是税收的法律依据和法律保障,税收是税法所确定的具体内容。因此,了解税收的概念对于理解税法的概念意义重大。税收是国家为了实现其满足社会公共需要的职能,凭借公共权力,按照法律预先规定的标准和程序,参与国民收入分配,强制、无偿地取得财政收入的一种形式,是一种特定的分配关系。作为政府筹集财政收入的一种特有的、重要的形式,税收与财政活动的其他形式相比,具有强制性、无偿性、固定性特征。

税收的强制性即指国家凭借其公共权力以法律形式规定,纳税人不论是否愿意,都必须无条件地按照法律的规定按时足额地纳税,否则就要受到法律的制裁。

税收的无偿性即指国家向纳税人征税不以返还或支付报酬为前提。

税收的固定性即指国家在征税以前,就以法律的形式规定了纳税人、课税对象、税率、纳税期限、纳税地点等基本课税要务,以便税务机关和纳税人共同遵守。

无偿性是税收本质的体现,强制性是无偿征税的保障,固定性是无偿性和强制性的必然要求。税收的三个特征相辅相成,缺一不可,只有三者相互配合,才能保证国家财政收入的稳定。

(二)税法的概念与特征

税法概念有广义和狭义之分。广义的税法,是指国家制定或认可的调整税收关系的法律规范的总称。狭义的税法,仅指调整税收关系的基本法,即税法典。本章所称的税法,指广义的税法。所谓税收关系是指代表国家行使职权的各级财税机关与有纳税义务的单位、组织和个人因征税、纳税所形成的社会关系。

税法与其他法律规范一样,是由国家经过一定立法程序制定出来的,具有一般法律规范的共同特征,如强制性、规范性和稳定性等。但是,税法也具备区别于其他部门法的独有特征:

(1)实体性规范与程序性规范的统一性。税法是由一系列单行税收法律法规及行政规章组成的体系。在税法体系中,既有主要对税收法律关系主体、客体和权利义务关系作出规定的实体法律规范,如《中华人民共和国车船税法》《中华人民共和国企业所得税法》等,也有主要对征纳税程序方面作出规定的程序法律规范,如《中华人民共和国税收征收管理法》等。因此,税法是实体性法律规范和程序性法律规范的统一体。

(2)税法主体之间权利和义务的非对等性。这一特征是由税收的强制性、无偿性特点所决定的。税法中征纳税双方地位不同,权利与义务不对等,其中一方代表国家强制、无偿征税,另一方则必须履行纳税义务,无偿缴纳税款。

(3)税务争议处理程序的特殊性。我国《税收征收管理法》明确规定,税务争议的处理贯彻"先行缴纳"原则,即纳税人在与税务部门发生纳税争议时,必须先向税务机关缴纳税款及滞纳金,然后再按法定程序提起复议和诉讼。这样规定的目的是保证国家税款及时、足额入库。这也是税法突出的特征之一。

二、税法的构成要素

税法的构成要素,又称课税要素,是指各种单行税法具有的共同的基本构成要素的总称,一般包括纳税义务人、征税对象、税率、纳税期限、纳税地点、纳税环节、税收法律责任等。

(一) 纳税义务人

纳税义务人又称纳税主体,是指税法规定的履行纳税义务的单位、组织和个人。

每一税种都有它的纳税义务人,不同税种的纳税义务人不尽相同,但往往存在重复、交叉现象。除了纳税义务人之外,税法往往还规定了与其相联系的负税人、代扣代缴义务人、代收代缴义务人。

负税人是指实际或最终承担税款的单位或个人。例如:烟、酒等商品的消费税包含在烟、酒的价格中,消费者是负税人。

代扣代缴义务人是指有义务从持有的纳税人收入中扣除纳税人的应纳税款并代为缴纳的单位和个人。例如:支付纳税人工薪的单位,是工薪所得税的代扣代缴义务人。

代收代缴义务人是指有义务借助经济往来关系向纳税人收取应纳税款并代为缴纳的单位和个人。例如:承保车船险的保险公司一般为车船税的代收代缴义务人。

(二) 征税对象

征税对象又称课税对象或征税客体,是指税收法律关系中征税主体与纳税主体的权利、义务共同指向的对象,即对什么进行征税。这是区别一种税与另一种税的重要标志。我国现行的税收法律、法规都规定了各自的征税对象。比如,消费税的征税对象是《中华人民共和国消费税暂行条例》所列举的应税消费品,个人所得税的征税对象是个人所得,房产税的征税对象是房屋等。

关于征税对象,应当明确其与计税依据、税目等几个概念的关系。征税对象规定对什么进行征税,属于质的规定;计税依据是规定各种应征税款的依据或标准,属于量的规定。

税目是征税对象的具体化,即指税法所规定的某种税的具体征税项目。比如,消费税具体规定了烟、酒、化妆品、贵重首饰及珠宝玉石等15个税目。

(三) 税率

税率是对征税对象的征收比例或征收额度。税率是税法的核心要素,是计算应纳税额的尺度,也是衡量国家税收负担是否适当的重要标志。在征税对象既定的情况下,税率的高低与国家财政收入的多少、纳税人税收负担的轻重有关。我国现行税率主要有比例税率、累进税率和定额税率三种基本形式。

比例税率是指对同一征税对象,不管数额的大小,规定相同的征收比例。例如,我国的增值税、企业所得税等采用的就是比例税率。

累进税率是指对征税对象按数额的大小划分为若干等级,每一等级各定一个税率,递增征税,课税数额越大,适用税率越高。例如,我国的个人所得税采用的就是累进税率。

定额税率又称固定税额,是指按征税对象确定的计算单位,直接规定固定的应纳税额。例如,我国的城镇使用税、车船税采用的就是定额税率。

(四) 纳税期限

纳税期限又称纳税时间,是指税法规定纳税主体向征税机关缴纳税款的具体时间。纳税期限是税收强制性和固定性特征在时间上的体现,一方面征税机关不得在纳税期限之前征税,另一方面纳税人不得在纳税期限届满后拖延纳税。合理规定和严格执行纳税时间,可以有效保障国家财政收入及时足额入库。

不同税种所规定的纳税期限不同,纳税期限一般可分为按次征纳和按期征纳两种。按次征纳是指根据纳税行为发生的次数确定纳税期限,如耕地占用税等。按期征税是指根据纳税义务的发生时间来确定纳税间隔期,可分为按月、按季、按年征税,如增值税、消费税等。

(五)纳税地点

纳税地点是指纳税人(包括代扣代缴义务人、代收代缴义务人)缴纳税款的场所。在税法中明确规定纳税地点可以有效防止漏征或重复征税行为。

考虑到便利纳税的问题,纳税地点一般为纳税人所在地、征税对象所在地或应税行为发生地所在的税务机关。

(六)纳税环节

纳税环节是指税法规定的征税对象在从生产到消费的流转过程中应当缴纳税款的环节。商品从生产到销售往往会有多个环节,可能涉及不同的主体,纳税环节就是确定一种税在哪个或哪几个环节征收。目前我国对于流转税的征收就采用多环节征税。

(七)税收法律责任

税收法律责任是指纳税主体及征税主体因违反税收法律规范所应承担的法律后果。就征税主体而言,其违反税法所应承担的法律责任主要是行政处分,情节严重构成犯罪的应当追究刑事责任。就纳税主体而言,违反税法所应承担的法律责任主要有以下三种:

(1)经济责任,包括补缴、追缴税款,加收滞纳金等。

(2)行政责任,包括吊销税务登记证和实施税收保全措施及强制执行措施等。

(3)刑事责任,对情节严重构成犯罪的逃税、骗税及抗税等行为追究刑事责任。

三、税法体系

税法体系是指一国全部现行税收法律规范按照一定的标准,分类组合而形成的一个有机联系的统一整体。

税法体系中按征税对象、立法权限、适用范围、职能作用等的不同,可以分为不同类型的税法。但主要的分类是按照税收立法权限、征税对象、税法的职能作用三大标准进行的分类。

(1)按照税收立法权限进行分类是税法体系最基本的构成方式。按照这一体系,我国现行税法可以划分为宪法性税收规范、税收法律、税收行政法规、地方性税收法规、税收规章和国际税收协定等。

(2)按照征税对象对税法进行分类,大致可分为五种。一是流转税税法,用以规范征收增值税、消费税、关税等。这类税法的特点是与商品生产、销售有密切联系。二是所得税税法,用以规范征收企业所得税、个人所得税等。这类税法的特点是与纳税人的收入密切相关。三是财产税税法,用以规范征收房产税、契税、车船税等。这类税法主要是对财产价值发挥调节作用。四是资源税税法，用以规范征收城镇土地使用税、资源税等。这类税法主要是为保护和合理利用国家自然资源。五是特定目的税法，用以规范征收印花税、城市维护建设税、耕地占用税等。这类税法的目的是对某些特定对象和特定行为发挥特定调节作用。

（3）按税法的职能作用可将税法分为税收实体法与税收程序法两类。税收实体法是规定税收法律关系主体的实体权利、义务的法律规范的总称，具体规定各税种的纳税主体、征税客体、计税依据、税目、税率、减免税等，如《中华人民共和国个人所得税法》《中华人民共和国消费税暂行条例》等。税收程序法是规定国家征税权行使程序和纳税人纳税义务履行程序的法律规范的总称，主要包括税收征收程序、税收检查程序和税务争议的解决程序等，如《中华人民共和国税收征收管理法》。

通过不断的税制改革和税收立法，我国已初步建立了一个适合我国国情的多层次、多税种、多环节的税法体系。按照税收立法权限分类的宪法性税收规范、税收法律、税收行政法规等构成我国现行税法体系的纵向结构，按照税法职能进行分类的税收实体法与税收程序法构成我国现行税法体系的横向结构。

第二节 流 转 税 法

流转税又称流转课税，指以商品生产、流通的流转额及非商品交易的营业额为征税对象的各个税种的总称。我国现行的流转税主要包括增值税、消费税及关税等。

一、增值税

增值税是以商品或服务在流转过程中产生的增值额为征税对象的一种税。增值税法是国家制定的用以调整增值税征纳关系的法律规范的总称。我国现行的增值税的基本法律规范是《中华人民共和国增值税暂行条例》①（以下简称《增值税暂行条例》）。

（一）纳税义务人

根据《增值税暂行条例》的规定，增值税的纳税义务人是指在中华人民共和国境内销售货物或者提供加工、修理修配劳务以及进口货物的单位或个人。为了提高增税管理的效率，我国增值税法根据纳税人的经营规模以及会计核算水平，将纳税义务人分为一般纳税人和小规模纳税人。

一般纳税人是指年应征增值税销售额超过财务部、国家税务总局规定的小规模纳税人标准且会计核算健全的企业和企业性单位。符合条件的纳税人应当向有关税务机关申请一般纳税人资格认定。

---

① 《中华人民共和国增值税暂行条例》于1993年12月13日颁布，最新修订是根据2017年11月19日《国务院关于废止〈中华人民共和国营业税暂行条例〉和修改〈中华人民共和国增值税暂行条例〉的决定》进行的第二次修订。

小规模纳税人是指年应征增值税销售额在规定标准以下,并且会计核算不健全,不能按规定报送有关税务资料的增值税纳税人。会计核算不健全是指不能正确核算增值税的销项税额、进项税额和应纳税额。[①]

> **探究与发现**
>
> 通过上述学习,你是否对"导入"案例1中所提出的问题进行了相关的思考?A烟酒集团有限公司是不是增值税的纳税义务人?
>
> 案例1中,A烟酒集团有限公司的经营范围包括生产销售烟酒、货物专用运输(冷藏保鲜)、货物进出口、代理进出口等,符合《增值税暂行条例》有关纳税义务人的规定。

(二)征税范围

根据《增值税暂行条例》及《营业税改增值税试点实施办法》的规定,现行增值税的征税范围具体包括:

(1)销售或进口货物。销售货物是指纳税人有偿转让货物的所有权,这里的"货物"指有形动产,包括电力、热力和气体。进口货物是指符合我国外贸法律规定将货物从国外移送我国海关境内。案例1中,A公司销售烟酒、进出口货物都属于此范围。

(2)提供应税劳务。提供应税劳务是指纳税人有偿提供加工、修理修配劳务。加工是指在委托方提供原材料及主要材料的情况下,受托方按照委托方的要求制造货物并收取加工费的业务。修理修配是指受托对损伤和丧失功能的货物进行修复,使其恢复原状和功能的业务。

(3)销售应税服务、无形资产和不动产。应税服务是指提供交通运输、电信服务、建筑服务等。销售无形资产是指有偿转让无形资产所有权或使用权的业务活动,这里的"无形资产"是指不具有实体形态,但能够带来经济利益的资产,包括技术、商标、自然资源使用权等。销售不动产是指有偿转让不动产所有权的业务活动。

(三)税率与征收率

我国现行增值税法对一般纳税人和小规模纳税人适用不同的税率,对一般纳税人设置了基本税率、低税率、零税率三档税率,对小规模纳税人则实行3%或5%的征收率。一般纳税人的税率规定如下:

(1)基本税率。一般纳税人销售或进口货物、提供应税劳务及提供有形动产租赁服务,除低税率适用范围外,执行13%的基本税率。

(2)低税率。一般纳税人销售交通运输、邮政、基础电信等服务,销售土地使用权、不动产;销售或进口生活必需品和农用品、矿产品等货物,执行9%的税率。一般纳税人销售增值电信服务、金融服务、生活服务、转让无形资产(不含土地使用权),执行6%的税率。

(3)零税率。一般纳税人出口货物,适用零税率,但国务院另有规定的除外。

---

① 范亚东、石泓:《税法》(第二版),中国人民大学出版社2019年版,第20页。

(四) 应纳税额的计算

1. 一般纳税人

增值税一般纳税人的应纳税额为当期销项税额抵扣当期进项税额的余额。销项税额指纳税人发生应税销售行为,按照销售额或应税劳务收入和税率计算并收取的增值税额。进项税额指纳税人购进货物、劳务、服务等支付或负担的增值税额。一般纳税人应纳税额的计算公式为:

$$当期应纳税额 = 当期销项税额 - 当期进项税额$$

2. 小规模纳税人

增值税小规模纳税人按照简易办法计算应纳税额,其应纳税额计算公式为:

$$应纳税额 = 销售额 \times 征收率$$

(五) 纳税义务发生时间与纳税期限

纳税义务发生时间,是指纳税人发生应税行为应当承担纳税义务的起始时间。我国《增值税暂行条例》第十九条及《增值税暂行条例实施细则》第三十八条明确规定了增值税纳税义务的发生时间。

在明确纳税义务发生时间后,还需要掌握具体的纳税期限,以确保能够按时缴纳税款。根据《增值税暂行条例》的规定,我国增值税的纳税期限分别为 1 日、3 日、5 日、10 日、15 日、1 个月或者 1 个季度,具体纳税期限由主管税务机关核定,不能按照固定期限缴纳的,可以按次纳税。

二、消费税

消费税是以特定消费品或消费行为的消费流转额为征税对象的一种税。消费税法是国家制定的用以调整消费税征纳关系的法律规范的总称。我国现行的消费税的基本法律规范是《中华人民共和国消费税暂行条例》[①](以下简称《消费税暂行条例》)。

(一) 纳税义务人

根据《消费税暂行条例》的规定,消费税的纳税义务人是在中华人民共和国境内生产、委托加工和进口应税消费品的单位和个人。

(二) 征税范围

《消费税暂行条例》实施后,财政部、国家税务总局对征税范围进行了调整,我国现行消费税的征税范围包括 15 个税目:烟、酒及酒精、化妆品、贵重首饰及珠宝玉石、鞭炮和焰火、成品油、摩托车、小汽车、高尔夫球及球具、高档手表、游艇、木质一次性筷子、实木地板、电池、涂料。

(三) 税率

为适应不同应税消费品的情况,我国消费税采用比例税率与定额税率两种形式,如对

---

① 《中华人民共和国消费税暂行条例》于 1993 年 12 月 13 日颁布,最新修正本根据 2008 年 11 月 5 日国务院第 34 次常务会议修订通过,自 2009 年 1 月 1 日起施行。

黄酒、啤酒、成品油等实行定额税率,采用从量定额征收;对其他应税消费品实行比例税率,采用从价定率征收。

消费税根据不同的税目或子税目确定相应的税率或单位税额。经整理汇总的消费税税目、税率见表3.1。

表3.1 消费税税目、税率表

税 目	子 税 目	税 率
一、烟	1. 卷烟 (1) 甲类卷烟[调拨价70元(不含增值税)/条以上(含70元)] (2) 乙类卷烟[调拨价70元(不含增值税)/条以下] (3) 商业批发 2. 雪茄烟 3. 烟丝	56%加0.003元/支 36%加0.003元/支 11%加0.005元/支 36% 30%
二、酒	1. 白酒 2. 黄酒 3. 啤酒 (1) 甲类啤酒[出厂价格3 000元(不含增值税)/吨以上(含3 000元)] (2) 乙类啤酒[出厂价格3 000元(不含增值税)/吨以下] 4. 其他酒	20%加0.5元/500克(毫升) 240元/吨 250元/吨 220元/吨 10%
三、高档化妆品	高档化妆品	15%
四、贵重首饰及珠宝玉石	(1) 金银首饰、铂金首饰和钻石及钻石饰品 (2) 其他贵重首饰和珠宝玉石	5% 10%
五、鞭炮、焰火	鞭炮、焰火	15%
六、成品油	1. 汽油 2. 柴油 3. 航空煤油 4. 石脑油 5. 溶剂油 6. 润滑油 7. 燃料油	1.52元/升 1.20元/升 1.20元/升 1.52元/升 1.52元/升 1.52元/升 1.20元/升
七、小汽车	1. 乘用车按气缸容量(排气量)不同分别适用 2. 中轻型商用客车 3. 超豪华小汽车	1%、3%、5%、9%、12%、25%、40% 5% 生产(进口)环节按子税目1和子税目2的规定征收;自2016年12月1日起,零售环节加征消费税,税率为10%

(续表)

税　目	子　税　目	税　率
八、摩托车	1. 气缸容量(排气量)≤250 毫升 2. 气缸容量(排气量)>250 毫升	3% 10%
九、高尔夫球及球具	高尔夫球及球具	10%
十、高档手表	高档手表	20%
十一、游艇	游艇	10%
十二、木制一次性筷子	木制一次性筷子	5%
十三、实木地板	实木地板	5%
十四、电池	电池	4%
十五、涂料	涂料	4%

(四) 应纳税额的计算

消费税应纳税额的计算方法有两种,一种是从量定额计征,一种是从价定率计征。

(1) 从量定额计征。此种计征方式适用于定额税率的消费品,如黄酒、啤酒等。其计算公式为:

$$应纳税额＝应税消费品的消费数量×单位税额$$

(2) 从价定率计征。此种计征方式适用于比例税率的消费品,如贵重首饰及珠宝玉石、高尔夫球及球具等。其计算公式为:

$$应纳税额＝应税消费品的销售额×适用税率$$

(五) 纳税义务发生时间与纳税期限

消费税纳税义务发生时间主要依货款结算方式或行为发生时间分别确定。纳税人销售应税消费品其纳税义务发生时间依货款结算方式分别确定为销售合同规定的收款日期当天、发出应税消费品当天或收讫销售款或索取销售款凭据的当天等。纳税人自产自用的应税消费品,移送使用当天为纳税义务的发生时间。纳税人委托加工的应税消费品,纳税人提货的当天为纳税义务的发生时间。纳税人进口的应税消费品,报关进口的当天为纳税义务的发生时间。

消费税纳税期限与增值税的纳税期限规定一致。根据《消费税暂行条例》的规定,消费税的纳税期限分别为 1 日、3 日、5 日、10 日、15 日、1 个月或者 1 个季度,具体的纳税期限由税务机关按应纳税额的大小分别核定,不能按期缴纳的,可以按次缴纳。

> **探究与发现**
>
> 通过上述学习,你是否对"导入"案例 1 中所提出的问题进行了相关的思考?消费税酒税目中包含哪些子税目?各子税目税率是否相同?

> 案例1中，A烟酒集团有限公司作为生产烟、酒等应税产品的单位，属于消费税的纳税义务人。根据表3.1，可发现酒这一税目包含白酒、黄酒、啤酒和其他酒，各子税目的税率不尽相同，纳税人应依据具体子项目的税率缴纳应纳税额。

三、关税

关税是以进出边境、沿海口岸或国家指定的其他水、陆、空国际交往通道等关口的货物、物品的流转额为计税依据而征收的一种税。我国调整关税征纳关系的法律规范具体包括《中华人民共和国海关法》[①]（以下简称《海关法》）、《中华人民共和国进出口关税条例》[②]（以下简称《关税条例》）及《中华人民共和国海关进出口货物征税管理办法》[③]等。

（一）纳税义务人

根据《关税条例》的规定，关税的纳税义务人是进口货物的收货人、出口货物的发货人以及进境物品的所有人。进出口货物的收货人、发货人是指依法取得对外贸易经营权，并进口或出口货物的法人或者其他经济组织。进境物品的所有人包括该物品的所有人和推定为所有人的人。

> **探究与发现**
>
> 通过上述学习，你是否对"导入"案例1中所提出的问题进行了相关的思考？A烟酒集团有限公司是否为关税纳税义务人？
>
> 案例1中，A烟酒集团有限公司作为5辆进口货车的所有人，符合《关税条例》有关纳税义务人的规定，为关税的纳税义务人。

（二）征税范围

关税的征税范围包括准许进出我国国境的货物和物品。其中货物是指贸易性商品；物品则包括入境旅客随身携带的行李物品、个人邮递物品、各种运输工具上的服务人员携带进口的自用物品、馈赠物品以及以其他方式入境的个人物品。

（三）税率

关税的税率具体体现在《关税条例》《海关进口税则》《海关出口税则》等关税税则所列的税目税率表中，不同的进出口货物和进境物品适用不同的税率。关税的税率分为进口关税税率与出口关税税率两大类。我国进口关税设有最惠国税率、协定税率、特惠税率、

[①] 《中华人民共和国海关法》1987年1月22日通过，最新修正是根据2017年11月4日第十二届全国人民代表大会常务委员会第三十次会议《关于修改〈中华人民共和国会计法〉等十一部法律的决定》进行的第五次修正，自2017年11月5日起施行。

[②] 《中华人民共和国进出口关税条例》自2004年1月1日起施行，最新修订是根据2017年3月1日《国务院关于修改和废止部分行政法规的决定》进行的第四次修订。

[③] 《中华人民共和国海关进出口货物征税管理办法》于2005年1月4日发布，最新修正是根据2018年5月29日海关总署240号令《海关总署关于修改部分规章的决定》进行的第四次修正，自2018年7月1日起施行。

普通税率等税率。进口关税税率的适用由进口货物的原产地决定。《中华人民共和国进出口货物原产地条例》第三条、第七条、第九条对进口货物的原产地作了具体规定。概括来讲,我国原产地规定基本采用了国际上通用的原产地标准,即"全部产地生产标准"及"实质性加工标准"。我国出口税则为一栏税率,即为出口税率,其没有优惠税率和普通税率之分,按不同商品实行差别比例税率。我国对于出口货物一般不征收出口关税,现行税仅对鳗鱼苗、部分有色金属矿砂及其精矿、苯、山羊板皮等少数资源性产品、原材料和需要规范出口程序的半成品征收出口关税。

（四）关税的完税价格

根据《海关法》第五十五条的规定:"进出口货物的完税价格,由海关以该货物的成交价格为基础审查确定。成交价格不能确定时,完税价格由海关依法估定。进口货物的完税价格包括货物的货价、货物运抵中华人民共和国境内输入地点起卸前的运输及其相关费用、保险费;出口货物的完税价格包括货物的货价、货物运至中华人民共和国境内输出地点装载前的运输及其相关费用、保险费,但是其中包含的出口关税税额,应当予以扣除。进出境物品的完税价格,由海关依法确定。"案例1中,A烟酒集团有限公司进口的5辆8吨货车的进口完税价应为支付的货价、运输费用、保险费用及其他相关费用之和。

（五）应纳税额的计算

在确定应税货物的税则归类和进口货物的原产地之后,即可根据应税货物的完税价格和适用税率计算应纳关税税额。我国关税计征有从价计征法、从量计征法、复合税计征法及滑准税计征法四种方法。

(1) 从价税应纳税额的计算公式:

$$关税税额 = 应税进(出)口货物数量 \times 单位完税价格 \times 税率$$

(2) 从量税应纳税额的计算公式:

$$关税税额 = 应税进(出)口货物数量 \times 单位货物税额$$

(3) 复合税应纳税额的计算公式:

$$关税税额 = 应税进(出)口货物数量 \times 单位货物税额 + 应税进(出)口货物数量 \times 单位完税价格 \times 税率$$

(4) 滑准税应纳税额的计算公式:

$$关税税额 = 应税进(出)口货物数量 \times 单位完税价格 \times 滑准税税率$$

第三节 所得税法

所得税又称收益税,是以纳税人在一定期间内的纯收益(净收入)为课税对象的一类税。所得税首创于英国,是世界各国普遍征收的税种,国际上通常将所得税按照纳税主体的不同划分为公司所得税与个人所得税。我国目前的所得税主要包括企业所得税与个人所得税。

一、企业所得税

企业所得税是以企业的生产经营所得和其他所得为征税对象而征收的一种税。所得税实行"所得多的多征,所得少的少征,无所得的不征"的计征原则,以体现税收公平的基本原则。企业所得税法是国家制定的用以调整企业所得税征纳关系的法律规范的总称。我国现行企业所得税的基本法律规范包括《中华人民共和国企业所得税法》[①](以下简称《企业所得税法》)、《中华人民共和国企业所得税法实施条例》[②](以下简称《企业所得税法实施条例》)等。

(一)纳税义务人

企业所得税的纳税义务人为除个人独资企业、合伙企业外,在中华人民共和国境内的企业和其他取得收入的组织(以下统称为"企业")。根据《企业所得税法》的规定,我国企业所得税的纳税人分为居民企业与非居民企业两大类。

居民企业,指依法在中国境内成立,或者依照外国(地区)法律成立但实际管理机构在中国境内的企业。这里的"实际管理机构"是指对企业的生产经营、人员、账务、财产等实施实质性全面管理和控制的机构,一般以股东大会、董事会的场所以及行使指挥监督权力的场所等因素来综合判断。

非居民企业,是指依照外国(地区)法律成立且实际管理机构不在中国境内,但在中国境内设立机构、场所的,或者在中国境内未设立机构、场所,但有来源于中国境内所得的企业。这里的"机构、场所"是指在中国境内从事生产经营活动的机构、场所,具体包括管理机构,营业机构,办事机构,提供劳务的场所,从事建筑、安装、装配、修理、勘探等工程作业的场所以及工厂、农场、开采自然资源的场所等。案例1中,A烟酒集团有限公司为企业所得税的纳税义务人,该企业是依法在中国境内成立的企业,属于居民企业,应当承担无限纳税义务。

(二)征税范围

企业所得税的征税范围包括企业的生产经营所得、其他所得和清算所得。居民企业承担无限纳税义务,就其来源于中国境内、境外的所得缴纳企业所得税。非居民企业承担有限纳税义务,根据其是否在中国境内设立机构、场所,其纳税义务不同。非居民企业在中国境内设立机构、场所的,应当就其所设机构、场所取得的来源于中国境内的所得以及

---

① 《中华人民共和国企业所得税法》2007年3月16日通过,最新修正是根据2018年12月29日第十三届全国人民代表大会常务委员会第七次会议《关于修改〈中华人民共和国电力法〉等四部法律的决定》进行的修正。

② 《中华人民共和国企业所得税法实施条例》于2007年11月28日国务院第197次常务会议通过,最新修订是根据2019年4月23日《国务院关于修改部分行政法规的决定》进行的修订。

发生在中国境外但与其所设机构、场所有实际联系的所得缴纳企业所得税。非居民企业未在中国境内设立机构、场所或者其所得与所设机构、场所没有实际联系的,应当就其来源于中国境内的所得缴纳企业所得税。

(三) 税率

根据《企业所得税法》的规定,我国企业所得税实行比例税率。综合考虑企业实际税负、企业竞争力和周边及发达国家的税率等情况,针对不同企业设立了基本税率、低税率、优惠税率三档税率。

(1) 基本税率为25%。居民企业以及在中国境内设立机构、场所且所得与所设机构、场所有实际联系的非居民企业执行25%的基本税率。

(2) 低税率为20%。在中国境内未设机构、场所及虽设机构、场所但所得与所设机构、场所没有实际联系的非居民企业执行20%的低税率。

(3) 优惠税率为15%。国家重点扶持的高新技术企业执行15%的优惠税率。

税率的规范为各类企业创造了公平竞争的税收政策环境。

(四) 应纳税额的计算

根据《企业所得税法》第二十二条的规定,企业所得税的应纳税额为企业的应纳税所得额乘以适用税率,减除依照《企业所得税法》关于税收优惠的规定减免和抵免的税额后的余额。上述应纳税所得额为企业每一年度的收入总额,减除不征税收入、减免税收入、各项扣除以及允许弥补的以前年度的亏损后的余额。由于企业所得税采用按纳税年度计算,分月或分季度预缴,年终汇算清缴,多退少补的征收办法,其应纳税额的计算公式也不同,具体规定如下:

(1) 按年度计缴的,企业年度应纳税额=年应纳税所得额×税率-减免税额-抵免税额

(2) 按季(月)计缴的,本季(月)预缴应纳税额=本季(月)累计应纳税额-上季(月)累计已纳税额

(五) 税收优惠

为公平税赋,新税制统一了企业所得税税收优惠政策,实行"产业优惠为主,区域优惠为辅"的税收优惠政策。企业所得税的税收优惠方式包括免税、减税、加计扣除、加速折旧、税额抵免等。

(1) 免征与减征优惠。根据《企业所得税法》第二十七条的规定,从事农、林、牧、渔业项目的所得,从事国家重点扶持的公共基础设施项目投资经营的所得,从事符合条件的环境保护、节能节水项目的所得,符合条件的技术转让所得等,可以免征、减征企业所得税。

(2) 加计扣除优惠。根据《企业所得税法》第三十条的规定,企业在开发新技术、新产品、新工艺时发生的研究开发费用与安置残疾人员及国家鼓励安置的其他就业人员所支付的工资可以在计算应纳税所得额时加计扣除。

(3) 加速折旧优惠。根据《企业所得税法》第三十二条的规定,企业的固定资产由于技术进步等原因,确需加速折旧的,可以缩短折旧年限或者采取加速折旧的方法。

(4) 税额抵免优惠。根据《企业所得税法》第三十四条的规定,企业购置用于环境保护、节能节水、安全生产等专用设备的投资额,可以按一定比例实行税额抵免。

二、个人所得税

个人所得税是以个人所得为征税对象而征收的一种税。个人所得税是各国开征得较为普遍的一种税,尤其是发达国家,个人所得税在整个税收收入中占有较高比重。由于个人所得税由获得收入的个人直接承担,对国民生活影响较大,因而存在一定的征管难度。为此必须加强法制建设,严格依法治税。个人所得税法是国家制定的用以调整个人所得税征纳关系的法律规范的总称。我国现行个人所得税的基本法律规范包括《中华人民共和国个人所得税法》①(以下简称《个人所得税法》)、《中华人民共和国个人所得税法实施条例》②及《个人所得税专项附加扣除暂行办法》等。

（一）纳税义务人

个人所得税以所得人为纳税义务人,以支付所得的单位和个人为扣缴义务人。我国《个人所得税法》依据住所和时间两个标准将个人所得税的纳税主体分为居民纳税人和非居民纳税人。

居民纳税人是指在中国境内有住所,或者无住所而一个纳税年度内在中国境内居住累计满183天的个人。

非居民纳税人是在中国境内无住所又不居住,或者无住所而一个纳税年度内在中国境内居住累计不满183天的个人。

（二）征税范围

我国《个人所得税法》采用分类所得税制,将属于征税范围的所得分为9个税目,具体包括：

（1）工资、薪金所得,指个人因任职或受雇而取得的工资、薪金、津贴、补贴、奖金、年终加薪、劳动分红以及与任职或受雇有关的其他所得。

（2）劳务报酬所得,指个人从事劳务取得的所得,包括从事设计、装潢、安装、制图、化验、影视、技术服务、经纪服务等劳务取得的所得。

（3）稿酬所得,指个人因其作品以图书、报刊等形式出版、发表而取得的所得。

（4）特许权使用费所得,指个人提供专利权、商标权、著作权等特许权的使用权取得的所得。提供著作权的使用权所得不包括稿酬所得。

（5）经营所得,指个体工商户从事生产、经营活动取得的所得,个人独资企业投资人、合伙企业的个人合伙人来源于境内注册的个人独资企业、合伙企业生产、经营的所得;个人依

---

① 《中华人民共和国个人所得税法》于1980年9月10日颁布,最新修正是根据2018年8月31日第十三届全国人民代表大会常务委员会第五次会议《关于修改〈中华人民共和国个人所得税法〉的决定》进行的第七次修正。

② 《中华人民共和国个人所得税法实施条例》于1994年1月28日中华人民共和国国务院令第142号发布,最新修订是根据2018年12月18日中华人民共和国国务院令第707号进行的第四次修订。

法从事办学、医疗、咨询以及其他有偿服务活动取得的所得;个人对企业、事业单位承包经营、承租经营以及转包、转租取得的所得以及个人从事其他生产、经营活动取得的所得。

(6) 利息、股息、红利所得,指个人拥有债权、股权等而取得的利息、股息、红利所得。

(7) 财产租赁所得,指个人出租不动产、机器设备、车船以及其他财产取得的所得。

(8) 财产转让所得,指个人转让有价证券、股权、不动产、机器设备、车船等财产取得的所得。

(9) 偶然所得,指个人得奖、中奖、中彩以及其他偶然性质的所得。

(三) 税率

个人所得税率按所得项目的不同,分别规定了综合所得适用税率、经营所得适用税率及其他所得适用税率三种不同的税率。其中综合所得、经营所得实行超额累进税率,其他所得适用比例税率。综合所得包括工资、薪金所得,劳务报酬所得,稿酬所得和特许权使用所得。

(1) 居民个人综合所得适用税率,见表3.2。

表3.2 个人综合所得税率表

级 数	全年应纳税所得额	税率(%)	速算扣除数
1	不超过36 000元的	3	0
2	超过36 000元至144 000元的部分	10	2 520
3	超过144 000元至300 000元的部分	20	16 920
4	超过300 000元至420 000元的部分	25	31 920
5	超过420 000元至660 000元的部分	30	52 920
6	超过660 000元至960 000元的部分	35	85 920
7	超过960 000元的部分	45	181 920

注1:本表所称全年应纳税所得额是指依照《个人所得税法》第六条的规定,居民个人取得综合所得以每一纳税年度收入额减除费用6万元以及专项扣除、专项附加扣除和依法确定的其他扣除后的余额

注2:非居民个人取得工资、薪金所得,稿酬所得和特许使用费所得,依照本表按月换算后计算应纳税额

(2) 个人经营所得适用税率,见表3.3。

表3.3 个人经营所得税率表

级 数	全年应纳税所得额	税率(%)	速算扣除数
1	不超过30 000元的部分	5	0
2	超过30 000元至90 000元的部分	10	1 500
3	超过90 000元至300 000元的部分	20	10 500
4	超过300 000元至500 000元的部分	25	40 500
5	超过500 000元的部分	30	65 500

注:本表所称全年应纳税所得额是指依照《个人所得税法》第六条的规定,以每一纳税年度的收入总额减除成本、费用以及损失后的余额

(3) 利息、股息、红利所得,财产租赁所得,财产转让所得,偶然所得适用比例税率,税率为 20%。

(四) 应纳税额的计算

(1) 综合所得应纳税额的计算公式:

$$应纳税额 = 应纳税所得额 \times 适用税率 - 速算扣除数$$
$$= (全年收入总额 - 6万元 - 专项扣除 - 专项附加扣除 - 其他扣除) \times 适用税率 - 速算扣除数$$

(注:专项扣除包括社保和住房公积金等;专项附加扣除包括赡养老人、子女教育、住房贷款利息或住房租金、大病医疗、继续教育等支出。)

(2) 经营所得应纳税额的计算公式:

$$应纳税额 = 应纳税所得额 \times 适用税率 - 速算扣除数$$
$$= (全年收入总额 - 成本费用及损失) \times 适用税率 - 速算扣除数$$

(3) 利息、股息、红利及财产租赁所得等应纳税额的计算公式:

$$应纳税额 = 应纳税所得额 \times 20\%$$

> **探究与发现**
>
> 通过上述学习,你是否对"导入"案例 3 中所提出的问题进行了相关的思考?居民个人综合所得包括哪些内容?如何计算吴某 2020 年度应纳个人所得税额?
>
> 案例 3 中,吴某综合所得,包括工资、薪金所得,劳务报酬所得,稿酬所得,特许权使用费所得四项。其中,劳务报酬所得、稿酬所得、特权使用费所得以收入减除 20% 的费用后的余额为收入额。稿酬所得的收入额减按 70% 计算,即全年收入总额=工资薪金所得+(劳务报酬所得+特许权使用费所得)×(1-20%)+稿酬所得×(1-20%)×70%
>
> 吴某全年收入总额=17 000×12+20 000×(1-20%)+70 000×(1-20%)×70%=259 200(元)
>
> 吴某全年应纳税所得额=259 200-60 000-3 200×12-5 500×12=94 800(元)
>
> 吴某全年应纳税额=94 800×10%-2 520=6 960(元)

第四节 财产税法、资源税法和特定目的税法

一、财产税法

财产税是以纳税人拥有和支配的财产额为征税对象而征收的一种税。财产税的征税

对象并不是广义上的所有财产,而只是某些特定财产而已。我国开征的财产税主要有房产税、契税、车船税等。

(一) 房产税

房产税是以房屋为征税对象,以房产余值或租金为计税依据,向房产产权人征收的一种财产税。我国现行规范房产税的基本法律规范是 1986 年 9 月 15 日国务院颁布并于 2011 年 1 月 8 日修订的《中华人民共和国房产税暂行条例》[①](以下简称《房产税暂行条例》)。有关房产税规定的具体内容包括:

(1) 纳税义务人。房产税的纳税义务人为在中华人民共和国境内拥有房屋产权的单位和个人。产权属于全民所有的,由经营管理的单位缴纳。产权出典的,由承典人缴纳。产权所有人、承典人不在房产所在地的,或者产权未确定及租典纠纷未解决的,由房产代管人或者使用人缴纳。

(2) 征税范围。房产税的征税范围为城市、县城、建制区和工矿区的房屋。

(3) 税率。我国现行房产税采用的是比例税率。根据房产税的计税依据不同,分为从价计征的税率与从租计征的税率。从价计征即按房产原值一次性减除 10%—30% 后的余值计征,税率为 1.2%。从租计征即按房产出租的租金收入计征,税率为 12%。对于个人出租的居民住房,按 4% 的税率征收房产税。

(4) 税收优惠。根据《房产税暂行条例》第五条的规定,我国对国家机关、人民团体、军队自用的房产,由国家财政部门拨付事业经费的单位自用的房产,宗教寺庙、公园、名胜古迹自用的房产,个人所有非营业用的房产及经财政部批准免税的其他房产免征房产税。

(5) 应纳税额的计算。从价计征的公式为:应纳税额=房屋原产原值×(1-扣除比例)×1.2%;从租计征的公式为:应纳税额=租金收入×12%(或 4%)。

> **探究与发现**
>
> 通过上述学习,你是否对"导入"案例 1 中所提出的问题进行了相关的思考? A 烟酒集团有限公司是不是房产税的纳税义务人?如何计算 A 烟酒集团有限公司企业厂房房产税的应纳税额?
>
> 案例 1 中,A 烟酒集团有限公司作为厂房的所有权人,是房产税的纳税义务人,假定当地政府规定房产余值扣除比例为 30%,该企业厂房房产税的应纳税额=9 000 万元×(1-30%)×1.2%,为 756 000 元。

(二) 契税

契税是以在中华人民共和国境内权属发生转移的土地和房屋为征税对象而向产权承

[①] 《中华人民共和国房产税暂行条例》自 1986 年 10 月 1 日起施行,最新修订是根据 2011 年 1 月 8 日国务院令第 588 号《国务院关于废止和修改部分行政法规的决定》进行的修订。

受人征收的一种财产税。我国现行契税的基本法律规范是《中华人民共和国契税暂行条例》[①](以下简称《契税暂行条例》)。有关契税规定的基本内容包括:

(1) 纳税义务人。契税的纳税义务人为承受我国境内土地、房屋权属转移的单位和个人。

(2) 征税范围。契税的征税对象是境内转移土地和房屋权属行为,具体包括国有土地使用权的出让;土地使用权的转让(不包括农村集体土地承包经营权的转移),包括出售、赠与和交换;房屋买卖;房屋赠与;房屋交换。

(3) 税率。考虑到我国经济发展的不平衡,各地经济水平差别较大的实际情况,我国契税实行 3%—5% 的幅度税率,由各省、自治区、直辖市人民政府在幅度税率范围内,按照本地区实际情况确定适用税率,并报财政部和国家税务局备案。

(4) 税收优惠。根据《契税暂行条例》第六条的规定,下列情形减征或免征契税:① 国家机关、事业单位、社会团体、军事单位承受土地、房屋用于办公、教学、医疗、科研和军事设施的,免征;② 城镇职工按规定第一次购买公有住房的,免征;③ 因不可抗力灭失住房而重新购买住房的,酌情准予减征或者免征;④ 财政部规定的其他减征、免征契税的项目。

(5) 应纳税额的计算。契税应纳税额的计算公式为:应纳税额=计税依据×税率。契税实行从价计税,其计税依据由于土地和房屋的转移方式不同而有所不同,包括成交价格、核定价格、价格差额三种。

(三) 车船税

车船税是以车辆、船舶为征税对象,向车船的所有人或管理人征收的一种财产税。车船税法是国家制定的用以调整车船税征缴关系的法律规范的总称。现行车船税的基本规范包括《中华人民共和国车船税法》[②](以下简称《车船税法》)、《中华人民共和国车船税法实施条例》等。有关车船税规定的基本内容包括:

(1) 纳税义务人。车船税的纳税义务人为在中华人民共和国境内,属于《车船税法》所附《车船税税目税额表》规定的车辆、船舶的所有人或者管理人。

(2) 征税范围。车船税的征税范围是《车船税税目税额表》中规定的车辆和船舶。车辆和船舶是依法应当在车船登记管理部门登记的机动车辆和船舶及依法不需要在车船登记管理部门登记的在单位内部场所行驶或者作业的机动车辆和船舶。

(3) 税率。车船税实行定额税率,其适用税额依照《车船税法》所附的《车船税税目税额表》执行。其中车辆的具体适用税额由省、自治区、直辖市人民政府依照《车船税税目税额表》规定的税额幅度和国务院的规定确定。船舶的具体适用税额由国务院在《车船税税

---

① 《中华人民共和国契税暂行条例》于 1997 年 4 月 23 日经国务院第 55 次常务会议通过,自 1997 年 10 月 1 日起施行。最新修订是根据 2019 年 3 月 2 日《国务院关于修改部分行政法规的决定》进行的修订。

② 《中华人民共和国车船税法》自 2012 年 1 月 1 日起施行,最新修正是根据 2019 年 4 月 23 日第十三届全国人民代表大会常务委员会第十次会议《关于修改〈中华人民共和国建筑法〉等八部法律的决定》进行的修正。

目税额表》规定的税额幅度内确定。

（4）税收优惠。根据《车船税法》第三条的规定，下列车船免征车船税：捕捞、养殖渔船；军队、武装警察部队专用的车船；警用车船；悬挂应急救援专用号牌的国家综合性消防救援车辆和国家综合性消防救援专用船舶以及依照法律规定应当予以免税的外国驻华使领馆、国际组织驻华代表机构及其有关人员的车船。此外，对节约能源、使用新能源的车船可以减征或者免征车船税；对受严重自然灾害影响纳税困难以及有其他特殊原因确需减税、免税的，可以减征或者免征车船税。

（5）应纳税额的计算。

乘用车、商用客车、摩托车应纳税额＝车辆数×适用单位税额

商用货车、专业作业车、轮式专用机械车应纳税额＝整备质量吨数×适用单位税额

挂车应纳税额＝整备质量吨数×适用单位税额×50％

机动船应纳税额＝净吨位数×适用单位税额

拖船、非机动驳船应纳税额＝净吨位数×适用单位税额×50％

游艇应纳税额＝艇身长度米数×适用单位税额

> **探究与发现**
>
> 通过上述学习，你是否对"导入"案例1中所提出的问题进行了相关的思考？A烟酒集团有限公司是否为车船税的纳税义务人？
>
> 案例1中，A烟酒集团有限公司是其旗下25辆机动车的所有人，属于车船税的纳税义务人，因此A烟酒集团有限公司应当对旗下25辆机动车按照载货车与载人车进行分类，并依照当地政府或国务院所确定的具体适用税额缴纳车船税。

二、资源税法

资源税是对在我国境内从事开采矿产资源、生产盐和开发、使用土地的单位和个人课征的一种税。我国开征的资源税主要有资源税、城镇土地使用税等。

（一）资源税

资源税是对在中华人民共和国领域及管辖海域开采应税矿产品或者生产盐的单位和个人就其开发、利用资源的数量和价值所征收的一种税，属于对自然资源占用课税的范畴。我国现行资源税的基本规范包括《中华人民共和国资源税暂行条例》[①]（以下简称《资源税暂行条例》）、《中华人民共和国资源税暂行条例实施细则》《资源税征收管理规程》等。有关资源税规定的基本内容包括：

---

① 《中华人民共和国资源税暂行条例》于1993年12月25日国务院令第139号发布，自1994年1月1日起施行。最新修订是根据2011年9月30日《国务院关于修改〈中华人民共和国资源税暂行条例〉的决定》进行的修订。

(1) 纳税义务人。资源税的纳税义务人是在中华人民共和国领域及其管辖海域开采或生产应税产品的单位和个人。

(2) 征税范围。根据现行《资源税暂行条例》的规定,我国资源税的征税范围仅限于矿产品和盐,矿产品包括原油、天然气、煤炭、其他非金属矿原矿、黑色金属矿原矿、有色金属矿原矿。

(3) 税率。我国资源税的税率采用从价定率或者从量定额的方法确立,实行"普遍征收、级差调节"的原则。

(4) 应纳税额的计算。从价征收的,资源税的应纳税额＝应税产品的销售额×比例税率。从量征收的,资源税的应纳税额＝应税产品的销售数量×定额税率。

(二) 城镇土地使用税

城镇土地使用税是以城镇土地为征税对象,对拥有该土地资源使用权的单位和个人所征收的一种税。城镇土地使用税法是国家制定的用以调整城镇土地使用税征缴关系的法律规范的总称。现行城镇土地使用税的基本法律规范是《中华人民共和国城镇土地使用税暂行条例》[①](以下简称《城镇土地使用税暂行条例》)。有关城镇土地使用税规定的基本内容包括:

(1) 纳税义务人。城镇土地使用税的纳税义务人是在城市、县城、建制镇、工矿区范围内使用土地的单位和个人。

(2) 征税范围。城镇土地使用税的征税范围包括在城市、县城、建制镇、工矿区范围内属于国家和集体所有的土地。上述城市的土地包括市区和郊区的土地,县城的土地为县人民政府所在的城镇的土地,建制镇的土地为镇人民政府所在地的土地。

(3) 税率。城镇土地使用税采用定额税率,即采用有幅度的差别税额。根据《城镇土地使用税暂行条例》第四条的规定,大城市土地使用税每平方米年税额为1.5元至30元;中等城市土地使用税每平方米年税额为1.2元至24元;小城市土地使用税每平方米年税额为0.9元至18元;县城、建制镇、工矿区土地使用税每平方米年税额为0.6元至12元。

(4) 应纳税额的计算。城镇土地使用税以纳税人实际占用的土地面积为计税依据。其应纳税额的计算公式为:全年应纳税额＝实际占用应税土地面积(平方米)×适用税额。

三、特定目的税法

特定目的税又称特定行为税,是为达到特定目的,对纳税人的特定行为征收的一类税。我国开征的特定目的税主要有印花税、城市维护建设税等。

---

① 《中华人民共和国城镇土地使用税暂行条例》自1988年11月1日起施行,最新修订是根据2019年3月2日《国务院关于修改部分行政法规的决定》进行的第四次修订。

(一) 印花税

印花税是以经济活动和经济交往中书立、使用、领受具有法律效力的应税凭证的行为为征税对象而征收的一种税。我国现行印花税的基本法律规范是《中华人民共和国印花税暂行条例》[①](以下简称《印花税暂行条例》)。有关印花税规定的基本内容包括:

(1) 纳税义务人。印花税的纳税义务人为在中华人民共和国境内书立、领受《印花税暂行条例》所列举凭证的单位和个人。

(2) 征税范围。印花税的征税对象是《印花税暂行条例》所列举的凭证,共有13个税目,可分为5大类:① 购销、加工承揽、建设工程承包、财产租赁、货物运输、仓储保管、借款、财产保险、技术合同或者具有合同性质的凭证;② 产权转移书据,包括财产所有权、著作权等转移书据以及土地使用权出让、转让合同等权利转移合同;③ 营业账簿;④ 权利、许可证照,包括政府部门发给的房屋产权证、工商营业执照、商标注册证、专利证、土地使用证;⑤ 经财政部门确定征税的其他凭证。

(3) 税率。印花税的税率有比例税率和定额税率两种。各类合同和具有合同性质的凭证、产权转移书据、营业账簿中记载资金的账簿适用比例税率。权利、许可证照及营业账簿税目中的其他账簿适用定额税率,每件税额5元。

(4) 应纳税额的计算。适用比例税率的,其计算公式为:应纳税额=应税凭证计税金额×适用税率;适用定额税率的,其计算公式为:应纳税额=应税凭证件数×定额税率(5元)。

(二) 城市维护建设税

城市维护建设税简称城建税,是国家对从事工商经营,缴纳消费税、增值税的单位和个人所征收的一种税。城建税是国家为加强城市的维护建设、扩大和稳定城市维护建设资金的来源而征收的一种税,其所征税款专用于城市公用事业和公共设施的维护建设,是一种特定目的税。《中华人民共和国城市维护建设税法》[②](以下简称《城建税法》)自2021年9月1日起施行。有关城建税规定的具体内容包括:

(1) 纳税义务人。城建税的纳税义务人为在中华人民共和国境内负有缴纳增值税、消费税义务的单位和个人。

(2) 税率与应纳税额。城建税采用地区差别比例税率,纳税人所在地在市区的,税率为7%;纳税人所在地在县城、镇的,税率为5%;纳税人所在地不在市区、县城或镇的,税率为1%。城建税以纳税人实际缴纳的"二税"(增值税+消费税)税额为计税依据。城建税应纳税额的计算公式为:应纳税额=实际缴纳的"二税"税额×适用税率。案例1中的A烟酒集团有限公司及案例2中的个人独资企业都是从事工商经营且需要缴纳增值税的单位,因此它们也是城市维护建设税的纳税义务人。

---

① 《中华人民共和国印花税暂行条例》自1988年10月1日起施行,最新修订是根据2011年1月8日国务院令第588号《国务院关于废止和修改部分行政法规的决定》进行的修订。

② 《中华人民共和国城市建设维护税法》于2020年8月11日经第十三届全国人民代表大会常务委员会第二十一次会议通过,自2021年9月1日起施行。

第五节 税收征收管理法

税收征收管理法是由国家制定的以加强税收征收管理、规范税收征收和缴纳行为、保障国家税收收入、保护纳税人合法权益以及促进社会发展进步为目的,调整税收征收管理过程中形成的各种征纳关系的法律规范的总称。我国现行的规范税收征收管理的基本法律规范包括《中华人民共和国税收征收管理法》[①](以下简称《税收征收管理法》)、《中华人民共和国税收征收管理法实施细则》[②](以下简称《税收征收管理法实施细则》)等。税收征收管理法主要规定税务管理、税款征收以及违反税法的法律责任等内容。

一、税务管理

税务管理制度是处理征纳关系的主要法律依据和内容,是税收征纳的基础和前提,主要包括税务登记、账簿和凭证管理、纳税申报三个方面的内容。

(一) 税务登记

税务登记又称纳税登记,是从事生产、经营的纳税人在开业、歇业以及经营期间发生有关变动时,就其有关涉税情况在法定期间内向主管税务机关办理书面登记的一项制度。它是征纳双方法律关系成立的依据和证明,也是税务机关对纳税人实施税收管理的首要环节和基础工作。实行税务登记既有利于税务机关了解纳税人的基本情况,也有利于建立纳税人与税务机关之间正常的税收征纳关系。我国税务登记主要包括开业税务登记、变更及注销税务登记等内容。

根据《税收征收管理法》的规定,从事生产、经营的纳税人应自领取营业执照之日起30日内,持有关证件,向税务机关申报办理税务登记。税务登记内容发生变化的,应当自工商行政管理机关办理变更登记之日起30日内或者在向工商行政管理机关申请办理注销登记之前,持有关证件向税务机关申报办理变更或者注销税务登记。案例1中的A烟酒集团有限公司依照法律规定,在取得营业执照之日起30日内进行了开业税务登记,方便税务机关对其进行管理。

(二) 账簿、凭证管理

账簿、凭证是记载纳税人经济活动的重要文字根据。账簿是纳税人、扣缴义务人连续地记录其各种经济业务的账册和簿籍,具体分为总账、明细账、日记账及其他辅佐性账簿。凭证是纳税人用来记录经营业务,明确经济责任,并以此登记账簿的书面证明。账簿凭证

---

① 《中华人民共和国税收征收管理法》自1993年1月1日起施行,最新修正是根据2015年4月24日第十二届全国人民代表大会常务委员会第十四次会议《全国人民代表大会常务委员会关于修改〈中华人民共和国港口法〉等七部法律的决定》进行的第三次修正。

② 《中华人民共和国税收征收管理法实施细则》于2002年9月7日公布,最新修正是根据2016年2月6日发布的国务院令第666号《国务院关于修改部分行政法规的决定》进行的第三次修正。

管理在税收征管中占有十分重要的地位,有利于税务机关确定和征收税款,进行税务检查,打击查处税收违法行为。我国账簿凭证管理主要包括账簿的设置、账簿及凭证的保管等内容。

从事生产、经营的纳税人应当自领取营业执照或者发生纳税义务之日起15日内,按照国家有关规定设置账簿,根据合法、有效凭证记账,进行核算。纳税人、扣缴义务人的账簿、记账凭证、报表、完税凭证、发票、出口凭证以及其他有关涉税资料应该按照有关规定进行科学管理,妥善保管,不得伪造、变造或者擅自毁损。

(三) 纳税申报

纳税申报,是指负有纳税义务、扣缴义务的单位和个人依据税法的规定,在法定期限内向税务机关提交有关纳税事项书面报告的法律行为。纳税申报是纳税人必须履行的法定义务,也是税务机关界定纳税人法律责任的主要依据。

根据《税收征收管理法》及《税收征收管理法实施细则》的规定,纳税申报的对象是负有纳税义务或扣缴义务的单位和个人。纳税申报的方式有自行申报、邮寄申报、数据电文申报等方式。纳税申报的内容包括税种、税目,应纳税项目或者应代扣代缴、代收代缴税款项目,计税依据,扣除项目及标准,适用税率或者单位税额,应退税项目及税额、应减免税项目及税额,应纳税额或者应代扣代缴、代收代缴税额,税款所属期限、延期缴纳税款、欠税、滞纳金等,主要在各种纳税申报表或者代扣代缴、代收代缴报告表以及其他有关纳税资料中体现。

二、税款征收

税款征收是税务机关依照税收法律、法规的规定将纳税人应缴纳的税款组织征收入库的一系列活动的总称。税款征收是整个税收征管的中心环节,是全部税收征管工作的目的和归宿。围绕税款征收,《税收征收管理法》及《税收征收管理法实施细则》以及其他税种法设置了一系列的制度,包括税收征纳主体、税款征收方式、税收延期、税收减免、税款补缴及追征、文书送达、税收保全措施及税收强制执行措施等。本章主要介绍税款征收的主体及方式、税收保全措施、税收强制执行措施。

(一) 税款征收主体及方式

税款征收主体分为征税主体与纳税主体。征税主体包括税务机关和海关部门。税务机关是专门行使税权的国家主体,具有税款征收权。税务机关征收税款应严格遵循税收法定原则,不得违反法律、行政法规的规定开征、停征、多征、少征、提前征收、延缓征收或者摊派税款。纳税主体主要包括纳税义务人和扣缴义务人。根据《税收征收管理法》的规定,纳税义务人、扣缴义务人应依照法律、法规的规定履行缴纳税款及代扣、代收税款的义务。

税务机关根据保障国家税款及时足额入库、方便纳税人、降低税收成本的原则,依照各税种的不同特点以及征纳双方的具体条件而采取查账征收、查定征收、查验征收、定期定额征收、委托代征、代扣代缴、代收代缴等不同的税款征收方式。

(二) 税收保全措施

税收保全措施是法律赋予税务机关的一种强制权力，其目的是预防纳税人逃避税款缴纳义务，以保证国家税款的及时、足额入库。税收保全措施指税务机关在规定的纳税期之前，对有逃避纳税义务的纳税人，限制其处理可用作缴纳税款的存款、商品、货物等财产的一种行政强制措施。根据《税收征收管理法》的规定，税务机关实施税收保全措施必须符合以下条件：一是纳税人在规定的纳税期限或者责令限期缴纳税款的期限届满之前有逃避纳税义务的迹象且经纳税机关责成提供纳税担保后不能提供纳税担保；二是经县以上税务局(分局)局长批准。

税务机关可采取的保全措施有两种：一是书面通知纳税人开户银行或者其他金融机构冻结纳税人的金额相当于应纳税款的存款；二是扣押、查封纳税人的价值相当于应纳税款的商品、货物或者其他财产。

税收保全措施的终止有两种情况：一是纳税人在规定的限期内缴纳税款的，税务机关必须立即解除税收保全措施；二是纳税人在限期期满仍未缴纳税款的，经县以上税务局(分局)局长批准，终止保全措施，转入强制执行措施。

(三) 税收强制执行措施

税收强制执行措施是为了维护国家依法征税的权力，保障税收征纳程序和税款入库制度，对不履行税法上义务的纳税人或相关义务人采取法定的强制手段强迫其履行义务。税收强制执行措施不仅是税收无偿性和固定性的内在要求，也是税收强制性的具体表现。根据《税收征收管理法》的规定，税务机关实施强制执行措施必须符合以下条件：一是坚持告诫在先的原则，对于未按规定缴纳或解缴税款的，应当先行告诫，责令限期缴纳；二是限期缴纳期满后仍未缴纳或解缴税款；三是经县以上税务局(分局)局长批准。

税务机关可以采取的强制执行措施有两种：一是书面通知开户银行或其他金融机构从其存款中扣缴税款、滞纳金；二是扣押、查封、依法拍卖或者变卖其价值相当于应纳税款、滞纳金的商品、货物或其他财产，以拍卖或变卖所得抵缴税款、滞纳金或者罚款。案例2中，税务机关查封、扣押、拍卖该个人独资企业小汽车的行为即为税务机关实施的税收强制执行措施。

三、违反税收法律制度的法律责任

违反税收法律制度的法律责任是指税收法律关系主体违反税法的行为所引起的不利法律后果。对违反税收法律制度的违法行为应当承担的法律责任，《税收征收管理法》、《税收征收管理法实施细则》以及《中华人民共和国刑法》[①](以下简称《刑法》)作出了相应

---

① 《中华人民共和国刑法》于1979年7月1日通过，最新修正是根据2020年12月26日《中华人民共和国刑法修正案(十一)》进行的修正。

的规定。根据处罚对象不同,违反税收法律制度的法律责任又可分为纳税人、扣缴义务人的法律责任、税务机关及其工作人员的法律责任。

(一) 纳税人、扣缴义务人的法律责任

1. 对违反税务管理基本规定行为的处罚

根据《税收征收管理法》及《税收征收管理法实施细则》的规定,对纳税人及扣缴义务人违反税收征收管理基本规定的行为,如未按规定办理税务登记;未按规定进行纳税申报;未按规定设置、保管账簿或者保管记账凭证和有关资料;未按规定将有关材料报送税务机关备查等,由税务机关责令限期改正,可以处以相应罚款。

2. 对骗税、逃税、抗税行为的处罚

骗税即纳税人以假报出口等虚构事实或隐瞒真相的方法,利用国家税收优惠政策,骗取减免税或者出口退税的行为。依据《税收征收管理法》第六十六条的规定,纳税人以假报出口或者其他欺骗手段骗取国家出口退税款的,由税务机关追缴其骗取的退税款并处以相应罚款,构成犯罪的,依法追究刑事责任。《刑法》第二百零四条规定了纳税人骗取出口退税所应承担的刑事责任。

逃税是指纳税人故意违反税收法规,采用欺骗、隐瞒等方式逃避纳税的违法行为。如为不缴或者少缴应纳税款,伪造、变造、隐匿、擅自销毁账簿、记账凭证,或在账簿上多列支出、不列或少列收入,或进行虚假的纳税申报等。依照《税收征收管理法》规定,纳税人逃税的,由税务机关追缴其不缴或少缴税款、滞纳金并处相应罚款,逃避缴纳税款数额较大构成犯罪的,依法追究刑事责任。《刑法》第二百零一条规定了纳税人逃税所应承担的刑事责任。

抗税即指纳税人、扣缴义务人以暴力、威胁方法拒不缴纳税款的行为。依照《税收征收管理法》规定,对于抗税行为,除由税务机关追缴其拒缴的税款、滞纳金外,依法追究刑事责任。情节轻微,未构成犯罪的,由税务机关追缴其拒缴的税款、滞纳金,并处相应罚款。《刑法》第二百零二条规定了纳税人抗税所应承担的刑事责任。

> **探究与发现**
>
> 通过上述学习,你是否对"导入"所提出的问题进行了相关的思考?案例中哪些行为构成骗税、逃税?纳税人、扣缴义务人应当承担何种法律责任?
>
> 案例1中A烟酒集团有限公司故意将高税率白酒的销售额计入低税率药酒的销售额中逃避税款的行为,以及案例2中个人独资企业不合法使用税收优惠政策并采用账外账等方式骗取减免税收、逃避纳税的行为,已经构成骗税、逃税。税务机关应当依据相关法律、法规追缴其不缴或少缴的税款、滞纳金并处以相应的罚款。

(二) 税务机关及其工作人员的法律责任

1. 不按规定征收税款的法律责任

根据《税收征收管理法》第七十六条、第八十三条的规定,税务机关违反规定擅自改变税收征收管理范围、税款入库预算级次或者违反规定提前征收、延缓征收或摊派税款的,应责令改正并对直接负责的主管人员和其他直接责任人员依法给予行政处分。

《税收征收管理法》第八十四条规定:"违反法律、行政法规的规定,擅自作出税收的开征、停征或者减税、免税、退税、补税以及其他同税收法律、行政法规相抵触的决定的,除依照本法规定撤销其擅自作出的决定外,补征应征未征税款,退还不应征收而征收的税款,并由上级机关追究直接负责的主管人员和其他直接责任人员的行政责任;构成犯罪的,依法追究刑事责任。"

2. 渎职行为

税务机关是国家重要的经济执法部门,税务人员有无渎职行为,直接关系着税收法制能否得到有效维护、国家财政能否充实、社会能否和谐发展。根据《税收征收管理法》的规定,税务人员有下列行为之一的,依法给予行政处分,情节严重构成犯罪的,依法追究刑事责任:

(1) 利用职务上的便利,收受或者索取纳税人、扣缴义务人财物或者谋取其他不正当利益;

(2) 徇私舞弊或者玩忽职守,不征或者少征应征税款,致使国家税收遭受重大损失;

(3) 对控告、检举税收违法违纪行为的纳税人、扣缴义务人以及其他检举人进行打击报复等。

《刑法》第四百零四条、第四百零五条规定了税务人员利用职权营私舞弊,违反法律、行政法规的规定,致使国家利益遭受损失所应承担的刑事责任。

案例详解
税务机关及其
工作人员的
法律责任

> **探究与发现**
>
> 通过上述学习,你是否对"导入"所提出的问题进行了相关的思考?案例2中,税务分局副局长钱某的行为是否违反了税收法律规定?应当承担何种法律责任?
>
> 案例2中,税务分局副局长钱某凭借其职务上的便利,徇私舞弊,少征应征税款,致使国家税收造成损失,其行为已经构成违反《税收征收管理法》第八十二条的渎职行为,应当对其进行行政处分。构成犯罪的,还要追究钱某的刑事责任。

本 章 小 结

税法是取得财政收入的重要保证,是正确处理税收分配关系的法律依据,是国家宏观调控经济的重要手段,是监督管理的有力武器。本章从税法概论入手,重点阐述税收与税法的关系、税法的构成要素等内容;然后以不同税法要素为基点,重点阐述不同税法有关纳税人、征税范围、税率、应纳税额的计算等内容;最后简要介绍了税务管理、税款征收以及违反税法的法律责任等税收征收管理法的内容。本章涵盖了我国税收法律制度的基本内容,是深入学习税法的基础。

思 考 题

1. 税收的特征是什么？
2. 简述消费税的税率。
3. 简述税收保全措施和税收强制执行措施。
4. 税务管理制度的内容有哪些？
5. A 企业高级技术顾问李某 2018 年 3 月取得的收入如下：① 工资收入 8 500 元；② 一次性稿费收入 20 000 元；③ 一次性讲学收入 1 500 元；④ 一次性翻译收入 800 元。

   问题：李某 3 月份应纳的个人所得税额是多少？

6. B 酒厂为增值税的一般纳税人，主要生产粮食白酒和啤酒。2019 年 8 月公司账户收入反映销售粮食白酒 50 000 斤，每斤不含税售价 18 元；销售啤酒 200 万吨，每吨不含税售价 2 900 元。

   问题：B 酒厂 8 月份应纳消费税税额为多少？

拓 展 学 习

避税是一种与税法目的相抵触又无法得到法律直接适用的脱法行为，是指纳税人在不违反税法规定的前提下，将纳税义务减至最低限度的行为。2018 年 8 月 31 日，经第十三届全国人大常委会第五次会议表决通过的《个人所得税法》首次在个税领域引入了反避税规则。《个人所得税法》第八条规定："有下列情形之一的，税务机关有权按照合理方法进行纳税调整：（一）个人与其关联方之间的业务往来不符合独立交易原则而减少本人或者其关联方应纳税额，且无正当理由；（二）居民个人控制的，或者居民个人和居民企业共同控制的设立在实际税负明显偏低的国家（地区）的企业，无合理经营需要，对应当归属于居民个人的利润不作分配或者减少分配；（三）个人实施其他不具有合理商业目的的安排而获取不当税收利益。"个人所得税反避税规则降低了我国财政收入（税务来源部分）的不确定性，增强了跨境涉税信息交换，有利于政府最大化收益，同时对我国未来的所得税税制格局将产生重大的影响。

第四章

审计法

 本章教学目标

审计是一项具有独立性的经济监督活动。通过本章的学习,学生应了解审计法的适用范围和基本原则,明确审计机关的职责与权限,掌握审计程序及违反审计法规定应承担的法律责任。

 本章核心概念

审计机关的职责;审计程序;审计机关的权限

 导入

A市政府审计机关接到某国有公司员工举报称该国有公司存在财务造假行为,审计机关遂计划对该国有公司进行全方位的审计监督,其经过A市人民政府批准,次日便组成了审计组对该国有公司实施突击审计,审计组由五人组成,其中审计组组长林某某与该国有公司总经理林某系兄妹关系。

审计组到达该国有公司后,立即开展了审计工作,其要求该国有公司提交各月记账凭证、会计原始附件、财务会计报告、季度利润表、资产负债表等一系列资料以供检查。由于害怕财务造假行为败露,该国有公司为了逃避审计组的调查,在林某的指示下,公司会计谎称记账凭证和会计原件丢失,并及时销毁了这些重要资料。由于该国有公司的违法行为,审计组无法检查相关资料,导致证据不足,无法认定该国有公司存在财务造假的行为。但基于举报,审计组确信该国有公司在财务方面一定存在问题,便提请公安机关予以协助,对公司隐匿重要资料的行为进行调查,并决定对其税务、社保等多个方面实施审计。审计过程中,林某以审计组成员顾某未经同意私自查阅公司未提供的资料为由,要求顾某退出审计组。

而后在公安机关的协助下,对公司提供的资料进行详尽检查并对公司员工进行调查后,审计组发现该国有公司除了有财务造假的行为,还存在逃税漏税及少缴社保的行为,不仅如此,审计组有证据证明林某以个人名义在银行存储了属于该国有公司的公款。林某得知东窗事发,便恳请其妹妹林某某帮助销毁证据,逃避处罚,并承诺将给予50万元的酬谢费。林某某不忍哥哥受牢狱之灾,也出于50万元的诱惑,便利用职务之便销毁了林某私存公款的证据。

审计组对审计事项实施完审计后,出具了审计报告,明确了该国有公司存在财务造假、逃税漏税、少缴社保等违法行为,并征求了该国有公司的意见。该国有公司口头表明其少缴社保的行为不存在。审计组将审计报告提交给审计机关审查后,审计机关认为该国有公司财务造假、逃税漏税、少缴社保的违法行为认定事实清楚、证据充分,便依法责令该国有公司限期缴纳应当缴纳的税额和社保,限期修正财务问题,归还侵占的国有资产,责令林某限期退还其违法所得,并对公司处以罚款1 000万元,对林某处以罚款200万元。该国有公司接到处罚决定后,拒不执行;而林某在受到处罚后心有不甘,雇人在审计组成员顾某下班必经之路上将其撞成重伤。

问题:
(1) 审计机关对国有公司突击审查的行为是否合法?
(2) 林某某能否作为审计组组长参与该国有公司的审计活动?
(3) 林某能否要求顾某退出审计组?
(4) 在上述案例中,审计组履行了哪些职权?是否合法?
(5) 审计机关对国有公司实施的处罚是否均合法?
(6) 国有公司表明不存在少缴社保情况的异议能否成立?
(7) 林某雇凶撞人以及林某某销毁证据的行为是否构成犯罪?

带着这些问题,让我们进入本章的学习。

第一节 审计法概述

一、审计

(一) 审计的概念

审计作为一项具有独立性的经济监督活动,是指专职从事审计工作的机关和人员,根据国家法律、法规,运用专门的程序和方法,对国家的财政收支、国有金融机构和企业、事业单位的财务收支及其他依法应接受审计的财政和财务收支进行审查,从而维护国家财政经济秩序,保障国民经济健康发展的活动。

(二) 审计的特征

审计作为各国监督和管理国民经济的重要方式,具有以下特征:

1. 独立性

独立性是审计最本质的特征,是区别于其他经济监督的关键所在,也是保证审计工作顺利进行的必要条件。因此,审计在组织上、人员上、工作上、经费上均应具有独立性。在组织上,为确保审计机构独立地行使审计监督权,审计机关必须是独立的专职机构,应单独设置,与被审计单位没有组织上的隶属关系。在人员上,为确保审计人员能够实事求是地检查、客观公正地评价与报告,审计人员与被审计单位应当不存在任何经济利益关系,不参与被审计单位的经营管理活动;如果审计人员与被审计单位或者审计事项有利害关系,应当回避。在工作上,审计机关和审计人员应依法独立行使审计监督权,严格按照规定的审计目标、审计内容、审计程序,遵循审计准则、审计标准,进行证明资料的收集,作出审计判断,表达审计意见,提出审计报告;审计机关和审计人员应保持工作精神上的独立性,不受其他行政机关、社会团体或个人的干涉。在经费上,审计机关应有自己专门的经费来源或一定的经济收入,以保证有足够的经费独立自主地进行审计工作,不受被审计单位的牵制。

2. 权威性

审计的权威性,是保证有效行使审计权的必要条件。审计的权威性总是与独立性相关,它离不开审计组织的独立地位与审计人员的独立执业。各国法律对实行审计制度、建立审计机关以及审计机关的地位和权力都作了明确规定,这样使审计组织具有了法律上的权威性。我国宪法和审计法明确规定了国家实行审计监督制度;国务院和县级以上地方人民政府设立审计机关;审计机关依照法律规定的职权和程序,进行审计监督。

除此之外,审计人员依法执行职务,受法律保护,任何组织和个人不得拒绝、阻碍审计人员依法执行职务,不得打击报复审计人员,若被审计单位拒绝、阻碍审计,或有违反国家规定的财政财务收支行为时,审计机关有权作出处理、处罚的决定或建议;被审计单位应当坚决执行审计决定,例如将非法所得及罚款按期缴入审计机关指定的专门账户,对被审计单位和协助执行单位未按规定期限和要求执行审计决定的,应当采取措施责令其执行;对拒不执行审计决定的,申请法院强制执行,并可依法追究其责任;审计机关负责人在没有违法失职或者其他不符合任职条件的情况下,不得随意撤换等。这些均充分体现了我国审计的权威性。

3. 公正性

与权威性密切相关的是审计的公正性,从某种意义上说,没有公正性,也就不存在权威性。审计的公正性,反映了审计工作的基本要求。审计人员应当执行回避制度;办理审计事项应当客观公正、实事求是、廉洁奉公、保守秘密,作出不带任何偏见的、符合客观实际的判断,并作出公正的评价,进行公正的处理,以正确地确定或解除被审计人的经济责任;审计人员滥用职权、徇私舞弊、玩忽职守,不构成犯罪的,给予行政处分,构成犯罪的,依法追究刑事责任。这些均是审计行为公正性的体现。

除上述特征外,审计还具有间接性和强制性等特征。间接性,是指审计不直接干预被审计单位的财政财务,只是进入其内部进行监督;强制性,是指审计由国家强制力作保证,不以被审计单位的意志为转移。

(三) 审计的分类

按照内容不同,审计可分为财政财务审计、经济效益审计和财经法纪审计。财政财务审计,是指审计机关对国家机关、企事业单位的财政、财务收支活动和反映其经济活动的会计资料进行的审计;经济效益审计,是指审计机关对被审计单位或被审计项目的经济活动(包括财政、财务收支活动)的效益性进行审查;财经法纪审计,是指国家审计机关和内部审计部门对严重违反财经法纪的行为所进行的专项审计。

按照主体不同,审计可分为国家审计、社会审计和内部审计。国家审计,也称政府审计,是指由国家审计机关所实施的审计;社会审计,也称注册会计师审计,是指由持有注册会计师执业资格的会计师依法接受委托、独立执业、有偿为社会提供专业审计服务的活动;内部审计,也称部门和单位审计,是指由部门内部独立于财会部门以外的专职审计机关所进行的审计。

二、审计法

(一)审计法的概念

审计法的概念有广义和狭义之分。广义的审计法是指调整审计关系的法律规范的总称。审计关系,是指从事审计工作的专职机关和人员在审计过程中发生的经济关系,包括国家审计关系、社会审计关系和内部审计关系。而本章的审计法属于狭义上的审计法概念,仅指调整国家审计关系的法律规范,具体指《中华人民共和国审计法》[①](以下简称《审计法》)。

(二)审计法的宗旨和适用范围

制定《审计法》的宗旨在于加强国家的审计监督,维护国家财政经济秩序,提高财政资金使用效益,促进廉政建设,保障国民经济和社会健康发展。其适用范围包括国务院各部门和地方人民政府及其各部门的财政收支,国有的金融机构和企业事业组织的财务收支,以及其他依照《审计法》规定应当接受审计的财政收支、财务收支。

(三)审计法的基本原则

审计法的基本原则是指在审计活动中依法应当遵守的基本原则,包括合法性原则、独立性原则和客观公正、实事求是、廉洁奉公、保守秘密原则。合法性原则,是指审计机关应依照法律规定的职权和程序,进行审计监督;独立性原则,是指审计机关应按照法律规定独立行使审计监督权,不受行政机关、社会团体和个人的干涉;客观公正、实事求是、廉洁奉公、保守秘密原则是指审计机关和审计人员办理审计事项时,应当客观公正,实事求是,廉洁奉公,保守秘密。

第二节 审计机关和审计人员

一、审计机关

国家实行审计监督制度,国务院和县级以上地方人民政府设立审计机关。国务院设

---

① 《中华人民共和国审计法》1995年1月1日起施行,最新修正是根据2006年2月28日第十届全国人民代表大会常务委员会第二十次会议《关于修改〈中华人民共和国审计法〉的决定》进行的修正。

立审计署,在国务院总理领导下,主管全国的审计工作;省、自治区、直辖市、设区的市、自治州、县、自治县、不设区的市、市辖区的人民政府的审计机关,分别在省长、自治区主席、市长、州长、县长、区长和上一级审计机关的领导下,负责本行政区域内的审计工作。地方各级审计机关对本级人民政府和上一级审计机关负责并报告工作,审计业务以上级审计机关领导为主。审计机关根据工作需要,经本级人民政府批准,可以在其审计管辖范围内设立派出机构,派出机构根据审计机关的授权,依法进行审计工作。

审计机关履行职责所必需的经费,应当列入财政预算,由本级人民政府予以保证。

二、审计人员

审计人员作为国家公务员,应当具备与其所从事的审计工作相适应的专业知识和业务能力。审计人员办理审计事项,与被审计单位或者审计事项有利害关系的,应当回避;审计人员对其在执行职务中知悉的国家秘密和被审计单位的商业秘密,负有保密的义务。

> **探究与发现**
>
> 通过上述学习,你是否对"导入"所提出的问题进行了相关的思考?案例中的林某某能否作为审计组组长参与该国有公司的审计活动?
>
> 案例中,审计组组长林某某与被审计单位即该国有公司总经理林某系兄妹,存在利害关系,因此林某某应回避,不应成为审计组成员。

审计人员依法执行职务,受法律保护;任何组织和个人不得拒绝、阻碍审计人员依法执行职务,不得打击报复审计人员。审计机关负责人依照法定程序任免。审计机关负责人没有违法失职或者其他不符合任职条件的情况的,不得随意撤换。地方各级审计机关负责人的任免,应当事先征求上一级审计机关的意见。

> **探究与发现**
>
> 通过上述学习,你是否对"导入"所提出的问题进行了相关的思考?案例中,林某能否要求顾某退出审计组?
>
> 案例中,审计组成员顾某不存在违法或者其他不符合任职条件的情况,因此林某以其未经同意私自查阅公司未提供的资料为由要求其退出审计组是得不到支持的。

第三节 审计机关的职责与权限

一、审计机关的职责

(1)审计机关对各级人民政府及其部门的财政收支进行审计监督。审计机关对本级各部门(含直属单位)和下级政府预算的执行情况和决算以及其他财政收支情况进行审计监督。审计署在国务院总理领导下,对中央预算执行情况和其他财政收支情况进行审计监督,并向国务院总理提出审计结果报告。地方各级审计机关分别在省长、自治区主席、市长、州长、县长、区长和上一级审计机关的领导下,对本级预算执行情况和其他财政收支情况进行审计监督,向本级人民政府和上一级审计机关提出审计结果报告。

(2)审计机关对国有金融机构的财务收支进行审计监督。审计署对中央银行的财务收支进行审计监督。审计机关对国有金融机构的资产、负债、损益进行审计监督。

(3)审计机关对国有企业事业单位的财务收支进行监督。审计机关对国家的事业组织和使用财政资金的其他事业组织的财务收支进行审计监督。审计机关对国有企业的资产、负债、损益进行审计监督。对国有资本占控股地位或者主导地位的企业、金融机构的审计监督,由国务院规定。

(4)审计机关对其他有关事项进行审计监督。审计机关对政府投资和以政府投资为主的建设项目的预算执行情况和决算进行审计监督;对政府部门管理的和其他单位受政府委托管理的社会保障基金、社会捐赠资金以及其他有关基金、资金的财务收支进行审计监督;对国际组织和外国政府援助、贷款项目的财务收支进行审计监督;按照国家有关规定,对国家机关和依法属于审计机关审计监督对象的其他单位的主要负责人,在任职期间对本地区、本部门或者本单位的财政收支、财务收支以及有关经济活动应负经济责任的履行情况进行审计监督。除《审计法》规定的审计事项外,审计机关对其他法律、行政法规规定应当由审计机关进行审计的事项,依照《审计法》和有关法律、行政法规的规定进行审计监督。审计机关有权对与国家财政收支有关的特定事项,向有关地方、部门、单位进行专项审计调查,并向本级人民政府和上一级审计机关报告审计调查结果。审计机关根据被审计单位的财政、财务隶属关系或者国有资产监督管理关系确定审计管辖范围,审计机关之间对审计管辖范围有争议的,由其共同的上级审计机关确定。上级审计机关可以将其审计管辖范围内的《审计法》有关条款规定的审计事项,授权下级审计机关进行审计;上级审计机关对下级审计机关审计管辖范围内的重大审计事项可以直接进行审计,但是应当防止不必要的重复审计。依法属于审计机关审计监督对象的单位,应当按照国家有关规定建立健全内部审计制度;其内部审计工作应当接受审计机关的业务指导和监督。社会审计机构审计的单位依法属于审计机关审计监督对象的,审计机关按照国务院的规定,有权对该社会审计机构出具的相关审计报告进行核查。

二、审计机关的权限

(一)检查调查权

审计机关有权要求被审计单位按照审计机关的规定提供预算或者财务收支计划、预算执行情况、决算、财务会计报告,运用电子计算机储存、处理的财政收支、财务收支电子数据和必要的电子计算机技术文档,在金融机构开立账户的情况,社会审计机构出具的审计报告，以及其他与财政收支或者财务收支有关的资料，被审计单位不得拒绝、拖延、谎报。被审计单位负责人对本单位提供的财务会计资料的真实性和完整性负责。

审计机关进行审计时，有权检查被审计单位的会计凭证、会计账簿、财务会计报告和运用电子计算机管理财政收支、财务收支电子数据的系统，以及其他与财政收支、财务收支有关的资料和资产，被审计单位不得拒绝。

审计机关进行审计时，有权就审计事项的有关问题向有关单位和个人进行调查，并取得有关证明材料。有关单位和个人应当支持、协助审计机关工作，如实向审计机关反映情况，提供有关证明材料。

审计机关经县级以上人民政府审计机关负责人批准，有权查询被审计单位在金融机构的账户。

审计机关有证据证明被审计单位以个人名义存储公款的，经县级以上人民政府审计机关主要负责人批准，有权查询被审计单位以个人名义在金融机构的存款。

> **探究与发现**
>
> 通过上述学习，你是否对"导入"所提出的问题进行了相关的思考？案例中，审计组履行了哪些职权？是否合法？
>
> 案例中，审计组对该国有公司财务会计报告、季度利润表、资产负债表等一系列与财务相关的资料进行检查，询问国有公司员工，对其进行调查，都是审计机关检查调查权的体现；同时，审计组有证据证明国有公司总经理林某以个人名义在银行存储公款后，经过A市政府审计机关负责人的批准，有权查询林某在银行的账户及存款。

(二) 处理处罚权

审计机关进行审计时，被审计单位不得转移、隐匿、篡改、毁弃会计凭证、会计账簿、财务会计报告以及其他与财政收支或者财务收支有关的资料，不得转移、隐匿所持有的违反国家规定取得的资产。

若被审计单位存在上述行为，审计机关有权予以制止；必要时，经县级以上人民政府审计机关负责人批准，有权封存有关资料和违反国家规定取得的资产；对其中在金融机构的有关存款需要予以冻结的，应当向人民法院提出申请。

审计机关对被审计单位正在进行的违反国家规定的财政收支、财务收支行为，有权予以制止；制止无效的，经县级以上人民政府审计机关负责人批准，通知财政部门和有关主管部门暂停拨付与违反国家规定的财政收支、财务收支行为直接有关的款项，已经拨付的，暂停使用。

审计机关采取上述措施时不得影响被审计单位合法的业务活动和生产经营活动。

> **探究与发现**
>
> 通过上述学习,你是否对"导入"所提出的问题进行了相关的思考?案例中,审计组履行了哪些职权?是否合法?
>
> 案例中,对于国有公司隐匿、毁弃记账凭证、会计原件的行为,审计组有权予以制止;审计机关认为林某私存公款的个人账户需要冻结的,应当向人民法院提出冻结的申请。

审计机关认为被审计单位所执行的上级主管部门有关财政收支、财务收支的规定与法律、行政法规相抵触的,应当建议有关主管部门纠正;有关主管部门不予纠正的,审计机关应当提请有权处理的机关依法处理。

(三)通报公布权

审计机关可以向政府有关部门通报或者向社会公布审计结果。审计机关通报或者公布审计结果,应当依法保守国家秘密和被审计单位的商业秘密,遵守国务院的有关规定。

(四)请求协助权

审计机关履行审计监督职责,可以提请公安、监察、财政、税务、海关、价格、工商行政管理等机关予以协助。案例中,对该国有公司隐匿、销毁重要资料的行为,审计机关可以提请公安机关予以协助;对于审计该国有公司税务方面的事项,审计机关也可以提请税务机关予以协助。

第四节 审 计 程 序

审计程序是审计机关在审计监督过程中应当遵循的法定程序,具体可分为审计准备、审计实施和审计终结三个阶段。

一、审计准备

审计机关根据审计项目计划确定的审计事项组成审计组,并应当在实施审计三日前,向被审计单位送达审计通知书;遇有特殊情况,经本级人民政府批准,审计机关可以直接持审计通知书实施审计。被审计单位应当配合审计机关的工作,并提供必要的工作条件;审计机关应当提高审计工作效率。

> **探究与发现**
>
> 通过上述学习,你是否对"导入"所提出的问题进行了相关的思考?案例中,审计机关对该国有公司突击审查的行为是否合法?

> 案例中,审计机关接到员工举报该国有公司财务造假属于特殊情况,因此该审计机关经过A市政府批准后,无须待到三日后,次日便可直接持审计通知书对该国有公司进行审计监督。

二、审计实施

审计人员通过审查会计凭证、会计账簿、财务会计报告,查阅与审计事项有关的文件、资料,检查现金、实物、有价证券,向有关单位和个人调查等方式进行审计,并取得证明材料。审计人员向有关单位和个人进行调查时,应当出示审计人员的工作证件和审计通知书副本。

审计组对审计事项实施审计后,应当向审计机关提出审计组的审计报告。审计组的审计报告报送审计机关前,应当征求被审计对象的意见。被审计对象应当自接到审计组的审计报告之日起十日内,将其书面意见送交审计组。审计组应当将被审计对象的书面意见一并报送审计机关。

案例详解
审计实施

> **探究与发现**
>
> 通过上述学习,你是否对"导入"所提出的问题进行了相关的思考?案例中,该国有公司表明不存在少缴社保情况的异议能否成立?
>
> 案例中,审计组在结束审计活动,出具审计报告向该国有公司征求意见时,该国有公司口头表明其少缴社保的违法行为不存在,而并非提交了书面意见,这种提出异议的方式是无效的。

三、审计终结

审计机关按照审计署规定的程序对审计组的审计报告进行审议,并对被审计对象对审计组的审计报告提出的意见一并研究后,提出审计机关的审计报告;对违反国家规定的财政收支、财务收支行为,依法应当给予处理、处罚的,在法定职权范围内作出审计决定或者向有关主管机关提出处理、处罚的意见。审计机关应当将审计机关的审计报告和审计决定送达被审计单位和有关主管机关、单位。审计决定自送达之日起生效。

> **探究与发现**
>
> 通过上述学习,你是否对"导入"所提出的问题进行了相关的思考?案例中,审计机关对该国有公司实施的处罚是否合法?
>
> 案例中,审计机关责令该国有公司限期缴纳应当缴纳的税额和社保、限期修正财务问题、归还侵占的资产为其法定职权范围内能够作出的审计决定;但审计机关认为应对该国有公司及林某处以罚款,不属于审计机关职权范围内能够作出的审计决定,其应向公安等有关主管机关提出处罚意见,而不能自行处罚。

上级审计机关认为下级审计机关作出的审计决定违反国家有关规定的,可以责成下级审计机关予以变更或者撤销,必要时也可以直接作出变更或者撤销的决定。

第五节 法律责任

审计活动的违法行为分为被审计单位及其相关人员的违法行为和审计机关及审计人员的违法行为,因此法律责任也分为被审计单位及其相关人员的法律责任和审计机关及审计人员的法律责任。

一、被审计单位及其相关人员的法律责任

(1) 被审计单位拒绝或者拖延提供与审计事项有关资料的,或者提供的资料不真实、不完整的,或者拒绝、阻碍检查的,由审计机关责令改正,可以通报批评,给予警告;拒不改正的,依法追究责任。

(2) 被审计单位转移、隐匿、篡改、毁弃会计凭证、会计账簿、财务会计报告以及其他与财政收支、财务收支有关的资料,或者转移、隐匿所持有的违反国家规定取得的资产,审计机关认为对直接负责的主管人员和其他直接责任人员依法应当给予处分的,应当提出给予处分的建议,被审计单位或者其上级机关、监察机关应当依法及时作出决定,并将结果书面通知审计机关;构成犯罪的,依法追究刑事责任。

> **探究与发现**
>
> 通过上述学习,你是否对"导入"所提出的问题进行了相关的思考?对于案例中该国有公司会计在林某的指示下隐匿并毁弃了会计凭证、会计原始附件的行为应如何处理?
>
> 案例中,该国有公司会计在林某的指示下隐匿并毁弃了会计凭证、会计原始附件,审计机关认为应对林某和公司会计给予处分的,应当提出处分建议。

(3) 对本级各部门(含直属单位)和下级政府违反预算的行为或者其他违反国家规定的财政收支行为,审计机关、人民政府或者有关主管部门在法定职权范围内,依照法律、行政法规的规定,区别情况采取下列处理措施:① 责令限期缴纳应当上缴的款项;② 责令期退还被侵占的国有资产;③ 责令限期退还违法所得;④ 责令按照国家统一的会计制度的有关规定进行处理;⑤ 其他处理措施。

(4) 对被审计单位违反国家规定的财务收支行为,审计机关、人民政府或者有关主管部门在法定职权范围内,依照法律、行政法规的规定,区别情况采取下列处理措施并可依法给予处罚:① 责令限期缴纳应当上缴的款项;② 责令限期退还被侵占的国有资产;

③责令限期退还违法所得;④责令按照国家统一的会计制度的有关规定进行处理;⑤其他处理措施。

> **探究与发现**
>
> 通过上述学习,你是否对"导入"所提出的问题进行了相关的思考?案例中,审计机关对该国有公司实施的处罚是否均合法?
>
> 案例中,对于该国有公司逃税漏税、少缴社保的违法行为,审计机关责令其限期缴纳应缴款项,对于其财务造假的违法行为,审计机关责令其限期退还被侵占的国有资产的决定,都是合法的。

(5) 审计机关在法定职权范围内作出的审计决定,被审计单位应当执行。审计机关依法责令被审计单位上缴应当上缴的款项,被审计单位拒不执行的,审计机关应当通报有关主管部门,有关主管部门应当依照有关法律、行政法规的规定予以扣缴或者采取其他处理措施,并将结果书面通知审计机关。

> **探究与发现**
>
> 通过上述学习,你是否对"导入"所提出的问题进行了相关的思考?案例中,对于审计机关责令该国有公司缴纳应缴纳的税额和社保而该国有公司拒不执行的行为应如何处理?
>
> 案例中,对于审计机关责令该国有公司缴纳应缴纳的税额和社保而该国有公司拒不执行的行为,审计机关应当通报税务机关和社保机关予以扣缴,两者扣缴后应将结果书面通知给审计机关。

(6) 被审计单位的财政收支、财务收支违反国家规定,审计机关认为对直接负责的主管人员和其他直接责任人员依法应当给予处分的,应当提出给予处分的建议,被审计单位或者其上级机关、监察机关应当依法及时作出决定,并将结果书面通知审计机关。

(7) 被审计单位的财政收支、财务收支违反法律、行政法规的规定,构成犯罪的,依法追究刑事责任。

(8) 被审计单位或其相关工作人员报复陷害审计人员的,依法给予处分;构成犯罪的,依法追究刑事责任。

> **探究与发现**
>
> 通过上述学习,你是否对"导入"所提出的问题进行了相关的思考?案例中,林某雇凶撞人的行为是否构成犯罪?
>
> 案例中,林某对于审计处罚心有不甘,雇人将审计组成员顾某撞成重伤的行为显然属于报复行为,且情节严重,已构成犯罪,应追究其刑事责任。

二、审计机关及审计人员的法律责任

审计人员滥用职权、徇私舞弊、玩忽职守或者泄露所知悉的国家秘密、商业秘密的,依法给予处分;构成犯罪的,依法追究刑事责任。

> **探究与发现**
>
> 通过上述学习,你是否对"导入"所提出的问题进行了相关的思考?案例中,林某某销毁证据的行为是否构成犯罪?
>
> 案例中,林某某基于与林某的兄妹关系以及50万元酬谢费的诱惑,利用自己的职务之便,销毁了林某私存公款的证据,是典型的滥用职权、徇私舞弊的做法,且该行为性质恶劣,已构成犯罪,应追究其刑事责任。

第六节 争议解决

被审计单位对审计机关作出的有关财务收支的审计决定不服的,可以依法申请行政复议或者提起行政诉讼。被审计单位对审计机关作出的有关财政收支的审计决定不服的,可以提请审计机关的本级人民政府裁决,本级人民政府的裁决为最终决定。

本章小结

本章通过对审计法适用范围和基本原则、审计机关职责与权限、审计程序以及违反审计法规定应承担的法律责任等内容进行了阐述,明确了《审计法》为社会主义市场经济的正常运行提供了审计监督的法律保障,其有利于促进改革、发展和稳定三者的统一,有利于解决资金违章拆借、公款请客送礼等经济运行中的突出问题,能够促进廉政建设,确保国民经济正常运行。

思 考 题

1. 审计报告应包含哪几部分内容?
2. 审计人员办理审计事项时,在哪些情形下应当回避?
3. A县审计局在对某事业单位审计时发现该单位下设一自主经营的经济实体,遂要求该单位提供核算下属经济实体收支情况的账簿、凭证和报表等资料,但该单位以种种理由拖延不提供资料。审计组多次与该单位负责人及相关人员协商,并对该单位负责人及相关人员给予警告后,该单位仍不提供上述资料,于是 A 县审计局对该事业单位处以了 20 000 元罚款,对单位负责人处以了 1 000 元罚款。

问题:A 县审计局的处罚决定是否正确?

拓 展 学 习

党的十八大以来,按照"全面推进构建集中统一、全面覆盖、权威高效的审计监督体系"的要求,党中央、国务院对国家审计制度进行了重大改革,国家审计成为党和国家监督体系的有机组成部分。但我国现行的《审计法》尚未同步修改,存在着审计范围规定不明确、审计法体系和内容不清晰、审计法立法技术不足等问题,因此修改《审计法》势在必行。立法机关应将审计管理体制改革成果写入《审计法》,同时从提高《审计法》的立法位阶、理顺审计管理体制、强化《审计法》国家强制力、规定对国家审计机关及人员的监督、明确国家审计与内部审计的关系等方面完善《审计法》。

第五章

银行法

 本章教学目标

本章主要介绍银行及银行法概述,中国人民银行和商业银行的概念、组织形式和业务规则等内容。通过本章的学习,学生应了解中国人民银行的概念和法律地位、商业银行的概念、银行监管的法律制度;掌握央行的金融监管权、商业银行的组织形式、商业银行的设立和变更条件等基本内容,能够运用所学知识分析和解决实践中的具体问题。

 本章核心概念

银行法;中国人民银行法;商业银行法;商业银行的监督管理

 导入

2001年12月20日,王某、张某、W股份有限公司分别出资1 000万元、2 000万元和7 000万元共1亿元人民币,向国务院银行业监督管理机构申请设立B城市股份制商业银行,经营范围为吸收公众存款,发放短期、中期、长期贷款等,经审查符合条件,批准设立。2006年9月25日,经国务院银行业监督管理机构审批更名为A银行,总部设在A市。A银行自成立以来,经营状况良好。

2018年,国务院开始新一轮房地产行业调控,强调"坚持房子是用来住的、不是用来炒的定位,因城施策,促进房地产市场平稳健康发展",随后多个城市信贷政策收紧,对当地房地产市场产生了不同程度的影响。A市也不例外,出台了取消银行首套房与二套房利率折扣优惠等政策。中国人民银行(简称央行)经国务院批准后,执行了一系列货币政策,降温房地产,上调存款准备金率,控制社会上的流通货币,提高银行再贴现利率,增加商业银行向央行融资的成本,以抑制信贷需求。

因央行的货币调控政策,A银行的主营业务受到强烈冲击。2018年开始,A银行的业绩迅速滑坡。2018年3月末、6月末及9月末,A银行净利润同比分别下降10.5%、20.7%和34%,财富创造能力呈现出加速下降趋势。

2019年1月,A银行多家分行出现支付困难,央行经国务院批准,对A银行进行检查监督。央行建议国务院银行业监督管理机构(中国银行保险监督管理委员会,简称银保监会)对A银行业进行检查监督,银保监会同意央行建议。央行根据履行职责的需要,要求A银行报送必要的资产负债表、利润表以及其他财务会计、统计报表和资料。银保监会还对A银行进行现场检查,询问A银行的工作人员,查阅、复制与检查事项有关的文件、资料,封存可能被转移、隐匿或者毁损的文件、资料,检查银行运用电子计算机管理业务数据的系统等。

央行和银保监会经过检查监督发现,A银行为弥补主营业务所受损失,铤而走险,实施违反规定提高利率、采用不正当手段吸收存款、发放贷款,未经批准买卖、代理买卖外汇,违反规定从事信托投资和证券经营业务,向关系人发放信用贷款等多项违法行为,获利近百亿元。银保监会责令A银行停业整顿,没收违法所得,并处违法所得3倍罚款;因A银行还违反了审慎经营规则,故同时限制其分配红利和其他收入,限制资产转让等行政强制措施;对A银行直接负责的董事、高级管理人员和其他直接责任人员构成犯罪的行为,依法移送公安机关处理。

调查进一步开展,2019年5月24日,央行、银保监会联合发布公告,鉴于A银行出现严重信用风险,为保护存款人和其他客户合法权益,依照《中华人民共和国中国人民银行法》《中华人民共和国银行业监督管理法》和《中华人民共和国商业银行法》有关规定,银保监会决定自2019年5月24日起对A银行实行接管,接管期限一年。由央行、银保监会会同有关方面组建接管组,对A银行实施接管。自接管开始之日起,接管组全面行使A银行的经营管理权,委托某银行托管A银行业务。某银行组建托管工作组,在接管组指导下,按照托管协议开展工作。接管后,A银行正常经营,客户业务照常办理,依法保障银行存款人和其他客户合法权益。

2020年5月23日,银保监会发布公告,A银行股份有限公司接管期限延长6个月,自2020年5月24日起至2020年11月23日止。

2020年8月6日,央行发布《2020年第二季度中国货币政策执行报告》,称A银行将被提起破产申请。2020年11月11日,央行、银保监会发布了《关于认定A银行发生无法生存触发事件的通知》(以下简称《通知》)。《通知》称,在接管期间,经清产核资,央行、银保监会确认A银行严重资不抵债,已经丧失清偿到期债务的能力。2020年11月12日,银保监会对A银行《关于A银行股份有限公司破产申请事项的请示》作出批复,同意A银行进入破产程序。2020年11月17日,A市中级人民法院在全国企业破产重整案件信息网发布民事裁定书,宣布裁定受理A银行破产清算一案。通过媒体告知A银行利害关系人拟破产事宜。A银行开始破产清算,法院宣告其破产,A银行事实上丧失法人资格,法院组织银保监会有关部门和律师、会计师等有关人员成立清算组。

据F会计师事务所出具的审计报告显示,截至2020年10月31日,A银行资产总额约为4.465亿元,负债总额约为2 059.624亿元,股东权益约为-2 055.159亿元。为最大程度保障A银行广大储户债权人合法权益,维护金融稳定和社会稳定,央行、银保监会经过深入研究论证,决定由存款保险基金和央行提供资金,先行对个人存款和绝大多数机构债权予以全额保障。A银行破产后,该银行在A市相关业务也由M银行承接,A市外的相关业务由H银行承接。

清算组对A银行的债权债务进行清查处理,召集债权人会议,通过各方努力,A银行破产财产终于分配完毕,清算组提请人民法院终结破产程序,工商机关办理注销登记并核准注销后,公告A银行终止。至此,A银行的企业法人资格在法律意义上正式消灭。

问题:

(1) 城市商业银行设立的条件是什么?

(2) 银行更名的程序是怎样的?

(3) 中国人民银行的货币政策包括哪些?

(4) 我国银行业监督管理机构是哪个?监督机构的监管包括哪些方式?

(5) 商业银行的存贷款业务规则包括哪些?

(6) 商业银行的接管条件是什么?接管期限最长多久?

(7) 商业银行的破产程序是怎样的?

(8) A银行破产后,中国人民银行提供资金,先行保障个人存款和部分债权,体现了央行的哪些职能?

带着这些问题,让我们进入本章的学习。

第一节 银行及银行法概述

一、银行

银行是经营货币的金融机构,具有促进资金筹措与融通的功能,是金融机构中重要的一员。例如,中国人民银行的主要职能包括负责发行货币、管理国库资金以及制定和执行货币政策等;商业银行一方面以吸收存款的方式把社会的闲置资金集中起来,然后以贷款的形式借给需要补充货币的人去使用,在这一过程中充当贷款人和借款人的中介,另一方面为商品生产者和消费者等办理货币的收付、结算等业务,又充当支付中介。因银行经营业务的特殊性,各国都注重通过立法加强对银行的监管。

二、银行法及其调整对象

银行法是规范银行组织关系、经营业务关系和监督管理关系的法律规范的总称。银行组织关系涉及银行内部组织结构的管理关系,例如银行的设立、变更和终止、董事和高级管理人员的任职资格等;银行经营业务关系指银行间以及银行与客户之间在经营货币或其他信用业务等活动中所形成的经济关系,例如存贷款关系、投资关系、结算关系等;银行监督管理关系指国家中央银行、银行业监督管理机构和其他经济管理机关在对银行经营行为进行监督管理和宏观调控过程中形成的社会关系,例如,央行对银行间债券市场的监管关系、国家银行业监督管理机构对全国银行业的统一监管关系等。我国银行业基本的法律规范包括《中华人民共和国人民银行法》[①](以下简称《中国人民银行法》)、《中华人民共和国商业银行法》[②](以下简称《商业银行法》)和《中华人民共和国银行业监督管理法》[③](以下简称《银行业监督管理法》)。

第二节　中国人民银行法

一、中国人民银行的概念及职能

(一) 中国人民银行的概念及性质

中央银行是一国最高的货币金融管理机构,在各国金融体系中处于主导地位。中国人民银行是我国的中央银行,代表国家管理金融、制定和执行金融方针政策,主要采用经济手段对金融经济领域进行调节和控制。中央银行的业务目标不是实现自身经济利益,而是实现国家的宏观经济目标;中央银行不是经营型银行,而是国家金融管理机关,是管理型银行。

(二) 中国人民银行的职能

中国人民银行的职能一般按照其在国民经济中的地位划分为发行的银行、银行的银行和国家的银行三类。

1. 发行的银行

中国人民银行是发行的银行。其具有货币发行的特权和独占权,根据国民经济发展的客观情况适时适度发行货币,保持货币供给和流通中货币需求的基本一致,为国民经济持续稳定增长提供良好的金融环境。

2. 国家的银行

中国人民银行是国家的银行。其是国家宏观经济管理的一个重要部门,但与一般政府机关相比独立性更强。中国人民银行干预经济职能的表现包括但不限于:经理国库;从事有关的国际金融活动;负责金融业的统计、调查、分析和预测;持有、管理、经营国家外汇储备、黄金储备;依法制定和执行货币政策;监督管理黄金市场;等等。

3. 银行的银行

中国人民银行是银行的银行。其通过办理存、放、汇等多项业务,充当其他银行及金

---

① 《中华人民共和国中国人民银行法》于 1995 年 3 月 18 日通过,最新修正是根据 2003 年 12 月 27 日第十届全国人民代表大会常务委员会第六次会议《关于修改〈中华人民共和国中国人民银行法〉的决定》进行的修正。
② 《中华人民共和国商业银行法》自 1995 年 7 月 1 日起施行,最新修正是根据 2015 年 8 月 29 日第十二届全国人民代表大会常务委员会第十六次会议《关于修改〈中华人民共和国商业银行法〉的决定》进行的第二次修正,自 2015 年 10 月 1 日起施行。
③ 《中华人民共和国银行业监督管理法》于 2003 年 12 月 27 日通过,最新修正是根据 2006 年 10 月 31 日第十届全国人民代表大会常务委员会第二十四次会议《关于修改〈中华人民共和国银行业监督管理法〉的决定》进行的修正。

融机构的最后贷款人。例如,其具有监督管理银行间同业拆借市场和银行间债券市场;实施外汇管理,监督管理银行间外汇市场;维护支付、清算系统的正常运行等职责。

> **探究与发现**
>
> 通过上述学习,你是否对"导入"所提出的问题进行了相关的思考?案例中A银行破产,中国人民银行提供资金,先行保障个人存款和部分债权,体现了央行的哪些职能?
>
> 案例中,A银行破产后,央行提供资金,先行对个人存款和绝大多数机构债权予以全额保障,并协调其他银行承接A银行相关业务,这些做法保障了A银行广大储户债权人的合法权益,维护了金融稳定和社会稳定,充分体现了央行是发行的银行、银行的银行和国家的银行的职能特征。

二、中国人民银行的组织机构

(一)行长

中国人民银行设行长一人,副行长若干人。中国人民银行行长的人选,根据国务院总理的提名,由全国人民代表大会决定;全国人民代表大会闭会期间,由全国人民代表大会常务委员会决定,由中华人民共和国主席任免。中国人民银行副行长由国务院总理任免。中国人民银行实行行长负责制,行长领导中国人民银行的工作,副行长协助行长工作。

中国人民银行的行长、副行长及其他工作人员应当恪尽职守,不得滥用职权、徇私舞弊,不得在任何金融机构、企业、基金会兼职。

中国人民银行的行长、副行长及其他工作人员,应当依法保守国家秘密,并有责任为与履行其职责有关的金融机构及当事人保守秘密。

(二)货币政策委员会

中国人民银行设立货币政策委员会。货币政策委员会的职责、组成和工作程序,由国务院规定,报全国人民代表大会常务委员会备案。中国人民银行货币政策委员会应当在国家宏观调控、货币政策制定和调整中发挥重要作用。

(三)分支机构

中国人民银行根据履行职责的需要设立分支机构,作为中国人民银行的派出机构,中国人民银行对分支机构实行统一领导和管理。中国人民银行的分支机构根据中国人民银行的授权,维护本辖区的金融稳定,承办有关业务。例如,中国人民银行上海分行,对应辖区为上海市,承担上海地区的人民银行有关业务。

三、中国人民银行的人民币管理

(一)人民币的地位

人民币是中华人民共和国的法定货币。以人民币支付中华人民共和国境内的一切公共的和私人的债务,任何单位和个人不得拒收。

(二) 人民币的印制和发行

人民币由中国人民银行统一印制、发行。中国人民银行发行新版人民币,应当将发行时间、面额、图案、式样、规格予以公告。

(三) 人民币管理规定

禁止伪造、变造人民币;禁止出售、购买伪造、变造的人民币;禁止运输、持有、使用伪造、变造的人民币;禁止故意毁损人民币;禁止在宣传品、出版物或者其他商品上非法使用人民币图样;任何单位和个人不得印制、发售代币票券,以代替人民币在市场上流通;残缺、污损的人民币,按照中国人民银行的规定兑换,并由中国人民银行负责收回、销毁;中国人民银行设立人民币发行库,在其分支机构设立分支库,分支库调拨人民币发行基金,应当按照上级库的调拨命令办理,任何单位和个人不得违反规定,动用发行基金。

四、中国人民银行的业务规则

(一) 执行货币政策的业务规则

中国人民银行就年度货币供应量、利率、汇率和国务院规定的其他重要事项作出的决定,报国务院批准后执行,中国人民银行对上述以外其他有关货币政策事项作出决定后,即予执行,并报国务院备案。

中国人民银行为执行货币政策,可以运用以下货币政策工具:① 要求银行业金融机构按照规定的比例交存存款准备金;② 确定中央银行基准利率;③ 为在中国人民银行开立账户的银行业金融机构办理再贴现;④ 向商业银行提供贷款;⑤ 在公开市场上买卖国债、其他政府债券和金融债券及外汇;⑥ 国务院确定的其他货币政策工具。案例中,央行经国务院批准上调存款准备金率,提高银行再贴现利率,依法执行货币政策,配合政府财政政策,并报国务院备案,符合执行货币政策的业务规则。

(二) 经营其他业务的规则

(1) 经理国库:中国人民银行依照法律、行政法规的规定经理国库。

(2) 经营债券:中国人民银行可以代理国务院财政部门向各金融机构组织发行、兑付国债和其他政府债券。中国人民银行不得对政府财政透支,不得直接认购、包销国债和其他政府债券。

(3) 开立账户:中国人民银行可以根据需要,为银行业金融机构开立账户,但不得对银行业金融机构的账户透支。

(4) 清算事项:中国人民银行应当组织或者协助组织银行业金融机构相互之间的清算系统,协调银行业金融机构相互之间的清算事项,提供清算服务。具体办法由中国人民银行制定。中国人民银行会同国务院银行业监督管理机构制定支付结算规则。

(5) 贷款业务:中国人民银行根据执行货币政策的需要,可以决定对商业银行贷款的数额、期限、利率和方式,但贷款的期限不得超过一年。中国人民银行不得对政府财政透支,不得直接认购、包销国债和其他政府债券。中国人民银行不得向地方政府、各级政府部门提供贷款,不得向非银行金融机构以及其他单位和个人提供贷款,但国务院决定中国人民银行可以向特定的非银行金融机构提供贷款的除外。中国人民银行不得向任何单位和个人提供担保。

五、中国人民银行的金融监管权

中国人民银行依法监测金融市场的运行情况,对金融市场具有部分监管权,促进金融市场协调发展。

(一) 与货币及货币政策有关业务的检查监督权

中国人民银行有权对金融机构以及其他单位和个人的下列行为进行检查监督:① 执行有关存款准备金管理规定的行为;② 与中国人民银行特种贷款有关的行为;③ 执行有关人民币管理规定的行为;④ 执行有关银行间同业拆借市场、银行间债券市场管理规定的行为;⑤ 执行有关外汇管理规定的行为;⑥ 执行有关黄金管理规定的行为;⑦ 代理中国人民银行经理国库的行为;⑧ 执行有关清算管理规定的行为;⑨ 执行有关反洗钱规定的行为。

(二) 建议检查监督权

中国人民银行根据执行货币政策和维护金融稳定的需要,可以建议国务院银行业监督管理机构对银行业金融机构进行检查监督。国务院银行业监督管理机构应当自收到建议之日起30日内予以回复。案例中,A银行多家分行出现支付困难,出现不稳定因素,央行建议银保监会对A银行业进行检查监督,是积极行使建议检查监督权的表现。

(三) 全面检查监督权

当银行业金融机构出现支付困难,可能引发金融风险时,为了维护金融稳定,中国人民银行经国务院批准,有权对银行业金融机构进行检查监督。案例中,A银行多家分行出现支付困难,央行经国务院批准,对A银行进行检查监督,是积极行使检查监督权的表现。

(四) 资料、信息收集及发布权

中国人民银行根据履行职责的需要,有权要求银行业金融机构报送必要的资产负债表、利润表以及其他财务会计、统计报表和资料。中国人民银行应当和国务院银行业监督管理机构、国务院其他金融监督管理机构建立监督管理信息共享机制。案例中,央行要求A银行报送必要的资产负债表、利润表以及其他财务会计、统计报表和资料,是积极行使资料、信息收集权的表现。

(五) 内部监管

内部监管是指中国人民银行应当建立、健全本系统的稽核、检查制度,加强内部的监督管理。

六、法律责任

(一) 与货币及货币政策有关的违法行为

中国人民银行对金融机构以及其他单位和个人执行有关货币及货币政策规定的行为进行检查监督时,发现行为违反有关规定,其中有关法律、行政法规有处罚规定的,依照其规定给予处罚;有关法律、行政法规未作处罚规定的,由中国人民银行区别不同情形给予警告,没收违法所得,违法所得50万元以上的,并处违法所得1倍以上5倍以下罚款;没有违法所得或者违法所得不足50万元的,处50万元以上200万元以下罚款;对负有直接责任的董事、高级管理人员和其他直接责任人员给予警告,处5万元以上50万元以下罚款;构成犯罪的,依法追究刑事责任。

(二) 与贷款及担保业务有关的违法行为

中国人民银行有下列行为之一的,对负有直接责任的主管人员和其他直接责任人员,依法给予行政处分;构成犯罪的,依法追究刑事责任:① 违法向单位和个人提供贷款的;② 对单位和个人提供担保的;③ 擅自动用发行基金的。有上述行为之一,造成损失的,负有直接责任的主管人员和其他直接责任人员应当承担部分或者全部赔偿责任。

地方政府、各级政府部门、社会团体和个人强令中国人民银行及其工作人员违反法律规定提供贷款或者担保的,对负有直接责任的主管人员和其他直接责任人员,依法给予行政处分;构成犯罪的,依法追究刑事责任;造成损失的,应当承担部分或者全部赔偿责任。

(三) 与商业秘密有关的违法行为

中国人民银行的工作人员泄露国家秘密或者所知悉的商业秘密,构成犯罪的,依法追究刑事责任;尚不构成犯罪的,依法给予行政处分。

(四) 与职务行为有关的违法行为

中国人民银行的工作人员贪污受贿、徇私舞弊、滥用职权、玩忽职守,构成犯罪的,依法追究刑事责任;尚不构成犯罪的,依法给予行政处分。

第三节 商业银行法

一、商业银行的概念及组织形式

(一) 商业银行的概念

《商业银行法》第二条明确规定:"商业银行是指依照本法和《中华人民共和国公司法》设立的吸收公众存款、发放贷款、办理结算等业务的企业法人。商业银行以安全性、流动性、效益性为经营原则,实行自主经营,自担风险,自负盈亏,自我约束。"

商业银行与客户的业务往来,应当遵循平等、自愿、公平和诚实信用的原则;应当保障存款人的合法权益不受任何单位和个人的侵犯。商业银行开展信贷业务,应当严格审查借款人的资信,实行担保,保障按期收回贷款。商业银行开展业务,应当遵守公平竞争的原则,不得从事不正当竞争。同时商业银行依法向借款人收回到期贷款的本金和利息,受法律保护。

(二) 商业银行的组织形式

我国商业银行的组织形式主要有以下三类:

1. 国有独资商业银行

国有独资商业银行是由指由国家直接管控,并在境内外均设有分支机构的从事综合性商业银行业务的国有独资银行,其股东只有国家。在我国,国有独资商业银行主要指中国四大银行:中国工商银行、中国农业银行、中国银行、中国建设银行。

2. 有限责任商业银行

有限责任商业银行由两个以上股东出资设立,股东以其出资额为限对银行承担责任,银行以其全部资产对外承担责任的商业银行。

3. 股份有限商业银行

股份有限商业银行是指银行的全部资本分为等额股份,股东以其股份为限对银行承担责任,银行以其全部资产对外承担责任的商业银行。我国股份制商业银行有招商银行、浦发银行、中信银行等。

二、商业银行的设立、变更、接管及终止

(一) 商业银行的设立

1. 设立条件

设立商业银行,应当经国务院银行业监督管理机构审查批准。未经国务院银行业监督管理机构批准,任何单位和个人不得从事吸收公众存款等商业银行业务,任何单位不得在名称中使用"银行"字样。

设立商业银行,应当具备下列条件:① 有符合《商业银行法》和《中华人民共和国公司法》规定的章程。② 有符合《商业银行法》规定的注册资本最低限额,设立全国性商业银行的注册资本最低限额为 10 亿元人民币,设立城市商业银行的注册资本最低限额为 1 亿元人民币,设立农村商业银行的注册资本最低限额为 5 000 万元人民币。注册资本应当是实缴资本,国务院银行业监督管理机构根据审慎监管的要求可以调整注册资本最低限额,但不得少于上述规定的限额。③ 有具备任职专业知识和业务工作经验的董事、高级管理人员。④ 有健全的组织机构和管理制度。⑤ 有符合要求的营业场所、安全防范措施和与业务有关的其他设施。⑥ 设立商业银行,还应当符合其他审慎性条件。

2. 设立程序

(1) 申请。设立商业银行,申请人应当向国务院银行业监督管理机构提出申请并提交相关文件、资料。

(2) 审查。设立商业银行的申请经审查符合规定的,申请人应当填写正式申请表,并

提交相关文件、资料。

（3）登记及领取营业执照。经批准设立的商业银行,由国务院银行业监督管理机构颁发经营许可证,并凭该许可证向工商行政管理部门办理登记,领取营业执照。

案例中,王某、张某、W股份有限公司分别出资1 000万元、2 000万元和7 000万元共1亿元人民币,向国务院银行业监督管理机构申请设立B城市股份制商业银行,符合城市商业银行的设立条件和申请程序,故批准设立。

(二) 商业银行的变更

商业银行的变更指商业银行在经营过程中一些重大事项发生变化,包括形式或主体变更,形式或主体变更都应当经国务院银行业监督管理机构批准或审查。

1. 形式变更

形式变更包括：① 变更名称；② 变更注册资本；③ 变更总行或者分支行所在地；④ 调整业务范围；⑤ 变更持有资本总额或者股份总额5%以上的股东；⑥ 修改章程；⑦ 国务院银行业监督管理机构规定的其他变更事项；⑧ 更换董事、高级管理人员,应当报经国务院银行业监督管理机构审查其任职资格。

2. 主体变更

商业银行的分立、合并,适用《中华人民共和国公司法》的规定,并应当经国务院银行业监督管理机构审查批准。案例中,B银行更名为A银行,属于商业银行在经营过程中一些重大事项发生变化,故应经国务院银行业监督管理机构审批。

(三) 商业银行的接管

商业银行的接管指商业银行已经或者可能发生信用危机,严重影响存款人的利益时,国务院银行业监督管理机构可以对该银行实行接管。接管的目的是对被接管的商业银行采取必要措施,以保护存款人的利益,恢复商业银行的正常经营能力。被接管的商业银行的债权债务关系不因接管而变化。接管期限届满,国务院银行业监督管理机构可以决定延期,但接管期限最长不得超过两年。

符合下述情形之一的,接管终止：① 接管决定规定的期限届满或者国务院银行业监督管理机构决定的接管延期届满；② 接管期限届满前,该商业银行已恢复正常经营能力；③ 接管期限届满前,该商业银行被合并或者被依法宣告破产。

探究与发现

通过上述学习,你是否对"导入"所提出的问题进行了相关的思考? 商业银行的接管条件是什么? 接管期限最长多久?

案例中,A银行股份有限公司出现严重信用风险,为保护存款人和其他客户合法权益,银保监会决定对A银行实行接管,接管期限一年,接管组全面行使A银行的经营管理权。接管组委托某银行托管A银行业务,某银行组建托管工作组,在接管组指导下,按照托管协议开展工作。接管后,A银行正常经营,客户业务照常办理,依法保障了银行存款人和其他客户合法权益。银保监会决定延长A银行接管期限6个月,未超过最长期限,符合法律规定。

(四) 商业银行的终止

商业银行的终止是指商业银行因解散、被撤销或被宣告破产造成法律地位永久丧失,商业银行不复存在。

1. 解散

商业银行因分立、合并或者出现公司章程规定的解散事由需要解散的,应当向国务院银行业监督管理机构提出申请,并附解散的理由和支付存款的本金和利息等债务清偿计划。经国务院银行业监督管理机构批准后解散。商业银行解散的,应当依法成立清算组,进行清算,按照清偿计划及时偿还存款本金和利息等债务。国务院银行业监督管理机构监督清算过程。

2. 撤销

商业银行因吊销经营许可证被撤销的,国务院银行业监督管理机构应当依法及时组织成立清算组,进行清算,按照清偿计划及时偿还存款本金和利息等债务。

3. 破产

商业银行不能支付到期债务,经国务院银行业监督管理机构同意,由人民法院依法宣告其破产。商业银行被宣告破产的,由人民法院组织国务院银行业监督管理机构等有关部门和有关人员成立清算组,进行清算。商业银行破产清算时,在支付清算费用、所欠职工工资和劳动保险费用后,应当优先支付个人储蓄存款的本金和利息。

> **探究与发现**
>
> 通过上述学习,你是否对"导入"所提出的问题进行了相关的思考?案例中,A银行的破产程序是怎样的?
>
> 案例中,银保监会确认A银行严重资不抵债,丧失清偿到期债务的能力,同意A银行破产申请,A银行进入破产程序,A市中级人民法院受理,经公告程序,法院宣告A银行破产。法院组织银保监会等有关部门和有关人员成立清算组。清算组对A银行的债权债务进行清查处理,分配完毕破产财产,清算组提请人民法院终结破产程序,经工商机关办理注销登记并核准注销,公告A银行终止,A银行法律地位永久丧失不复存在。

案例详解

银行破产储户存款的偿付

三、商业银行的业务规则

(一) 存款业务规则

存款是商业银行最基本的负债业务,商业银行为单位和个人办理存款业务时应遵循以下规则：① 商业银行办理个人储蓄存款业务,应当遵循存款自愿、取款自由、存款有息、为存款人保密的原则,对个人储蓄存款,商业银行有权拒绝任何单位或者个人查询、冻结、扣划,但法律另有规定的除外。② 对单位存款,商业银行有权拒绝任何单位或者个人查询,但法律、行政法规另有规定的除外;有权拒绝任何单位或者个人冻结、扣划,但法律另有规定的除外。③ 商业银行应当按照中国人民银行规定的存款利率的上下限,确定存款利率,并予以公告。④ 商业银行应当按照中国人民银行的规定,向中国人民银行交存存款准备金,留足备付金。⑤ 商业银行应当保证存款本金和利息的支付,不得拖延、拒绝支付存款本金和利息。

同时,商业银行不得违反规定提高或者降低利率以及采用其他不正当手段,吸收存款,发放贷款。

(二) 贷款和其他业务的基本规则

《商业银行法》规定,商业银行应根据国民经济和社会发展的需要,在国家产业政策指导下开展贷款业务。具体包括:

1. 严格贷款审查

商业银行贷款,应当对借款人的借款用途、偿还能力、还款方式等情况进行严格审查,商业银行贷款。应当实行审贷分离、分级审批的制度。

2. 严格贷款担保

商业银行贷款,借款人应当提供担保。商业银行应当对保证人的偿还能力,抵押物、质物的权属和价值以及实现抵押权、质权的可行性进行严格审查。经商业银行审查、评估,确认借款人资信良好,确能偿还贷款的,可以不提供担保。

3. 借款合同管理

商业银行贷款,应当与借款人订立书面合同。合同应当约定贷款种类、借款用途、金额、利率、还款期限、还款方式、违约责任和双方认为需要约定的其他事项。

4. 利率管理

商业银行应当按照中国人民银行规定的贷款利率的上下限,确定贷款利率。

5. 贷款资产负债比例管理

商业银行贷款,应当遵守资产负债比例管理的规定,例如资本充足率不得低于8%、流动性资产余额与流动性负债余额的比例不得低于25%等。

6. 关系人贷款

商业银行不得向关系人发放信用贷款;向关系人发放担保贷款的条件不得优于其他借款人同类贷款的条件。关系人是指:商业银行的董事、监事、管理人员、信贷业务人员及其近亲属,或者这些人员投资或担任高级管理职务的公司、企业和其他经济组织。

7. 贷款自主

任何单位和个人不得强令商业银行发放贷款或者提供担保。商业银行有权拒绝任何单位和个人强令要求其发放贷款或者提供担保。

8. 有偿按期还款

借款人应当按期归还贷款的本金和利息。借款人到期不归还担保贷款的,商业银行依法享有要求保证人归还贷款本金和利息或者就该担保物优先受偿的权利。商业银行因行使抵押权、质权而取得的不动产或者股权,应当自取得之日起两年内予以处分。借款人到期不归还信用贷款的,应当按照合同约定承担责任。

(三) 同业拆借业务规则

同业拆借应当遵守中国人民银行的规定。禁止利用拆入资金发放固定资产贷款或者用于投资。拆出资金限于交足存款准备金、留足备付金和归还中国人民银行到期贷款之后的闲置资金。拆入资金用于弥补票据结算、联行汇差头寸的不足和解决临时性周转资金的需要。

(四) 结算业务规则

商业银行办理票据承兑、汇兑、委托收款等结算业务,应当按照规定的期限兑现,收付入账,不得压单、压票或者违反规定退票。有关兑现、收付入账期限的规定应当公布。

(五) 发行债券或境外借款业务规则

商业银行发行金融债券或者到境外借款,应当依照法律、行政法规的规定报经批准。

(六) 投资业务规则

商业银行在中华人民共和国境内不得从事信托投资和证券经营业务,不得向非自用不动产投资或者向非银行金融机构和企业投资,但国家另有规定的除外。

> **探究与发现**
>
> 通过上述学习,你是否对"导入"所提出的问题进行了相关的思考?案例中,A银行实施了哪些违反商业银行业务规则的行为?
>
> 案例中,A银行因实施了多项违反商业银行业务规则的违法行为,例如提高利率、采用不正当手段,吸收存款,发放贷款,未经批准买卖、代理买卖外汇,违反规定从事信托投资和证券经营业务,向关系人发放信用贷款等,导致出现支付困难,最终被接管、申请破产。

四、商业银行的监督管理

(一) 商业银行自主监管

1. 商业银行工作人员的业务守则

商业银行的工作人员应当遵守法律、行政法规和其他各项业务管理的规定,不得有下列行为:① 利用职务上的便利,索取、收受贿赂或者违反国家规定收受各种名义的回扣、手续费;② 利用职务上的便利,贪污、挪用、侵占本行或者客户的资金;③ 违反规定徇私向亲属、朋友发放贷款或者提供担保;④ 在其他经济组织兼职;⑤ 违反法律、行政法规和业务管理规定的其他行为;⑥ 泄露其在任职期间知悉的国家秘密、商业秘密。

2. 商业银行内部组织监管

商业银行应当按照有关规定,制定本行的业务规则,建立、健全本行的风险管理和内部控制制度。商业银行应当建立、健全本行对存款、贷款、结算、呆账等各项情况的稽核、检查制度,商业银行对分支机构应当进行经常性的稽核和检查监督。商业银行应当按照规定向国务院银行业监督管理机构、中国人民银行报送资产负债表、利润表以及其他财务会计、统计报表和资料。

(二) 其他监管机构的监督

1. 银行业监督管理机构的监督

国务院银行业监督管理机构有权依法随时对商业银行的存款、贷款、结算、呆账等情况进行检查监督。检查监督时,检查监督人员应当出示合法的证件。商业银行应当按照国务院银行业监督管理机构的要求,提供财务会计资料、业务合同和有关经营管理方面的其他信息。

2. 中国人民银行的监督

中国人民银行有权依法对商业银行执行有关存款准备金管理规定的行为、与中国人民银行特种贷款有关的行为、执行有关人民币管理规定的行为等进行检查监督。

3. 审计机关的审计监督

商业银行应当依法接受审计机关的审计监督。

五、法律责任

(一) 与商业银行设立、变更及经营业务有关的违法行为

1. 与商业银行设立、变更及部分经营业务有关的违法行为

商业银行有下列情形之一的,由国务院银行业监督管理机构责令改正,有违法所得的,没收违法所得,违法所得50万元以上的,并处违法所得1倍以上5倍以下罚款;没有违法所得或者违法所得不足50万元的,处50万元以上200万元以下罚款;情节特别严重或者逾期不改正的,可以责令停业整顿或者吊销其经营许可证;构成犯罪的,依法追究刑事责任:① 未经批准设立分支机构;② 未经批准分立、合并或者违反规定对变更事项不报批;③ 违反规定提高或者降低利率以及采用其他不正当手段,吸收存款,发放贷款;④ 出租、出借经营许可证;⑤ 未经批准买卖、代理买卖外汇;⑥ 未经批准买卖政府债券或者发行、买卖金融债券;⑦ 违反国家规定从事信托投资和证券经营业务、向非自用不动产投资或者向非银行金融机构和企业投资;⑧ 向关系人发放信用贷款或者发放担保贷款的条件优于其他借款人同类贷款的条件。

商业银行有上述违法行为的,对直接负责的董事、高级管理人员和其他直接责任人员,应当给予纪律处分;构成犯罪的,依法追究刑事责任。

案例中,银保监会经过检查监督发现A银行存在多项与经营业务有关的违法行为,

违法所得近百亿元,情节特别严重,银保监会作出行政处罚、停业整顿强制措施,对直接负责的董事、高级管理人员和其他直接责任人员构成犯罪的行为,依法移送公安机关处理。

2. 与商业银行名称、股份交易及开户有关的违法行为

有下列情形之一的,由国务院银行业监督管理机构责令改正,有违法所得的,没收违法所得,违法所得5万元以上的,并处违法所得1倍以上5倍以下罚款;没有违法所得或者违法所得不足5万元的,处5万元以上50万元以下罚款:① 未经批准在名称中使用"银行"字样;② 未经批准购买商业银行股份总额5%以上;③ 将单位的资金以个人名义开立账户存储。

3. 与商业银行报送材料有关的违法行为

商业银行不按照规定向国务院银行业监督管理机构报送有关文件、资料的,由国务院银行业监督管理机构责令改正,逾期不改正的,处10万元以上30万元以下罚款。商业银行不按照规定向中国人民银行报送有关文件、资料的,由中国人民银行责令改正,逾期不改正的,处10万元以上30万元以下罚款。

4. 与商业银行经营许可证有关的违法行为

伪造、变造、转让商业银行经营许可证,构成犯罪的,依法追究刑事责任。

5. 与擅自设立商业银行或吸收公众存款有关的违法行为

未经国务院银行业监督管理机构批准,擅自设立商业银行,或者非法吸收公众存款、变相吸收公众存款,构成犯罪的,依法追究刑事责任;并由国务院银行业监督管理机构予以取缔。

6. 与强令发放贷款或提供担保有关的违法行为

单位或者个人强令商业银行发放贷款或者提供担保的,应当对直接负责的主管人员和其他直接责任人员或者个人给予纪律处分;造成损失的,应当承担全部或者部分赔偿责任。

商业银行的工作人员对单位或者个人强令其发放贷款或者提供担保未予拒绝的,应当给予纪律处分;造成损失的,应当承担相应的赔偿责任。

7. 与结售汇、债券及同业拆借有关的违法行为

商业银行有下列情形之一,由中国人民银行责令改正,有违法所得的,没收违法所得,违法所得50万元以上的,并处违法所得1倍以上5倍以下罚款;没有违法所得或者违法所得不足50万元的,处50万元以上200万元以下罚款;情节特别严重或者逾期不改正的,中国人民银行可以建议国务院银行业监督管理机构责令停业整顿或者吊销其经营许可证;构成犯罪的,依法追究刑事责任:① 未经批准办理结汇、售汇的;② 未经批准在银行间债券市场发行、买卖金融债券或者到境外借款的;③ 违反规定同业拆借的。

8. 与迟延履行有关的违法行为

商业银行有下列情形之一,对存款人或者其他客户造成财产损害的,应当承担支付迟延履行的利息以及其他民事责任:

① 无故拖延、拒绝支付存款本金和利息的;② 违反票据承兑等结算业务规定,不予兑现,不予收付入账,压单、压票或者违反规定退票的;③ 非法查询、冻结、扣划个人储蓄存款或者单位存款的;④ 违反《商业银行法》规定对存款人或者其他客户造成损害的其他行为。

商业银行有上述情形的,由国务院银行业监督管理机构责令改正,有违法所得的,没收违法所得,违法所得5万元以上的,并处违法所得1倍以上5倍以下罚款;没有违法所得或者违法所得不足5万元的,处5万元以上50万元以下罚款。

（二）与接受监督检查有关的违法行为

1. 与接受银行业监管机构监督检查有关的违法行为

商业银行有下列情形之一,由国务院银行业监督管理机构责令改正,并处20万元以上50万元以下罚款;情节特别严重或者逾期不改正的,可以责令停业整顿或者吊销其经营许可证;构成犯罪的,依法追究刑事责任：① 拒绝或者阻碍国务院银行业监督管理机构检查监督的;② 提供虚假的或者隐瞒重要事实的财务会计报告、报表和统计报表的;③ 未遵守资本充足率、资产流动性比例、同一借款人贷款比例和国务院银行业监督管理机构有关资产负债比例管理的其他规定的。

2. 与接受中国人民银行检查监督有关的违法行为

商业银行有下列情形之一,由中国人民银行责令改正,并处20万元以上50万元以下罚款;情节特别严重或者逾期不改正的,中国人民银行可以建议国务院银行业监督管理机构责令停业整顿或者吊销其经营许可证;构成犯罪的,依法追究刑事责任：① 拒绝或者阻碍中国人民银行检查监督的;② 提供虚假的或者隐瞒重要事实的财务会计报告、报表和统计报表的;③ 未按照中国人民银行规定的比例交存存款准备金的。

（三）与职务行为有关的违法行为

1. 与索贿、受贿有关的违法行为

商业银行工作人员利用职务上的便利,索取、收受贿赂或者违反国家规定收受各种名义的回扣、手续费,构成犯罪的,依法追究刑事责任;尚不构成犯罪的,应当给予纪律处分。

有上述行为,发放贷款或者提供担保造成损失的,应当承担全部或者部分赔偿责任。

2. 与玩忽职守有关的违法行为

商业银行工作人员违反《商业银行法》规定玩忽职守造成损失的,应当给予纪律处分;构成犯罪的,依法追究刑事责任。违反规定徇私向亲属、朋友发放贷款或者提供担保造成损失的,应当承担全部或者部分赔偿责任。

3. 与贪污、挪用、侵占资金有关的违法行为

商业银行工作人员利用职务上的便利,贪污、挪用、侵占本行或者客户资金,构成犯罪的,依法追究刑事责任;尚不构成犯罪的,应当给予纪律处分。

4. 与商业秘密、国家秘密有关的违法行为

商业银行工作人员泄露在任职期间知悉的国家秘密、商业秘密的,应当给予纪律处分;构成犯罪的,依法追究刑事责任。

(四) 商业银行董事和高级管理人员法律责任

商业银行违反《商业银行法》规定的,国务院银行业监督管理机构可以区别不同情形,取消其直接负责的董事、高级管理人员一定期限直至终身的任职资格,禁止直接负责的董事、高级管理人员和其他直接责任人员一定期限直至终身从事银行业工作。

商业银行的行为尚不构成犯罪的,对直接负责的董事、高级管理人员和其他直接责任人员,给予警告,处5万元以上50万元以下罚款。

第四节 银行业监督管理法

一、银行业监管机构

国务院银行业监督管理机构(简称银监会①)负责对全国银行业金融机构及其业务活动监督管理的工作。

《银行业监督管理法》所称银行业金融机构包括:① 在中华人民共和国境内设立的商业银行、城市信用合作社、农村信用合作社等吸收公众存款的金融机构以及政策性银行;② 在中华人民共和国境内设立的金融资产管理公司、信托投资公司、财务公司、金融租赁公司以及经银监会批准设立的其他金融机构。经银监会批准在境外设立的金融机构以及前述金融机构在境外的业务活动,同样适用该法对银行业金融机构监督管理的规定。

2019年10月12日,为适应银行保险监管体制改革的需要,加快推进机构改革后银行业和保险业行政处罚程序的统一规范,完善行政处罚工作机制,严肃整治市场乱象,防范化解金融风险,银保监会起草了《中国银保监会行政处罚办法(征求意见稿)》,向社会公开征求意见。《中国银保监会行政处罚办法》于2020年4月9日经中国银保监会2020年第3次委务会议通过,自2020年8月1日起施行。

二、银行业监管的方式

(一) 检查

1. 非现场检查

银行业监督管理机构根据履行职责的需要,有权要求银行业金融机构按照规定报送资产负债表、利润表和其他财务会计、统计报表,经营管理资料以及注册会计师出具的审计报告。

---

① 2018年3月,第十三届全国人民代表大会第一次会议表决通过了《关于国务院机构改革方案的决定》,将中国银行业监督管理委员会和中国保险监督管理委员会的职责整合,组建中国银行保险监督管理委员会(以下简称银保监会)。银保监会的主要职责是依照法律法规统一监督管理银行业和保险业,维护银行业和保险业合法、稳健运行,防范和化解金融风险,保护金融消费者合法权益,维护金融稳定。虽然银保监会已经成立,但《银行业监督管理法》依然现行有效,该法规定"国务院银行业监督管理机构负责对全国银行业金融机构及其业务活动监督管理的工作"。国务院银行业监督管理机构简称"银监会",故本节涉及该组织时,仍沿用"银监会"的简称。

2. 现场检查

银行业监督管理机构根据审慎监管的要求,可以采取现场检查的方式:① 进入银行业金融机构进行检查;② 询问银行业金融机构的工作人员,要求工作人员对有关检查事项作出说明;③ 查阅、复制银行业金融机构与检查事项有关的文件、资料,对可能被转移、隐匿或者毁损的文件、资料予以封存;④ 检查银行业金融机构运用电子计算机管理业务数据的系统。

进行现场检查,应当经银行业监督管理机构负责人批准。现场检查时,检查人员不得少于两人,并应当出示合法证件和检查通知书;检查人员少于两人或者未出示合法证件和检查通知书的,银行业金融机构有权拒绝检查。案例中,国务院银行业监管机构银保监会依法对A银行进行现场检查,采取询问银行业金融机构的工作人员,查阅、复制银行业金融机构与检查事项有关的文件、资料等措施,是积极行使检查权的表现。

(二) 监管谈话

银行业监督管理机构根据履行职责的需要,可以与银行业金融机构董事、高级管理人员进行监督管理谈话,要求银行业金融机构董事、高级管理人员就银行业金融机构的业务活动和风险管理的重大事项作出说明。

(三) 行政命令

银行业监督管理机构应当责令银行业金融机构按照规定,如实向社会公众披露财务会计报告、风险管理状况、董事和高级管理人员变更以及其他重大事项等信息。

(四) 行政强制措施

银行业金融机构违反审慎经营规则的,国务院银行业监督管理机构或者其省一级派出机构应当责令限期改正;逾期未改正的,或者其行为严重危及该银行业金融机构的稳健运行、损害存款人和其他客户合法权益的,经国务院银行业监督管理机构或者其省一级派出机构负责人批准,可以区别情形,采取下列措施:① 责令暂停部分业务、停止批准开办新业务;② 限制分配红利和其他收入;③ 限制资产转让;④ 责令控股股东转让股权或者限制有关股东的权利;⑤ 责令调整董事、高级管理人员或者限制其权利;⑥ 停止批准增设分支机构。

经国务院银行业监督管理机构或者其省一级派出机构负责人批准,银行业监督管理机构有权查询涉嫌金融违法的银行业金融机构及其工作人员以及关联行为人的账户;对涉嫌转移或者隐匿违法资金的,经银行业监督管理机构负责人批准,可以申请司法机关予以冻结。

> **探究与发现**
>
> 通过上述学习,你是否对"导入"所提出的问题进行了相关的思考?请列举案例中A银行实施的违法行为。对于这些违法行为,银行业监管机构可以采取哪些措施?
>
> 案例中,银保监会经过检查监督发现,A银行存在违反规定提高利率、采用其他

不正当手段吸收存款、发放贷款,未经批准买卖、代理买卖外汇,违反规定从事信托投资和证券经营业务等多项违反审慎经营规则的行为,违法所得近百亿元,严重危及 A 银行的稳健运行、损害存款人和其他客户合法权益,银保监会有权采取限制分配红利和其他收入、限制资产转让等限制措施。

(五) 接管和撤销

1. 接管

银行业金融机构已经或者可能发生信用危机,严重影响存款人和其他客户合法权益的,国务院银行业监督管理机构可以依法对该银行业金融机构实行接管或者促成机构重组,接管和机构重组依照有关法律和国务院的规定执行。

2. 撤销

银行业金融机构有违法经营、经营管理不善等情形,不予撤销将严重危害金融秩序、损害公众利益的,国务院银行业监督管理机构有权予以撤销。

银行业金融机构被接管、重组或者被撤销的,国务院银行业监督管理机构有权要求该银行业金融机构的董事、高级管理人员和其他工作人员,按照国务院银行业监督管理机构的要求履行职责。

在接管、机构重组或者撤销清算期间,经国务院银行业监督管理机构负责人批准,对直接负责的董事、高级管理人员和其他直接责任人员,可以采取下列措施:直接负责的董事、高级管理人员和其他直接责任人员出境将对国家利益造成重大损失的,通知出境管理机关依法阻止其出境;申请司法机关禁止其转移、转让财产或者对其财产设定其他权利。

(六) 询问、查阅、复制及登记保存

银行业监督管理机构依法对银行业金融机构进行检查时,经设区的市一级以上银行业监督管理机构负责人批准,可以对与涉嫌违法事项有关的单位和个人采取下列措施:① 询问有关单位或者个人,要求其对有关情况作出说明;② 查阅、复制有关财务会计、财产权登记等文件、资料;③ 对可能被转移、隐匿、毁损或者伪造的文件、资料,予以先行登记保存。

银行业监督管理机构采取上述措施,调查人员不得少于两人,并应当出示合法证件和调查通知书;调查人员少于两人或者未出示合法证件和调查通知书的,有关单位或者个人有权拒绝。对依法采取的措施,有关单位和个人应当配合,如实说明有关情况并提供有关文件、资料,不得拒绝、阻碍和隐瞒。

第五节　争议解决

商业银行及其工作人员对国务院银行业监督管理机构、中国人民银行的处罚决定不

服的,可以在收到行政处罚决定书之日起60日以内申请行政复议,也可以在收到行政处罚决定书之日起6个月以内直接向有管辖权的人民法院提起行政诉讼。

本 章 小 结

银行是经营货币的金融机构,具有促进社会资金筹措与融通的功能,是经济活动的重要参与者之一。本章从银行及银行法概述入手,介绍了银行和银行法的概念、银行法的调整对象等内容;以中国人民银行、商业银行为核心,结合我国《中国人民银行法》《商业银行法》《银行业监督管理办法》,重点介绍了中国人民银行的概念和法律地位、中国人民银行的职能和业务规则、商业银行的概念、商业银行的组织形式、商业银行的设立和变更条件以及银行监管的法律制度等基本内容。

思 考 题

1. 简述银行法的概念及银行法的调整对象。
2. 简述中国人民银行的地位和职能。
3. 试述商业银行的设立条件。
4. 简述商业银行的自我监管内容。
5. A银行因发生重要信息系统突发事件未报告,数据安全管理较粗放、存在数据泄露风险,网络信息系统存在较多漏洞,以及互联网门户网站泄露敏感信息这四项案由,根据《银行业监督管理法》第二十一条、第四十六条第五项和相关审慎经营规则的规定,被银保监会罚款200万元。

问题:
(1) 审慎经营规则包括哪些内容?
(2) 简述银保监会对商业银行的监督方式。

拓 展 学 习

近年来,金融市场规模迅速扩张,金融创新层出不穷。为了更好地适应社会经济高质量地发展,落实人民银行新的职责要求,营造良好的金融环境,有必要通过修法。中国人民银行于2020年10月公布了《中华人民共和国中国人民银行法(修订草案征求意见稿)》《中华人民共和国商业银行法(修改建议稿)》,向社会公开征求意见。

《中华人民共和国中国人民银行法(修订草案征求意见稿)》完善了人民币管理规定,规定人民币包括实物形式和数字形式,这将为发行数字货币提供法律依据,并防范虚拟货币风险。针对金融市场违法成本低的问题,该意见稿加大了对金融违法行为的处罚力度。

《中华人民共和国商业银行法(修改建议稿)》完善了商业银行类别,扩大了立法调整范围;建立了分类准入和差异化监管机制,完善了商业银行市场准入条件和商业银行公司治理;强化了资本与风险管理,明确了宏观审慎管理与风险监管要求;完善了业务经营规则,突出了金融服务实体经济,规范了客户权益保护等。

第六章

反垄断法

 本章教学目标

反垄断法是为了保护市场公平竞争、预防和制止垄断行为、提高经济运行效率而制定的法律。通过本章的学习,学生应认识到反垄断法制定的目的与意义;了解涉嫌垄断行为的调查程序,明确特定垄断行为的法律责任;掌握四种垄断行为的概念与基本特征,自主分析归纳各种垄断行为的识别标准。

 本章核心概念

垄断;垄断协议;滥用市场支配地位;经营者集中

 导入

在富裕市政府大力发展医疗产业的背景下,康健、智友、效悠三家药业有限责任公司在当地建成投产,主要生产一种名为"优捷"的镇静、抗抑郁精神药品的原料与片剂。2013年8月,康健、智友、效悠三家药业出席全国医药行业交流会后,发觉自己生产的"优捷"的利润比其他药品的利润低。为了提高药品利润,三方立即召开会议对"优捷"集体涨价和减少对外供货等问题进行协商,最终三方达成以下一致意见:一是每家公司生产的"优捷"原料药主要供本公司生产片剂使用,不再对外销售或减少对外销售的数量,尤其拒绝向相邻市的锦瑟药厂提供任何原料。同时三家约定,康健、智友、效悠分别负责本市中部三区、东部三区、西部三区的片剂市场供应。二是关于"优捷"的集体涨价三方形成默契,康健提议联合涨至每片1元,其他两家参会公司附和跟随。三是三家一致同意一年时间内任何一方都不购买新的药品生产技术,保证药品价格稳定。三家公司之后联合实施了上述约定内容,2014—2015年康健公司仅对外销售20千克原料,智友公司仅销售10千克,效悠公司对外销售0千克,同时三家公司均实施了涨价行为,固定了新的原料与片剂价格,"优捷"的出厂价格大幅提高。

为了获取更多的市场份额,弥补放弃原料对外销售业务的损失,三家又在"优捷"的片剂市场上展开利润争夺。2014年12月,康健公司利用公司年度大会,与"优捷"片剂的各大药品经销商交谈协商,意图提高并固定各大经销商向其他分销或零售商转售"优捷"的价格,各大经销商意见未定,康健提出可以通过返利等方式增加经销商收入。几次商谈后,康健公司与其他经销商达成协议,约定"优捷"片剂的价格固定为每片2元,之后各地经销商便按照该价格进行销售,康健公司利润大增。与之相比,智友公司选择单纯提高片剂单价的方式,因单价提高,经销商获得利润少,智友公司的效益有所降低。效悠公司在当地因技术设备最先进,产量最高,一直处于较强势地位,在本轮大战中,效悠公司与其长久合作的众多经销商达成一项协议,约定经销商向其他分销或零售商转售"优捷"的价格最低限定在每片1.5元,各地经销商可以根据自己当地的具体情况合理确定经销价,但不得低于最低单价。各地经销商积极履行协议约定,"优捷"片剂市场一片热闹景象。

2014年12月"优捷"的片剂市场争夺战后,三方市场地位发生重大变化,从最初的三足鼎立到效悠公司一家独大,效悠公司在"优捷"原料和片剂市场上占据重要市场地位。到2016年,效悠公司在"优捷"的原料市场占据三分之一,片剂市场的市场份额超过二分之一,且具有较强的控制市场能力。2016年3月,效悠公司再次提高"优捷"片剂的出厂单价,将经销商最低转售价格限定在每片2元;5月,国内品昆地区的两家"优捷"片剂生产商提出向效悠公司购买"优捷"生产原料时,被效悠公司拒绝,且效悠公司限制康健、智友公司向品昆药厂出售原料;6月,国内阔奇地区的两家"优捷"片剂生产商提出购买"优捷"生产原料时,效悠公司欣然答应,但要求阔奇药厂接下来的三年内只能向其购买生产原料,不能转向他家;8月,效悠公司推出新的祛痘药品"量蔻",因市场竞争激烈,销路一直未打开,市场销售额不理想。效悠公司便向各大"优捷"经销商提出购买"优捷"的时候必须附加购买一定份额的"量蔻",各大经销商不得不同意该项要求。效悠公司采取各种销售措施维护市场地位,市场份额稳中有升,得到有效维持。

效悠药业公司的发展给富裕市政府经济带来极大活力,为了继续维持本地医药行业的蓬勃发展,富裕市政府组织当地卫生管理部门等单位,制定了一系列针对外地生产的精神药品准入规范,外地类似"优捷"的药品进入本地市场,需要经过严格审核,提交药品的相关生产批号、检验资料、技术标准等,同时需要向当地政府缴纳一笔"资料审核"费。各地药厂向富裕市政府销售类似"优捷"的精神类药品时,困难重重,不满情绪日益加深。

与此同时,效悠公司也加快了扩大商业帝国的步伐,其欲与智友公司"强强联合",两家公司在"优捷"的原料和片剂市场上占据主要地位,份额达到三分之二以上。效悠公司购买了智友公司30%的股权,对智友公司发展规划、商业策略都提出自己的观点,施加了自己的影响。

问题:

(1) 2013年,康健、智友、效悠三家药业联合对"优捷"集体涨价,限制或不对外供货的行为是否构成垄断行为?若构成,属于何种垄断行为?需承担法律责任吗?

(2) 2014年,康健、智友、效悠三家药业分别与"优捷"片剂的药品经销商实施的行为是否构成垄断行为?若构成,属于何种垄断行为?需承担法律责任吗?

(3) 2016年左右,效悠公司是否在"优捷"原料和片剂市场上取得了市场支配地位?

其在 2016 年实施的限制最低转售价格、拒绝向国内品昆地区的两家"优捷"片剂生产商提供原料、限制阔奇药厂只能向其购买生产原料、经销商购买"优捷"的时候必须附加购买一定份额的"量蔻"的行为是否合法？需承担何种法律责任？

（4）富裕市政府的行为是否存在违法行为？

（5）效悠公司与智友公司"强强联合"的行为是否符合法律规范？

带着这些问题，让我们进入本章的学习。

第一节 反垄断法概述

一、垄断的概念与特征

（一）垄断的概念

广义的垄断包括经济学意义与法学意义上的垄断。经济学意义上的垄断，侧重于市场结构角度，指一个或少数大企业联合独占市场的经济状态。单个或联合的大企业们通过对某种或某些商品的生产、流通环节及购买、销售价格的操纵或控制，实现攫取高额利润、取得垄断地位的结果。不同于经济学意义上的垄断，《中华人民共和国反垄断法》[①]（以下简称《反垄断法》）中的"垄断"需在理解经济学意义的基础上，重新从法学角度定义。目前，我国法学界对垄断的法律概念并没有比较一致的定义，但综观各家之言，发现法学意义上的垄断，侧重于市场行为角度，指市场主体违反法律规定，通过合谋协议安排或共同行动，或者通过滥用市场优势地位、市场集中优势排斥或控制正当的经济活动，在一定的市场领域构成的实质上排除或限制竞争的市场行为。通常表现为经营者达成固定价格、划分市场等协议或滥用市场支配地位限制其他经营者交易、不合理兼并等排斥、限制竞争的行为模式。除了前述的市场经济主体的垄断行为外，在我国《反垄断法》中，还存在另外一种特殊的垄断，即行政机关和法律、法规授权的具有管理公共事务职能的组织滥用行政权力，排除、限制竞争的行为。对于后一种行政主体的垄断行为是否属于法学意义的垄断，本章认为是肯定的。从反垄断法整个立法结构看，禁止或限制的垄断包括经营者、行政主体或其他主体实施的旨在排斥、限制竞争的行为，将行政主体的排斥、限制竞争的行为纳入垄断外延中，更利于保障有效竞争，维护良好的市场秩序。综上，垄断的法律定义指主体违反法律规范单独或合谋控制相关市场领域而做出的旨在排斥、限制竞争的行为。

（二）垄断的特征

1. 垄断的主体是经营者或其他主体

根据《反垄断法》第十二条的规定："经营者，是指从事商品生产、经营或者提供服务的

[①] 《中华人民共和国反垄断法》于 2007 年 8 月 30 日经中华人民共和国第十届全国人民代表大会常务委员会第二十九次会议通过，自 2008 年 8 月 1 日起施行。

自然人、法人和其他组织"。除了上述常见的市场经济主体外,在市场运行中实施垄断行为的主体还包括行业协会,例如行会、商会等组织,同时,在特定市场范围内,还包括行政机关和法律法规授权的具有管理公共事务职能的其他组织。垄断的主体范围不仅仅局限在市场经营者,还包括其他旨在排除、限制竞争的主体。

2. 垄断的目的是攫取超额利润

市场主体达成固定价格、划分市场等协议或利用市场优势地位排除、限制竞争的最终目的是获得超过合理竞争状态下应收的利润,得到少支出多获利的结果。垄断行为通过人为控制价格、供应量等经济要素,影响其他市场经营者的决策,排斥、减少有序竞争,破坏正常经济规律,实现攫取相关市场利润的目的。

3. 垄断具有排除、限制竞争的效果

垄断主体通过签订固定价格、限制产量等协议或其他协同行为,利用人为控制手段改变正常的价格规律,其他合法经营主体因无法获取真实的市场信息,在整个市场竞争中处于劣势地位。除此之外,若具有市场支配地位的经营者滥用相关市场优势地位,强制区域内其他经营者只能与其交易,同样破坏了公平的竞争秩序,减少了其他经营者的交易机会。

二、反垄断法的概念与立法目的

(一) 反垄断法的概念

反垄断法是以保护市场竞争为目的,调整国家在规制垄断行为过程中所发生的社会关系的法律规范的总称。反垄断法所调整的社会关系主要是反垄断关系,既包括国家规制主体与被规制的经营者等主体之间的关系,也包括国家规制主体因反垄断权力分配而发生的关系。1980年7月国务院发布的《关于推动经济联合的暂行规定》最早提出反垄断,但其后针对垄断现象一直缺乏专门而系统的立法,直到2007年8月30日,第十届全国人民代表大会常务委员会第二十九次会议通过了关于规制垄断行为的基本法《反垄断法》,该法于2008年8月1日起施行。

(二) 反垄断法的立法目的

《反垄断法》的立法宗旨是预防和制止垄断行为,保护市场公平竞争,提高经济运行效率,维护消费者利益和社会公共利益,促进社会主义市场经济健康发展。《反垄断法》第三条规定的预防和制止的垄断行为包括：经营者达成垄断协议；经营者滥用市场支配地位；具有或者可能具有排除、限制竞争效果的经营者集中。除上述法律条文直接规定的三种垄断行为以外,根据垄断的特征,《反垄断法》将行政机关和法律、法规授权的具有管理公共事务职能的组织滥用行政权力,实施的排除、限制竞争的行为也认定为一种垄断行为,因而本书中,从实质角度认定存在四种垄断行为。反垄断法通过规制排除、限制竞争的垄断行为,维护自由竞争的市场环境,促进资源合理配置,推动经济持续发展。

第二节 垄断行为

一、垄断协议

（一）垄断协议的含义与特征

垄断协议，指经营者之间以排除、限制竞争为目的而达成的协议、决定或其他协同行为。它是经营者们限制竞争常用的手段之一，具有以下特征：其一，签订垄断协议的主体是两个或两个以上的经营者。与单个经营者滥用市场支配地位限制竞争相比，垄断是由两个或两个以上经营者通过共同行动的方式实现独占的目的。其二，协议的目的是排斥、限制竞争。两个或两个以上的协议主体之间既可能具有同一行业直接竞争者的关系，也可能具有不同行业上下游供求者的关系。直接具有竞争关系的主体间签订固定价格、联合抵制交易等协议，降低彼此间竞争压力，扰乱协议外主体的正常竞争秩序；具有上下游供求关系的经营者们签订固定或限定向第三人转售商品的价格的协议，维持彼此间的竞争优势，排除第三人与之竞争的优势。其三，垄断协议的形式包括协议、决定或其他协同行为。协议是双方之间限制竞争的意思表示固定的书面载体，决议主要适用于行业协会，《反垄断法》明确规定禁止行业协议组织本行业的经营者从事该法第二章禁止的垄断协议。其他协同行为，往往不具有书面或口头说明的形式，双方或多方通过行为表现彼此之间协同的意思。

（二）垄断协议的类型

1. 横向垄断协议

横向垄断协议主要指具有竞争关系的经营者之间达成的排除、限制竞争的协议。经营者间具有竞争关系，多指双方或多方之间处于同一产业链的同一环节。

在《反垄断法》中，横向垄断协议主要包括以下类型：① 固定或者变更商品价格；② 限制商品的生产数量或者销售数量；③ 分割销售市场或者原材料采购市场；④ 限制购买新技术、新设备或者限制开发新技术、新产品；⑤ 联合抵制交易；⑥ 国务院反垄断执法机构认定的其他垄断协议。

（1）固定价格。具有竞争关系的同类经营者间固定或变更商品价格的行为，又称价格联盟。在相关市场范围内，同类经营者达成价格联盟，若本地还无其他可替换的产品时，消费者将无自由选择权，只能接受经营者给出的固定价格，严重损害消费者的合法权益。判定经营者间是否构成价格联盟，可以参照以下内容：固定或变更商品的价格；价格变动幅度；对价格有影响的手续费、折扣或其他费用；使用约定的价格作为与第三方交易的基础；约定采用据以计算价格的标准公式等变相固定或变更价格行为。

> **探究与发现**
>
> 　　通过上述学习,你是否对"导入"所提出的问题进行了相关的思考?案例中,康健、智友、效悠三家药业2013年集体联合"优捷"涨价行为是否构成垄断行为?若构成,属于何种垄断行为?
>
> 　　上述案例中,康健、智友、效悠三家药业在2013年对精神药品"优捷"的片剂价格实施集体涨价行为,康健提议联合涨至每片1元,其他两位参会公司附和跟随,三方协同实施涨价。这一集体涨价行为,是横向垄断协议中的价格联盟行为。康健、智友、效悠三家具有直接竞争关系的药业公司,通过协议约定价格变动幅度,固定了商品价格,富裕市的消费者想要就近购买该类药品,只能接受这一固定高价,严重损害了本地消费者的合法权益。

　　(2) 限制数量。具有竞争关系的同类经营者在相关市场范围限制商品的生产、销售数量,会导致市场上商品的供应量人为减少,在需求量不变的情况下,经营者可以维持较高的价格盈利,损害正常的竞争秩序。限制数量的行为主要表现为限制生产数量和销售数量,前者经营者通过固定产量、停止生产等方式实现产量限缩,后者以拒绝供货、限制产品投放量来限制销量。

> **探究与发现**
>
> 　　通过上述学习,你是否对"导入"所提出的问题进行了相关的思考?案例中,康健、智友、效悠三家药业限制对外销售"优捷"原料药数量的行为是否构成垄断行为?若构成,属于何种垄断行为?
>
> 　　案例中,康健、智友、效悠三家药业在2013年通过协议约定每家公司生产的"优捷"原料药主要供本公司生产片剂使用,不再对外销售或减少对外销售的数量。该约定后,2014—2015年康健公司仅对外销售20千克原料,智友公司仅销售10千克,效悠公司对外销售0千克。该限制对外销售"优捷"原料药数量的协议,人为减少供应,使得富裕市"优捷"原料药生产相关市场上其他药企不得不接受协议三方的高价,损害了原料药市场的良性竞争。

　　(3) 划分市场。具有竞争关系的同类经营者划分销售市场或原材料采购市场,最大限度避免同类经营者在同一市场中的竞争,损害市场竞争的活力。市场缺乏竞争的状态下,经营者无心创新、提高效率,产品的质量、种类、价格等方面都会受到不利影响,消费者也难以获得更优质的服务。划分市场主要包括原料、半成品、零部件等原材料的采购数量、区域、种类、供应商和商品销售的地域、数量、种类等。

> **探究与发现**
>
> 　　通过上述学习,你是否对"导入"所提出的问题进行了相关的思考?案例中,康健、

> 智友、效悠三家药业2013年协议约定划分片剂供应市场的行为是否构成垄断?
>
> 案例中,康健、智友、效悠三家药业在2013年通过协议约定康健、智友、效悠三家药企分别负责富裕市中部三区、东部三区、西部三区的片剂市场供应。具有直接竞争关系的三家药企联合划分片剂销售市场的行为,构成垄断。

(4) 限制技术。具有竞争关系的同类经营者限制购买或开发新技术、新产品,旨在维护现有的产品的特性与技术特征,限制新技术、新产品的竞争。该类限制协议不仅阻碍同行业产品、技术的更新换代,还对整个社会技术进步造成不利影响。限制技术协议主要表现为限制购买、租赁、拒绝使用新技术、新工艺和限制投资、研发新产品、新技术,也包括拒绝采用新的技术标准。

> **探究与发现**
>
> 通过上述学习,你是否对"导入"所提出的问题进行了相关的思考?案例中,康健、智友、效悠三家药业2013年协议约定一年时间内任何一方都不购买新的药品生产技术的行为是否构成垄断?
>
> 案例中,康健、智友、效悠三家药业在2013年通过协议约定康健、智友、效悠三家药企一致同意一年时间内任何一方都不购买新的药品生产技术。三方具有市场竞争关系,却联合同意拒绝购买新的生产技术,维持原有的生产技术,完全排除三方间的竞争,阻碍技术进步与市场发展,构成垄断。

(5) 联合抵制。具有竞争关系的同类经营者达成协议、决定或其他协同行为,联合拒绝与特定经营者进行交易,该特定经营者既可能是特定的上游供应,也可能是特定的下游销售,或者是联合主体间共同的同类竞争对手。联合抵制行为限制了特定经营者正常的交易活动,进一步损害了整个生产链、行业的有序竞争。联合抵制行为主要表现为联合拒绝从特定经营者采购商品、向特定经营者销售商品、拒绝销售特定经营者的商品等。

> **探究与发现**
>
> 通过上述学习,你是否对"导入"所提出的问题进行了相关的思考?案例中,康健、智友、效悠三家药业2013年协议约定拒绝向锦瑟药厂提供任何生产原料的行为是否构成垄断?
>
> 案例中,康健、智友、效悠三家药业在2013年通过协议约定拒绝向相邻市的锦瑟药厂提供任何生产原料。该联合拒绝交易行为,目的是排挤竞争对手锦瑟药厂的生存空间,限制其发展壮大,妨碍了原料药市场的有序竞争。

2. 纵向垄断协议

纵向垄断协议指处于同一产业上下不同业务阶段的经营者与交易相对人达成的垄断

协议。在市场竞争中,该协议旨在通过协议确定下一个或多个环节市场经营者销售商品的价格,维护经营者与相对人的竞争优势。在《反垄断法》中,纵向垄断协议主要表现为以下形式:

(1)固定向第三人转售商品的价格。

> **探究与发现**
>
> 通过上述学习,你是否对"导入"所提出的问题进行了相关的思考?案例中,2014年康健公司与其他经销商协议约定固定"优捷"片剂销售价格的行为是否构成垄断?
>
> 案例中,2014年康健公司与其他经销商达成协议,约定"优捷"片剂的价格固定为每片2元,之后各地经销商便按照该价格进行销售,康健公司利润大增。康健公司与其他经销商作为制药行业的上游生产商与下游经销商,通过约定固定向其他零售商或消费者转售药品的价格,维护了自身的利益。

(2)限定向第三人转售商品的最低价格。

> **探究与发现**
>
> 通过上述学习,你是否对"导入"所提出的问题进行了相关的思考?案例中,效悠公司与经销商协议约定经销商向其他分销或零售商转售"优捷"的最低价格的行为是否构成垄断?
>
> 案例中,效悠公司与其长久合作的众多经销商达成一项协议,约定经销商向其他分销或零售商转售"优捷"的价格最低限定在每片1.5元,各地经销商可以根据自己当地具体情况合理确定经销价,但不得低于该最低单价。处于生产上游的效悠公司向下游经销商提出限制向其他零售商或消费者转售药品的最低价格,维持了生产商的利润,但最终结果是损害下游消费者的合法权益。

前两种形式主要是经营者与交易相对人约定以固定价格或不低于某一价格,将所交易的商品转售给第三人,排除其他未参与协议的交易对象的竞争,以致消费者不得不接受固定价格中的更高价格,合法权益遭到损害。

(三)垄断协议的豁免适用

垄断协议的豁免,指有些协议形式上符合垄断协议的特征,但总体上不会严重限制相关市场的竞争,并且在其他方面获得的利益大于损害,故将这些协议排除出垄断协议的范围。

我国《反垄断法》第十五条规定经营者能够证明所达成的协议属于下列情形之一的,可以不适用垄断协议的规定:① 为改进技术、研究开发新产品的;② 为提高产品质量、降低成本、增进效率,统一产品规格、标准或者实行专业化分工的;③ 为提高中小经营者经营效率,增强中小经营者竞争力的;④ 为实现节约能源、保护环境、救灾救助等社会公共利益的;⑤因经济不景气,为缓解销售量严重下降或者生产明显过剩的;⑥为保障对外贸易和对外经济合作中的正当利益的;⑦法律和国务院规定的其他情形。

经营者还应当证明所达成的协议不会严重限制相关市场的竞争,并且能够使消费者分享由此产生的利益。

二、滥用市场支配地位

(一) 相关市场的含义

经营者的经济活动都是在一定的市场范围内进行的,对相关市场范围的认识是理解经营者在该市场是否具有支配地位的前提。根据《反垄断法》第十二条第二款的规定,相关市场,是指经营者在一定时期内就特定商品或者服务进行竞争的商品范围和地域范围。我国相关市场主要包含相关商品市场与相关地域市场。相关商品市场主要指根据商品的特性、用途及价格因素,由需求者认为具有较为紧密替代关系的一组或一类商品所构成的市场。

(二) 市场支配地位的含义与认定

市场支配地位,指经营者在相关市场内具有能够控制商品价格、数量或者其他交易条件,或者能够阻碍、影响其他经营者进入相关市场能力的市场地位。我国《反垄断法》主要从控制商品交易条件与对其他经营者的影响力两方面来阐述经营者的支配地位的内涵。

基于经济活动的多变性与复杂性,实践中对经营者是否具有市场支配地位的认定需要考虑多种因素。我国《反垄断法》第十八条规定,认定经营者具有市场支配地位,应当依据下列因素:

(1) 该经营者在相关市场的市场份额,以及相关市场的竞争状况。市场份额主要指经营者的总产量、销售量在相关市场的比例。《反垄断法》为了更准确地认定经营者的支配地位,规定经营者具有以下市场份额时,可以推定其具有市场支配地位:一个经营者在相关市场的市场份额达到二分之一的;两个经营者在相关市场的市场份额合计达到三分之二的;三个经营者在相关市场的市场份额合计达到四分之三的。但后两项其中有的经营者市场份额不足十分之一的,不应当推定该经营者具有市场支配地位。同时被推定具有市场支配地位的经营者,有证据证明不具有市场支配地位的,不应当认定其具有市场支配地位。案例中,2016年效悠公司在"优捷"的原料市场占据三分之一,片剂市场的市场份额超过二分之一,可以推定效悠公司在"优捷"的国内片剂市场上具有一定的支配地位。

(2) 该经营者控制销售市场或者原材料采购市场的能力。主要考虑经营者影响或决定价格、数量、合同期限或其他交易条件的能力,以及优先获得企业生产经营所必需的原料、半成品、零部件及相关设备等原材料的能力。

(3) 该经营者的财力和技术条件。主要考虑经营者的财务能力、盈利、融资能力、技术装备、技术创新与应用能力、拥有的知识产权等情况。

(4) 其他经营者对该经营者在交易上的依赖程度。主要考虑其他经营者与该经营者间的交易量、交易关系的持续时间等。

（5）其他经营者进入相关市场的难易程度。应当考虑市场准入制度、拥有必要设施的情况、销售渠道、资金和技术要求及成本等因素。

（6）与认定该经营者市场支配地位有关的其他因素。

探究与发现

> 通过上述学习，你是否对"导入"所提出的问题进行了相关的思考？案例中，2016年，效悠公司是否在"优捷"的原料市场上取得了市场支配地位？
>
> 案例中，效悠公司在"优捷"的原料市场占据三分之一，虽然无法直接根据市场份额推定其具有市场支配地位，但其作为"优捷"的原料生产商，具有控制其他药厂采购原料的能力，且其盈利能力强，技术先进，与许多药厂都保持着长时间稳定的交易关系，综合以上多种因素，可认定其在"优捷"的原料市场上具有市场支配地位。

案例详解

市场支配地位的含义与认定

（三）滥用市场支配地位的行为

滥用市场支配地位主要指具有市场支配地位的经营者为了维持或提高市场地位，获取高额利润，利用其市场支配地位实施的限制竞争的行为。经营者滥用市场支配地位，一方面损害已经存在的竞争者的利益，另一方面，又通过设置市场障碍，阻止和排斥潜在的竞争者进入相关市场，妨碍正常的竞争，不利于生产效率的提高与资源的优化配置。

经营者具有市场支配地位不被法律禁止，但具有市场支配地位的经营者从事滥用市场支配地位的行为，将会受到法律的规制。我国《反垄断法》第十七条禁止的滥用市场支配地位的行为包括以下情形：① 以不公平的高价销售商品或者以不公平的低价购买商品；② 没有正当理由，以低于成本的价格销售商品；③ 没有正当理由，拒绝与交易相对人进行交易；④ 没有正当理由，限定交易相对人只能与其进行交易或者只能与其指定的经营者进行交易；⑤ 没有正当理由搭售商品，或者在交易时附加其他不合理的交易条件；⑥ 没有正当理由，对条件相同的交易相对人在交易价格等交易条件上实行差别待遇；⑦ 国务院反垄断执法机构认定的其他滥用市场支配地位的行为。

1. 垄断价格

垄断价格主要包括垄断高价或垄断低价。前者主要指具有市场支配地位的经营者以远高于社会平均利润率的价格销售商品，向购买者索取高价，例如电力、城市自来水等基本生产生活类商品，若不严格规制，经营者易实施高价垄断；后者主要指具有市场支配地位的经营者强制销售者以低价销售商品，例如汽车整装车厂基于市场优势支配地位易于从汽车零部件零售厂商获得垄断低价商品。

探究与发现

> 通过上述学习，你是否对"导入"所提出的问题进行了相关的思考？案例中，效悠公司2016年3月限制经销商最低转售价格的行为是否构成垄断？若构成，属于何种垄断行为？

> 案例中,效悠公司2016年3月再次提高"优捷"的片剂的出厂单价,将经销商最低转售价格限定在每片2元。此时效悠公司已经在"优捷"的片剂市场上具有市场支配地位,其限定的最低销售单价已经远高于同种药品销售单价,属于高额销售商品的行为(垄断价格),该行为直接损害了消费者的合法权益。

2. 掠夺性定价

具有市场支配地位的经营者,没有合理正当的理由,以低于成本价格倾销商品。具有市场支配地位的经营者实施低价倾销,短期看存在利益损失,但从长远看,该经营者通过倾销行为排挤了其他竞争对手,巩固了独占支配地位。"正当理由"主要包括以低价处理鲜活商品、季节性商品,歇业降价处理等其他正当行为。

3. 拒绝交易

具有市场支配地位的经营者,拒绝向其他交易相对人销售、供应商品等行为。一般来说,经营者有权自主选择交易对象,但具有市场支配地位的经营者的自由有一定的限制。主要理由在于具有市场支配地位的经营者拒绝与其他经营者交易,被拒绝的经营者难以再从市场上获取其他交易机会,这一拒绝行为破坏了正常的交易秩序,妨碍市场竞争。

> **探究与发现**
>
> 通过上述学习,你是否对"导入"所提出的问题进行了相关的思考?案例中,2016年5月效悠公司拒绝向国内品昆地区的两家"优捷"片剂生产商提供原料的行为是否合法?
>
> 案例中,2016年5月国内品昆地区的两家"优捷"片剂生产商提出向效悠公司购买"优捷"生产原料时,被效悠公司拒绝。具有"优捷"生产原料市场支配地位的效悠公司拒绝向其他两家药厂提供原料后,该两家药厂再从市场上获取足量的生产原料并非易事,甚至可能出现破产倒闭的情况,该拒绝交易行为限制了原料药市场的正常的竞争,损害了其他经营者的合法权益,该行为不合法。

4. 强制交易

具有市场支配地位的经营者,无正当理由,强制交易相对人只能与其或其指定的经营者进行交易。强制交易通常发生在上下游不同阶段的经营者,具有市场支配地位的经营者强制交易相对人独家交易,限制上游或下游企业选择交易渠道的自由,妨碍其他竞争对手的经营。

> **探究与发现**
>
> 通过上述学习,你是否对"导入"所提出的问题进行了相关的思考?案例中2016年6月效悠公司限制阔奇药厂接下来三年内只能向其购买生产原料的行为是否合法?具有什么危害?

案例中,2016年6月国内阔奇地区的两家"优捷"片剂生产商提出购买"优捷"生产原料时,效悠公司欣然答应,但要求阔奇药厂接下来三年内只能向其购买生产原料,不能转向他家。具有"优捷"原料市场支配地位的效悠公司限制其他经营者只能向其购买生产原料的行为,一方面损害了其他购买生产原料的经营者的交易自由,另一方面扰乱了正常药品原料采购市场的正常秩序,危害较大,因此该行为不合法。

5. 搭售

具有市场支配地位的经营者在销售某种商品或服务时,强迫交易相对人购买其不需要、不愿意购买的商品或服务,或者接受其他不合理的条件。搭售行为不仅损害消费者的自由选择权,还人为扩大搭售商品的市场份额,妨碍其他经营者的正常竞争。

探究与发现

通过上述学习,你是否对"导入"所提出的问题进行了相关的思考?案例中,2016年8月,效悠公司要求经销商购买"优捷"的时候必须附加购买一定份额的"量蔻"的行为是否合法?属于何种垄断行为?

案例中,2016年8月效悠公司推出新的祛痘药品"量蔻",因市场销售额不理想,效悠公司便向各大"优捷"经销商提出购买"优捷"的时候必须附加购买一定份额的"量蔻",各大经销商不得不同意该项要求。效悠公司这一强迫各大经销商购买其不愿意购买的药品,获取高额利润的行为,符合搭售的特点。

6. 差别待遇

具有市场支配地位的经营者,无正当理由,对交易条件相同的交易相对人实行不同的价格或其他交易条件。价格歧视等差别待遇行为,使交易条件相同的交易相对人处于不同的竞争地位,对不同交易对象的实质竞争构成限制。

探究与发现

通过上述学习,你是否对"导入"所提出的问题进行了相关的思考?案例中,效悠公司区别对待国内品昆地区和阔奇地区的"优捷"片剂生产商的行为是否合法?

案例中,国内品昆地区的两家"优捷"片剂生产商提出向效悠公司购买"优捷"生产原料时,被效悠公司拒绝,而国内阔奇地区的两家"优捷"片剂生产商提出购买"优捷"生产原料时,效悠公司欣然答应,该行为是典型的差别对待交易相对人的情形。

三、经营者集中

(一) 经营者集中的概念

经营者集中,指经营者通过合并、收购、委托经营、联营或控制其他经营者业务或人事等方式,集合经营者经济力,提高市场竞争力的行为。经营者集中,一方面有助于扩大经营者的市场份额,优化产业结构,降低内部交易成本,形成良好的规模经济效益;另一方面,经营者过度集中经济力,迅速提高市场地位的同时,也增加了经营者利用市场支配地位排除、限制竞争的可能性。经营者集中行为并不一定都要受到法律的禁止,只有具有或者可能具有排除、限制竞争效果的经营者集中,才会被《反垄断法》所禁止。

(二) 经营者集中的形式

为了有效规范经营者集中的行为,我国《反垄断法》第二十条规定经营者集中主要包括以下情形:

1. 经营者合并

经营者合并,指两个或两个以上独立的经营者并入或重组为一个经营者。经营者合并分为新设合并和吸收合并两种方式。新设合并指两个或两个以上的经营者合并为一个新的经营者,合并后原有的经营者主体资格消灭的行为;吸收合并指两个或两个以上的经营者合并到其中一个经营者内,其他经营者主体资格消灭的行为。经营者间的合并,导致经营者数量减少,减弱了相应市场范围内的竞争。

2. 经营者控制

经营者控制,指经营者通过收购资产、购买股权、签订联营合同等方式取得对另一或其他经营者的控制。取得控制的方式既包括取得股权或资产的方式,也包括订立受托经营、联营合同等。通过以上方式一经营者对其他经营者财产、业务、人事等多方面施加决定性影响,其他经营者丧失竞争的自由。

3. 其他方式结合

其他方式例如经营者通过变更其所享有的债权的方式而对其他经营者施加决定性影响。

> **探究与发现**
>
> 通过上述学习,你是否对"导入"所提出的问题进行了相关的思考？案例中,效悠公司购买了智友公司 30% 的股权的行为是否构成经营者集中？
>
> 案例中,效悠公司意图扩大商业帝国的版图,购买了智友公司 30% 的股权,因其在"优捷"的原料和片剂市场上占据支配地位,对智友公司发展规划、商业策略都能提出自己的观点,施加自己的影响。效悠公司通过购买股权的方式控制智友公司,对其施加各种决定性影响,该行为符合经营者集中的特征。

(三) 经营者集中的申报

经营者集中具有或可能具有排除、限制竞争的特性,各国都对经营者集中进行一定的规制,我国对经营者集中实施申报许可制度。《反垄断法》第二十一条规定,经营者集中达到国务院规定的申报标准的,经营者应当事先向国务院反垄断执法机构申报,未申报的不得实施集中。

> **探究与发现**
>
> 通过上述学习,你是否对"导入"所提出的问题进行了相关的思考?案例中,效悠公司通过购买智友公司30%的股权在"优捷"的原料和片剂市场上实施经营者集中行为的程序是否合法?
>
> 案例中,效悠公司通过购买智友公司30%的股权在"优捷"的原料和片剂市场上实施经营者集中的行为,意图实现双方的"强强联合",该行为符合经营者集中的基本特征,但并未主动向反垄断执法机构申报,该集中行为不合法,况且双方是否符合申报标准,还需要进一步确认。

1. 申报的主体

申报的主体,是意图实施经营者集中的两个或两个以上的经营者。采用合并方式集中的经营者,由参与合并的各方共同申报;采用取得控制权或其他方式进行集中的,一般由取得控制权或施加决定性影响的经营者申报,其他主体予以配合。

2. 申报的标准

申报的标准,主要由参与集中的所有经营者和单个经营者的市场规模确定。根据国务院制定的《关于经营者集中申报标准的规定》,经营者集中达到下列标准之一的,经营者应当事先向国务院反垄断执法机构申报,未申报的不得实施集中:① 参与集中的所有经营者上一会计年度在全球范围内的营业额合计超过100亿元人民币,并且其中至少两个经营者上一会计年度在中国境内的营业额均超过4亿元人民币;② 参与集中的所有经营者上一会计年度在中国境内的营业额合计超过20亿元人民币,并且其中至少两个经营者上一会计年度在中国境内的营业额均超过4亿元人民币。营业额的计算,应当考虑银行、保险、证券、期货等特殊行业、领域的实际情况。满足以上的申报标准,经营者应当主动申报。

3. 申报的机构

申报的机构,经营者实施集中行为,需要向国务院反垄断执法机构申报。目前,国家市场监督管理总局是负责处理经营者集中申报的反垄断执法机构。

4. 申报的材料

申报的材料,经营者向国务院反垄断执法机构申报集中,应当提交下列文件、资料:申报书;集中对相关市场竞争状况影响的说明;集中协议;参与集中的经营者经会计师事务所审计的上一会计年度财务会计报告;其他文件、资料。

(四) 经营者集中的审查

1. 审查的内容

国务院反垄断执法机构收到经营者申报的文件、材料后,应及时进行审查。审查经营者集中,主要考虑下列因素:参与集中的经营者在相关市场的市场份额及其对市场的控制力;相关市场的市场集中度;经营者集中对市场进入、技术进步的影响;经营者集中对消费者和其他有关经营者的影响;经营者集中对国民经济发展的影响;国务院反垄断执法机构认为应当考虑的影响市场竞争的其他因素等。

2. 审查的程序

国务院反垄断执法机构自收到经营者提交的符合条件的申报文件、资料之日起30日内,对申报的经营者集中进行初步审查,作出是否实施进一步审查的决定,并书面通知申报者。国务院反垄断执法机构作出决定前,经营者不得实施集中。如作出不实施进一步审查的决定或者逾期未作出决定的,经营者可以实施集中。

国务院反垄断执法机构决定实施进一步审查的,自决定之日起90日内审查完毕,作出是否禁止经营者集中的决定,并书面通知经营者。作出禁止经营者集中的决定,应当说明理由。审查期间,经营者不得实施集中。

3. 审查的结果

经审查,经营者集中具有或者可能具有排除、限制竞争效果的,国务院反垄断执法机构应当作出禁止经营者集中的决定。但是,经营者能够证明该集中可以改善竞争条件与环境,对竞争产生的有利影响明显大于不利影响,或者经营者集中符合社会公共利益的,国务院反垄断执法机构可以作出对经营者集中不予禁止的决定。对不予禁止的,国务院反垄断执法机构可以决定附加减少集中对竞争产生不利影响的限制性条件,并及时向社会公布。

四、行政性垄断

(一) 行政性垄断的含义

行政性垄断,指行政机关和法律、法规授权的具有管理公共事务职能的组织,滥用行政权力,排除、限制企业间合法竞争的行为。

行政性垄断具有以下特征:① 行政性垄断的主体具有行政性,包括行政机关与法律、法规授权的具有管理公共事务职能的组织。行政机关主要指国务院部委、各级地方人民政府及所属政府部门;具有管理公共事务职能的组织虽不是行政机关,但法律、法规授权其行使相应的行政权力。② 行为具有行政违法性。行政机关或管理公共事务的组织违反宪法或法律、法规赋予的法定权限与职责,不正当实施干预经营者竞争的行为,违背了依法行政的基本原则。行政性垄断是行政权力滥用的结果,而非市场支配地位等经济优势的滥用。③ 行政垄断具有排除、限制竞争的结果。行政主体利用行政力量支持特定经营者的经营,势必导致该经营者的竞争对手处于竞争的劣势地位,人为干预经营者间正常的市场竞争,损害消费者的合法权益。行政力量的不当干预加剧了市场竞争的不公。

(二) 行政性垄断的行为类型

行政性垄断包括滥用行政权力人为分割市场、阻碍经营者间自由、公平、有序的竞争,

损害市场经营者与消费者的合法权益。为了有效规制行政垄断,我国《反垄断法》规定了以下典型的行政性垄断行为:

1. 限定强制交易行为

限定强制交易行为指行政机关和法律、法规授权的具有管理公共事务职能的组织滥用行政权力,限定或者变相限定单位或者个人经营、购买、使用其指定的经营者提供的商品。行政主体限定可能采取明确要求、暗示或拒绝、拖延行政许可等多种方式。行为表现为限定单位或个人只能购买、使用本辖区范围内的经营者,或者限定只能购买、使用与行政机关有挂靠、其他密切关系的经营者的产品或服务,维护特定经营者的利益,损害其他竞争者的合法权益。

2. 限制市场准入行为

限制市场准入行为指行政机关和法律、法规授权的具有管理公共事务职能的组织滥用行政权力,限制经营者的正常市场准入,妨碍商品在地区之间的自由流通。该行为主要限制外地商品流入、本地商品流出,人为进行地区封锁、市场割据,损害正常的竞争秩序。

限制市场准入行为主要包括:① 对外地商品设定歧视性收费项目、实行歧视性收费标准,或者规定歧视性价格。② 对外地商品规定与本地同类商品不同的技术要求、检验标准,或者对外地商品采取重复检验、重复认证等歧视性技术措施,限制外地商品进入本地市场。③ 采取专门针对外地商品的行政许可,限制外地商品进入本地市场。④ 设置关卡或者采取其他手段,阻碍外地商品进入或者本地商品运出。⑤ 以设定歧视性资质要求、评审标准或者不依法发布信息等方式,排斥或限制外地经营者参加本地的招标投标活动。⑥ 采取与本地经营者不平等待遇等方式,排斥或者限制外地经营者在本地投资或者设立分支机构。⑦ 其他妨碍商品或服务自由流通的行为。

3. 强制从事垄断行为

强制从事垄断行为指行政机关和法律、法规授权的具有管理公共事务职能的组织滥用行政权力,强制经营者从事反垄断法规定的垄断行为。主要表现为行政主体利用行政权力强制经营者们订立垄断协议、滥用市场支配地位或者实施经营者集中行为。例如一些地方政府强制本地经营者合并组建企业集团或强制经营者固定价格、划分市场等。经营者正常的经济活动的自由竞争完全被限制。

4. 抽象行政垄断行为

抽象行政垄断行为指行政机关滥用行政权力,制定含有排除、限制竞争内容的规定。与前述三种行政主体实施的具体行政垄断行为相比,该抽象行政垄断行为针对不确定的经营者,规定的适用范围更广,危害更大。例如某地县政府出台相关规定,要求全县各小学的校服只能到该县指定的某服装厂进行制作。制定该文件规定即构成抽象行政垄断行为。

> **探究与发现**
>
> 通过上述学习,你是否对"导入"所提出的问题进行了相关的思考?案例中,富裕市政府组织当地卫生行政管理部门等单位,制定一系列针对外地生产的精神药品准入规范的行为是否合法?
>
> 案例中,富裕市政府组织当地卫生行政管理部门等单位制定一系列针对外地生产的精神药品准入规范属于滥用行政权力排斥外地经营者进入当地药品市场的行为,该行为充满地方保护主义色彩,不利于建立全国统一开放的市场环境,应严令禁止。

第三节 垄断行为的调查与法律责任

一、涉嫌垄断行为的调查

(一)调查主体

随着经济模式多样化与复杂化,经营者从事经济活动中的涉嫌垄断行为越来越隐蔽。为了更好地规制垄断行为,维护良好有序的市场竞争环境,各国都安排专门的执法机构负责本国的反垄断工作。我国《反垄断法》中负责反垄断工作的机构主要是反垄断委员会与反垄断执法机构。国务院设立反垄断委员会,负责组织、协调、指导反垄断工作,履行研究拟订有关竞争政策;组织调查、评估市场总体竞争状况,发布评估报告;制定、发布反垄断指南;协调反垄断行政执法工作等职责。国务院反垄断执法机构,负责反垄断执法工作,根据工作需要,其可以授权省、自治区、直辖市人民政府相应的机构,负责有关区域内具体的反垄断执法工作。反垄断法执法机构依法对涉嫌垄断行为进行调查。目前,国家市场监督管理局是反垄断执法机构,对经济生活中涉嫌垄断行为进行调查。反垄断执法机构调查具体涉嫌垄断行为时,具体执法人员不得少于两人。

(二)调查方式

反垄断执法机构自行发现垄断行为或接到受害人、其他单位和个人涉嫌垄断行为的调查申请后,应积极受理并启动调查程序。反垄断执法机构调查涉嫌垄断行为,可以采取下列措施:① 进入被调查的经营者的营业场所或者其他有关场所进行检查;② 询问被调查的经营者、利害关系人或者其他有关单位或者个人,要求其说明有关情况;③ 查阅、复制被调查的经营者、利害关系人或者其他有关单位或者个人的有关单证、协议、会计账簿、业务函电、电子数据等文件、资料;④ 查封、扣押相关证据;⑤ 查询经营者的银行账户。采取①—⑤项措施,应当向反垄断执法机构主要负责人书面报告,并经批准。

(三)调查程序

1. 调查者与被调查者的程序规范

反垄断执法机构调查涉嫌垄断行为时,执法人员不得少于两人,并应当出示执法证件。执法人员采取询问、查阅复制账簿等各类调查措施时,应当事先向反垄断执法机构主要负责人书面报告,并经批准。执法人员进行询问和调查,应当制作笔录,并由被询问人或者被调查人签字。反垄断执法机构及其工作人员对执法过程中知悉的商业秘密负有保密义务。

被调查的经营者、利害关系人或者其他有关单位或者个人应当配合反垄断执法机构依法履行职责,不得拒绝、阻碍反垄断执法机构的调查。同时被调查的经营者、利害关系人有权陈述意见,反垄断执法机构应当对被调查的经营者、利害关系人提出的事实、理由和证据进行核实。

2. 调查的中止与恢复程序

对反垄断执法机构调查的涉嫌垄断行为,被调查的经营者承诺在反垄断执法机构认可的期限内采取具体措施消除该行为后果的,反垄断执法机构可以决定中止调查。中止调查的决定应当载明被调查的经营者承诺的具体内容。

反垄断执法机构决定中止调查的,应当对经营者履行承诺的情况进行监督。经营者履行承诺的,反垄断执法机构可以决定终止调查。

经营者未履行承诺的,作出中止调查决定所依据的事实发生重大变化的,中止调查的决定是基于经营者提供的不完整或者不真实的信息作出的情形时,反垄断执法机构应当恢复调查。

3. 调查的公开程序

反垄断执法机构对涉嫌垄断行为调查核实后,认为构成垄断行为的,应当依法作出处理决定,并可以向社会公布。

二、垄断行为的法律责任

(一) 行政责任

经反垄断执法机构调查,经营者或行业协会等组织确实实施具有或可能具有排除、限制竞争的垄断行为时,依法应承担相应的行政、民事等责任。违反《反垄断法》的主要责任形式是行政责任。

根据垄断协议、滥用市场支配地位、经营者集中等不同垄断行为类型,我国《反垄断法》规定经营者应承担的行政责任如下:

经营者违反本法规定,达成并实施垄断协议的,由反垄断执法机构责令停止违法行为,没收违法所得,并处上一年度销售额1%以上10%以下的罚款;尚未实施所达成的垄断协议的,可以处50万元以下的罚款。经营者主动向反垄断执法机构报告达成垄断协议的有关情况并提供重要证据的,反垄断执法机构可以酌情减轻或者免除对该经营者的处罚。

> **探究与发现**
>
> 通过上述学习,你是否对"导入"所提出的问题进行了相关的思考?案例中,康健、

智友、效悠三家药业对2013年达成并实施的横向垄断协议应承担什么法律责任？2014年康健公司与"优捷"片剂的各大药品经销商，效悠公司与经销商达成并实施的纵向垄断协议，康健公司、效悠公司应承担什么法律责任？

案例中，康健、智友、效悠三家药业2013年串通集体涨价、限制"优捷"原料药对外销售数量、人为划分片剂销售市场、联合拒绝限制购买药品生产新技术、联合抵制与竞争对手进行交易等行为，都是三方实施的典型的横向垄断协议，应为法律所禁止，三方需承担相应的法律责任。同时2014年，康健公司与"优捷"片剂的各大药品经销商固定药品销售价格行为、效悠公司与其长久合作的众多经销商联合限定向其他分销或零售商转售"优捷"的最低价格的行为，均分别构成纵向垄断协议，康健公司、效悠公司需要承担与其行为相适应的法律责任。

经营者违反本法规定，滥用市场支配地位的，由反垄断执法机构责令停止违法行为，没收违法所得，并处上一年度销售额1%以上10%以下的罚款。

案例详解
垄断行为的法律责任

探究与发现

通过上述学习，你是否对"导入"所提出的问题进行了相关的思考？案例中，效悠公司对其滥用相关市场上的支配地位实施的限制竞争的行为应承担什么法律责任？

案例中，效悠公司利用在"优捷"片剂相关市场上的优势地位，实施垄断高价销售药品以及销售"优捷"片剂时强制搭售祛痘药品"量蔻"行为，都是典型的滥用市场支配地位妨害竞争的行为，同时在"优捷"原料市场具有支配地位的效悠公司实施的拒绝与品昆地区的两家"优捷"片剂生产商交易、强制阔奇药厂接下来三年内只能向其购买生产原料、对于同等条件的购买商差别待遇等行为，也是效悠公司滥用市场支配地位的行为，应按照行为的具体情况，积极履行上述缴纳罚款等法律责任。

经营者违反本法规定实施集中的，由国务院反垄断执法机构责令停止实施集中、限期处分股份或者资产、限期转让营业以及采取其他必要措施恢复到集中前的状态，可以处50万元以下的罚款。

探究与发现

通过上述学习，你是否对"导入"所提出的问题进行了相关的思考？案例中，效悠公司与智友公司对违法实施的"强强联合"行为应承担什么法律责任？

案例中，效悠公司与智友公司意图实现双方的"强强联合"，在"优捷"的原料和片剂市场上实施经营者集中行为，但并未主动将该行为向反垄断执法机构申报，该集中行为不合法。反垄断机构应责令双方停止集中行为，处分相关的股份，恢复到集中前的市场状态。

除了经营者,行业协会若违反本法规定,组织本行业的经营者达成垄断协议的,反垄断执法机构可以处五十万元以下的罚款;情节严重的,社会团体登记管理机关可以依法撤销登记。行政机关和法律、法规授权的具有管理公共事务职能的组织滥用行政权力,实施排除、限制竞争行为的,由上级机关责令改正;对直接负责的主管人员和其他直接责任人员依法给予处分。反垄断执法机构可以向有关上级机关提出依法处理的建议。

> **探究与发现**
>
> 通过上述学习,你是否对"导入"所提出的问题进行了相关的思考?案例中,富裕市政府对限制外地药品准入的行为应承担什么法律责任?
>
> 案例中,富裕市政府组织当地卫生管理部门等单位,制定一系列针对外地生产的精神药品准入规范,不合理限制外地类似"优捷"的药品进入本地市场的行为,是典型的滥用行政权力的行为,反垄断机构应按照上述责任规定追究当地政府部门相关负责人的行政责任。

(二)民事责任

垄断行为的民事责任主要指经营者实施垄断行为,排除、限制其他经营者正常的经济活动,根据被损害人的请求,违法行为人对其他经营者造成的损失依法进行赔偿。我国《反垄断法》规定经营者实施垄断行为,给他人造成损失的,依法承担民事责任。民事责任的形式主要是停止侵权、赔偿损失等。法院根据被损害人提出的诉讼请求与查明的事实,对损失进行合理计算,被损害人获得的赔偿范围不只包括损失,根据被损害人的请求,其因调查、制止垄断行为所支付的合理开支也可计入赔偿。

> **探究与发现**
>
> 通过上述学习,你是否对"导入"所提出的问题进行了相关的思考?案例中,具有"优捷"原料市场支配地位的效悠公司拒绝且限制与品昆药厂交易的行为是否合法?品昆药厂是否可就自身损失向效悠公司主张民事赔偿?
>
> 案例中,国内品昆地区的两家"优捷"片剂生产商提出向效悠公司购买"优捷"生产原料时,被效悠公司拒绝,且效悠公司限制康健、智友公司向品昆药厂出售原料。具有"优捷"原料市场支配地位的效悠公司拒绝且限制与品昆药厂交易的行为,若品昆药厂有足够证据证明其后来巨额损失与效悠公司滥用市场支配地位具有因果关系,可以向效悠公司主张赔偿损失。

(三)刑事责任

垄断行为的刑事责任是指将特定的垄断行为认定为犯罪行为,行为人实施该犯罪行为需要承担刑事责任。我国《反垄断法》对经营者实施违法垄断行为并未设置刑事责任,主要刑事责任规制的对象是反垄断执法机构等主管机关,且规制的犯罪种类也非经济犯罪,而是职务犯罪。我国《反垄断法》规定,反垄断执法机构工作人员滥用职权、玩忽职守、徇私舞弊或者泄露执法过程中知悉的商业秘密,构成犯罪的,依法追究刑事责任。对反垄断执法机构依法实施的审查和调查,拒绝提供有关材料、信息,或者提供虚假材料、信息,或者隐匿、销毁、转移证据,或者有其他拒绝、阻碍调查行为的,构成犯罪的,依法追究刑事责任。

本章小结

为保护市场公平竞争,预防和制止垄断行为,提高经济运行效率,2008年开始实施的《反垄断法》主要规制的垄断行为包括:经营者达成的垄断协议;经营者滥用市场支配地位;具有或者可能具有排除、限制竞争效果的经营者集中。同时,也包括行政机关和法律、法规授权的具有管理公共事务职能的组织滥用行政权力,排除、限制竞争的行为。反垄断委员会与反垄断执法机构是负责反垄断工作的机构。目前,国家市场监督管理局是反垄断执法机构,对经济生活中涉嫌垄断行为进行调查。经反垄断执法机构调查,经营者或行业协会等组织确实实施具有或可能具有排除、限制竞争的垄断行为的,依法应承担相应的行政、民事责任;主要刑事责任规制的对象是反垄断执法机构等主管机关。

思 考 题

1. 我国《反垄断法》制定的目的是什么?其对经济发展有何意义?
2. 《反垄断法》是否规制所有的垄断行为?其规制的垄断行为有哪些?
3. 垄断行为的责任主体是谁?法律责任的类型有哪些?
4. 陕西A广电公司是经陕西省政府批准,陕西境内唯一合法经营有线电视传输业务的经营者和唯一电视节目集中播控者,其有线电视传输业务在陕西省占有支配地位。吴某前往A广电公司缴纳数字电视基本收视维护费时,A广电公司工作人员告知吴某每月最低收费标准已由25元上调为30元,每次最少缴纳一个季度,并未告知吴某可以单独缴纳数字电视基本收视维护费或者数字电视付费节目费,吴某遂缴纳了三个月的费用计90元。根据A广电公司给吴某开具的收费专用发票,其中数字电视基本收视维护费75元、数字电视付费节目费15元。之后,吴某又通过A广电公司客户服务中心咨询,了解到A广电公司节目升级,增加了不同的收费节目,有不同的套餐,其中最低套餐基本收视费每年360元,用户每次最少应缴纳三个月费用。另查,2005年7月11日国家广电总局印发的《推进试点单位有线电视数字化整体转换的若干意见(试行)》规定,付费频道等新业务应供用户自由选择、自愿订购。陕西省物价局于2006年5月29日出台的《关于全省数字电视基本收视维护费标准的通知》规定,全省县城以上城市居民用户每户终端数字电视基本收视维护费收费标准为每月25元;有线数字电视用户可根据实际情况自愿选择按月、按季或按年度缴纳基本收视维护费。

问题：

（1）A广电公司在提供服务时将数字电视基本收视维护费和数字电视付费节目费强行一起收取并提供的行为是否构成垄断行为？若构成，具体属于哪一类垄断行为？

（2）若构成垄断行为，A公司可能承担何种法律责任？

拓 展 学 习

2020年1月2日，国家市场监督管理总局发布《〈反垄断法〉修订草案（公开征求意见稿）》，虽然征求意见稿尚无法律效力，但它是对新的互联网经济背景下反垄断领域的一次重要修订。本次征求意见稿加重了违反《反垄断法》的法律责任，罚款数额将大幅增加，对于从事垄断行为的高管、员工将可能被追究刑事责任，对拒绝、阻碍调查的行为将被严惩等，这些新规定都增强了《反垄断法》的震慑力。同时，也对垄断协议的定义等问题进行了回答与澄清。阅读该征求意见稿，可以更好地了解反垄断领域新的执法要点。

第七章

反不正当竞争法

 本章教学目标

通过本章的学习,学生应熟悉不正当竞争概念和特征、对不正当竞争的监督检查、违反《中华人民共和国反不正当竞争法》的法律责任;掌握混淆、商业贿赂、虚假宣传和侵犯商业秘密等不正当竞争的具体表现等基本内容;能够运用所学理论知识认识、分析具体案例。

 本章核心概念

不正当竞争;反不正当竞争法;不正当竞争的法律规制;不正当竞争的监督检查

 导入

王某和软件从业者张某、财务从业者陈某、食品行业从业者谢某一起辞职创业开饮品公司。为了迅速树立本公司的商誉、吸引消费者购买,公司决定仿照在本地已经持续30年经营饮品业务并有一定市场知名度的甲公司的企业名称,将公司命名为"申奶茶股份有限公司"(以下简称申公司),在奶茶的外包装上标有"申公司"字样,突出"申"字符,同时采用花纹代替"申"字比"甲"字多出的笔画,以弱化两者之间的差异性,为了达到以假乱真的效果,在产品外包装、线下店的装修等方面模仿该知名饮品公司整体风格。果不其然,很多消费者看到申公司的产品、包装、装修风格后,都误以为是甲公司新开的加盟店,纷纷进店购买,申公司开业初期即吸引了甲公司产品的大批追捧者。

公司决定在奶茶口感上向甲公司看齐,但奶茶配方作为高度商业秘密,甲公司对配方采取严格保密措施。谢某找到自己在甲公司从事新品研发核心工作的朋友周某,约定每次甲公司有新品上市,周某都至少提前一周向申公司提供完整配方,申公司答应将每期新品上市后销售利润的5%作为报酬支付给周某,面对巨额的利益诱惑,周某答应了申公司的条件。

一段时间后,公司竞投多家公司的下午茶、年会、周会等等休闲或会务的饮料供应项目,但其他参与竞争的公司都是知名大品牌。王某联系了在各公司负责销售和采购工作的朋友,约定由他们帮助申公司在竞标中拨得头筹,每次成功签约后,申公司账外暗中支付王某 10 万元的"好处费",这样申公司与多家公司达成长期合作关系。

为了进一步扩大公司影响力,张某带领技术团队研发了一款线上点单应用软件,同时推出抽奖活动,凡是在 App 上单次点单超过 200 元并晒单到微信朋友圈的消费者,都可以免费获得一次抽奖机会,为了扩大推广效果,公司决定不设奖项、不公开中奖率,单奖项为 66 000 元。

张某的技术团队在后台检测到实名注册用户超过了 1 000 万人,又设计了一个隐蔽的禁止程序,导致凡是下载并使用申公司软件的用户,都会自动停止运行用户手机中下载的其他奶茶公司的点单软件。很多用户即使发现了这一情况,也因为耽误时间等原因没有重新下载被禁止运行的点单软件,一段时间后,其他奶茶经营者的网上点单量明显骤减。

三年后,申公司向证券监督管理机构提出股票上市申请,经审查条件符合,申公司在上海证券交易所上市交易。为了获得投资者青睐,获取竞争优势及交易机会,公司决定让陈某带领财务团队虚假提升公司年度相关商品销售收入和利润率等关键营销指标,虚构业务增加交易额、虚增收入、虚增利润,并结合宣传部门多种渠道对外广泛宣传,欺骗、误导相关公众,同时宣扬申公司诚实经营、产品健康、无添加等,暗示市场中的其他从业者罔顾消费者身体健康、滥用添加剂等,如此一番操作后,投资者信以为真、纷纷抛来橄榄枝,申公司股价大涨,而其他从业者却受申公司行为影响,股价大跌。

申公司的不正当做法让以甲公司为代表的许多经营者苦不堪言,在申公司年度财报公布后,这些经营者联合聘请了会计师和律师联合团队,发现了申公司的不正当竞争行为,向市场监督局等管理部门举报,很快财政部、国家市场监管总局、证监会联合介入调查,查证了申公司一系列涉嫌不正当竞争的违法行为。随后调查结果公布,财政部、国家市场监管总局、证监会将依法对申公司运营主体及相关责任人予以行政处罚,涉嫌犯罪的,将依法移送公安司法机关进一步追责。申公司也正式停牌,并进行退市备案,董事会组织重组。

问题:

(1) 申公司仿照甲公司企业名称、产品外包装、线下店的装修等行为属于何种不正当竞争行为?可能承担哪些法律责任?

(2) 申公司通过周某盗取甲公司配方的行为属于何种不正当竞争行为?可能承担哪些法律责任?

(3) 申公司账外暗中支付"好处费"属于何种不正当竞争行为?可能承担哪些法律责任?

(4) 申公司的抽奖销售属于何种不正当竞争行为?可能承担哪些法律责任?

(5) 申公司设置的禁止程序属于何种不正当竞争行为?可能承担哪些法律责任?

(6) 申公司虚假提升关键营销指标、虚增收入、虚增利润等行为属于何种不正当竞争行为?可能承担哪些法律责任?

(7) 我国不正当竞争的监督检查机关是什么？具体职权包括哪些？

(8) 经营者应如何做好对内管理和对外运营控制，防范不正当竞争风险？

带着这些问题，让我们进入本章的学习。

第一节 反不正当竞争法概述

一、不正当竞争的概念及特征

不正当竞争是相对于市场竞争中的正当竞争而言的，指经营者为了在市场竞争中取得优势地位，违反《中华人民共和国反不正当竞争法》[①]（以下简称《反不正当竞争法》）规定，采用混淆、欺诈及虚假宣传等手段限制、破坏竞争，扰乱正常的市场竞争秩序，损害其他经营者或者消费者合法权益的行为。不正当竞争，一般具有以下三项基本特征：

（一）主体的特定性

不正当竞争的主体是为了在商业活动中争取最大交易机会和经济利益而利用产品或服务的价格、质量等因素实施不正当竞争的经营者。我国《反不正当竞争法》中明确规定，经营者是指从事商品生产、经营或者提供服务的自然人、法人和非法人组织。一般而言，非经营者不能成为不正当竞争的主体，但在有些情形下，非经营者的某些行为如果妨碍其他经营者的正当经营活动，侵害经营者的合法权益，该行为也属于《不正当竞争法》的规制范畴，比如事业单位在市场交易中实施商业贿赂等。

（二）行为的违法性

不正当竞争具有违法性。经营者实施的此类行为所指向的对象既可以是特定经营者，也可以是不特定的经营者，并且这种违法性是以违反商业道德为一般判断依据的，商业道德是在长期经济生活中逐渐形成的符合各方交易利益、社会公认的经济行为规范。不正当竞争表现为不公正、不诚实、不道德的竞争行为，行为违背了市场交易的平等、自愿、诚实信用等基本原则。

（三）不正当竞争的社会危害性

自由市场环境下充满竞争，随着市场经济的不断深化发展，不正当竞争的危害性已经从私权领域扩大到对公众利益的损害和对社会经济运行秩序的破坏，不仅直接侵害了其他经营者的知识产权、财产权、名誉权等合法权益，造成财产和名誉损失，同时，还可能侵犯消费者的合法权益，如虚假宣传使相关消费者受骗遭受经济损失甚至健康损害，从而破坏公平竞争的市场环境和市场经济的平稳运行。法律把竞争行为从私法规制转而纳入具有公法行政的竞争法规制范畴，一方面是因为随着社会的发展，不正当竞争与日俱增、形

[①] 《中华人民共和国反不正当竞争法》自1993年9月2日通过，最新修正是根据2019年4月23日第十三届全国人民代表大会常务委员会第十次会议《关于修改〈中华人民共和国建筑法〉等八部法律的决定》进行的修正。

态万千,单纯依靠民法的侵权规则难以达到规范效果;另一方面更是揭示了不正当竞争行为社会危害性的本质特征,区别于一般民事侵权行为,不正当竞争行为应超越私法、纳入公法规制范畴。

二、反不正当竞争法的概念及特征

(一)反不正当竞争法的概念

反不正当竞争法,是国家对经营者在市场中违反商业道德,损害其他经营者合法权益,扰乱社会经济秩序的行为进行规制的法律规范总称。它以维护市场竞争机制、创造公平竞争的市场环境、制止不正当竞争、保护经营者和消费者合法权益为目标,是市场经济中的重要法律制度,与反垄断法一起构成了竞争法的两大组成部分。

我国于1993年9月第八届全国人民代表大会常务委员会第三次会议通过了《反不正当竞争法》,全文共5章33条,规定了立法目的、立法宗旨,列举了仿冒、限制竞争、权力经营、商业贿赂、虚假广告、侵犯商业秘密、倾销、不正当附条件销售、不正当有奖销售、损害商誉、串通投标11类不正当竞争行为,规定了监督检查机构的职权以及违反本法的法律责任等内容。反不正当竞争法的立法目的在该法第一条予以明确,即为促进社会主义市场经济健康发展,鼓励和保护公平竞争,制止不正当竞争行为,保护经营者和消费者的合法权益。

1993年《反不正当竞争法》颁布以后,我国还制定实施了反不正当竞争的相关规范,例如1993年国家工商行政管理局发布的《关于禁止有奖销售活动中不正当竞争行为的若干规定》《关于禁止公用企业限制竞争行为的若干规定》,1995年发布的《关于禁止侵犯商业秘密行为的若干规定》,1996年发布的《关于禁止商业贿赂行为的暂行规定》;2007年最高人民法院公布的《关于审理不正当竞争民事案件应用法律若干问题的解释》等。此外,多地政府制定出台了具有地方特色的反不正当竞争地方立法,如《重庆市反不正当竞争条例》《上海市反不正当竞争条例》。

(二)《反不正当竞争法》的特征

我国《反不正当竞争法》具有如下特征:

1. 调整范围的广泛性

《反不正当竞争法》调整范围既包括混淆行为、不正当有奖销售、虚假宣传等传统领域的不正当竞争,也包括互联网环境下新型的不正当竞争。

2. 规范的补充性

从一定层面而言,《反不正当竞争法》是为了弥补传统私法如《侵权责任法》《知识产权法》等法律领域的漏洞或空白而产生的,对这些法律具有拾遗补阙的功能。《反不正当竞争法》与其他法律如《商标法》《专利法》《版权法》存在部分内容的交叉,但《反不正当竞争法》以商业秘密的制度形式保护了因尚未达到专利水平的技术或者当事人不愿意申请专利的技术,弥补这些技术未获得知识产权法律保护的空白。

3. 实体规范与程序规范相结合

《反不正当竞争法》既从实体上规制了不正当竞争的具体行为方式,也规定了执法部门的职权、职责以及行政执法程序。

第二节 不正当竞争行为

一、混淆行为

混淆行为是指生产者或者经营者为了在竞争中处于优势地位,在商品或者提供的服务中使用与他人相同或近似的标志,引人误认为是他人商品或者与他人存在特定联系,从而牟取利益的行为。混淆行为具体表现为以下几种情形:

(一)擅自使用与他人有一定影响的商品名称、包装、装潢等相同或者近似的标识

擅自使用与他人有一定影响的商品名称、包装、装潢等相同或者近似的标识。国家工商行政管理局出台的《关于禁止仿冒知名商品特有的名称、包装、装潢的不正当竞争行为的若干规定》第三条第三款至第五款分别对知名商品特有的名称、包装、装潢作出释义。知名商品特有的名称是指商品独有的区别于通用名称的商品名称,但该名称已经作为商标注册的除外;包装是指为识别商品以及方便携带、储运而使用在商品上的辅助物和容器;装潢是指为识别与美化商品而在商品或者包装上附加的文字、图案、色彩及其排列组合。

另《最高人民法院关于审理不正当竞争民事案件应用法律若干问题的解释》第三条规定,由经营者营业场所的装饰、营业用具的式样、营业人员的服饰等构成的具有独特风格的整体营业形象,可以认定为反不正当竞争法规定的装潢。虽然营业场所的装饰、营业用具的式样和营业人员的服饰等构成的具有独特风格的整体营业形象不同于通常意义上描述的装潢,但这种装潢本质上是商业标识附着在服务上的一种特殊表现形式,故应纳入装潢范围。

(二)擅自使用他人有一定影响的企业名称、社会组织名称、姓名

擅自使用他人有一定影响的企业名称(包括简称、字号等)、社会组织名称(包括简称等)、姓名(包括笔名、艺名、译名等)。企业名称一般由四部分组成,包括行政区划名称、字号、行业和组织形式,不再仅仅强调企业全称,将企业简称和字号也纳入其中;社会组织名称一般是指县级以上人民政府民政部门依法登记的社会团体、民办非企业单位、基金会、城乡社区服务组织等;姓名是自然人称谓的设定、变更和专用的人格化标志,是自然人的一项基本的人身权利。但《反不正当竞争法》所指的姓名与《中华人民共和国民法典》[①]

---

① 《中华人民共和国民法典》于 2020 年 5 月 28 日由第十三届全国人民代表大会第三次会议通过,自 2021 年 1 月 1 日起施行。

（以下简称《民法典》）中的姓名权既有联系亦有区别，前者更多的不是从自然人与生俱来的人身权利出发，而是关注长期和大规模使用姓名所累积的影响力，是否让相关公众产生该商品标识与姓名权人存在特定联系的误认。

（三）擅自使用他人有一定影响的域名主体部分、网站名称、网页等

擅自使用他人有一定影响的域名主体部分、网站名称、网页等。域名是连接到因特网上的计算机的数字化地址，在互联网上代表着入网申请者的身份；网站名称是基于网页内容的高度概括而形成的称谓，通常网站首页的标题就是网站的正式名称；互联网上的单一信息和网页在内的系统信息均能复制，用户复制用以自己学习并不违法，但是经营者复制并以此作为经营的一部分，则可能涉及反不正当竞争法规范范畴。

上述混淆行为中所述的"有一定影响"是指该商业标识为相关公众知悉，有一定市场知名度，可以结合考量该商业标识所附着商品的销售时间、销售区域、销售额和销售对象、宣传的持续时间、程度和地域范围、获奖、参展等因素综合判断商业标识是否达到有一定影响的标准。司法解释同时规定了混淆行为的例外情形，即在不同地域范围内使用相同或者近似的知名商品特有名称、包装、装潢，在后使用者能够证明其善意使用的，不构成反不正当竞争法所禁止的不正当竞争行为。但后来的经营活动进入相同地域范围而使其商品来源足以产生混淆，在先使用者请求责令在后使用者附加足以区别商品来源的其他标识的，人民法院应当予以支持。

> **探究与发现**
>
> 通过上述学习，你是否对"导入"所提出的问题进行了相关的思考？案例中，申公司仿照甲公司企业名称、产品外包装、线下店的装修等行为属于何种不正当竞争行为？
>
> 案例中，首先，申公司仿照在当地饮品行业有一定影响的甲公司的企业名称、擅自使用与甲公司相似的商品名称、包装、装潢标识；其次，两家公司的经营地域为同一地区；再者，购买者在购买申奶茶时，已经尽到一个普通购买者应有的注意义务，仍然没有区分出该奶茶与被仿冒商品，使得消费者误认为申公司与甲公司存在特定的联系，据此可以判定申公司实施了《反不正当竞争法》所禁止的混淆行为。

二、商业贿赂

商业贿赂是指经营者为销售或者购买商品而采用财物或者其他手段贿赂相关单位或者个人，以谋取交易机会或者竞争优势的行为。经营者实施商业贿赂使其不因质量和价格等因素的优势就能获取优于其他竞争对手的市场交易机会，该行为打破了市场公平竞争机制，也侵害了其他竞争者公平交易权利、消费者获得更优质商品或服务的权利等，危害社会道德、腐蚀社会风气。

商业贿赂对象主要有三类,即交易相对方的工作人员、受交易相对方委托办理相关事务的单位或者个人、利用职权或者影响力影响交易的单位或者个人。特别应注意第三类主体,即只要能够对交易的达成产生直接影响的单位和个人,收取了财物或取得其他利益,都可以成为商业贿赂的主体。

商业贿赂区别于其他不正当竞争行为,具有普遍性、隐蔽性、多样性特征。此外,商业贿赂行为具有多重的违法性及社会危害性,除反不正当竞争法之外,还可能受广告法、税法、刑法等法律规范的规制。

商业贿赂还应区别于商业折扣等在商业惯例中普遍认可的相关概念,因我国法律规定,经营者在交易活动中,可以以明示方式向交易相对方支付折扣,或者向中间人支付佣金。但经营者向交易相对方支付折扣、向中间人支付佣金的,应当如实入账。接受折扣、佣金的经营者也应当如实入账。

一般来说,经营者的工作人员实施贿赂的,应当认定为经营者的行为;但同时法律规定了商业贿赂归责于经营者的除外情形,即经营者有证据证明该工作人员的行为与为经营者谋取交易机会或者竞争优势无关的,不认定为经营者的行为。

> **探究与发现**
>
> 通过上述学习,你是否对"导入"所提出的问题进行了相关的思考?申公司账外暗中支付"好处费"属于何种不正当竞争行为?
>
> 案例中,申公司与交易相对方从事采购或销售工作的职员达成协议,一方面对方利用职权影响就职公司为申公司谋取更优的交易机会,另一方面,申公司虽然每次成功签约后需支付对方10万元的"好处费",但通过交易申公司在经营中获取了巨大的竞争优势,这是典型的为法律所禁止的贿赂交易相对方工作人员的不正当竞争行为。

三、引人误解的虚假宣传

虚假宣传指经营者利用广告或者其他宣传方法,对商品或者服务进行与实际情况不符的公开宣传,导致或者足以导致消费者对商品或服务产生错误认识的行为。一般情况下,经营者通过网络、电视、电影等媒体公开宣传,有利于促进消费者购买产品或服务,从而获得更多的交易机会,这要求相关的宣传必须真实、健康、清楚、明白,不能以任何方式欺骗消费者,因为任何形式的虚假宣传损害的不仅是消费者的利益还有经营者之间的公平交易关系,长此以往,也会大大损害企业来之不易的商誉和消费者对品牌的信赖利益。

《反不正当竞争法》禁止的虚假宣传具体包括:经营者对其商品的性能、功能、质量、销售状况、用户评价、曾获荣誉等作虚假或者引人误解的商业宣传,欺骗、误导消费者;经营者通过组织虚假交易等方式,帮助其他经营者进行虚假或者引人误解的商业宣传。

一般来说,认定行为是否构成虚假宣传,首先应判定宣传内容是否与商品或服务的内容不一致,若说明与事实情况不符,应有证据证明。其次应根据日常生活经验、一般消费者的注意义务判定是否足以造成相关公众产生误认。案例中,申公司为了获得投资者青睐,虚假提升公司年度相关商品收入、利润率等关键营销指标,欺骗、误导消费者、吸引投资者投资,即属于对销售状况作虚假、引人误解的不正当宣传。

四、侵犯商业秘密

2019年修正后的《反不正当竞争法》第九条对侵犯商业秘密的行为方式、商业秘密的概念等内容作出了比较完善的规定。商业秘密是指"不为公众所知悉、具有商业价值并经权利人采取相应保密措施的技术信息、经营信息等商业信息"。从概念可知,商业秘密的构成要件包括三个:不为公众知悉、商业价值、保密措施。其中技术信息如工艺流程、设计图纸、关键数据、产品模型等;经营信息如客户名单、经营计划、财务资料、标书等。另新的《反不正当竞争法》增加了商业信息作为技术信息和经营信息的上位概念,能够覆盖部分难以被界定为技术信息、经营信息但具有商业价值的商业秘密,从而扩大了商业秘密的保护范围,如某公司隐名股东、持股比例等信息。

商业秘密为一种财产权,在工业竞争愈发激烈的当代市场经营活动中,无疑可以给所有人和使用人带来竞争优势。为加强对商业秘密的保护和侵权行为的规制,2020年最高人民法院出台的《关于审理侵犯商业秘密民事案件适用法律若干问题的规定》[1]进一步规定了商业秘密侵权行为的认定、侵权的责任承担、诉讼程序及法律适用等问题,其中特别对商业秘密的构成要件即不为公众所知悉、商业价值、保密措施部分的内容作了比较细致完善的补充规定。

侵犯商业秘密的具体方式有:① 以盗窃、贿赂、欺诈、胁迫、电子侵入或者其他不正当手段获取权利人的商业秘密;② 披露、使用或者允许他人使用以前项手段获取的权利人的商业秘密;③ 违反保密义务或者违反权利人有关保守商业秘密的要求,披露、使用或者允许他人使用其所掌握的商业秘密;④ 教唆、引诱、帮助他人违反保密义务或者违反权利人有关保守商业秘密的要求,获取、披露、使用或者允许他人使用权利人的商业秘密。

经营者以外的其他自然人、法人和非法人组织实施上述所列违法行为的,视为侵犯商业秘密。第三人明知或者应知商业秘密权利人的员工、前员工或者其他单位、个人实施不正当手段获取商业秘密,仍获取、披露、使用或者允许他人使用该商业秘密的,视为侵犯商业秘密。

在《反不正当竞争法》中还有一种侵犯商业秘密的除外情形,即通过技术手段自行开发研制或者通过反向工程获取的商业秘密,一般不认定为侵犯商业秘密,其中"反向工程"是指通过技术手段对从公开途径取得的产品通过拆卸、分析等操作而获取的有关该产品

---

[1] 《最高人民法院关于审理侵犯商业秘密民事案件适用法律若干问题的规定》于2020年8月24日经最高人民法院审判委员会第1810次会议通过,自2020年9月12日起施行。

技术信息的方法。但是应注意反向工程和获取商业秘密的顺序,如果行为人先以不法手段获取商业秘密,再主张以反向工程破获商业秘密的,行为人主张该行为合法的,人民法院不予支持。

案例详解
保密措施的认定

> **■ 探究与发现**
>
> 通过上述学习,你是否对"导入"所提出的问题进行了相关的思考? 案例中,申公司通过周某盗取甲公司配方的行为属于何种不正当竞争行为?
>
> 案例中,甲公司与员工签订了保密协议。依据2020年最高人民法院发布的《关于审理侵犯商业秘密民事案件适用法律若干问题的规定》第六条第一项的规定,签订保密协议或者在合同中约定保密义务的,且签订保密协议的方式在正常情况下足以防止商业秘密泄露的,可认定商业秘密权利人采取了相应保密措施。而申公司通过支付核心研发人员金钱报酬的方式,使甲公司员工违背其负有的保密义务,通过不正当手段获取并使用奶茶配方这一具有较大商业价值的商业秘密,从而在市场竞争中占据优势地位,并赚取巨额利润,使得竞争对手蒙受损失,是典型的以贿赂手段获取权利人的商业秘密的不正当竞争行为。

五、不正当有奖销售

不正当有奖销售指经营者违反诚实信用和公平竞争原则,利用物质、金钱或者其他经济利益引诱购买者与之交易,损害竞争对手公平竞争的行为。

《反不正当竞争法》所禁止的不正当有奖销售主要包括三种情形:条件不明、奖项内定、最高奖金额超过5万元。这些行为利用消费者盲目性和投机性心理进行促销,破坏市场中优胜劣汰的竞争法则,使得经营者注意力从提供优质产品和服务转移到采取不合法的有奖销售手段吸引消费者,从而损害了消费者获取优质产品和服务以及其他经营者公平竞争的合法权益。

不正当有奖销售具体形式包括:所设奖的种类、兑奖条件、奖金金额或者奖品等有奖销售信息不明确,影响兑奖;采用谎称有奖或者故意让内定人员中奖的欺骗方式进行有奖销售;抽奖式的有奖销售,最高奖的金额超过5万元。

> **■ 探究与发现**
>
> 通过上述学习,你是否对"导入"所提出的问题进行了相关的思考? 案例中,申公司的抽奖销售属于何种不正当竞争?
>
> 案例中,申公司推出的开业大酬宾抽奖活动,奖项的种类、兑奖条件等信息不明确,且单奖项为66 000元,明显超过法定最高限额5万元,使消费者的消费视线从关注产品和服务本身转移到追逐巨额奖项。申公司通过这种抽奖活动,取得市场竞争优势,破坏了公平公正的市场秩序,是《反不正当竞争法》所禁止的不正当有奖销售。

六、诋毁商誉

商誉是经营者以公平、公正、公开的方法，遵守法律、法规和商业道德，通过诚实劳动取得的精神成果。诋毁商誉是指经营者通过捏造、散布虚伪事实，诋毁竞争对手的商誉，削弱其竞争优势，获取不正当利益的行为。商誉是企业一笔宝贵的无形财产，兼具财产利益和人格属性，需要经过长时间的努力才能建立并需要不断维系，企业良好的商誉可以助力企业吸引庞大的消费市场，从而取得较多的市场交易机会。如果经营者采取损害诋毁手段，打击其他竞争者，损害竞争者的商业信誉和商品声誉，在消费者不明真相的情况下，放弃选择其他经营者的产品或服务，使竞争对手遭受巨大的损失，甚至会造成市场经济秩序的混乱，因此我国法律明确规定经营者不得编造、传播虚假信息或者误导性信息，损害竞争对手的商业信誉、商品声誉。

商誉诋毁的构成要件包括客观行为和主观故意两个方面。客观上主体实施了捏造并公开散布虚构事实的行为，即同时具备编造和传播虚假或误导性信息两种行为。其虚构事实的内容是广泛的，只要是其他竞争对手商品或服务的价格、质量甚至是经营者个人的某些与商誉相关的信息即可；传播的方式可以是口头的也可以是书面的；诋毁的对象是相关竞争对手，可以是特定的也可以泛指同行业内的某个或某些经营者，因为即使没有特指某一经营者，消费者通过一般推理也可轻易得知其所指对象。与虚假宣传可能间接破坏竞争对手的正常经营相比，商誉诋毁更是直接损害了竞争对手的合法经营利益。主观上必须是行为人存在故意，目的是诋毁、限制竞争对手，从而提高企业产品或服务在消费者心目中的地位。案例中，申公司为取得竞争优势，虚构并宣称市场中的其他经营者存在罔顾消费者身体健康、滥用添加剂等情形，降低了消费者对其他经营者的商业道德、服务质量、商品质量等情况的综合评价，是《反不正当竞争法》所禁止的诋毁商誉行为。

七、网络不正当竞争

网络不正当竞争是指经营者利用网络从事生产经营活动时，利用技术手段，通过影响用户选择或者其他方式，实施妨碍、破坏其他经营者合法提供的网络产品或者服务正常运行的行为。例如安装恶意插件、域名抢注、阻碍软件安装运行、诱导或恶意卸载软件等，都是利用互联网技术实施的不正当竞争，属于《反不正当竞争法》的规制范围。

网络不正当竞争具体表现为：① 未经其他经营者同意，在其他经营者合法提供的网络产品或者服务中，插入链接、强制进行目标跳转；② 误导、欺骗、强迫用户修改、关闭、卸载其他经营者合法提供的网络产品或者服务；③ 恶意对其他经营者合法提供的网络产品或者服务实施不兼容；④ 其他妨碍、破坏其他经营者合法提供的网络产品或者服务正常运行的行为。

> **探究与发现**
>
> 通过上述学习，你是否对"导入"所提出的问题进行了相关的思考？案例中，申公

> 司设置的禁止程序属于何种不正当竞争？
> 　　案例中，申公司为进一步垄断奶茶外卖市场，研发运行的外卖点单软件与其他经营者的点单软件不兼容，导致其他经营者的网上点单量明显减少，妨碍了其他经营者所提供的网络产品和服务的正常运行，是一种恶意对其他经营者合法提供的网络产品或者服务实施不兼容的不正当竞争行为。

第三节　对不正当竞争的监督检查

一、监督检查机关

《反不正当竞争法》规定：各级人民政府应当采取措施，制止不正当竞争行为，为公平竞争创造良好的环境和条件。国务院建立反不正当竞争工作协调机制，研究决定反不正当竞争重大政策，协调处理维护市场竞争秩序的重大问题。县级以上人民政府履行工商行政管理职责的部门对不正当竞争行为进行查处；法律、行政法规规定由其他部门查处的，依照其规定。行业组织应当加强行业自律，引导、规范会员依法竞争，维护市场竞争秩序。

二、监督检查机关的职权

监督检查部门调查涉嫌不正当竞争行为，有下列职权：① 进入涉嫌不正当竞争行为的经营场所进行检查；② 询问被调查的经营者、利害关系人及其他有关单位、个人，要求其说明有关情况或者提供与被调查行为有关的其他资料；③ 查询、复制与涉嫌不正当竞争行为有关的协议、账簿、单据、文件、记录、业务函电和其他资料；④ 查封、扣押与涉嫌不正当竞争行为有关的财物；⑤ 查询涉嫌不正当竞争行为的经营者的银行账户。对于妨害监督检查部门履行职责，拒绝、阻碍调查的，由监督检查部门责令改正，对个人可以处 5 000 元以下的罚款，对单位可以处 5 万元以下的罚款，并可以由公安机关依法给予治安管理处罚。

采取上述检查、询问、查询复制、查封扣押和查询措施的，应当向监督检查部门主要负责人书面报告，并经批准。采取上述查封扣押和查询措施的，还应当向设区的市级以上人民政府监督检查部门主要负责人书面报告，并经批准。

三、监督检查机关的职责

（一）及时公开义务

监督检查部门调查涉嫌不正当竞争行为，应当遵守《中华人民共和国行政强制法》[①]和

[①] 《中华人民共和国行政强制法》于 2011 年 6 月 30 日经中华人民共和国第十一届全国人民代表大会常务委员会第二十一次会议通过，自 2012 年 1 月 1 日起施行。

其他有关法律、行政法规的规定,并应当将查处结果及时向社会公开。

(二) 保密义务

监督检查部门调查涉嫌不正当竞争行为,被调查的经营者、利害关系人及其他有关单位、个人应当如实提供有关资料或者情况。监督检查部门及其工作人员对调查过程中知悉的商业秘密负有保密义务。

(三) 及时处理、告知义务

对涉嫌不正当竞争行为,任何单位和个人有权向监督检查部门举报,监督检查部门接到举报后应当依法及时处理。监督检查部门应当向社会公开受理举报的电话、信箱或者电子邮件地址,并为举报人保密。对实名举报并提供相关事实和证据的,监督检查部门应当将处理结果告知举报人。

(四) 依法行政义务

监督检查部门的工作人员滥用职权、玩忽职守、徇私舞弊或者泄露调查过程中知悉的商业秘密的,依法予以处分。构成犯罪的,依法追究刑事责任。

> **探究与发现**
>
> 通过上述学习,你是否对"导入"所提出的问题进行了相关的思考?我国不正当竞争的监督检查机关是哪个机关?具体职权是什么?
>
> 上述案例中,甲公司等向市场监督局等管理部门举报申公司实施不正当竞争行为,财政部、国家市场监管总局、证监会及时作出反馈,组织联合调查,并向社会公布调查结果,依法对申公司运营主体及相关责任人予以行政处罚。本案中监督检查部门依法行使了职权,履行了监督职责。

第四节 违反《反不正当竞争法》的法律责任

一、民事责任

经营者违反《反不正当竞争法》的规定,给他人造成损害的,应当依法承担民事责任。经营者的合法权益受到不正当竞争行为损害的,可以向人民法院提起诉讼。因不正当竞争行为受到损害的经营者的赔偿数额,按照因被侵权所受到的实际损失确定;实际损失难以计算的,按照侵权人因侵权所获得的利益确定。经营者恶意实施侵犯商业秘密行为,情节严重的,可以在按照上述方法确定数额的1倍以上5倍以下确定赔偿数额。赔偿数额还应当包括经营者为制止侵权行为所支付的合理开支。经营者实施混淆和侵犯商业秘密的行为,权利人因被侵权所受到的实际损失、侵权人因侵权所获得的利益难以确定的,由人民法院根据侵权行为的情节判决给予权利人500万元以下的赔偿。

> **探究与发现**
>
> 通过上述学习,你是否对"导入"所提出的问题进行了相关的思考?案例中,对于申公司违法行为,甲公司应如何维权?申公司可能承担哪些民事责任?
>
> 案例中,甲公司针对申公司实施的商业贿赂、混淆、侵犯商业秘密、诋毁商誉等不正当竞争行为,合法权益受到损害的,可以向人民法院提起诉讼,要求申公司承担停止违法行为、消除影响、赔礼道歉、赔偿损失等法律责任。一般损失按照甲公司因被侵权所受到的实际损失确定;若甲等公司的实际损失难以计算的,可以按照申公司因侵权所获得的利益确定。其中损失还包括甲等公司为制止侵权行为所支付的合理开支,如聘请的律师和会计师团队费用、诉讼费用等。对于申公司恶意实施侵犯商业秘密的行为,情节严重的,甲公司还可按照法律规定提出惩罚性赔偿诉求。若甲公司因被侵权所受到的实际损失、申公司所获得的利益都难以举证确定的,并不意味着诉求落空,因为法律规定人民法院可根据侵权行为的情节判决给予最高额500万元的法定赔偿。

二、行政责任和刑事责任

(一)混淆行为的法律责任

经营者实施混淆行为的,由监督检查部门责令停止违法行为,没收违法商品。违法经营额5万元以上的,可以并处违法经营额5倍以下的罚款;没有违法经营额或者违法经营额不足5万元的,可以并处25万元以下的罚款。情节严重的,吊销营业执照。

经营者登记的企业名称违反《反不正当竞争法》第六条规定的,应当及时办理名称变更登记;名称变更前,由原企业登记机关以统一社会信用代码代替其名称。

案例中,申公司擅自使用与甲公司有一定影响的名称、包装、装潢、企业名称等近似的商业标识,实施"搭便车"的行为,根据具体情节,可能承担相应数额不等的罚款、吊销执照等行政责任,同时甲公司也可以提出诉求要求申公司变更企业名称,彻底切断违法源。

(二)商业贿赂的法律责任

1. 行政责任

经营者违反《反不正当竞争法》第七条的规定贿赂他人的,由监督检查部门没收违法所得,处10万元以上300万元以下的罚款。情节严重的,吊销营业执照。

2. 刑事责任

我国《刑法》第一百六十三条规定了非国家工作人员受贿罪,"公司、企业或者其他单位的工作人员,利用职务上的便利,索取他人财物或者非法收受他人财物,为他人谋取利益,数额较大的,处三年以下有期徒刑或者拘役,并处罚金;数额巨大或者有其他严重情节的,处三年以上十年以下有期徒刑,并处罚金;数额特别巨大或者有其他特别严重情节的,处十年以上有期徒刑或者无期徒刑,并处罚金。公司、企业或者其他单位的工作人员在经济往来中,利用职务上的便利,违反国家规定,收受各种名义的回扣、手续费,归个人所有的,依照前款的规定处罚"。第一百六十四条规定了对非国家工作人员行贿罪,"为谋取不正当利益,给予公司、企业或者其他单位的工作人员以财物,数额较大的,处三年以下有期徒刑或者拘役,并处罚金;数额巨大的,处三年以上十年以下有期徒刑,并处罚金"。其中单位犯罪的,对单位判处罚金,并对其直接负责的主管人员和其他直接责任人员,依照前款的规定处罚。

案例中,申公司因实施了商业贿赂行为,可能承担罚款、吊销营业执照等行政责任,同时又因触犯了《刑法》,公司可能承担被判处罚金,直接负责人员面临刑罚等刑事责任。收受贿赂的受贿人,根据受贿数额多少,也可能承担相应的刑事处罚。

(三) 引人误解的虚假宣传的法律责任

经营者对其商品作虚假或者引人误解的商业宣传,或者通过组织虚假交易等方式帮助其他经营者进行虚假或者引人误解的商业宣传的,由监督检查部门责令停止违法行为,处 20 万元以上 100 万元以下的罚款;情节严重的,处 100 万元以上 200 万元以下的罚款,可以吊销营业执照。

经营者违反《反不正当竞争法》第八条规定,属于发布虚假广告的,依照《广告法》的规定处罚。

> **探究与发现**
>
> 通过上述学习,你是否对"导入"所提出的问题进行了相关的思考?案例中,申公司可能对虚假宣传行为承担哪些法律责任?
>
> 案例中,申公司实施虚假宣传,根据具体情节,依照《反不正当竞争法》,可能承担相应不等数额的罚款、吊销执照等行政责任。若通过发布虚假广告公开宣传方式,欺骗、误导消费者,使购买商品或者接受服务的消费者的合法权益受到损害的,则适用《广告法》规定,即根据不同情形,广告主、广告经营者、广告发布者承担相应的罚款、吊销营业执照等行政责任。

(四) 侵犯商业秘密的法律责任

1. 行政责任

经营者以及其他自然人、法人和非法人组织违反法律规定侵犯商业秘密的,由监督检查部门责令停止违法行为,没收违法所得,处 10 万元以上 100 万元以下的罚款;情节严重的,处 50 万元以上 500 万元以下的罚款。

2. 刑事责任

我国《刑法》第二百一十九条规定了侵犯商业秘密罪,"有下列侵犯商业秘密行为之一,情节严重的,处三年以下有期徒刑,并处或者单处罚金;情节特别严重的,处三年以上十年以下有期徒刑,并处罚金"。具体列举的侵犯商业秘密的行为有:① 以盗窃、贿赂、欺诈、胁迫、电子侵入或者其他不正当手段获取权利人的商业秘密的;② 披露、使用或者允许他人使用以前项手段获取的权利人的商业秘密的;③ 违反保密义务或者违反权利人有关保守商业秘密的要求,披露、使用或者允许他人使用其所掌握的商业秘密的。其中,明知或者应知前款所列行为,获取、使用或者披露他人的商业秘密的,以侵犯商业秘密论。案例中,申公司通过贿赂,窃取并使用甲公司商业秘密的行为,根据具体情节,可能承担相应数额不等罚款的行政责任,又因同时触犯了《刑法》,公司可能承担被判处罚金、直接负责人员面临刑罚的刑事责任。

(五) 不正当有奖销售的法律责任

经营者违反法律规定进行有奖销售的,由监督检查部门责令停止违法行为,处5万元以上50万元以下的罚款。案例中,申公司实施不正当有奖销售,根据具体情节,可能承担相应不等数额罚款的行政责任。

(六) 诋毁商誉的法律责任

1. 行政责任

经营者损害竞争对手商业信誉、商品声誉的,由监督检查部门责令停止违法行为、消除影响,处10万元以上50万元以下的罚款;情节严重的,处50万元以上300万元以下的罚款。

2. 刑事责任

《刑法》第二百二十一条规定:"捏造并散布虚伪事实,损害他人的商业信誉、商品声誉,给他人造成重大损失或者有其他严重情节的,处二年以下有期徒刑或者拘役,并处或者单处罚金。"案例中,申公司对甲公司实施商誉诋毁,根据具体情节,可能承担相应数额不等罚款的行政责任,又因同时违反了《刑法》,公司可能承担被判处罚金、直接负责人员面临刑罚等刑事责任。

(七) 网络不正当竞争的法律责任

经营者妨碍、破坏其他经营者合法提供的网络产品或者服务正常运行的,由监督检查部门责令停止违法行为,处10万元以上50万元以下的罚款;情节严重的,处50万元以上300万元以下的罚款。案例中,申公司经营的外卖点单软件与其他经营者的点单软件不兼容,根据具体情节,可能承担相应数额不等罚款的行政责任。

本 章 小 结

经营者实施不正当竞争行为,不当夺取交易机会或破坏其他经营者的竞争优势,往往会阻碍市场配置资源的作用发挥,影响市场经济的健康发展。反不正当竞争法通过对不正当竞争行为的规制,对保障市场机制正常有效运行、促进社会主义市场经济长期健康发展具有重要意义。本章以反不正当竞争法的概述开篇,介绍了不正当竞争的概念和特征、不正当竞争法的概念和特征等内容;然后以不正当竞争的具体行为类型为核心,分述混淆、商业贿赂、虚假宣传和侵犯商业秘密等不正当竞争行为的具体表现,并介绍了对不正当竞争的监督检查和违法的责任承担内容。

思 考 题

1. 简述不正当竞争的概念和特征。
2. 简述混淆行为的具体表现。
3. 简述《反不正当竞争法》禁止的虚假宣传。
4. 试述监督检查部门调查涉嫌不正当竞争的职权。
5. 林某开发了某网络购物平台,2019年10月以商品免费试用平台名义上线运营,对外宣传通过免费试用可以帮助电商提高店铺信誉,吸引商家和用户使用该平台。在商品试用过程中,通过设置试用条件、流程等方式,引导用户前往商家店铺购买试用商品,下单后商家发货给用户低价值的赠品,即"拍A发B"的交易模式。交易完成后,商家再通过该平台将购买试用商品的货款返还给用户。2020年6月,A市某区市场监督管理局收到举报称,林某经营的网站存在帮助电商刷单的行为。市场监管局于6月30日对涉案公司开展执法行动,查实截至被查处日共有上千家电商通过平台进行商品试用近50万次,其中虚假交易式的商品试用约20万次,在第三方交易平台产生虚假交易记录60多万条。林某通过平台共收取商家会员费、服务费等费用,获利上百万元。

问题:
(1) 林某经营网站帮助电商刷单是否构成不正当竞争?若构成,属于哪一类不正当竞争行为?
(2) 若构成不正当竞争,当事人可能承担何种法律责任?

拓 展 学 习

随着科学技术和社会经济的飞速发展,不正当竞争形式日益复杂多变,各种网络不正当竞争行为层出不穷,例如,利用技术手段实施"二选一"、通过黑客手段窃取商业秘密、外挂软件自动抢单等互联网不正当竞争行为。学习者可以参考最高人民法院或其他各级法院发布的有关案例,强化课本知识,提高分析和解决问题的能力。

第八章

产品质量法

 本章教学目标

产品质量是一个企业在市场中立足的根本和发展的保证,产品质量的优劣决定产品的生命,乃至企业的发展命运。通过本章的学习,学生应了解产品质量的立法概况,掌握产品质量法的原则、我国产品质量的监督管理制度、生产者和销售者的产品质量义务和产品质量责任,能够将相关法律知识运用到实际生活中。

 本章核心概念

产品缺陷责任;产品瑕疵责任

 导入

王某打算在某市经营蛋糕连锁店,2018 年初,王某与某电器厂签订了购入一批该厂某牌号新型冷藏柜的合同。2018 年 3 月,该电器厂将这批冷藏柜送到王某仓库时,仓库管理人员拒绝接收该批冷藏柜。为此,双方产生争执,该电器厂以王某违约为由,将其告上法庭。其诉称,该牌号冷藏柜已取得生产许可证,且通过了有关机关的鉴定,并按照双方合同约定交了货,王某的拒收行为明显违反了合同约定,其要求王某履行合同义务,收受该批货物并按照合同约定支付价款。王某方称,其拒绝接收该批冷藏柜的原因不是质量问题,而是冷藏柜的铭牌上打着"中国制造"的字样,却未标明该电器厂的厂名及厂址,不符合法律的规定,在对方整改以前,王某拒绝接收该批冷藏柜并支付价款。后经调解,电器厂制造了符合法律规定的铭牌安装在该批冷藏柜上,铭牌更换后,2018 年 5 月,王某接收了该批冷藏柜并支付了价款。

蛋糕店准备开张,王某到甲百货商店购买了一批烤箱投入使用。某日,蛋糕店员工在使用其中一个烤箱烘焙蛋糕时,烤箱发生爆炸起火,造成该员工很大程度的烧伤。经相关部门检验,事故是烤箱生产技术存在缺陷导致的。王某遂找到甲百货公司要求赔偿,甲百货公司认为该员工是由于烤箱的生产技术缺陷导致的伤害,事故责任在于制造该批烤箱的生产厂家,自己没有承担赔偿的责任,要求王某向生产厂家追责。

无独有偶,在 2019 年 7 月 18 日,王某蛋糕店员工将制作好的蛋糕放入冷藏柜保存等待顾客领取时,冷藏柜发生了坍塌,导致冷藏柜中的蛋糕尽毁,并且殃及了冷藏柜旁边的货架,导致货架上的所有产品都不能进行售卖。事故发生后,王某找到该电器厂要求赔偿,但该电器厂回复称,王某是于2018年5月购入的该批冷藏柜,至事故发生日已经过了1年的保质期,因此电器厂对事故的发生不需要承担责任,王某与电器厂进行了多次交涉都未果。

由于这一系列意外,该蛋糕店须重新装修整顿,王某遂向甲涂料公司直接购买了若干桶"魔幻派"涂料用于店面粉刷。甲涂料公司生产的"魔幻派"涂料属于国家规定的强制认证产品,某日产品质量监督管理部门对甲涂料公司生产、销售的"魔幻派"涂料进行监督抽查时收取了400元检验费,后经检查发现该产品涉嫌未经国家强制性产品认证,且该涂料的甲醛含量不符合产品质量明示值要求,涂料包装桶上明示甲醛含量应≤0.097 g/kg,但实际产品甲醛含量为0.099 g/kg,于是产品质量监督管理部门以其生产、销售未经国家标准认证且以次充好的涂料为由,对甲涂料公司进行了查封和罚款。

基于此,王某转而与某涂料经销商签订了购买乙涂料公司生产的"野兽派"涂料的买卖合同,定购了若干桶该牌子的粉色系涂料。3日后,涂料经销商将涂料送至蛋糕店门口,王某验收发现送来的涂料颜色不是合同中标明的粉色,而是深蓝色,这与王某的装修理念完全不合,因此王某将涂料经销商告上法庭,要求其退货并且赔偿因退货而产生的误工费。法庭经审理后,判决涂料经销商退货并赔偿王某误工费5 000元。该涂料公司在收到判决书后,与王某办理了退货事宜,但并未直接赔偿王某误工费,而是向乙涂料公司要求退货及追偿5 000元。

问题:
(1) 电器厂的产品标识是否符合法律规定?该电器厂是否应向王某承担违约责任?
(2) 甲百货公司是否能够拒绝赔偿蛋糕店工作人员的损失?若甲百货公司需承担赔偿责任,应赔偿王某和蛋糕店工作人员哪些损失?
(3) 电器厂以已过保质期为由拒绝向王某赔偿冷藏柜导致的损害是否合法?
(4) 产品质量监督管理部门向甲涂料公司收取检验费用的行为是否合法?
(5) 产品质量监督管理部门认定甲涂料公司的涂料存在以次充好的现象是否有法律依据?
(6) 涂料经销商对王某购买的涂料进行退货后,能否据此要求乙涂料公司退货?

带着这些问题,让我们进入本章的学习。

第一节　产品质量法概述

一、产品与产品质量

(一) 产品

产品是指经过人类劳动手段加工而成的能满足人民生产和生活需要且具有使用价值

的物品。广义的产品是指自然物之外的一切人类劳动的产物。而《中华人民共和国产品质量法》①(以下简称《产品质量法》)第二条规定:"本法所称产品是指经过加工、制作,用于销售的产品。建设工程不适用本法规定;但是,建设工程使用的建筑材料、建筑构配件和设备,属于前款规定的产品范围的,适用本法规定。"根据这一规定,《产品质量法》调整的产品内涵包括以下几个方面:

(1) 经过加工、制作的产品。加工、制作是指通过一定工序和方式,将原材料、毛坯或半成品转化为目标需求的过程的总称。因此,《产品质量法》上所称的产品包括农产品、工业产品等;而未经加工、制作的天然产品(例如石油、原煤、原矿、天然气等)和初级农产品(例如种植业产品、渔业产品等)则不符合这一产品的内涵。

(2) 以销售为目的的产品。即使是经过加工、制作的产品,若不是以销售为目的,而是单纯出于自己使用或科学研究生产出来的,也不属于《产品质量法》所称的产品范围。

(3) 建设工程和军工产品不适用《产品质量法》的规定。由于建设工程和军工产品在质量监督管理方面有其特殊性,因此有专门的法律对两者予以调整;但建设工程使用的建筑材料、建筑构配件和设备以及军工企业生产的其他民用产品,属于《产品质量法》中产品范围的,适用该法规定。

(二) 产品质量

产品质量是指产品符合人们需要的内在素质和外观形态的各种特征的综合状态。国际标准化组织(ISO)对产品质量下的定义是,产品满足规定需要和潜在需要的特征和特性的总和,具体包括产品的安全性、功能性、经济性、可靠性、维修性等方面的质量标准。

二、产品质量法

(一) 产品质量立法概述

我国产品质量立法主要以《产品质量法》为主,同时也包含其他涉及产品质量的法律及相关规定,如《食品卫生法》《民法典》《消费者权益保护法》等。

(二) 产品质量法的概念

产品质量法是调整在生产、流通和消费过程中因产品质量所产生的社会关系的法律规范的总称。我国产品质量法主要调整两类社会关系:第一类是产品的生产者、销售者与产品的用户、消费者之间由于产品缺陷而产生的产品质量责任关系;第二类是国家对企业的产品质量进行监督管理的过程中产生的监督与被监督、管理与被管理的关系。

(三) 产品质量法的性质

产品质量法是我国经济法的重要组成部分,是一部综合性的法律。之所以称它为综合性法律,原因主要有以下几个方面:

---

① 《中华人民共和国产品质量法》自1993年9月1日起施行,最新修正是根据2018年12月29日第十三届全国人民代表大会常务委员会第七次会议《关于修改〈中华人民共和国产品质量法〉等五部法律的决定》进行的第三次修正。

(1)与其他国家的立法相比,我国产品质量法的立法并非局限于产品质量引起的责任问题,而是将产品质量引起的责任问题与国家对产品质量的监督管理进行一并立法。

(2)产品的生产者、销售者因产品质量不符合国家法律规定标准,对用户、消费者造成损害的,不仅承担民事责任,还可能承担行政责任甚至刑事责任。

(3)我国产品质量法的立法宗旨是加强对产品质量的监督管理,提高产品质量,明确产品质量责任,从而保护消费者的合法权益,维护社会的经济秩序。

(四)产品质量法的适用范围

产品质量法的适用范围,即它的调整范围,也就是产品质量法的空间范围、对人范围和对物范围。

1. 产品质量法的空间范围

根据《产品质量法》第二条规定:"在中华人民共和国境内从事产品生产、销售活动,必须遵守本法。"可以看出我国产品质量法的空间范围是中华人民共和国境内。因此,凡是在我国境内从事产品的生产、销售活动,包括进口产品在我国国内的销售,都必须遵守《产品质量法》的规定,但其不适用于香港、澳门特别行政区以及台湾省。

2. 产品质量法的对人范围

适用我国产品质量法的主体主要有三类:产品的生产者、销售者;产品的用户、消费者;国家质量管理监督机关。只要是在中国境内从事生产、销售活动的产品生产者、销售者,或者在中国境内购买或使用产品的产品用户、消费者,不管其是中国人、外国人还是无国籍人,其行为都将受到产品质量法的规范,其权益都将受到产品质量法的保护;而国家质量管理监督机关则是专指依法律规定或经法律授权,对产品质量问题进行管理和监督的相关部门或组织。

3. 产品质量法的对物范围

《产品质量法》第二条规定:"本法所称产品是指经过加工、制作,用于销售的产品。"因此,其调整的对象必须是出于销售目的而经过加工、制作的产品,即通过人类劳动手段使其满足人类生产和生活需要的产品。

(五)产品质量法的基本原则

产品质量法是我国经济法的重要组成部分,因此它必须体现经济法对各种经济法主体从事生产、经营的基本要求,也是所有产品质量法律、法规所要贯彻的基本准则,是指导产品质量监督管理行为和规范产品生产及教育行为的标准。《产品质量法》在其法律条文中主要贯彻了如下原则:

1. 维护产品用户、消费者利益的原则

产品用户、消费者在产品流通过程中处于弱势地位,因此将维护用户、消费者利益列为产品质量法的首要目的,注重对用户、消费者合法权益的保护,是顺应时代发展趋势的必然做法。《产品质量法》规定,在认定生产者的损害赔偿责任时,适用无过错责任原则;在追究销售者的损害赔偿责任时,适用过错责任原则;由生产者负担举证责任来证明其免责事由或抗辩；受害者可自行选择导致损害的赔偿对象。这些都是这一原则的体现。

2. 维护社会主义经济秩序的原则

产品质量法除了调整因产品质量问题产生的社会关系外，更主要的是从社会整体利益出发，平衡生产者、销售者与用户、消费者之间的利益分配，保持社会利益与个人利益的均衡，从而维护社会主义经济秩序的健康、稳定发展。

3. 公平竞争原则

公平竞争是商品社会经济组织之间处理相互关系的基本原则，也是维护正常经济秩序的必要保证。因此，产品质量法在规范市场交易主体行为时，必须贯彻公平处理争议的标准，坚决抵制不正当竞争行为，例如应禁止伪造或冒用认证标志等质量标志；禁止伪造产品的产地，伪造或者冒用他人的厂名、厂址；禁止在生产、销售的产品中掺杂、掺假，以假充真，以次充好。

4. 过错责任与严格责任并存原则

过错责任和严格责任都属于法律归责原则，即根据什么标准要求主体承担法律责任。我国《产品质量法》对生产者采用严格责任原则，也就是说由于产品缺陷导致的他人人身、财产损害，生产者即使没有过错也要承担民事侵权赔偿责任；而对于销售者，则是采取过错责任原则。

总之，《产品质量法》的基本原则是产品质量立法的精髓，把它具体化、条文化，能有效维护产品质量规范的统一性和严肃性。

第二节 产品质量的监督和管理

产品质量的监督管理，是指各级人民政府质量监督部门依据法定权限及法定程序，对产品质量进行监督和管理的活动。

一、产品质量的监督管理机关

（一）产品质量监督管理机关的确定

根据《产品质量法》的规定，国务院市场监督管理部门主管全国性的产品质量监督工作；国务院有关部门在各自的职责范围内负责产品质量监督工作；县级以上地方市场监督管理部门主管本行政区域内的产品质量监督工作；县级以上地方人民政府有关部门在各自的职责范围内负责产品质量监督工作。但法律对产品质量的监督部门另有规定的，须依照有关法律的规定执行。

国务院及县级以上地方人民政府有关部门是指在各自的职责范围内，负有对产品质量监督职责的部门，例如国家发展和改革委员会、工业和信息化部、质量技术监督机构等。

(二) 产品质量监督管理机关的职权

县级以上市场监督管理部门,根据已经取得的违法嫌疑证据或者举报,对涉嫌违反《产品质量法》规定的行为进行查处时,可以行使下列职权:① 对当事人涉嫌从事违反《产品质量法》的生产、销售活动的场所实施现场检查;② 向当事人的法定代表人、主要负责人和其他有关人员调查、了解与涉嫌从事违反《产品质量法》的生产、销售活动有关的情况;③ 查阅、复制当事人有关的合同、发票、账簿以及其他有关资料;④ 对有根据认为不符合保障人体健康和人身、财产安全的国家标准、行业标准的产品或者其他严重质量问题的产品,以及直接用于生产、销售该项产品的原辅材料、包装物、生产工具,予以查封或者扣押。

二、产品质量的监督管理方式

对于企业的产品质量监督管理方式,主要有企业内部的自我监督管理、社会监督管理和国家监督管理三种。

(一) 企业内部的自我监督管理

生产者、销售者应当建立健全内部产品质量管理制度,严格实施岗位质量规范、质量责任以及相应的考核办法。

(二) 社会监督管理

任何单位和个人有权对违反《产品质量法》规定的产品质量问题,向市场监督管理部门或者其他有关部门检举;消费者有权就产品质量问题,向产品的生产者、销售者查询,向市场监督管理部门及有关部门申诉,接受申诉的部门应当负责处理;保护消费者权益的社会组织可以就消费者反映的产品质量问题建议有关部门负责处理,支持消费者对因产品质量造成的损害向人民法院起诉。

(三) 国家监督管理

国家对产品质量的监督管理分为中央监督管理和地方监督管理。各级政府的监督管理部门依照法定权限及法定程序,对企业产品质量进行监督和管理,最主要的表现方式为抽查。

三、产品质量的监督管理制度

(一) 强制性标准制度

强制性标准是要求有关各方必须遵守执行的标准,一般是与人体健康、财产安全有关的产品标准和在国民经济发展中具有重大意义的产品标准。

我国《产品质量法》规定,对于可能危及人体健康和人身、财产安全的工业产品,其生产和销售必须符合保障人体健康和人身、财产安全的国家标准、行业标准;未制定国家标准、行业标准的,必须符合保障人体健康和人身、财产安全的要求;禁止生产、销售不符合保障人体健康和人身、财产安全的标准和要求的工业产品,例如不允许生产和销售未达到国家或行业标准的工业酒精等。

（二）企业质量体系认证制度

企业质量体系认证制度，是指依照国家通用的质量管理和质量保证系列标准，由国务院产品质量监督管理部门或由它授权的部门认可的认证机构，对企业的质量体系和质量保证能力（如企业的产品质量、市场信誉、管理水平等）进行审核，审核合格的，颁发企业质量体系认证证书的制度。

我国根据国际通用的质量管理标准，推行企业质量体系认证制度。企业根据自愿原则可以向国务院市场监督管理部门认可的或者国务院市场监督管理部门授权的部门认可的认证机构申请企业质量体系认证。经认证合格的，由认证机构颁发企业质量体系认证证书。

（三）产品质量认证制度

产品质量认证制度，是指依照相关的产品标准和要求，由依法取得产品质量认证资格的认证机构按照规定程序对申请认证的产品进行工厂审查和产品检验等，对符合要求的产品，颁发认证证书和认证标志以此证明其符合相关标准的制度。

我国参照国际先进的产品标准和技术要求，推行产品质量认证制度。企业根据自愿原则可以向国务院市场监督管理部门认可的或者国务院市场监督管理部门授权的部门认可的认证机构申请产品质量认证。经认证合格的，由认证机构颁发产品质量认证证书，准许企业在产品或者其包装上使用产品质量认证标志。

> **探究与发现**
>
> 通过上述学习，你是否对"导入"所提出的问题进行了相关的思考？案例中，对于"魔幻派"涂料未经认证一事应如何处理？
>
> 案例中，甲涂料公司生产、销售的"魔幻派"涂料是列入国家强制认证产品目录中的产品，即属于应强制性认证的产品，由于该产品未经认证，因此根据《产品质量法》的规定甲涂料公司应受到相应的行政处罚。

（四）特殊工业产品许可证制度

我国对生产重要工业产品的企业实行生产许可制度，任何企业未取得生产许可证不得生产列入特殊工业产品目录的产品；任何单位和个人不得销售或者在经营活动中使用未取得生产许可证的特殊工业产品。国家质检总局负责全国特殊工业产品生产许可证的统一管理，国务院有关部门在各自职权范围内配合国家质检总局做好相关领域的生产许可证管理工作，省、自治区、直辖市质量技术监督局负责生产许可证工作的组织实施。

（五）产品质量监督检查制度

我国对产品质量实行以抽查为主要方式的监督检查制度，对可能危及人体健康和人身、财产安全的产品，影响国计民生的重要工业产品以及消费者、有关组织反映有质量问题的产品进行抽查,抽查的样品应在市场上或者企业成品仓库内的待销产品中随机抽取。

监督抽查工作由国务院市场监督管理部门规划和组织;县级以上地方市场监督管理部门在本行政区域内也可以组织监督抽查,法律对产品质量的监督检查另有规定的,依照有关法律的规定执行。

国家监督抽查的产品,地方不得另行重复抽查;上级监督抽查的产品,下级不得另行重复抽查。根据监督抽查的需要,可以对产品进行检验;检验抽取样品的数量不得超过检验的合理需要,并不得向被检查人收取检验费用,监督抽查所需检验费用按照国务院规定列支。案例中,产品质量监督管理部门向甲涂料公司收取检验费用的行为违反了法律规定。

对于进行监督抽查的产品质量不合格的,由实施监督抽查的市场监督管理部门责令其生产者、销售者限期改正;逾期不改正的,由省级以上人民政府市场监督管理部门予以公告;公告后经复查仍不合格的,责令停业,限期整改;整改期满后经复查产品质量仍不合格的,吊销营业执照。

国家监督抽查的质量检验判定依据是被抽查产品的国家标准、行业标准、地方标准和国家有关规定,以及明示的企业标准或者质量承诺。具体分为:① 当明示的企业标准或者质量承诺中的安全、卫生等指标低于强制性国家标准、强制性行业标准、强制性地方标准或者国家有关规定时,以强制性国家标准、行业标准、地方标准或者国家有关规定作为质量判定依据;② 除强制性标准或者国家有关规定要求之外的指标,可以将企业明示采用的标准或者质量承诺作为质量判定依据;③ 没有相应强制性标准、明示的企业标准和质量承诺的,以相应的推荐性国家标准、行业标准作为质量判定依据。

因此,在没有国家标准、行业标准或企业明示采用的标准或者质量承诺严于国家标准、行业标准的情况下,可以将企业明示采用的标准或者质量承诺作为质量判定依据。

> **探究与发现**
>
> 通过上述学习,你是否对"导入"所提出的问题进行了相关的思考?案例中,产品质量监督管理部门认定甲涂料公司的涂料存在以次充好的现象是否有法律依据?
>
> 案例中,"魔幻派"涂料包装桶上标注的甲醛含量应$\leqslant 0.097 \text{ g/kg}$,这是用明示值的方式对其产品质量的承诺,因此,产品质量监督管理部门以产品质量明示值作为质量检验的判定依据认定该涂料存在以次充好的现象是符合规定的。

第三节 生产者、销售者的产品质量义务

生产者和销售者的产品质量义务主要可以分为两类:积极义务和消极义务,也就是作为义务和不作为义务,前者是指生产者和销售者必须做出一定行为的义务;而后者则是

指生产者和销售者不得做出一定行为的义务。

一、生产者的产品质量义务

(一) 生产者的积极产品质量义务

(1) 生产者应当对其生产的产品质量负责。生产者生产的产品应不存在危及人身、财产安全的不合理的危险,有保障人体健康和人身、财产安全的国家标准、行业标准的,应当符合该标准;产品应具备应当具备的使用性能,但是,对产品存在使用性能的瑕疵作出说明的除外;产品应符合在产品或者其包装上注明采用的产品标准,符合以产品说明、实物样品等方式表明的质量状况。

生产者对其生产的产品质量负责,包括两方面的含义:一是指生产者必须严格履行其保证产品质量的法定义务;二是指生产者不履行或不完全履行其法定义务时,必须依法承担相应的产品质量责任。

(2) 生产者应当遵守产品质量标识制度。产品标识是指用于识别产品或其特征、特性所作的各种表示的统称。产品标识可以用文字、符号、标记、数字、图案等表示。根据不同产品的特点和使用要求,产品标识可以标注在产品上,也可以标注在产品包装上。产品或者其包装上的标识必须真实,并符合下列要求:

第一,有产品质量检验合格证明。产品质量检验合格证明,常采取合格证书、检验合格印章和检验工序编号印章、印鉴的方式。产品质量检验合格证明只能使用于经检验合格的产品上,未经检验的产品或者经检验不合格的产品,不得使用产品质量检验合格证明。

第二,有中文标明的产品名称、生产厂厂名和厂址。产品名称一般能反映出产品的用途、特点及所含主要成分等;生产厂厂名和厂址,是指产品生产企业的实际名称及其主要具体地址,在产品或其包装上标明产品的生产厂厂名、厂址,有利于消费者对生产者进行监督,也能促使生产者依法承担自己生产的产品的质量责任。

第三,根据产品的特点和使用要求,需要标明产品规格、等级、所含主要成分的名称和含量的,用相应中文予以标明;需要事先让消费者知晓的,应当在外包装上标明,或者预先向消费者提供有关资料。

第四,限期使用的产品,应当在显著位置清晰地标明生产日期和安全使用期或者失效日期。

第五,使用不当,容易造成产品本身损坏或者可能危及人身、财产安全的产品,应当有警示标志或者中文警示说明。

但是,裸装的食品和其他根据产品的特点难以附加标识的裸装产品,可以不附加产品标识。

探究与发现

通过上述学习,你是否对"导入"所提出的问题进行了相关的思考?案例中,电器厂的产品标识是否符合法律规定？是否应向王某承担违约责任？

案例中，生产者电器厂在其产品即冷藏柜储牌上只标明了"中国制造"字样，而没有以文字标注该厂厂名和厂址，不符合《产品质量法》关于生产者产品标识义务的规定。这表明电器厂没有全面履行合同义务，构成了违约，对方当事人即王某有权拒绝收货并不支付价款，而且可以追究电器厂的违约责任。

（3）易碎、易燃、易爆、有毒、有腐蚀性、有放射性等的危险物品以及储运中不能倒置和其他有特殊要求的产品，其包装质量必须符合相应要求，依照国家有关规定作出警示标志或者中文警示说明，标明储运注意事项。产品包装是指为了让产品运输、储存、销售过程中方便运输、完好保存、促进销售，而采用一定的技术方法，通过容器、材料或辅助物对其进行包装并在包装上附加标识的行为。

（二）生产者的消极产品质量义务

（1）生产者不得生产国家明令淘汰的产品。国家明令淘汰的产品，是指国家行政机关按照一定的程序，采用行政措施，通过发布行政文件的形式，对涉及耗能高、技术落后、疗效不确定、污染环境、危及人体健康等方面的产品，向社会宣布不得继续生产、销售、使用，例如毒鼠强、铜线杆、自行车盐浴焊接炉等。

（2）生产者不得伪造产地，不得伪造或者冒用他人的厂名、厂址。伪造产地是指在甲地生产而标注乙地地名的欺骗行为；伪造厂名、厂址是指使用非法制作的，或者编造的标有其他生产者厂名、厂址的标识，即在产品或其包装上标注虚假的、根本不存在的厂名、厂址；冒用厂名、厂址是指生产者未经他人许可且擅自使用他人的厂名和厂址的标识。

（3）生产者不得伪造或者冒用认证标志等质量标志。伪造认证标志等质量标志是指非法制作、编造实际上并不存在的质量标志；冒用认证标志等质量标志是指未取得认证标志等质量标志而谎称取得并擅自使用相应的质量标志。

（4）生产者生产产品，不得掺杂、掺假，不得以假充真、以次充好，不得以不合格产品冒充合格产品。"掺杂、掺假"是指行为人在产品中掺入杂质或者造假，致使产品有关物质的成分或者含量不符合国家有关法律、法规、标准规定要求的欺骗行为。"以假充真"是指以甲产品冒充与其特性不同的乙产品的欺骗行为。"以次充好"是指以低等级、低档次的产品冒充高等级、高档次产品的欺骗行为。"合格产品"对于有国家强制性标准的产品来说，是指符合国家强制性标准的产品；对于没有国家强制性标准的产品来说，是指符合产品或其包装上明确标注所采用的标准的产品。

二、销售者的产品质量义务

（一）销售者的积极产品质量义务

（1）销售者应当建立并执行进货检查验收制度，验明产品合格证明和其他标识。进货检查验收制度,是指销售者根据国家有关规定及同生产者或其他供货者之间订立的合同的约定,对购进的产品质量进行检查,符合合同约定的即予以验收的制度。进货检查验收包括产品标识检查、产品感观检查和必要的产品内在质量的检验。如果销售者在验收时发现产品的质量、种类、规格、产品标识不符合规定的,应当提出书面异议,要求生产者予以解决;若销售者没有提出异议的,由其自行承担责任。

(2)销售者应当采取措施,保持销售产品的质量。销售者应当根据产品的特点,采取必要的保护措施,如防雨、防晒、防霉措施,对某些特殊产品采取控温、控湿措施等,从而确保其销售产品不变质、不失效。

(二)销售者的消极产品质量义务

销售者的消极产品质量义务与生产者的消极产品质量义务相同。

第四节 生产者、销售者的产品质量责任

产品质量责任是指产品的生产者和销售者由于产品质量问题而对产品用户、消费者及利害关系人造成了人身或财产上的损害,对此应承担的法律后果。产品质量的法律责任包括产品质量的民事责任、行政责任和刑事责任三类。

一、民事责任

产品质量的民事责任,是指产品生产者和销售者由于违反了《产品质量法》规定或合同中约定的产品质量民事义务而应承担的民事责任。根据我国《产品质量法》的规定,产品质量的民事责任主要包括产品瑕疵责任和产品缺陷责任。

(一)产品瑕疵责任

《产品质量法》规定,售出的产品不具备产品应当具备的使用性能而事先未作说明的,或者不符合在产品或其包装上注明采用的产品标准的,或者不符合以产品说明、实物样品等方式表明的质量状况的,销售者应当负责修理、更换、退货;给购买产品的消费者造成损失的,销售者应当赔偿损失。

1. 产品瑕疵责任的含义

产品瑕疵,是指产品不具备应具备的使用性能,不符合产品或包装上注明采用的产品标准,不符合产品说明、实物样品等方式表明的质量状况。具有瑕疵的产品属于一般质量不合格的产品,其本身不存在危险性。因此,对于瑕疵产品,销售者的主要责任是对售后产品进行修理、更换、退货;给购买产品的消费者造成损失的,对其进行损失赔偿,也就是赔偿消费者在产品修理、更换、退货过程中产生的运输费、交通费、误工费等经济损失。

2. 产品瑕疵责任的构成要件

若销售者构成产品瑕疵责任,则销售的产品必须具有瑕疵,该瑕疵不仅包括《产品质

量法》上规定的瑕疵,也包括双方当事人在合同中约定的瑕疵;同时,产品的瑕疵必须在产品售出时也就是产品移转给消费者时便已存在,并且消费者对于该产品瑕疵须善意且无重大过失。

3. 产品瑕疵责任的承担方式

(1) 补正措施。《产品质量法》规定的补正措施主要有修理和更换两种,前者属于消除缺陷的方式,后者属于另行给付的方式。消费者由于产品瑕疵请求救济时,应当根据产品的性质及损失多少,遵循公平合理、诚实信用的原则选择救济手段,对于瑕疵轻微的产品,可以要求修理、更换的,不应选择退货等方式。

(2) 解除合同。《产品质量法》第四十条虽然没有直接规定消费者在产品具有瑕疵情况下的合同解除权,而是将修理、更换、退货进行了并列规定,但实质上退货与前两者的法律性质不尽相同。严格来说,如果是更换,即将不合格的商品退回,再换回一个同样的商品,可以作为一种补救措施,但如果单纯地退货并由对方返还货款就构成了解除合同,这并不是违约责任意义上的补救措施。可见,此处应将"退货"理解为瑕疵产品的合同解除权。

(3) 赔偿损失。产品瑕疵给消费者造成一定损失的,销售者应当对此损失进行赔偿。赔偿损失可以与修理、更换、退货并用。如果产品瑕疵可以被修理,消费者有权要求销售者对此进行修理,并由销售者承担修理的费用,在修理后如果产品瑕疵仍给消费者造成损失的,消费者还可要求销售者赔偿损失。但是双方可以约定由销售者向消费者支付一笔修理费用,由消费者自行修理产品,此时修理费用则转化为了损失赔偿。而在更换的情况下,由于产品瑕疵导致履行延迟或其他后果而造成消费者损失的,消费者均有权要求销售者赔偿损失。退货亦是如此。

(4) 追偿规则。销售者负责修理、更换、退货、赔偿损失后,属于生产者的责任或者属于向销售者提供产品的供货者的责任的,销售者有权向生产者、供货者追偿。生产者之间、销售者之间、生产者与销售者之间订立的买卖合同、承揽合同有不同约定的,合同当事人按照合同约定执行。

根据《产品质量法》的规定,产品质量问题的产生是谁导致的谁就承担最终的责任。在通常情况下,由于生产者导致的产品质量问题,消费者向销售者要求赔偿的,只有在销售者赔偿损失后,销售者才有权向生产者追偿。

探究与发现

通过上述学习,你是否对"导入"所提出的问题进行了相关的思考?案例中,涂料经销商能否在赔偿王某5 000元误工费之前先向乙涂料公司追偿?涂料经销商对王某购买的涂料进行退货后,能否据此要求乙涂料公司退货?

上述案例中,涂料经销商未向王某履行赔偿责任,虽然根据已生效的判决书,已经确定涂料经销商应赔偿王某误工费5 000元,该债务是确定的且具有强制性,但涂料经销商在其尚未向王某赔偿之前,不可向乙涂料公司进行追偿。

对于涂料经销商要求乙涂料公司退货一事,《产品质量法》规定,各生产者、销售者、供货者之间签订的合同有不同约定的依照约定执行。因此,上述案例中,某涂料经销商对王某购买的涂料进行退货后,并不必然可以据此要求乙涂料公司退货。虽然王某、涂料经销商、乙涂料公司之间是同一标的物的连环买卖,但当事人的权利义务应按照各自签订的合同约定来确定。

(二) 产品缺陷责任

1. 产品缺陷责任的含义

产品缺陷责任,是指由于产品本身存在缺陷而导致产品用户、消费者及其他利害关系人的人身或财产遭受损害时,产品生产者、销售者及其他有关主体应当承担的法律责任。要正确理解这一含义,还须把握以下几个要点:

(1) 产品缺陷责任的发生是由于产品本身存在缺陷。缺陷是指产品存在着危害他人人身或财产安全的危险性;若有国家或行业规定了产品保障人体健康和人身、财产安全的标准,不符合该标准的产品也属于缺陷产品。

(2) 缺陷与瑕疵的关系。产品缺陷与产品瑕疵有所不同。产品缺陷以产品具有危险性为前提,是指产品缺少通常应当具有的机能,从而导致对他人的人身、财产构成积极危害的危险;产品瑕疵则是指产品本身交易价值比预期低落的状态,产品质量不符合法定或约定的质量标准。

(3) 产品缺陷责任的主体应不限于产品生产者和销售者。虽然《产品质量法》将产品缺陷责任的主体限定在生产者和销售者之间,但是,从产品生产到产品销售的任一环节都有可能导致产品缺陷的形成,因此这些环节中的任何主体都应成为产品缺陷责任的主体,例如运输者在运输过程中由于未对产品进行合理包装,导致产品产生缺陷。

(4) 产品缺陷的侵害对象不限于产品用户和消费者。只要是由于产品缺陷而对其人身或财产造成损害的人,不管是用户、消费者或其他利害关系人,均可以作为权利人提出主张。

2. 产品缺陷责任的构成要件

(1) 产品存在缺陷。质量缺陷一般可以分为:设计上的缺陷,即产品本身在结构、功能上的缺陷;制造上的缺陷,即生产或装配时的工艺流程或者操作规程处理不当;指示上的缺陷,即对产品的性能、使用方法未作出正确的指示说明,对产品的潜在危害性未作出必要的警告,例如某快餐食品在生产过程中虽符合国家标准和行业标准,但其快餐中所含的原料氢化油、丙烯酰胺等可能会导致心脏病和糖尿病发生概率的提高,因此对于生产者和销售者应给予必要和适当的警告。

(2) 有人身或财产损害的事实存在。这里的损害不是指产品本身的损害,而是指产品造成了他人的人身伤害、死亡和财产损失。这种损害是合同权利以外的损害,例如,食品变质造成食用者中毒、烤箱爆炸炸伤烘焙者等;他人是指任何受到伤害的人,可以是自然人、法人,也可以是购买人、使用人,甚至是旁观者、过路人,不管受害人与产销者之间是否存在合同关系。

（3）产品缺陷与人身伤害或财产损害之间存在因果关系。因果关系是指损害后果是由于产品缺陷所致,而不是由于他人把产品作为实施侵权的工具造成的。受害人只要能够证明其所受损害是产品缺陷在事实上的结果,法律上的因果关系即成立。

3. 产品缺陷责任的承担

（1）生产者的责任。因产品存在缺陷造成人身或缺陷产品以外的其他财产损害的,生产者应当承担赔偿责任。权利人在依法主张损害赔偿时负有举证责任,需要证明自己是该产品的用户、消费者或其他利害关系人、自己人身或财产遭受了损害以及自己是在正确使用该产品的情况下发生了损害后果。

但是,《产品质量法》同时规定了生产者的免责事由。若生产者未将产品投入流通或产品投入流通时引起损害的缺陷尚不存在或将产品投入流通时的科学技术水平尚不能发现缺陷的存在,生产者不承担赔偿责任。不承担赔偿责任是生产者免除责任的要件,因此生产者负有证明自己免责的责任,若不能证明的,则不免除其赔偿责任,这是举证责任倒置原则的体现。

（2）销售者的责任。若是由于销售者的过错使产品存在缺陷,造成人身、他人财产损害的,销售者应当承担赔偿责任。不仅如此,销售者不能指明缺陷产品的生产者也不能指明缺陷产品的供货者的,销售者也应当承担赔偿责任。

4. 产品缺陷责任的处理

（1）产品缺陷责任的追究。《产品质量法》第四十三条规定:"因产品存在缺陷造成人身、他人财产损害的,受害人可以向产品的生产者要求赔偿,也可以向产品的销售者要求赔偿。属于产品生产者的责任,产品的销售者赔偿的,产品的销售者有权向产品的生产者追偿。属于产品销售者的责任,产品的生产者赔偿的,产品的生产者有权向产品的销售者追偿。"

产品生产者与销售者之间的先行赔偿制度和追偿制度的规定更好地保护了消费者的合法权益,使其因产品缺陷造成的损害能尽快得到赔偿。因此,无论何种原因,销售者都要承担对消费者造成的损害赔偿责任,而受侵害的消费者也有权要求销售者先行赔偿,如果属于产品生产者的责任,销售者在赔偿后有权向产品的生产者追偿。

> **探究与发现**
>
> 通过上述学习,你是否对"导入"所提出的问题进行了相关的思考? 案例中,甲百货公司是否能够拒绝赔偿蛋糕店工作人员的损失?
>
> 案例中,甲百货公司以烤箱发生爆炸导致王某蛋糕店工作人员人身受到损害的

产品缺陷
责任的追究

原因是生产技术问题为由拒绝赔偿的做法显然是错误的。无论其是否有过错,都应该先行赔偿蛋糕店工作人员的损失,若烤箱爆炸确实是生产环节中技术原因导致的,甲百货公司可以在赔偿后向烤箱生产者追偿。

（2）产品缺陷责任的赔偿范围。由于产品缺陷导致人身损害、财产损失的赔偿范围包括人身损害赔偿和财产损失赔偿。人身损害赔偿是指因产品存在缺陷造成受害人人身伤害的,侵害人应当赔偿医疗费、治疗期间的护理费、因误工减少的收入等费用;造成残疾的,还应当支付残疾者生活自助具费、生活补助费、残疾赔偿金以及由其扶养的人所必需的生活费等费用;造成受害人死亡的,应当支付丧葬费、死亡赔偿金以及由死者生前扶养的人所必需的生活费等费用。财产损失赔偿是指因产品存在缺陷造成受害人财产损失的,侵害人应当恢复原状或者折价赔偿;受害人因此遭受其他重大损失的,侵害人应当赔偿损失。案例中,甲百货公司不仅应赔偿蛋糕店员工由于烤箱爆炸受到损害而产生的医疗费、护理费、误工费等,还应赔偿烤箱爆炸导致的王某蛋糕店的财产损失。

5. 产品缺陷责任的时效和争议解决方式

（1）时效。① 诉讼时效：因产品存在缺陷造成损害要求赔偿的诉讼时效期间为3年,自当事人知道或者应当知道其权益受到损害时起计算。② 赔偿请求权时效：因产品存在缺陷造成损害要求赔偿的请求权,在造成损害的缺陷产品交付最初消费者满10年丧失;但是,尚未超过明示的安全使用期的除外。

探究与发现

通过上述学习,你是否对"导入"所提出的问题进行了相关的思考？案例中,电器厂以已过保质期为由拒绝向王某赔偿冷藏柜导致的损害是否合法？

案例中,由于冷藏柜坍塌而导致蛋糕尽毁,且殃及了冷藏柜旁边的货架,造成货架上的所有产品都不能进行售卖,虽然冷藏柜已过了1年的保质期,但是没有经过冷藏柜最初交付王某满10年,因此王某的赔偿请求权依然存在,电器厂拒绝向王某赔偿冷藏柜导致损害的理由显然是不成立的。

（2）争议解决方式。因产品质量发生民事纠纷时,当事人可以通过协商或者调解解决;当事人不愿通过协商、调解解决或者协商、调解不成的,可以根据当事人各方的协议向仲裁机构申请仲裁;当事人各方没有达成仲裁协议或者仲裁协议无效的,可以直接向人民法院起诉。

产品质量责任诉讼由侵权行为地或者被告居住地人民法院管辖。这里的侵权行为地包括侵权行为发生地和侵权行为结果地。侵权行为发生地一般是指缺陷产品被投放市场的地点,侵权行为结果地是指缺陷产品给消费者造成实际损害的地点。原告可以在侵权行为发生地、侵权行为结果地或被告居住所在地中任选一个法院管辖。

二、行政责任

生产者或销售者生产、销售不符合保障人体健康和人身、财产安全的国家标准、行业标准的产品的;在产品中掺杂、掺假,以假充真,以次充好,或者以不合格产品冒充合格产品的;生产国家明令淘汰的产品的,销售国家明令淘汰并停止销售的产品的;销售失效、变质的产品的;伪造产品产地的,伪造或者冒用他人厂名、厂址的,伪造或者冒用认证标志等质量标志的;制作的产品标识不符合产品或其包装上的标识要求规定的,有包装的产品标识不符合有关警示标志或者中文警示说明规定的;拒绝接受依法进行的产品质量监督检查的;隐匿、转移、变卖、损毁被市场监督管理部门查封、扣押的物品的;知道或者应当知道属于《产品质量法》规定禁止生产、销售的产品而为其提供运输、保管、仓储等便利条件的,或者为以假充真的产品提供制假生产技术的,应当承担行政责任。

产品质量监督管理部门在实施产品质量监督检查后,要区分严重质量问题和一般质量问题,对于存在严重质量问题的产品应实施行政处罚,而对于存在一般质量问题的产品,则应责令生产者、销售者限期改正。上述列举的情况属于"严重质量问题"范围,不属于上述情况的便是"一般质量问题"。案例中,甲涂料公司在生产"魔幻派"涂料过程中以甲醛含量 0.099 g/kg 的产品充当 $\leqslant 0.097 \text{ g/kg}$ 的产品,存在以次充好的现象,因此产品质量监督管理部门将其视为严重质量问题,予以行政处罚的做法是正确的。

三、刑事责任

生产者、销售者生产、销售不符合保障人体健康和人身、财产安全的国家标准、行业标准的产品,构成犯罪的;在产品中掺杂、掺假,以假充真,以次充好,或者以不合格产品冒充合格产品,构成犯罪的;销售失效、变质的产品,构成犯罪的;知道或者应当知道属于《产品质量法》规定禁止生产、销售的产品而为其提供运输、保管、仓储等便利条件,或者为以假充真的产品提供制假生产技术,构成犯罪的;以暴力、威胁方法阻碍市场监督管理部门的工作人员依法执行职务的,应当依法追究其刑事责任。

本 章 小 结

本章通过对产品质量的立法、产品质量法的原则、产品质量的监督管理以及生产者和销售者的产品质量义务及责任等内容进行阐述,明确了我国《产品质量法》将对产品质量责任和对产品质量的监督管理融为一体,表现出了公法与私法的相互融合,在加强对产品质量的监督管理、提高产品质量水平、明确产品质量责任、保护消费者权益方以及维护社会经济秩序等方面均具有重大现实意义。

思 考 题

1. 产品质量应当符合哪些要求？

2. 承担产品质量检验任务的机构必须具备什么条件？

3. 李某在 A 商场购买了一台彩电（附产品合格证），使用三个多月后，该彩电出现了图像不清晰的现象，李某找到 A 商场要求更换，A 商场表示该彩电不是其生产的，因此其没有更换的义务，要求李某找彩电生产商 B 公司进行交涉。

问题：李某能否直接要求 A 商场对该彩电进行更换？

4. 杨某于 2018 年 3 月 20 日从市场买回一只高压锅，一开始高压锅能正常使用，未见异常。2019 年 5 月 2 日，杨某做饭时，该高压锅发生爆炸，导致杨某家中煤气灶损毁，厨房玻璃震碎，杨某受轻伤。事故发生后，杨某找到该高压锅生产厂家甲日用品厂要求赔偿，但甲日用品厂声称杨某购买高压锅已经过了 1 年的保修期，因此其对发生的损害不负赔偿责任。

问题：甲日用品厂的理由能否成立？

5. 孙某与某机械厂的陆某是好友，一日孙某到机械厂办事，顺便找陆某闲谈。孙某离开时发现自己的自行车没气了，便问陆某有没有打气筒，陆某顺手拿起一打气筒表示这是机械厂新出的一批打气筒样品，可以使用。当孙某拿起打气筒打气时，打气筒栓塞飞到了孙某脸上，导致孙某受伤，花去医疗费 2 000 元，于是孙某要求该机械厂予以赔偿。

问题：该机械厂是否应当赔偿王某医疗费？

拓 展 学 习

产品召回起源于美国，是指产品制造企业在发现其生产、经营的产品存在可能导致消费者人身伤害、财产损失的系统性缺陷时，采取收回、更换、维修、赔偿等积极有效的补救措施来消除隐患。2004 年 10 月 1 日，我国开始实施由商务部、国家质量监督检验检疫总局、国家发展和改革委员会、海关总署联合发布的《缺陷汽车产品召回管理规定》，这标志着产品召回在我国的应用。但从目前来看，我国产品召回还存在诸多不足，例如缺陷产品信息收集不及时不准确、企业强制召回占比较大等问题严重影响了产品召回的实施效果，因此完善产品召回必须建立健全缺陷产品信息收集处理系统、引进快速召回方式，同时还应当发展产品召回保险制度。

第九章

消费者权益保护法

 本章教学目标

《中华人民共和国消费者权益保护法》的颁布实施,是我国消费者权益保护事业发展史上的重要里程碑。通过本章的学习,学生应了解消费者权益保护法的概念及范围,理解消费者权利和经营者义务,掌握消费争议的救济途径。

 本章核心概念

消费者权益保护法的基本原则;消费者的权利;经营者的义务

 导入

张某与林某感情稳定,打算结婚。2017年4月15日,张某与林某置备了婚房。2017年5月17日,张某与小区其他居民都接到物业通知,称凡是该小区居民一律前往指定天然气公司经营部购买指定天然气灶具、热水器,若在其他商场购买,公司一律不给通气。小区居民按要求前往指定的经营部购买器具时发现,该公司出售的灶具及热水器的价格普遍高于市场价且没有注明商品的产地、检验合格证、使用方法说明书、售后服务等有关信息。小区的居民愤愤不平但又一筹莫展,最终在律师朋友的帮助下解决了问题。

2017年7月2日,为准备结婚所需的"彩礼",张某到一家大型珠宝首饰商店购买了黄金项链一条,标签上标明成色为99.9%,价格为12 500元。购买结束后,张某欲离开,但商店发现其展示柜上丢失了一只戒指,价值20 000元,于是服务人员方某将欲从珠宝店出来的张某拦住说:"本店丢失一只贵重戒指,其间只有你进店购买项链,我们有理由怀疑你拿了本店首饰,能否让我们检查一下?"当即遭到张某的拒绝。方某遂连同保安将张某拉到保安室,由保安对其衣服口袋及随身包进行搜查,但并没有发现珠宝商店的首饰,前后持续时间大概为30分钟,张某愤然离开商场。

虽然备婚阶段历经波折,但张某与林某终于步入了婚姻的殿堂,开始了婚后甜蜜平凡的生活。只是没过多久,婚前张某在某家电公司购买的电视机就出现了图像播放不出、间断的消音等故障,张某遂与该家电公司维修中心联系,希望其可以上门维修,但其公司服务人员声称,他们对进口商品不实行上门维修。别无他法,张某只能自己雇车将电视机送往该维修中心进行修理,修理后电视机能够正常使用。一个月之后,电视机又出现同类故障,迫不得已,张某只好再次雇车将电视送往维修服务中心,修理后适用情况尚可。好景不长,电视机再次出现故障,张某遂与家电公司协商沟通,想要退货,家电公司一直推辞未给回复。

祸不单行,电视机的问题还没有解决,一天早上,林某洗漱时无意间将之前购买的金项链扫落到地上,导致项链配件掉落需进行重新加工。张某带项链维修时发现此项链中添加有其他金属成分,为了核实自己的发现,张某将项链交由市技术监督局金银饰品产品质量检验站检测,测定结果是该产品的含金量远小于99.9%,没有达到明示的成色要求。因这些琐事张某与林某每天争吵不断。

虽然张某与林某婚后的生活磕磕碰碰,但是总体而言,都是小事,直到2018年5月17日。这天,林某像往常一样用电压力锅为丈夫张某准备晚饭,在该电压力锅自动设置的熬粥时间到后,林某拨动了放气阀,在确定了没有气压的情况下打开了锅盖,就在这时电压力锅砰的一声,锅盖炸开,粥喷洒出来导致林某面部、手臂大范围烧伤,立即被送往医院,住院期间支付医疗费83 782.2元。爆炸事件发生后,经当地标准局鉴定,认为电压力锅属不合格产品。

问题:
(1) 天然气公司存在哪些违法行为?侵犯了消费者的何种权利?
(2) 商店服务员方某及保安对张某进行搜身的行为是否侵权?
(3) 家电公司拒绝对进口商品进行上门维修是否合法?
(4) 林某的损害应当向谁主张赔偿?理由是什么?
(5) 张某和林某可以通过哪些方式维护自己的合法权益?
带着这些问题,让我们进入本章的学习。

第一节 消费者权益保护法概述

一、消费者权益保护法的概念及基本原则

(一) 消费者权益保护法的概念

消费者权益保护法是对消费者提供特别保护的法律,是有关保护消费者在购买、使用商品或接受服务时应享有的合法权益的法律规范的总称。我国关于消费者权益保护的基本法是《中华人民共和国消费者权益保护法》[①](以下简称《消费者权益保护法》)。

---

① 《中华人民共和国消费者权益保护法》自1994年1月1日起施行,最新修正是根据2013年10月25日第十二届全国人民代表大会常务委员会第五次会议《关于修改〈中华人民共和国消费者权益保护法〉的决定》进行的第二次修正,自2014年3月15日起施行。

(二) 消费者权益保护法的基本原则

《消费者权益保护法》第三条至第六条规定了我国消费者权益保护法的基本原则：

1. 经营者依法原则

《消费者权益保护法》第三条规定："经营者为消费者提供其生产、销售的商品或者提供服务，应当遵守本法；本法未作规定的，应当遵守其他有关法律、法规。"此条是消费者权益保护法对经营者容忍的最低限度，该原则要求经营者应当依法提供商品或服务，不能有以次充好、以假充真等违反法律、法规的行为。

2. 公平合理交易原则

《消费者权益保护法》第四条规定："经营者与消费者进行交易，应当遵循自愿、平等、公平、诚实信用的原则。"此条是《消费者权益保护法》的根本原则，贯穿于《消费者权益保护法》全文。该原则要求双方应当在平等自愿的基础上进行交易，应当遵守商业道德、讲究信用。

3. 消费者权益受国家保护原则

《消费者权益保护法》第五条第一款规定："国家保护消费者的合法权益不受侵害。"此条表明国家在涉及消费者权益争议中所处的立场。相对于经营者而言，消费者总是处于弱势地位，其合法权益极易受到不法侵害，为了平衡消费者与经营者之间的差距，国家主动介入两者之间，保护消费者的合法权益并控制经营者的不法行为。

4. 全社会共同保护消费者的合法权益

《消费者权益保护法》第六条第一款规定："保护消费者的合法权益是全社会的共同责任。"此条表明为了最大限度地保护消费者的合法权益，在国家保护的基础上，要发挥全社会的力量，预防、监督、控制经营者的不法行为。全社会保护原则主要表现为全社会的监督作用，即通过消费者协会、大众传媒机构以及与消费者权益有关的企事业单位、社会团体等进行监督，有效缓解不法侵害行为，保护消费者的合法权益。

二、消费者的概念和特征

(一) 消费者的概念

《消费者权益保护法》作为保护消费者权益最重要的法律，并没有准确定义消费者的概念，仅在第二条对其调整的范围作出规定："消费者为生活消费需要购买、使用商品或者接受服务，其权益受本法保护；本法未作规定的，受其他有关法律、法规保护。"因此有关消费者的内涵与外延一直是我国理论界争论不休的问题，其争论焦点主要集中在两个方面：第一，消费者究竟仅指个人还是也包括单位和集体；第二，如何界定生活消费。

1978年，国际标准化组织消费者政策委员会在日内瓦召开的第一届年会上将消费者定义为"以个人消费为目的，具有购买、使用商品或服务性质的个人"。考察我国《消费者权益保护法》的立法过程可以发现，全国人民代表大会常务委员会审议《消费者权益保护法（草案）》时，删除了《消费者权益保护法（草案）》中"前款所称消费者，是指消费者个人"

的表述。这表明我国消费者的范围大于国际标准化组织的规定,消费者不仅包括个人,还包括单位和集体。

广义的消费者包括生产消费与生活消费两类,依据字面意思来看,生活消费即人们为了维持自身的生存、生活,而在衣、食、住、行、文化、教育、体育等物质方面进行的消费。生产消费是指人们使用和消耗各种生产要素、进行物质资料和劳务生产的行为和过程。《消费者权益保护法》将其保护范围界定在为生活消费需要,购买、使用商品或接受服务的个人、单位和集体。

(二)消费者的特征

(1)消费者是指购买、使用商品或接受服务的个人、单位和集体。消费者既包括享受由自己出钱购买商品或接受服务的个人、单位和集体,也包括享受由他人出钱购买商品或接受服务的个人、单位和集体。

(2)消费者购买商品和服务是为了个人生活需要,不以营利为目的。个人、单位和集体以营利为目的而购买、使用商品或接受服务的行为,不受《消费者权益保护法》的保护。

(3)消费的客体是商品和服务。商品和服务是多种多样的,包括衣、食、住、行、文化、教育等各个方面的生活消费所需的商品和服务。对于商品和服务的范围需要注意以下两点:一是商品和服务必须在法律允许经营者提供的商品和服务范围内,法律禁止购买、使用的商品和禁止接受的服务不属于《消费者权益保护法》规定的商品和服务;二是消费者必须通过公开的市场交易购买、使用商品或接受服务。

三、经营者的概念

同"消费者"的概念一样,我国《消费者权益保护法》并没有明确界定"经营者"的概念,仅在第三条作出了概括性的规定:"经营者为消费者提供其生产、销售的商品或者提供服务,应当遵守本法;本法未作规定的,应当遵守其他有关法律、法规。"虽然我国《消费者权益保护法》未给出"经营者"的明确定义,但与其相关的一些部门法对"经营者"作出了界定。如《反不正当竞争法》规定,经营者是指从事商品生产、经营或者提供服务的自然人、法人和非法人组织。《价格法》规定,经营者是指从事生产、经营商品或提供有偿服务的法人、其他组织和个人。目前学理中存在两种标准来认定经营者,一种是行为主义,认为只要主体从事了商品经营或者营利性服务,就可以被认定为经营者;另一种是登记主义,以登记为要件,主体只有到特定机关进行登记,具备相关法律主体资格才能被认定为经营者。[1] 法学理论界结合其他法律对"经营者"的解析,普遍认为《消费者权益保护法》中的"经营者"是指以营利为目的,从事商品生产、销售和商业服务的法人、其他组织和个人。

---

[1] 刘越、陈晨、陈鹏:《〈消费者权益保护法〉中的经营者范围界定问题研究》,《法制与社会》2017年第15期,第279—280页。

第二节 消费者的权利与经营者的义务

一、消费者的权利

消费者作为《消费者权益保护法》的主体，其合法权益受到法律的保护。消费者的权利是消费者利益在法律上的体现，我国《消费者权益保护法》第二章规定了消费者所享有的权利。

(一) 安全保障权

安全保障权是指消费者在购买商品或接受服务的过程中，所享有的人身、财产不受损害的权利。消费者有权要求经营者所提供的商品或服务，符合保障人身、财产安全的要求。《消费者权益保护法》规定安全保障权，是宪法所赋予公民的人身权与财产权在消费领域的体现。安全保障权作为消费者最重要的权利，包括两大内容：消费者的人身安全不受侵犯、消费者的财产安全不被侵犯。

人身安全权是指消费者在消费过程中所享有的生命及身体健康不受侵犯的权利。若因经营者提供的商品或服务存在缺陷，导致消费者死亡或者损害消费者的身体健康的，即为侵犯消费者人身安全权的行为。

财产安全权是指消费者在消费的过程中所享有的财产不受侵害的权利。若因经营者提供的商品或服务，导致消费者的财产在外观上损毁或内在价值上减少，即为侵犯消费者财产安全权的行为。财产安全既包括其购买商品或接受服务的本身安全，也包括其购买商品或接受服务以外的其他财产的安全。

> **探究与发现**
>
> 通过上述学习，你是否对"导入"所提出的问题进行了相关的思考？案例中是否存在侵犯消费者安全保障权的行为？
>
> 上述案例中，林某因使用张某购买的不合格的电压力煲，导致其面部、手臂大范围烫伤。一方面经营者提供的商品为不合格商品，存在瑕疵；另一方面，此瑕疵商品对消费者的身体健康造成损害，符合《消费者权益保护法》中有关经营者的行为侵犯消费者人身安全权的规定，经营者侵犯了消费者安全保障权中的人身安全权。案例中，张某所购买的商品掺杂，导致黄金项链内在价值减少，这就是典型的经营者损害消费者财产安全权的行为。

(二) 知悉真情权

知悉真情权是指消费者在购买商品或接受服务的过程中，所享有的知悉其购买商品或接受服务的真实情况的权利。消费者根据购买商品或服务的不同，有权询问、了解有关商品的价格、产地、生产者、用途、性能、规格、等级、主要成分、生产日期、有效期限、检验合格证明、使用方法说明书、售后服务,或者有关服务的内容、规格、费用等信息。《消费者权益保护法》有关消费者知悉真情权的规定,侧重于要求经营者提供有关信息说明。关于产品说明一般以相关法律规定、国家标准、行业标准等有关内容为依据。消费者的知悉真情权主要包括:

(1) 消费者有权要求经营者按照法律、法规的规定,提供有关商品或服务的真实情况,如商品价格、产地,服务内容、费用等。

(2) 消费者有权询问、了解除法律、法规规定应当提供的信息之外的其他购买商品或接受服务有关情况,经营者应当耐心细致地进行回答,不得捏造、隐瞒其商品或服务的真实情况。

> **探究与发现**
>
> 通过上述学习,你是否对"导入"所提出的问题进行了相关的思考?案例中是否存在侵犯消费者知悉真情权的行为?
>
> 上述案例中,小区居民在购买灶具及热水器时,天然气公司并没有按照法律规定的要求提供灶具及天然气的产地、性能、检验合格证、使用方法说明书、售后服务等有关情况,天然气公司的行为侵害了消费者的知悉真情权。

(三) 自主选择权

自主选择权是指消费者在购买商品或接受服务过程中,所享有的自由选择商品或服务的权利。消费者可以自由选择是否购买商品或接受服务,可以自由选择商品或服务的经营者,可以自由选择商品的品种、款式或服务的内容、规格,不受经营者或其他个人、政府的干涉。

现实中,侵犯消费者自主选择权的行为主要表现为强迫交易。判断经营者的行为是否侵犯消费者自主选择权时,可以从以下几个方面进行衡量:① 经营者是否有强迫消费者购买其商品或服务的主观意图;② 消费者购买商品或接受服务是否出于其自身意愿;③ 经营者客观上是否使用威胁手段强迫消费者购买商品或接受服务;④ 该强制交易行为是否存在违法性且可能或已经对消费者权益造成损害。

> **探究与发现**
>
> 通过上述学习,你是否对"导入"所提出的问题进行了相关的思考?案例中是否存在侵犯消费者自主选择权的行为?
>
> 上述案例中,张某在珠宝商场自由挑选了一款黄金项链,就是其行使自主选择权的表现,消费者在选择商品和服务时,有权进行比较、鉴别和挑选。而天然气公司通过不给居民开通天然气的手段,强迫小区居民到其指定的经营部购买灶具及热水器,此种行为明显违反法律规定,侵犯了消费者自由选择经营者的权利。

(四) 公平交易权

公平交易权是指消费者在购买商品或接受服务过程中，所享有的公平交易的权利。根据《消费者权益保护法》的规定，公平交易权主要包括：① 消费者与经营者的交易行为必须在合理的条件（质量保障、价格合理、计量正确）下进行；② 消费者有权拒绝经营者的强制交易行为。

公平交易权的判断标准主要有两方面：一是法律的判断标准。经营者提供的商品应当保障其质量合格、价格合理、计量正确，因此需符合我国《产品质量法》《价格法》《计量法》《标准化法》等的规定。二是市场的标准。经营者提供的商品或服务公平与否，除了法律的判断标准，还应当考虑市场状况，是否会造成显失公平的情况。

> **探究与发现**
>
> 通过上述学习，你是否对"导入"所提出的问题进行了相关的思考？案例中是否存在侵犯消费者公平交易权的行为？
>
> 上述案例中，天然气公司提供的灶具及热水器的价格远高于市场价格，且未提供有关商品的检验合格证、售后服务等信息，经营者与消费者的交易行为并非在合理的交易条件下进行的，经营者的行为侵犯了消费者的公平交易权。

(五) 依法求偿权

依法求偿权是指消费者因购买、使用商品或接受服务受到人身、财产损害的，享有依法获得赔偿的权利。依法求偿权是一种消费者合法权益受到损害后获得的救济权利。消费者行使依法求偿权，应该考虑以下几方面的内容：

(1) 权益受到损害的内容。消费者行使依法求偿权的前提是有损害事实的发生，即消费者因购买、使用商品或接受服务受到人身损害或财产损害。人身损害是一个广义的概念，包括对生命健康权、名誉权和荣誉权的损害。财产损害是指受到的直接财产损失或间接的财产损失。

(2) 行使权利的主体。行使求偿权的主体包括商品的购买者、使用者及服务的接受者，也包括在他人购买、使用商品或服务的过程中遭受损害的其他人，只要其人身、财产损害与购买、使用商品或接受服务之间有因果关系，都享有《消费者权益保护法》所赋予的求偿权。

(3) 承担损害赔偿的责任主体。承担损害赔偿责任的主体包括产品的生产者、销售者、服务的提供者，其承担责任不以过错为构成要件，消费者只需要证明其有消费行为存在且因消费行为受到人身或财产损害。

> **探究与发现**
>
> 通过上述学习，你是否对"导入"所提出的问题进行了相关的思考？案例中，林某的损害应当向谁主张赔偿？理由是什么？

案例详解
消费者权利
——依法求
偿权

> 案例中,林某被电压力锅炸伤事件中,林某作为商品的使用者,因使用不合格商品受到人身损害,有权向产品的生产者、经营者索赔。本案是产品质量不合格致人损害案,对于产品责任我国法律规定为无过错责任,因此林某无须证明该产品的生产者、销售者是否有过错,只需证明其在哪一厂家购买产品以及自己因产品受有损害的事实即可要求生产者、销售者进行赔偿。

(六) 获得知识权

获得知识权是指消费者享有获得有关消费和消费者权益保护方面知识的权利。消费者在购买、使用商品或接受服务时,应从多方面了解有关商品和服务的基本知识,掌握商品的性能、用途及服务的内容、危害性等,正确使用商品或接受服务,提高自我保护意识。获得知识的权利主要包括两方面的内容:

(1) 消费者有权获得有关消费的知识,即有权获得有关商品或服务的基本知识、有关经营者和生产者的基本知识、有关市场的基本知识等。

(2) 消费者有权获得有关消费者权益保护方面的知识,即有权获得有关消费者权益保护的法律、法规及政策,有权获得《消费者权益保护法》保护消费者哪些权利的知识,以及有关消费者争议的解决机构及途径等知识。

(七) 成立维权组织权

成立维权组织权是指消费者享有依法成立维护自身合法权益的社会组织的权利。这是《宪法》赋予公民的结社权在《消费者权益保护法》中的体现。在消费领域,消费者与经营者相比总是处于弱势地位,导致两者之间不平等的原因在于:一方面消费者大多数为零散的个人,经营者大多是有组织的法人,消费者个人很难与财力雄厚的经营者相抗衡;另一方面,随着科学的发展、社会的进步,商品与服务的形式变得纷繁复杂,交易方式也日趋多样化,消费者难以掌握商品或服务的有关内容,在很大程度上需依附于经营者的介绍。鉴于以上原因,赋予消费者成立维权组织权,使消费者可以通过维权组织缩短其与经营者之间的差距,获得有关商品或服务的内容,维护自身的合法权益。成立维权组织权对于维护消费者的合法权益是非常必要的,也是全社会共同保护消费者合法权益原则的具体体现。

> **探究与发现**
>
> 通过上述学习,你是否对"导入"所提出的问题进行了相关的思考?成立维权组织的意义是什么?
>
> 案例中,小区居民被强迫购买天然气灶具、热水器,首饰商店提供掺假项链,家电维修中心拒绝为张某提供上门服务等事件都表明经营者在消费者领域中的强势地位。通过消费者协会解决上述纠纷是一个很好的选择。消费者可以向消费者协会进行投诉,借助消费者协会与经营者进行沟通协商,切实维护自身合法权益。

(八) 受尊重权及信息得到保护权

受尊重权及信息得到保护权是指消费者在购买、使用商品和接受服务时,享有人格尊严、民族风俗习惯得到尊重的权利,享有个人信息依法得到保护的权利。

受尊重权包括两方面的内容,一是人格尊严受到尊重,二是民族风俗习惯受到尊重。人格尊严权是《宪法》赋予公民的基本权利之一,也是《消费者权益保护法》赋予消费者的基本权利之一,具体包括姓名权、名誉权、荣誉权、肖像权等。在消费领域中侵犯人格尊严权的行为主要表现为:侮辱、诽谤消费者;对消费者身体及随身携带物品进行搜查以及限制消费者人身自由的行为。尊重民族风俗习惯,是党和国家对待少数民族风俗习惯的政策要求。我国是统一的多民族国家,各个民族在饮食、服饰、居住、婚葬、节庆、娱乐等方面各有不同,这些都与消费行为密切相关。尊重民族风俗习惯对于维护少数民族消费者的合法权益有着重要的意义。

个人信息依法得到保护是指经营者在与消费者交易过程中所获悉的有关消费者的个人信息,如姓名、住址、联系方式、身份证号码等不得非法买卖、提供或者公开。

> **探究与发现**
>
> 通过上述学习,你是否对"导入"所提出的问题进行了相关的思考?案例中是否存在侵犯消费者受尊重权的行为?
>
> 案例中,珠宝首饰商店丢失戒指后,怀疑张某盗窃,强行搜查了张某的身体及随身物品。商店的行为会使不知情者误以为张某是小偷,从而对其品格产生怀疑,影响了社会公众对其的正确看法和评价,损害了张某的名誉。商店的行为侵犯了张某的受尊重权。

(九) 监督权

监督权是指消费者享有对商品、服务及保护消费者权益工作进行监督的权利。监督权具体包括以下几方面的内容:一是有权对经营者提供的商品和服务的质量、价格、数量、经营态度及服务作风进行监督;二是有权对侵犯消费者权益的行为提出检举和控告;三是有权对于国家机关及其工作人员在保护消费者权益工作中的违法失职行为提出检举和控告;四是有权对保护消费者权益工作提出批评、建议。

二、经营者的义务

权利与义务相对应,《消费者权益保护法》在赋予消费者权利的同时,为经营者设定了义务。我国《消费者权益保护法》第三章规定了经营者应当承担的义务。

(一) 履行法定或约定义务

经营者向消费者提供商品或服务的,应当依照法律法规的规定履行义务,保障消费者的合法权益。例如应当依照《产品质量法》的规定保障其产品质量不存在瑕疵;应当依照

《计量法》的规定保障其计量公正;应当依照《价格法》的规定保障其价格合理。除了履行法定义务外,若经营者与消费者另有约定的,应当从其约定,但双方的约定不得违反法律、法规的规定。

(二) 接受监督的义务

消费者对商品或服务提出意见的,商品或服务的经营者应当虚心听取。经营者生产经营的最终目的就是满足消费者的需要,从而获得经济效益和社会效益。消费者作为商品的购买者和服务的接受者,在对商品和服务的感受上最具发言权。消费者既可以直接向经营者提出对商品和服务的意见,对经营者进行监督,也可以向有关组织和机关提出对商品和服务的意见,通过有关组织和机关对经营者进行监督。事实上,经营者的经营过程就是了解消费者的需要、满足消费者的要求、接受消费者的监督、听取消费者的意见、改善商品和服务质量的一个循环往复的过程。目前,很多商家都设定了投诉电话,方便消费者行使监督权,这样既可以帮助经营者将问题扼杀在萌芽阶段,也可以为经营者树立良好的企业形象,吸进更多的消费者购买商品或接受服务。

(三) 保障安全义务

经营者应当保证其提供的商品或服务符合保障人身安全、财产安全的基本要求。应当承担保障安全义务的义务主体包括宾馆、商场、餐馆、银行、机场、车站、港口、影剧院等经营场所的经营者。经营者应当承担的保障安全义务主要包括以下内容:① 担保义务,即确保其提供的商品或服务不存在危害人身安全、财产安全的瑕疵。② 警示义务,对可能危及人身安全、财产安全的商品和服务,应当向消费者作出真实的说明和明确的警示,并说明和标明正确使用商品或服务的方法,以防止危害的发生。目前市场上,大多数商品都会在其产品说明书上标明使用方法、使用环境、存在的安全隐患等内容。③ 通知和补救义务,经营者发现其提供的商品或服务存在严重缺陷,即使正确使用商品或者接受服务仍然可能对人身、财产安全造成危害的,应当立即向有关行政部门报告及告知消费者,积极采取防止危害发生的措施。经营者可采取停止销售、警示、召回、无害化处理、销毁、停止生产或者服务等措施将损害控制在最小范围。

(四) 提供真实信息的义务

经营者向消费者提供有关商品和服务的信息应当真实、全面,不得作虚假或引人误解的宣传。生活中,许多经营者会利用商业广告、实物样品、传单、店堂告示等公示的方法对商品或服务的价格、质量、规格、售后服务等作出承诺,消费者因上述许诺的引导而购买商品或接受服务的,可以要求经营者提供与其许诺一致的商品或服务。随着电子商务的发展,网络购物成为一种潮流,经营者通过微信、电话或者互联网等方式进行销售,应当保证其提供的商品的外观、价格、性能、数量等与广告宣传相一致,并按其承诺时限提供商品。经营者不论采取何种形式提供商品或服务,提供商品和服务的真实信息不会因销售形式的变化而减免。经营者对于消费者询问有关商品和服务的质量、使用方法等问题,应当作出真实、明确的答复。经营者提供的商品或服务应当明码标价。

（五）标明真实名称和标记的义务

经营者应当标明其真实名称和标记。企业名称和标记是体现商品和服务质量的方式，如可口可乐、海尔等都有自己独特的标记，是消费者选择商品的重要依据。标明真实名称和标记的义务要求经营者不得使用未经核准登记的企业名称，不得擅自更改经核准的企业名称，不得假冒他人企业的名称和标记，不得使用足以造成消费者误认的与他人企业相似或相近的企业名称和标记。租赁他人柜台或者场地的经营者，应当标明其真实名称和标记，不得使用柜台和场地出租者的名称和标记。只有这样，才能防止经营中因不标明真实名称而侵害消费者权益的行为，消费者可以根据企业名称和标记作出正确的选择。现实中，有些商品的经营者经常用著名的商标给自己的商品做包装，该行为不仅违反了《商标法》，侵害了商标所有者的权利，而且因其误导消费者，已经构成欺诈行为。

（六）出具购物凭据或服务单据的义务

经营者提供商品或服务，应当按照国家有关规定和商业惯例向消费者出具发票等购物凭证或者服务单据，消费者索要发票等购物凭证或者服务单据的，经营者必须出具。消费者索要发票的，经营者不得以任何理由拒绝消费者，也不得以收据单、保修卡、服务卡等代替。经营者有正当理由不能当场出具发票的，应当与消费者协商约定提供发票的时间和地址。消费者因接收发票所产生的合理交通费用，应当由经营者承担。购物凭证和服务单据具有重要的证据价值，可以有效证明消费者与经营者之间存在消费关系，为日后可能发生的消费争议提供基本依据。购物凭证与服务单据既有利于维护消费者的合法权益，也有利于对经营者进行监督。

> **探究与发现**
>
> 通过上述学习，你是否对"导入"所提出的问题进行了相关的思考？经营者是否应承担出具购物凭据或服务单据的义务？购物凭证和服务单据有何重要性？
>
> 案例中，张某购买项链、家电等商品时，商店应当出具相应的购物凭证、保修卡等，如果张某不索要或者忘记索要凭证和单据，经营者也应积极、主动地出具购货凭证。当张某发现项链掺杂、电压力锅不合格时，可以凭借购物凭据、保修卡等证明其与商店存在消费关系。但现实生活中，消费者往往拿到凭据后随意丢弃，导致事后因产品质量、数量或服务的效果达不到标准而引起纠纷时无法证明商品或服务的提供者，由此使自己的合法权益得不到有效的保护。

（七）保证质量的义务

保证质量义务是指经营者应当保证在正常使用商品或者接受服务的情况下其提供的商品或者服务应当具有的质量、性能、用途和有效期限。经营者以广告、产品说明、实物样品或者其他方式表明商品或者服务的质量状况的，应当保证其提供的商品或者服务的实际质量与表明的质量状况相符。

不同的商品或服务有不同的质量标准,《消费者权益保护法》只是对经营者应当承担的质量保证义务作了概括性的规定。有关产品和服务的质量标准可以参考《中华人民共和国产品质量法》《中华人民共和国药品管理法》等法律法规的规定。

> **探究与发现**
>
> 通过上述学习,你是否对"导入"所提出的问题进行了相关的思考?案例中,珠宝首饰店的行为是否属于违反质量担保义务?
>
> 案例中,张某在珠宝首饰店购买的黄金项链,标明成色为99.9%,但在修理时发现里面掺有杂物,没有达到其明示的成色要求。本案例中的经营者作为一家专门经营珠宝首饰的销售商,理应知道其提供的黄金项链与商品标明不符,主观上具有以次充好、高价出售的故意,客观上其故意隐瞒商品的真实信息,向消费者做虚假的广告宣传,使张某陷入错误认识,从而做出购买项链的行为。经营者的行为构成欺诈,违反了经营者保证质量的义务,严重侵害了消费者的合法权益。

(八) 提供售后服务的义务

提供售后服务的义务简称"三包"(包修、包退、包换)义务。经营者提供的商品或者服务不符合质量要求的,消费者可以依照国家规定、当事人约定退货,或者要求经营者履行更换、修理等义务。没有国家规定和当事人约定的,消费者可以自收到商品之日起7日内退货;7日后符合法定解除合同条件的,消费者可以及时退货,不符合法定解除合同条件的,可以要求经营者履行更换、修理等义务。

除不宜退货的商品,经营者采用网络、电视、电话、邮购等方式销售商品,消费者有权自收到商品之日起7日内退货,且无需说明理由,但退回商品的费用由消费者承担,经营者与消费者另有约定的从其约定。

> **探究与发现**
>
> 通过上述学习,你是否对"导入"所提出的问题进行了相关的思考?经营者应当如何提供售后服务?
>
> 上述案例中,家电公司出售的电视机在使用过程中出现故障,家电公司的修理中心应当承担合理的运输费用或者进行上门维修。对于消费者提出的退货请求,在符合法律规定或当事人约定的退货条件下,经营者不得故意拖延或者无理拒绝。

(九) 保障交易公平性的义务

保障交易公平性义务是指消费者与经营者进行交易应当建立在平等自愿的基础上,经营者不得作出对消费者不公平、不合理的规定,强制消费者购买商品或接受服务。日常生活中,为了缩短交易时间、提高交易效率,经营者大多会采用格式条款、通知、告示等方式明示商品或服务的价格、质量、规格等重要内容。这种方式适应现代市场经济的需要,在国际贸易中也经常被适用,但要求经营者在使用格式条款时,应当以显著方式提醒消费者注意与消费者有重大利害关系的条款,并对消费者不理解的条款进行解释说明。虽然格式合同极大地提高了交易效率,对于消费者与经营者的交易行为有积极促进作用,但使用不当会产生权利义务的不对等性。为了保障消费者的公平交易权,《消费者权益保护法》规定,经营者在经营活动中不得以格式条款、通知、声明、店堂告示等方式排除、限制消费者权利,或免除、减轻自己责任。格式条款含有对消费者不公平、不合理内容的,其内容无效。

(十)尊重消费者的人格尊严及人身自由

经营者应当尊重消费者人格尊严,不得对消费者进行侮辱、诽谤,不得搜查消费者身体及随身携带的物品,不得侵犯消费者的人身自由。人格权、人身自由权是《宪法》赋予公民的最基本的权利,失去人身自由,其他权利都将失去意义。

> **探究与发现**
>
> 通过上述学习,你是否对"导入"所提出的问题进行了相关的思考?案例中,珠宝首饰店的行为是否构成对消费者人格尊严及人身自由的侵犯?
>
> 案例中,珠宝首饰店不是法律规定的特定的国家机关,其无权搜查公民的身体,也无权限制公民的人身自由,即使有证据证明消费者偷了东西,也只能将其送至公安机关,不得擅自拘禁或搜查消费者的身体和物品。珠宝首饰店拘禁和搜查的行为侵犯了消费者的名誉权及人身自由权。作为受害者,张某有权要求珠宝商店停止侵害、恢复名誉、消除影响、赔礼道歉,并可以要求赔偿损失。

(十一)保护消费者信息的义务

经营者在与消费者进行交易的过程中,不可避免地会接触到消费者的个人信息,经营者及其工作人员对其掌握的有关消费者的个人信息必须严格保密,不得泄露、出售或非法向他人提供。经营者应当采取技术措施和其他必要措施确保信息安全,防止消费者个人信息泄露、丢失。在发生或者可能发生信息泄露、丢失的情况时,应当立即采取补救措施。

第三节　消费争议的解决与法律责任

一、消费争议的解决

消费争议是指消费者在购买、使用商品或接受服务过程中,因经营者违法或违约履行义务侵害其合法权益而引起的争议。消费者与经营者发生权益争议,根据我国《消费者权益保护法》的规定,可以通过与经营者协商和解、请求消费者协会或者其他依法成立的其他调解组织进行调解、向有关行政部门投诉、根据仲裁协议仲裁、向人民法院提起诉讼的方式解决。

(一) 与经营者协商和解

协商和解是解决消费争议最简便易行的方式。因为无论是请求消费者协会或其他调解组织进行调解,还是向有关机关投诉、提起仲裁、提起诉讼,消费者都需花费大量的时间走程序,并且需要承担一定的举证责任,无形中加重了消费者的负担。协商和解不需要第三者参加,只要消费者与经营者在平等自愿的基础上达成一致意见,就可解决纠纷。

消费者与经营者协商和解虽然是最便利的消费纠纷解决方式,但是具有明显的不确定性。现实生活中,经营者可能拒绝与消费者进行和解,可能拖延协商和解时间,可能利用信息的不对称性与消费者达成和解损害消费者的利益,甚至可能采取非法手段阻碍消费者维护自身合法权益。因此,国家通过制定召回制度或其他强制性标准,对经营者施加一定的外部压力,促使经营者主动与消费者进行协商和解,维护消费者的合法权益。随着经营者对企业信誉和商品声誉的日渐重视,以协商和解方式解决消费权益争议的比例将会上升。

(二) 请求消费者协会或其他组织调解

消费者与经营者发生争议后,一般情况下消费者会先与经营者进行协商,双方未能达成一致意见,消费者才会采取其他解决方式。申请消费者协会进行调解是最常见的纠纷解决方式。消费者组织协会是依法成立的对商品和服务进行社会监督的保护消费者合法权益的社会组织。消费者组织协会成立投诉机构,负责受理消费者的投诉,并对投诉事件进行调查、调解。虽然消费者组织协会不是国家强制机关,但其拥有法律所赋予的职责,作出的调解协议拥有较强的公信力与社会约束力。

(三) 向相关行政部门投诉

根据《消费者权益保护法》的规定,消费者与经营者之间产生纠纷的,消费者可以口头方式或书面方式向有关行政部门投诉,请求解决争议,制裁经营者的违法行为。向相关行政部门投诉是一种依靠行政手段解决消费纠纷的方式,具有高效、快捷的特点。有关行政部门是指市场监管机关以及与经营活动有关的机关,如市场监督管理部门、物价管理部门或卫生管理部门等。相关行政部门接到消费者的投诉后应当根据法律规定以及自己的职责范围及时处理并予以回复。有关行政部门对于消费者的投诉,可以在自愿、合法的原则下进行调解;可以依照法律法规的规定,作出处理决定或行政处罚。消费者或经营者对于有关行政部门作出的处理决定或行政处罚不服的,可以向人民法院提起诉讼。

(四) 根据仲裁协议提请仲裁机构仲裁

提起仲裁是世界各国通用的一种解决消费争议的方式,是指消费者与经营者自愿将其争议提交仲裁机构进行裁决。这种方式要求消费者与经营者达成仲裁协议,消费者与经营者可以在订立消费合同中约定仲裁条款,也可以在争议发生后自愿达成仲裁协议。只要双方当事人达成仲裁协议,不论是否经过协商、调解、投诉,消费者都可以向仲裁机构申请仲裁。仲裁与诉讼都是民事纠纷的解决机制。当事人之间达成仲裁协议,一方向人民法院提起诉讼的,人民法院不予受理,但仲裁无效或被告在一审开庭前未提交仲裁协议的除外。仲裁裁决是终局裁决,当事人应当自觉履行,不得起诉。虽然仲裁是法律规定的一种纠纷解决机制,但由于日常生活中消费合同一般不包括仲裁条款,纠纷发生后消费者与经营者之间也很难达成仲裁协议,所以《消费者权益保护法》所规定的提请仲裁机构仲裁在现实生活中很难贯彻落实。

(五)向人民法院提起诉讼

诉讼是最强有力的争议解决途径,通过协商、调解、投诉等其他方式不能解决争议的,可以通过诉讼的方式解决。消费者也可以不通过其他途径,直接向人民法院提起诉讼,既可以提起民事诉讼,符合相应条件的情况下也可以提起行政诉讼或刑事诉讼维护其合法权益。诉讼具有强制力,一方面只要消费者符合起诉条件,经营者不论是否自愿都得参加诉讼;另一方面法院所作的判决、裁定具有法律约束力,当事人必须履行,当事人不履行判决、裁定的义务时,法院可以根据法律的规定强制执行。虽然诉讼具有以上的特点,但由于诉讼必须按照法定程序进行,一个争议的解决少则一两个月,多则一年或者几年,需要耗费大量的人力、物力、财力,所以诉讼一般是消费者穷尽了前面途径后的最终选择。

二、法律责任

法律责任是指违法者对自己实施的违法行为所应承担的不利的法律后果。根据违法行为所违反法律的性质,法律责任可分为民事责任、行政责任、刑事责任等。

(一)民事责任

《消费者权益保护法》第四十八条采取概括加列举的方式规定了经营者实施下列违法行为应承担的民事责任,具体包括:① 商品或服务存在缺陷的;② 不具备商品应当具备的使用性能而出售时未作说明的;③ 不符合在商品或者其包装上注明采用的商品标准的;④ 不符合商品说明、实物样品等方式表明的质量状况的;⑤ 生产国家明令淘汰的商品或者销售失效、变质的商品的;⑥ 销售的商品数量不足的;⑦ 服务的内容和费用违反约定的;⑧ 对消费者提出的修理、重作、更换、退货、补足商品数量、退还货款和服务费用或者赔偿损失的要求,故意拖延或者无理拒绝的;⑨ 法律、法规规定的其他损害消费者权益的情形。

《消费者权益保护法》中具有多种责任并存的特征,其中最重要的责任应当是民事责任。

> **探究与发现**
>
> 通过上述学习,你是否对"导入"所提出的问题进行了相关的思考?案例中存在哪些违法行为,应当承担何种法律责任?
>
> 案例中,珠宝首饰商店提供的黄金项链掺杂,不符合商品标明的成色规定;家电公司维修中心拒绝提供上门维修服务,无故拖延张某提出的退货要求;家电公司提供的电压力锅不合格,存在质量瑕疵;珠宝首饰商店对张某的身体及随身携带物品进行搜查,损害了张某的人格尊严等,经营者的这些做法违反了《消费者权益保护法》第四十八条至第五十二条的规定,应当承担民事责任。

（二）行政责任

为了更好地发挥行政机关打击经营者的违法行为的作用，《消费者权益保护法》不仅规定了违法经营者的民事责任，还在该法第五十六条规定了相应的行政责任。经营者有下列情形之一，除承担相应的民事责任外，其他有关法律、法规对处罚机关和处罚方式有规定的，依照法律、法规的规定执行；法律、法规未作规定的，由工商行政管理部门或者其他有关行政部门进行处罚：① 提供的商品或者服务不符合保障人身、财产安全要求的；② 在商品中掺杂、掺假，以假充真，以次充好，或者以不合格商品冒充合格商品的；③ 生产国家明令淘汰的商品或者销售失效、变质的商品的；④ 伪造商品的产地，伪造或者冒用他人的厂名、厂址，篡改生产日期，伪造或者冒用认证标志等质量标志的；⑤ 销售的商品应当检验、检疫而未检验、检疫或者伪造检验、检疫结果的；⑥ 对商品或者服务作虚假或者引人误解的宣传的；⑦ 拒绝或者拖延有关行政部门责令对缺陷商品或者服务采取停止销售、警示、召回、无害化处理、销毁、停止生产或者服务等措施的；⑧ 对消费者提出的修理、重作、更换、退货、补足商品数量、退还货款和服务费用或者赔偿损失的要求，故意拖延或者无理拒绝的；⑨ 侵害消费者人格尊严、侵犯消费者人身自由或者侵害消费者个人信息依法得到保护的权利的；⑩ 法律、法规规定的对损害消费者权益应当予以处罚的其他情形。

《消费者权益保护法》保留了行政处罚的内容，通过加强对经营者的行政执法检查，加重经营者的行政责任，预防、制止经营者违法经营，维护市场秩序，保护消费者的合法权益。案例中，珠宝首饰商店及家电公司的行为，除了应当承担民事责任外，符合《消费者权益保护法》第五十六条规定的情形的，如提供的项链掺杂掺假、以次充好，提供的电压力锅不符合保障人身安全的要求，无故拖延或拒绝张某修理、更换要求等应当承担相应的行政责任。

（三）刑事责任

由于消费者权益在现代化大生产中经常被侵犯，越来越多的国家采用刑事法律规范保护消费者合法权益。只有采用这样的严厉手段，才能切实维护市场秩序、净化市场环境、保护消费者的合法权益。我国《消费者权益保护法》第五十七条规定经营者违反《消费者权益保护法》的有关规定提供商品或服务，侵犯消费者的合法权益，构成犯罪的，依法追究刑事责任。根据有关规定，追究刑事责任的情况主要有以下几种：① 经营者生产、销售伪劣产品，情节严重构成犯罪的；② 以暴力、威胁等方法阻碍有关行政部门工作人员依法执行职务，情节严重构成犯罪的；③ 国家机关工作人员玩忽职守或者包庇经营者侵害消费者合法权益的行为的，情节严重构成犯罪的。

本 章 小 结

《消费者权益保护法》是经济法的重要部门法，其目的是保护消费者的合法权益，维护社会经济秩序的稳定,促进社会主义市场经济健康发展。本章基于消费者主权理念,重点阐述了我国构建的消费者法律保护机制,剖析了消费者的权利体系和经营者的义务体系,集中分析了消费争议的解决方式以及违反《消费者权益保护法》的法律责任。

思 考 题

1. 消费者权益保护法的概念、原则及调整范围是什么?
2. 我国《消费者权益保护法》规定的消费者的权利有哪些?
3. 我国《消费者权益保护法》规定的经营者的义务有哪些?
4. 2015年6月10日,于某从某商场购买回一台冰箱(属"三包"商品),在6月20日使用时发现冰箱制冷功能存在障碍,没有制冷功效,遂到商场要求退货。商场售货员江某声称,商场明文规定凡是在本商场购买的任何家用电器如有问题只能维修不能退换。于某不得已只好要求商场上门维修,但修理三次后,冰箱仍无法正常使用。为此,于某多次找到商场有关部门投诉,但均未果。

问题:
(1) 该商场售货员江某的说法是否正确?为什么?
(2) 消费者于某应该如何处理?

5. 秦某从某服装交易市场批发来"京美""旎旎""丽雅""洋洋"四种牌子的羽绒服,每件均售价399元。2018年12月20日,李某从秦某商店中购买了一件"洋洋"牌羽绒服。一星期后,李某发现自己身上起了密密麻麻的小红疹,李某遂将其购买的羽绒服交由市技术监督局检查大队检查,发现标牌标明含绒80%的羽绒服中只有一些碎毛片、毛屑、纸片,含绒量不到20%,并散发出刺鼻气味,且该羽绒服清洁度极差,耗氧指数超过规定,极易滋生细菌,对人体产生多种危害。

问题:
(1) 李某购买羽绒服时享有哪些权利?
(2) 上述案例中李某何种权利受到了侵犯?
(3) 对于秦某应该如何处罚?

拓 展 学 习

随着网络的普及和信息技术的发展,电子商务步入了全盛时期,在这样的大环境下,网络购物以节约时间、方便快捷、可选择性度高等优点受到人们的喜爱。但由于互联网具有虚拟性、开放性等特点,常常使网络消费者的知情权、隐私权、求偿权等权益遭到侵犯,加上法律规制的缺失和部门监管的乏力,消费者的合法权益在网络环境下逐步弱化。如何在网络购物环境下保护消费者的权益,已经成为社会所关注的热点问题。我国对于网络购物消费者权益的法律保护主要集中在《消费者权益保护法》、《中华人民共和国电子商务法》[①](以下简称《电子商务法》)、《中华人民共和国电子签名法》[②]中。以上法律规范为维护网络消费者权益提供了有力保障，但是仍存在不少漏洞亟待完善。《消费者权益保护法》在电子商务活动中的规定还不够丰富，对于侵权行为的责任落实还不够具体，对于电子商务活动中其他参与主体的约束还不够明确。《电子商务法》对电子商务平台经营者自营业务的侵权行为处理力度不够，对消费者个人信息的定义不够明确。对于网络购物中消费者权益保护所面临的实际问题，还需要我们进一步的研究与探讨。

---

① 《中华人民共和国电子商务法》于2018年8月31日由第十三届全国人大常委会第五次会议表决通过，自2019年1月1日起施行。

② 《中华人民共和国电子签名法》于2004年8月28日由第十届全国人民代表大会常务委员会第十一次会议通过，自2005年4月1日起施行。最新修正是根据2019年4月23日第十三届全国人民代表大会常务委员会《关于修改〈中华人民共和国建筑法〉等八部法律的决定》进行的第二次修正。

第十章

物权法

 本章教学目标

本章主要介绍物权及物权法的概述,所有权、用益物权和担保物权的概念、内容、权利的取得和权利的保护等内容。通过本章的学习,学生应了解物权的概念、分类和效力,物权法的概念和原则;掌握物权变动原则、善意取得的条件、用益物权和担保物权设立和实现规则等基本内容;能够运用物权规则认识、分析并解决实际问题。

 本章核心概念

物权;物权变动;所有权;他物权

 导入

【案例1】 王某与李某夫妻决定买房,看中了一套综合条件比较适合的房子,与房主张某商议后,以350万元的价格成交,预付定金20万元,待完成房产过户手续后再交齐剩余价款,双方签订了商品房买卖协议。一段时间后,张某一直没有协助王某、李某办理过户登记手续,王某几番询问得知该套房已经卖给了其他人,原来张某的妻子认为房价过低,便将房子卖给出价更高的赵某,且所有的房屋过户手续已办理完毕。

夫妻二人转而购买H小区的新住宅,本想购买顶楼,因开发商预计把顶楼空间出租给广告商用于悬挂广告牌,每年收取一笔可观的租金,不出售顶楼,试图单独获取收益。夫妻二人只好选择了12楼1201室,以王某的名义办理了购房手续。

随后便开始着手装修事宜,王某家的网线和水电等设施必须经过隔壁1202室,邻居却一直推三阻四、不予配合,严重影响装修进度。经过物业协调后,邻居终于答应配合王某家铺设网线和水电等设施。夫妻迁入新居,不久后,李某发现自家厨房有漏水的现象,造成了厨房炊具等不同程度的损坏,原来是楼上住户为了方便出租,私自改变房屋布局,将厨房隔断为一厨一卫,安装了洗手台、浴缸等,王某与楼上住户多次交涉无果,将其诉至法院,要求恢复原状、赔偿损失。

转眼几年过去,王某和李某的感情出现了裂痕,走向诉讼离婚的局面。王某担心法院判决住房由夫妻二人共同共有,便偷偷将房屋卖给了钱某,并办理了过户手续。王某搬离了房屋,随后钱某要求李某也搬出该住房,李某这才知道王某早已卖房,她向钱某说明该住房是其与王某的共同财产,钱某称他买房时房产证上只有王某一人的名字,对李某所说的情况并不知情,坚决要求李某尽快搬离。

问题:

(1) 王某夫妇与张某签订了商品房买卖协议后,该房屋所有权归谁所有?

(2) 王某夫妇购买的H小区新住宅的所有权人是谁?王某是否有权单方卖房?

(3) H小区顶楼出租的租金收益归谁所有?

(4) 王某1202室的邻居是否有配合王某家铺设网线和水电等的义务?

(5) 王某楼上住户擅自改变房屋结构的行为是否涉及侵权?

【案例2】 吴某退休后,决定回乡生活。不料村委会将吴某在宅基地上所建的两间房拆除了,吴某与村委会数次交涉要求赔偿损失,有关人员却始终拒绝沟通,吴某只好在原来自家的宅基地上重建住房。

吴某发现村里有许多荒山荒地,无人经营,通过公开协商的方式,吴某承包了村集体所有的100亩山地种植果树,双方签订了土地承包经营合同,承包期30年,承包费为150元/亩。因山地灌溉较为复杂,而周某家的农地就在吴某承包地的脚下,经过该农地布置灌溉设施可大大节约成本,因周某已经将该块土地承包给郑某,吴某与郑某协商并经郑某同意,吴某与周某签订了地役权使用合同。

吴某看到邻居赵大爷居住条件差,向赵大爷提出和他签订居住权协议,在自己的一间闲置房屋内为赵大爷设定居住权,约定赵大爷对该房屋享有占有、使用的权益,同时限制赵大爷不得转让、继承和出租房屋,双方向登记机构申请办理了居住权登记。

次年水果收成颇丰,销路通畅,收入可观,吴某计划发展养殖业,请教相关专家后,决定养殖家禽,于是购买了200只鸡,雇佣村民饲养。这天鸡回笼后,吴某按惯例清点数量,发现少了10只,寻找未果。原来邻居陈某觉得吴某家养殖那么多鸡,少几只也不会被人察觉,擅自抱走了8只。一天清晨,陈某起床后发现自家院子的鸡少了4只,经过几天探查后得知,邻居徐某家突然多了4只鸡,陈某因害怕自己的偷盗行为暴露,也无计可施。吴某另外2只鸡则误跑进了村里另一养殖户顾某家的养殖棚内,顾某也未察觉多了2只鸡。

为延长产业链,打造标准化的种植业和养殖业,吴某向银行贷款50万元,约定贷款时间为5年,双方协议以吴某现有和将来所有的生产设备、原材料、半成品、产品抵押,并办理了登记。

问题:

(1) 村委会是否有权拆除吴某宅基地上所建的两间住房?

(2) 吴某在周某的农地设立地役权,为什么需要征得郑某的同意?

(3) 吴某在该房屋内为赵大爷设定居住权后,后者能否买卖该房屋?

(4) 陈某和顾某对吴某家禽的占有方式有何区别?

(5) 吴某向银行贷款,设立的抵押属于何种抵押?

【案例 3】 赵某将汽车抵押给银行贷款 25 万元投资设立 A 公司,主要经营小商品加工,与银行签订了借款合同和抵押合同,抵押期为 2019 年 1 月 1 日至 2021 年 12 月 31 日,并办理了抵押登记。

赵某设立了 A 公司。A 公司与 B 公司建立了长期合作关系,约定由 B 公司提供商品,A 公司加工,因预计未来一年双方会签多份商品加工合同,为提高交易效率,遂签订了一份总合同,期限为 2019 年 5 月 1 日至 2020 年 5 月 1 日。估算在此期间产生的加工合同费用约为 100 万元,B 公司以相当价值的建设用地使用权设立抵押权,并办理了抵押登记。

然而,该年度 B 公司经营效益不好,合同期限届满,无力支付合同费用。而 A 公司为履行合约,与 C 公司签订合同,约定将加工后的商品存放至 C 公司经营的仓库中保管,合同期为 2019 年 5 月 1 日至 2020 年 5 月 1 日,2020 年 5 月 2 日 A 公司将最后一批货物提走,并支付所有保管费用。因 B 公司未按时支付加工费,A 公司流动资金紧张,无力履约,故仓库主张对该批货物行使留置权。

A 公司经营愈发困难,为维持公司运营,赵某将汽车出租给郭某,租期 1 年,费用 10 万元。几个月后,孙某向赵某表示想购买一辆二手车,赵某告知孙某自己的车设立了抵押权,并出租给了郭某,孙某可直接向郭某取车,双方达成一致,以 30 万元价格成交。随后赵某与郭某协商解除了租赁协议,郭某亦向孙某交付了汽车。两年后贷款期至,银行要求 A 公司清偿债务。

赵某因公司经营困难突发疾病,无法继续工作了,渐渐行动困难,需要智能轮椅辅助生活。因轮椅售价高达 5 万元,赵某与卖方约定将交易的轮椅作为抵押物,担保轮椅的价款,双方协商一致,并办理了抵押登记。随着时间的推移,赵某愈发自理困难,不得不请保姆照顾。赵某与保姆协商,以一套珍藏版的纪念币设立质押权,担保保姆一年的工资,若赵某不履行到期债务,该套纪念币归保姆所有。

问题:

(1) 抵押期内该汽车是否可转让?

(2) B 公司为 A 公司办理的抵押属于何种抵押?

(3) C 公司是否有权对该批货物行使留置权?

(4) 赵某与卖方约定将交易的轮椅作为抵押物,办理的抵押为何种抵押?

(5) 赵某以纪念币设立质押权,若到期履行不能,该套纪念币是否直接归保姆所有?

带着这些问题,让我们进入本章的学习。

第一节 物权与物权法

一、物权概述

(一) 物权概念及分类

物权指权利人对特定的物依法享有直接支配和排他的权利,包括所有权和他物权,他物权具体分为用益物权和担保物权。

1. 所有权

所有权指所有人依法对物享有占有、使用、收益和处分的权利。所有权又称自物权，所有人对物有全面支配的权利，是物权的基础，具体包括国家所有权、集体所有权和私人所有权。

2. 用益物权

用益物权指权利人对他人所有的物享有占有、使用和收益的权利。用益物权又称他物权，是以行使物的使用权益为目的而设立的权利，具体包括土地承包经营权、建设用地使用权、宅基地使用权、地役权和居住权。

3. 担保物权

担保物权指为了债权的实现而在他人的财产之上设立的物权，具体包括抵押权、质权和留置权。

此外在学理上，按照标的物种类的不同，物权可划分为动产物权、不动产物权和权利物权；按照权利能否独立存在和行使，物权可分为主物权和从物权等。

(二) 物权效力

物权的效力指物权依法设立后所产生的法律效果。物权的效力主要包括优先效力、排他效力和物上请求权效力。

1. 优先效力

物权的优先效力包括相对于债权的优先效力和物权之间的优先效力。物权优先于债权指若同一物体上同时存在债权和物权，则物权优先于债权受偿，不论权利成立时间的先后。物权之间的优先效力指同一物体上同时存在多个物权时，一般按照成立时间先后依次确定效力先后，即成立在先的物权优先于成立时间在后的物权。

2. 排他效力

排他效力一方面指同一物体上不能同时存在两个内容相互排斥的他物权的效力，防止行使权利时造成冲突。例如同一建设用地，不能在某一开发商取得使用权后，又出售给其他开发商。另一方面，排他效力还包括一个物体只能有一个权利主体，共同共有和按份共有除外。

3. 物上请求权效力

物上请求权效力指物权人的物权遭受妨害时，有请求妨害人停止侵害、消除影响、恢复原状、返还原物以及赔偿损失的权利。物上请求权是基于物权的支配性和排他性而产生的，是物权特有的效力。

(三) 物权变动

物权变动包括动产和不动产物权的变动。物权变动基本原则是不动产物权的设立、变更、转让和消灭，应当依照法律规定登记。动产物权的设立和转让，应当依照法律规定交付。

1. 不动产物权变动

(1) 不动产物权的变动规则。不动产物权的设立、变更、转让和消灭,应依法登记;未经登记,不发生效力,但是法律另有规定的除外。不动产登记,由不动产所在地的登记机构办理。国家对不动产实行统一登记制度。不动产物权的变动自记载于不动产登记簿时发生效力。

(2) 不动产物权变动的区分原则。不动产物权变动还应区分合同行为和登记行为,即当事人之间订立有关设立、变更、转让和消灭不动产物权的合同,除法律另有规定或者当事人另有约定外,自合同成立时生效;未办理物权登记的,不影响合同效力。

> **探究与发现**
>
> 通过上述学习,你是否对"导入"所提出的问题进行了相关的思考?案例1中,王某夫妇与张某签订了商品房买卖协议后,该房屋所有权归谁所有?
>
> 案例1中,王某、李某与张某达成了买卖房屋协议,但没有到登记机构办理房屋的产权过户登记,依照不动产物权变动的规则,房屋所有权变动没有发生法律效力,也就是说张某仍然是房屋的所有权人。他和妻子将房屋出售是正常行使自己的权利,不违反法律规定,且与赵某办理了过户手续,房屋的所有权已经发生变动。但是张某和王某、李某之间的买卖合同是合法有效的,故王某、李某可以行使自己的债权请求权,要求张某承担双倍返还定金等形式的违约责任。

2. 动产物权变动

(1) 动产物权的变动规则。动产物权的设立和转让,自交付时发生效力,但是法律另有规定的除外。其中对于比较特殊的动产,例如船舶、航空器和机动车等物权的设立、变更、转让和消灭,法律规定未经登记,不得对抗善意第三人。

(2) 动产物权的交付。① 简易交付:动产物权设立和转让前,权利人已经占有该动产的,物权自民事法律行为生效时发生效力。② 指示交付:动产物权设立和转让前,第三人占有该动产的,负有交付义务的人可以通过转让请求第三人返还原物的权利代替实际交付。案例3中,赵某将汽车出售给孙某,并与郭某协商解除租赁协议,可以将自己享有的要求郭某返还汽车的请求权转让给孙某,以代替向孙某实际交付汽车,提高了交易效率。③ 占有改定:动产物权转让时,当事人又约定由出让人继续占有该动产的,物权自该约定生效时发生效力。

3. 特殊情形下的物权变动

因人民法院、仲裁机构的法律文书或者人民政府的征收决定等导致物权设立、变更、转让或者消灭的,自法律文书或者征收决定等生效时发生效力;因继承取得物权的,自继承开始时发生效力;因合法建造、拆除房屋等事实行为设立或者消灭物权的,自事实行为成就时发生效力。

二、物权法概述

《民法典》专设物权编作为第二编,调整因物的归属和利用产生的民事关系。物权编的基本原则包括:

(一)平等保护原则

平等保护原则指国家、集体、私人的物权和其他权利人的物权受法律平等保护,任何组织或者个人不得侵犯。

平等保护原则具体包括国家、集体和私人依法可以出资设立有限责任公司、股份有限公司或者其他企业。国家、集体和私人所有的不动产或者动产投到企业的,由出资人按照约定或者出资比例享有资产收益、重大决策以及选择经营管理者等权利并履行义务。营利法人对其不动产和动产依照法律、行政法规以及章程享有占有、使用、收益和处分的权利。营利法人以外的法人,对其不动产和动产的权利,适用有关法律、行政法规以及章程的规定。社会团体法人、捐助法人依法所有的不动产和动产,受法律保护。

(二)物权公示原则

物权公示原则指不动产物权的设立、变更、转让和消灭,应当依照法律规定登记。动产物权的设立和转让,应当依照法律规定交付,交付的方式可以是直接交付、简易交付、指示交付和占有改定等。不动产变动未经登记不发生变动的法律效力,动产变动不经交付不发生变动的法律效力。

确立公示原则既是对权利人权利状态的确认,亦是对善意第三人利益的保护,从而维护市场交易秩序的安全性和稳定性。

第二节 所有权制度

一、所有权概述

(一)所有权的概念和特征

所有权指所有权人对自己的不动产或者动产,依法享有占有、使用、收益和处分的权利。

1. 所有权上设立他物权

所有权人有权在自己的不动产或者动产上设立用益物权和担保物权。用益物权人、担保物权人行使权利,不得损害所有权人的权益。

2. 征收

法律规定专属于国家所有的不动产和动产,任何组织或者个人不能取得所有权。但是为了公共利益的需要,依照法律规定的权限和程序可以征收集体所有的土地和组织、个人的房屋以及其他不动产。

3. 征用

因抢险救灾、疫情防控等紧急需要,依照法律规定的权限和程序可以征用组织、个人的不动产或者动产。被征用的不动产或者动产使用后,应当返还被征用人。组织、个人的不动产或者动产被征用或者征用后毁损、灭失的,应当给予补偿。

(二) 所有权取得的特殊问题

所有权的取得一般包括原始取得和继受取得两种情形。原始取得是指不依靠现有的权利而取得物的所有权,包括善意取得、拾得遗失物、漂流物和先占等。继受取得指通过法律行为或者事件从原权利人处取得所有权的情形,包括买卖合同、继承、赠与等。《民法典》对原始取得的几种特别情况作了规定:

1. 善意取得

一般而言,无处分权人将不动产或者动产转让给受让人的,所有权人有权追回。但是符合法律规定的善意取得的情形,受让人取得该不动产或者动产的所有权:① 受让人受让该不动产或者动产时是善意;② 以合理的价格转让;③ 转让的不动产或者动产依照法律规定应当登记的已经登记,不需要登记的已经交付给受让人。受让人据此取得不动产或者动产所有权的,原所有权人有权向无处分权人请求损害赔偿。

> **探究与发现**
>
> 通过上述学习,你是否对"导入"所提出的问题进行了相关的思考?案例1中,王某是否有权单方卖房?效力如何?
>
> 案例1中,王某和李某是婚后购买的住房,属于共有财产,王某擅自将房屋出售给钱某,属于无权处分。一般情况下,作为共有权人李某有权追回房屋,但钱某购买房屋符合善意取得的构成要件,所以钱某基于善意取得制度取得该套房屋的所有权。而李某应尊重钱某对房屋的所有权,主动搬离,至于李某的损失可以通过向王某主张损害赔偿以维护自身的合法权益。

2. 拾得遗失物

若所有权人或者其他权利人丢失物品,其有权追回遗失物。但该遗失物通过转让被他人占有,权利人可以选择向无处分权人请求损害赔偿,或自知道或者应当知道受让人之日起二年内向受让人请求返还原物。其中受让人若是通过拍卖或者向具有经营资格的经营者购得该遗失物的,权利人请求返还原物时应当支付受让人所付的费用,但支付所付费用后,有权向无处分权人追偿。

3. 发现埋藏物

拾得漂流物、发现埋藏物或者隐藏物的,法律规定参照适用拾得遗失物的有关规定。

4. 孳息

孳息分为天然孳息和法定孳息。天然孳息由所有权人取得;既有所有权人又有用益物权人的,由用益物权人取得。当事人另有约定的,按照其约定。对于法定孳息,当事人有约定的,按照约定取得;没有约定或者约定不明确的,按照交易习惯取得。

5. 添附

添附指因加工、附合、混合而产生的物。对于该类物的归属,当事人的约定优先;没有约定或者约定不明确的,依照法律规定;法律没有规定的,按照充分发挥物的效用以及保护无过错当事人的原则确定。因一方当事人的过错或者确定物的归属造成另一方当事人损害的,应当给予赔偿或者补偿。

二、国家所有权、集体所有权和私人所有权

（一）国家所有权

国家所有权指法律规定属于国家所有的财产,属于国家所有即全民所有。国有财产由国务院代表国家行使所有权。法律另有规定的,依照其规定。

1. 国家所有权客体

国家所有权客体包括:① 矿藏、水流、海域;② 无居民海岛(国务院代表国家行使无居民海岛所有权);③ 城市的土地;④ 法律规定属于国家所有的农村和城市郊区的土地;⑤ 森林、山岭、草原、荒地、滩涂等自然资源,法律规定属于集体所有的除外;⑥ 法律规定属于国家所有的野生动植物资源;⑦ 无线电频谱资源;⑧ 法律规定属于国家所有的文物;⑨ 国防资产;⑩ 法律规定为国家所有的铁路、公路、电力设施、电信设施和油气管道等基础设施;⑪ 国家机关直接支配的不动产和动产;⑫ 国家举办的事业单位直接支配的不动产和动产;⑬ 国家出资的企业。

2. 国家所有权的保护及法律责任

（1）国家所有权的保护。国家所有的财产受法律保护,禁止任何组织或者个人侵占、哄抢、私分、截留、破坏。

（2）国有财产管理的法律责任。履行国有财产管理、监督职责的机构及其工作人员,应当依法加强对国有财产的管理、监督,促进国有财产保值增值,防止国有财产损失;滥用职权,玩忽职守,造成国有财产损失的,应当依法承担法律责任。违反国有财产管理规定,在企业改制、合并分立、关联交易等过程中,低价转让、合谋私分、擅自担保或者以其他方式造成国有财产损失的,应当依法承担法律责任。

（二）集体所有权

集体所有权指集体全体成员或集体组织对集体所有的不动产和动产享有的占用、使用、收益和处分的权利。

1. 集体所有权客体

集体所有权客体包括:① 法律规定属于集体所有的土地和森林、山岭、草原、荒地、滩涂;② 集体所有的建筑物、生产设施、农田水利设施;③ 集体所有的教育、科学、文化、卫生、体育等设施;④ 集体所有的其他不动产和动产;⑤ 农民集体所有的不动产和动产(属

于本集体成员集体所有)。

2. 集体所有权的行使

法律规定以下事项应当依照法定程序经本集体成员决定：① 土地承包方案以及将土地发包给本集体以外的组织或者个人承包；② 个别土地承包经营权人之间承包地的调整；③ 土地补偿费等费用的使用、分配办法；④ 集体出资的企业的所有权变动等事项；⑤ 法律规定的其他事项。案例 2 中，吴某通过公开协商的方式承包了村集体所有的 100 亩山地种植果树，签订土地承包经营合同，约定承包期 30 年，承包费为 150 元/亩，依据法律规定，该承包合同的内容应当经过村集体成员共同决定。

(三) 私人所有权

私人所有权指私人对自己合法的收入、房屋、生活用品、生产工具、原材料等不动产和动产享有所有权。私人的合法财产受法律保护，禁止任何组织或者个人侵占、哄抢、破坏。

1. 建筑物区分所有权

建筑物区分所有权指业主对建筑物内的住宅、经营性用房等专有部分享有所有权，对专有部分以外的共有部分享有共有和共同管理的权利。故建筑物区分所有权包括专有所有权和共有所有权。

(1) 专有所有权指业主对其建筑物专有部分享有占有、使用、收益和处分的权利。① 专有所有权行使。业主行使专有所有权不得危及建筑物的安全，不得损害其他业主的合法权益。具体而言，业主不得违反法律、法规以及管理规约，将住宅改变为经营性用房，业主将住宅改变为经营性用房的，除遵守法律、法规以及管理规约外，应当经有利害关系的业主一致同意。② 专有所有权人的义务。业主应当遵守法律、法规以及管理规约，相关行为应当符合节约资源、保护生态环境的要求。对于物业服务企业或者其他管理人执行政府依法实施的应急处置措施和其他管理措施，业主应当依法予以配合。例如新冠疫情防控期间，业主应当配合物业执行政府的管理措施。③ 专有所有权的保护。业主或者其他行为人拒不履行相关义务的，有关当事人可以向有关行政主管部门报告或者投诉，有关行政主管部门应当依法处理。业主对建设单位、物业服务企业或者其他管理人以及其他业主侵害自己合法权益的行为，有权请求其承担民事责任。案例 1 中，楼上住户作为其房屋的专有权人有权自由处分其专有部分，但是住户调整房屋结构的行为造成的漏水，损害了其他专有部分所有权人的合法权益，属于滥用专有权，王某有权要求其承担恢复原状、赔偿损失的责任。

(2) 共有所有权指业主对建筑物专有部分以外的共有部分占有、使用、收益和处分的权利。① 共有权客体。建筑区划内的道路，但是属于城镇公共道路的除外；建筑区划内的绿地，但是属于城镇公共绿地或者明示属于个人的除外；建筑区划内的其他公共场所、公用设施和物业服务用房。② 共有权的行使主体及议事规则。业主可以设立业主大会，选举业主委员会。业主大会、业主委员会成立的具体条件和程序，依照法律、法规的规定。地方人民政府有关部门、居民委员会应当对设立业主大会和选举业主委员会给予指导和协助。共有权行使的议事规则分为表决规则和通过规则。表决规则：业主共同决定事项，应当由专有部分面积占比三分之二以上的业主且人数占比三分之二以上的业主参与表决。重大事项的通过规则：决定筹集建筑物及其附属设施的维修资金，改建、重建建筑物及其附属设施和改变共有部分的用途或者利用共有部分从事经营活动的重大事项，应当经参与表决专有部分面积四分之三以上的业主且参与表决人数四分之三以上的业主同意。其他一般事项通过规则：经参与表决专有部分面积过半数的业主且参与表决人数过半数的业主同意即可。③ 行使共有权的收益分配。建设单位、物业服务企业或者其他管理人等利用业主的共有部分产生的收入，在扣除合理成本之后，属于业主共有。

案例详解

业主共有所有权

> **探究与发现**
>
> 通过上述学习，你是否对"导入"所提出的问题进行了相关的思考？案例1中，H小区顶楼出租的租金收益归谁所有？
>
> 案例1中，小区楼顶并不仅仅为顶楼屋主所有，而是属于所有业主共有，全体业主对该共有部分享有占有、使用、收益和处分的权利。开发商利用业主的共有部分产生的收入，在扣除合理成本之后，应为全体业主享有。所以，开发商保留顶层房屋从而独享收益的目的并不能实现。

2. 相邻权

相邻关系指两个或以上相互毗邻的不动产所有人或者用益物权人，在行使权利时，相互之间给予便利或者接受约束而发生的权利义务关系。其中相邻人享有的要求对方给予方便的权利称为相邻权。

（1）相邻关系的种类。① 用水、排水相邻关系：不动产权利人应当为相邻权利人用水、排水提供必要的便利，对自然流水的利用，应当在不动产的相邻权利人之间合理分配。对自然流水的排放，应当尊重自然流向。② 通行相邻关系：不动产权利人对相邻权利人因通行等必须利用其土地的，应当提供必要的便利。③ 建造修缮、铺设管线相邻关系：不动产权利人因建造、修缮建筑物以及铺设电线、电缆、水管、暖气和燃气管线等必须利用相邻土地、建筑物的，该土地、建筑物的权利人应当提供必要的便利。④ 通风、采光和日照相邻关系：建造建筑物，不得违反国家有关工程建设标准，不得妨碍相邻建筑物的通风、采光和日照。⑤ 环境保护相邻关系：不动产权利人不得违反国家规定弃置固体废物，排放大气污染物、水污染物、土壤污染物、噪声、光辐射、电磁辐射等有害物质。⑥ 保护不动产安全相邻关系：不动产权利人挖掘土地、建造建筑物、铺设管线以及安装设备等，不得危及相邻不动产的安全。

（2）相邻关系的处理规则。不动产权利人因用水、排水、通行、铺设管线等利用相邻不动产的，应当尽量避免对相邻的不动产权利人造成损害。处理相邻关系应按照有利生产、方便生活、团结互助、公平合理的原则。法律、法规对处理相邻关系有规定的，依照其规定;法律、法规没有规定的,可以按照当地习惯。

> **探究与发现**
>
> 通过上述学习,你是否对"导入"所提出的问题进行了相关的思考?案例1中,王某的邻居是否有配合王某家铺设网线和水电等的义务?
>
> 案例1中,王某家的网线和水电管道等设施必须经过邻居家,邻居不予配合,属于相邻关系的调整范围。依照《民法典》规定,相邻不动产之间应当提供必要的便利,同时王某在铺设管线以及安装设备时,也应不危及相邻不动产的安全,尽量避免对相邻的不动产权利人造成损害。

3. 共有

共有指不动产或者动产可以由两个以上组织、个人共有。共有包括按份共有和共同共有。按份共有人对共有的不动产或者动产按照其份额享有所有权。共同共有人对共有的不动产或者动产共同享有所有权。

(1) 共有财产的共同共有和按份共有。共有人对共有的不动产或者动产没有约定为按份共有或者共同共有,或者约定不明确的,除共有人具有家庭关系等外,视为按份共有。按份共有人对共有的不动产或者动产享有的份额,没有约定或者约定不明确的,按照出资额确定;不能确定出资额的,视为等额享有。

(2) 共有权的行使。① 行使管理权:共有人按照约定管理共有的不动产或者动产;没有约定或者约定不明确的,各共有人都有管理的权利和义务。② 行使处分、重大修缮和性质、用途变更权:处分共有的不动产或者动产以及对共有的不动产或者动产作重大修缮、变更性质或者用途的,应当经占份额三分之二以上的按份共有人或者全体共同共有人同意,共有人之间另有约定的除外。③ 行使按份共有权:按份共有人可以转让其享有的共有的不动产或者动产份额。其他共有人在同等条件下享有优先购买的权利。按份共有人转让其享有的共有的不动产或者动产份额的,应当将转让条件及时通知其他共有人。其他共有人应当在合理期限内行使优先购买权。两个以上其他共有人主张行使优先购买权的,协商确定各自的购买比例;协商不成的,按照转让时各自的共有份额比例行使优先购买权。

> **探究与发现**
>
> 通过上述学习,你是否对"导入"所提出的问题进行了相关的思考?案例1中,王某是否有权单方卖房?
>
> 案例1中,王某和李某是婚后购买的住房,属于夫妻共同共有的财产,王某擅自将房屋出售给钱某,属于无权处分。又因钱某基于善意取得制度取得房屋的所有权,李某不能要求钱某归还房屋。至于李某的损失,可通过向王某主张损害赔偿以维护自身的合法权益。

第三节 他物权制度

一、用益物权制度

（一）用益物权概述

用益物权指用益物权人对他人所有的不动产或者动产，依法享有占有、使用和收益的权利。用益物权人行使权利，应当遵守法律有关保护和合理开发利用资源、保护生态环境的规定。

（二）土地承包经营权

土地承包经营权指农业生产经营者对其依法承包的农民集体所有和国家所有由农民集体使用的耕地、林地、草地等享有占有、使用和收益的权利，有权从事种植业、林业、畜牧业等农业生产。

1. 土地承包经营权的设立及公示

土地承包经营权自土地承包经营权合同生效时设立。登记机构应当向土地承包经营权人发放土地承包经营权证、林权证等证书，并登记造册，确认土地承包经营权。

2. 土地承包经营权的期限

耕地的承包期为30年。草地的承包期为30年至50年。林地的承包期为30年至70年。承包期限届满，由土地承包经营权人依照农村土地承包的法律规定继续承包。

案例2中，吴某通过公开协商方式承包村集体所有的100亩山地种植果树，签订土地承包经营合同，承包期30年，承包费为150元/亩。根据法律规定，土地承包经营权自土地承包经营权合同生效时设立，登记机构还应当向吴某发放土地承包经营权证，并登记造册，以确认吴某的土地承包经营权。

（三）建设用地使用权

建设用地使用权指建设用地使用权人依法对国家所有的土地享有占有、使用和收益的权利，有权利用该土地建造建筑物、构筑物及其附属设施。建设用地使用权可以在土地的地表、地上或者地下分别设立。设立建设用地使用权，应当符合节约资源、保护生态环境的要求，遵守法律、行政法规关于土地用途的规定，不得损害已经设立的用益物权。

1. 建设用地使用权的设立和公示

（1）建设用地使用权的设立。建设用地使用权的设立可以采取出让或者划拨等方式。工业、商业、旅游、娱乐和商品住宅等经营性用地以及同一土地有两个以上意向用地者的，应当采取招标、拍卖等公开竞价的方式出让。严格限制以划拨方式设立建设用地使用权。

通过招标、拍卖、协议等出让方式设立建设用地使用权的，当事人应当采用书面形式订立建设用地使用权出让合同。建设用地使用权出让合同一般包括下列条款：当事人的名称和住所；土地界址、面积等；建筑物、构筑物及其附属设施占用的空间；土地用途、规划条件；建设用地使用权期限；出让金等费用及其支付方式；解决争议的方法。

（2）建设用地使用权的公示。设立建设用地使用权的，应当向登记机构申请建设用地使用权登记。建设用地使用权自登记时设立。登记机构应当向建设用地使用权人发放权属证书。

2. 建设用地使用权期满的处理

住宅建设用地使用权期限届满的，自动续期。续期费用的缴纳或者减免，依照法律、行政法规的规定办理。非住宅建设用地使用权期限届满后的续期，依照法律规定办理。该土地上的房屋以及其他不动产的归属，有约定的，按照约定；没有约定或者约定不明确的，依照法律、行政法规的规定办理。

（四）宅基地使用权

宅基地使用权指宅基地使用权人依法对集体所有的土地享有占有和使用的权利，有权依法利用该土地建造住宅及其附属设施。

宅基地使用权的取得、行使和转让，适用土地管理的法律和国家有关规定。宅基地因自然灾害等原因灭失的，宅基地使用权消灭。对失去宅基地的村民，应当依法重新分配宅基地。已经登记的宅基地使用权转让或者消灭的，应当及时办理变更登记或者注销登记。案例2中，虽然吴某的房子一直闲置，没有人居住，但是村委会未经吴某同意，私自拆除宅基地上吴某享有所有权的房屋，属于侵权行为，应当承担侵权责任。

（五）地役权

地役权指权利人有权按照合同约定，利用他人的不动产，以提高自己不动产的效益。他人的不动产为供役地，自己的不动产为需役地。

1. 地役权的设立及公示

当事人应当采用书面形式订立地役权合同。地役权合同一般包括：当事人的姓名或者名称和住所；供役地和需役地的位置；利用目的和方法；地役权期限、费用及其支付方式；解决争议的方法。地役权自地役权合同生效时设立，当事人要求登记的，可以向登记机构申请地役权登记；未经登记，不得对抗善意第三人。

2. 地役权的行使

供役地权利人应当按照合同约定，允许地役权人利用其不动产，不得妨害地役权人行使权利。地役权人应当按照合同约定的利用目的和方法利用供役地，尽量减少对供役地权利人物权的限制。

土地所有权人享有地役权或者负担地役权的，设立土地承包经营权、宅基地使用权等用益物权时，该用益物权人继续享有或者负担已经设立的地役权。土地上已经设立土地承包经营权、建设用地使用权、宅基地使用权等用益物权的，未经用益物权人同意，所有权人不得设立地役权。

3. 地役权的从属性

地役权的从属性体现在以下四个方面：① 土地承包经营权、建设用地使用权等转让的，地役权一并转让，合同另有约定的除外。② 地役权不得单独抵押。土地经营权、建设用地使用权等抵押的，在实现抵押权时，地役权一并转让。③ 需役地以及需役地上的土地承包经营权、建设用地使用权等部分转让时，转让部分涉及地役权的，受让人同时享有地役权。④ 供役地以及供役地上的土地承包经营权、建设用地使用权等部分转让时，转让部分涉及地役权的，地役权对受让人具有法律约束力。

4. 地役权的消灭

地役权人有下列情形之一的，供役地权利人有权解除地役权合同，地役权消灭：① 违反法律规定或者合同约定，滥用地役权；② 有偿利用供役地，约定的付款期限届满后在合理期限内经两次催告未支付费用。

> **探究与发现**
>
> 通过上述学习，你是否对"导入"所提出的问题进行了相关的思考？案例2中，吴某在周某的农地设立地役权，为什么需要征得郑某的同意？
>
> 案例2中，经过周某所有的土地布置灌溉设施可大大节约种植成本，又因该地已存在属于郑某所有的土地承包经营权，故吴某与郑某协商并经其同意，再设立地役权，符合法律规定。此时，吴某为需役地权利人，他承包的山地为需役地；周某为供役地权利人，他所有的土地为供役地。该地役权自合同生效时设立，还可以向登记机构申请地役权登记，以对抗善意第三人。

（六）居住权

居住权指权利人有权按照合同约定，对他人的住宅享有占有、使用的用益物权，以满足生活居住的需要。

1. 居住权的设立

当事人应当采用书面形式订立居住权合同。居住权合同一般包括：当事人的姓名或者名称和住所；住宅的位置；居住的条件和要求；居住权期限；解决争议的方法。订立合同后，还应当向登记机构申请居住权登记，居住权自登记时设立。

2. 居住权的内容

居住权一般为无偿设立，并不得转让、继承，设立居住权的住宅不得出租，但是当事人另有约定的除外。居住权期限届满或者居住权人死亡的，居住权消灭。居住权消灭的，应当及时办理注销登记。

案例2中，吴某与赵大爷签订居住权协议，在吴某的房屋内为赵大爷设定居住权，约定双方的权利义务，并向登记机构申请办理了居住权登记，符合《民法典》的有关规定。

二、担保物权制度

(一) 担保物权概述

担保物权是为了债权的实现而在他人的财产之上设立的物权。担保物权人在债务人不履行到期债务或者发生当事人约定的实现担保物权的情形,依法享有就担保财产优先受偿的权利。担保物权的担保范围一般包括主债权及其利息、违约金、损害赔偿金、保管担保财产和实现担保物权的费用。

1. 担保物权的设立

设立担保物权,应当订立担保合同。担保合同包括抵押合同、质押合同和其他具有担保功能的合同。担保合同具有从属性,是主债权债务合同的从合同,主债权债务合同无效的,担保合同无效,但法律另有规定的除外。担保合同被确认无效后,债务人、担保人、债权人有过错的,应当根据其过错各自承担相应的民事责任。

2. 第三人提供担保

第三人为债务人向债权人提供担保的,可以要求债务人提供反担保。未经提供担保的第三人书面同意,债权人允许债务人转移全部或者部分债务的,担保人不再承担相应的担保责任。

3. 物的担保与人的担保

被担保的债权同时存在物的担保和人的担保的,发生实现担保物权的情形,债权人应当按照约定实现债权。没有约定或者约定不明确,债务人自己提供物的担保的,债权人应当先就该物的担保实现债权。第三人提供物的担保的,债权人可以就物的担保实现债权,也可以请求保证人承担保证责任。提供担保的第三人承担担保责任后,有权向债务人追偿。

4. 担保物权的行使

担保期间,担保财产毁损、灭失或者被征收等,担保物权人可以就获得的保险金、赔偿金或者补偿金等优先受偿。被担保债权的履行期限未届满的,也可以提存该保险金、赔偿金或者补偿金等。

5. 担保物权的消灭

担保物权的消灭存在以下几种情况:主债权消灭;担保物权实现;债权人放弃担保物权及法律规定担保物权消灭的其他情形。

(二) 抵押权

1. 一般抵押权

一般抵押权指为担保债务的履行,债务人或者第三人不转移财产的占有,将该财产抵押给债权人的,债务人不履行到期债务或者发生当事人约定的实现抵押权的情形,债权人有权就该财产优先受偿。

(1) 一般抵押权客体。① 客体范围:债务人或者第三人有权处分的建筑物和其他土地附着物;建设用地使用权;海域使用权;生产设备、原材料、半成品、产品;正在建造的建筑物、船舶、航空器;交通运输工具;法律、行政法规未禁止抵押的其他财产。② 禁止抵押的财产范围:土地所有权;宅基地、自留地、自留山等集体所有土地的使用权,但是法律规定可以抵押的除外;学校、幼儿园、医疗机构等为公益目的成立的非营利法人的教育设施、医疗卫生设施和其他公益设施;所有权、使用权不明或者有争议的财产;依法被查封、扣押、监管的财产;法律、行政法规规定不得抵押的其他财产。③ 建筑物与建设用地使用权的抵押规则:建筑物和其所占范围内的建设用地使用权具有不可分性,即以建筑物抵押的,该建筑物占用范围内的建设用地使用权一并抵押;以建设用地使用权抵押的,该土地上的建筑物一并抵押。案例3中,B公司以建设用地使用权设立抵押权,根据建筑物和建筑物所占范围内的建设用地使用权的不可分性规则,该土地上的建筑物也应一并抵押。其中建设用地使用权抵押后,土地上新增的建筑物不属于抵押财产。该建设用地使用权实现抵押权时,应当将该土地上新增的建筑物与建设用地使用权一并处分,抵押权人对新增建筑物所得的价款,无优先受偿权。

(2) 一般抵押权的设立及公示。① 一般抵押权的设立。当事人应当采用书面形式订立抵押合同。抵押合同一般包括:被担保债权的种类和数额;债务人履行债务的期限;抵押财产的名称、数量等情况;担保的范围。② 一般抵押权的公示。以建筑物和其他土地附着物、建设用地使用权、海域使用权,和正在建造的建筑物抵押的,抵押权自登记时设立。而以动产抵押的,抵押权自抵押合同生效时设立;但未经登记,不得对抗善意第三人。

(3) 一般抵押权的行使。① 动产抵押权不得对抗善意买受人。以动产抵押的,不得对抗正常经营活动中已经支付合理价款并取得抵押财产的买受人。② 抵押权与在先租赁权。抵押权设立前,抵押财产已经出租并转移占有的,原租赁关系不受该抵押权的影响,该规则即"买卖不破租赁"。③ 抵押财产的处分。抵押权存续期间,除当事人另有约定,抵押人可以转让抵押财产,此时抵押权不受影响,但应当及时通知抵押权人。抵押权人能够证明抵押财产转让可能损害抵押权的,可以请求抵押人将转让所得的价款向抵押权人提前清偿债务或者提存。转让的价款超过债权数额的部分归抵押人所有,不足部分由债务人清偿。

> **探究与发现**
>
> 通过上述学习,你是否对"导入"所提出的问题进行了相关的思考?案例3中,赵某应当如何抵押汽车?抵押期内该汽车是否可转让?
>
> 案例3中,赵某将汽车抵押给银行贷款25万元,签订借款合同和抵押合同,办理了抵押登记。因未与银行方有其他约定,在抵押期内,赵某可以转让汽车,但应当及时通知银行方。银行若能够证明该转让行为可能损害抵押权的,可以请求赵某将转让所得的价款提前清偿债务或者提存。转让的价款超过贷款数额的部分归赵某所有,不足部分由其清偿。

(4) 抵押权的实现。债务人不履行到期债务或者发生当事人约定的实现抵押权的情形,抵押权人可以与抵押人协议以抵押财产折价或者以拍卖、变卖该抵押财产所得的价款优先受偿。协议损害其他债权人利益的,其他债权人可以请求人民法院撤销该协议。抵押权人与抵押人未就抵押权实现方式达成协议的,抵押权人可以请求人民法院拍卖、变卖抵押财产。

(5) 抵押权的顺位。同一财产向两个以上债权人抵押的,拍卖、变卖抵押财产所得的价款依照以下规则清偿:① 抵押权已经登记的,按照登记的时间先后确定清偿顺序;抵押权已经登记的先于未登记的受偿;抵押权未登记的,按照债权比例清偿。② 同一财产既设立抵押权又设立质权的,拍卖、变卖该财产所得的价款按照登记、交付的时间先后确定清偿顺序。③ 动产交易中设立的抵押权优先,即交易中,买方将交易的动产作为抵押物,抵押给卖方,担保抵押物的价款,卖方为抵押权人,交易的动产交付后10日内办理抵押登记的,该抵押权人优先于抵押物买受人的其他担保物权人受偿,但留置权人除外。④ 同一动产上已经设立抵押权或者质权,该动产又被留置的,留置权人优先受偿。

> **探究与发现**
>
> 通过上述学习,你是否对"导入"所提出的问题进行了相关的思考?案例3中,赵某与卖方约定将交易的轮椅作为抵押物,办理为何种抵押?
>
> 案例3中,赵某与卖方约定将交易的轮椅作为抵押物,担保轮椅的价款5万元,并办理抵押登记,属于动产交易中设立的抵押权。若赵某将车辆再出质或抵押登记给他人,实现担保物权的清偿顺序始终是:留置权——动产交易中设置的抵押权——其他担保物权,即动产交易中设立的抵押权优先于其他担保物权,这样可以确保卖方收回货款。

2. 浮动抵押权

企业、个体工商户、农业生产经营者可以将现有的以及将有的生产设备、原材料、半成品、产品抵押,债务人不履行到期债务或者发生当事人约定的实现抵押权的情形,债权人有权就抵押财产确定时的动产优先受偿。

> **探究与发现**
>
> 通过上述学习,你是否对"导入"所提出的问题进行了相关的思考?案例2中,吴某向银行贷款,设立的抵押属于何种抵押?
>
> 案例2中,吴某作为农业生产经营者,向银行贷款50万元,贷款期限为5年,双方协议以吴某现有和5年内所有的生产设备、原材料、半成品、产品抵押,并办理了登记,符合浮动抵押权的设立及公示条件。

3. 最高额抵押权

最高额抵押权指为担保债务的履行,债务人或者第三人对一定期间内将要连续发生的债权提供担保财产的,债务人不履行到期债务或者发生当事人约定的实现抵押权的情形,抵押权人有权在最高债权额限度内就该担保财产优先受偿。

> **探究与发现**
>
> 　　通过上述学习,你是否对"导入"所提出的问题进行了相关的思考?案例3中,B公司为A公司办理的抵押属于何种抵押?
> 　　案例3中,A公司与B公司预计未来一年产生加工合同费用约100万元,为便利交易,双方签订了一份总合同,B公司以价值100万元的建设用地使用权设定了最高额抵押,办理了抵押登记,约定担保期间为2019年5月1日至2020年5月1日。到2020年5月1日,A公司就可以请求确定担保期间产生的总债权,请求确定的时候,最高额抵押权确定。若B公司未按合同履行义务,A公司享有该建设用地使用权及该建设用地上建筑物处分所得的价款优先受偿权。

(三) 质权

1. 动产质权

动产质权指为担保债务的履行,债务人或者第三人将其动产出质给债权人占有的,债务人不履行到期债务或者发生当事人约定的实现质权的情形,债权人有权就该动产优先受偿。债务人或者第三人为出质人,债权人为质权人,交付的动产为质押财产。

(1) 动产质权的设立及公示。当事人应当采用书面形式订立质押合同。质押合同一般包括:被担保债权的种类和数额;债务人履行债务的期限;质押财产的名称、数量等情况;担保的范围;质押财产交付的时间、方式。质权自出质人交付质押财产时设立。

(2) 质权的行使。① 质押财产的处分:质权人在质权存续期间,未经出质人同意,擅自使用、处分质押财产,造成出质人损害的,应当承担赔偿责任。② 质权人的保管义务和赔偿责任:质权人负有妥善保管质押财产的义务;因保管不善致使质押财产毁损、灭失的,应当承担赔偿责任。质权人的行为可能使质押财产毁损、灭失的,出质人可以请求质权人将质押财产提存,或者请求提前清偿债务并返还质押财产。

(3) 质权的保护。因不可归责于质权人的事由可能使质押财产毁损或者价值明显减少,足以危害质权人权利的,质权人有权请求出质人提供相应的担保;出质人不提供的,质权人可以拍卖、变卖质押财产,并与出质人协议将拍卖、变卖所得的价款提前清偿债务或者提存。

(4) 质权的实现。① 一般质权的实现:债务人不履行到期债务或者发生当事人约定的实现质权的情形,质权人可以与出质人协议以质押财产折价,也可以就拍卖、变卖质押财产所得的价款优先受偿。若第三人是出质人,价款超过债权数额的部分归第三人所有,不足部分由债务人清偿;若债务人为出质人,价款超过债权数额的部分归债务人所有,不足部分由债务人清偿。② 特殊质权的实现:质权人和出质人,在债务履行期限届满前,可以约定债务人不履行到期债务时质押财产归债权人所有的,该约定属于流质条款,当发生实现质权的情形时,质权人应依法就质押财产优先受偿,而不是直接取得质押财产的所有权。

> **探究与发现**
>
> 通过上述学习,你是否对"导入"所提出的问题进行了相关的思考?案例3中,赵某以纪念币设立质押权,若到期履行不能,该套纪念币是否直接归保姆所有?
>
> 案例3中,赵某和保姆约定,若到期不支付报酬,该套纪念币归保姆所有,该约定合法有效。但期至,赵某未履约,保姆并非直接取得该套纪念币的所有权,而可以就拍卖、变卖该套纪念币所得的价款优先受偿,所得价款超过劳动报酬数额的部分归债务人所有,不足部分由赵某清偿。

2. 权利质权

(1) 权利质权的客体。权利质权的客体包括:汇票、本票、支票;债券、存款单;仓单、提单;可以转让的基金份额、股权;可以转让的注册商标专用权、专利权、著作权等知识产权中的财产权;现有的以及将有的应收账款;法律、行政法规规定可以出质的其他财产权利。

(2) 权利质权的设立及公示。根据权利质权客体的不同,法律规定了相应的权利设立和公示规则:① 以汇票、本票、支票、债券、存款单、仓单、提单出质的,质权自权利凭证交付质权人时设立;没有权利凭证的,质权自办理出质登记时设立。法律另有规定的,依照其规定。② 以基金份额、股权出质的,质权自办理出质登记时设立。基金份额、股权出质后,不得转让,但是出质人与质权人协商同意的除外。出质人转让基金份额、股权所得的价款,应当向质权人提前清偿债务或者提存。③ 以注册商标专用权、专利权、著作权等知识产权中的财产权出质的,质权自办理出质登记时设立。知识产权中的财产权出质后,出质人不得转让或者许可他人使用,但是出质人与质权人协商同意的除外。出质人转让或者许可他人使用出质的知识产权中的财产权所得的价款,应当向质权人提前清偿债务或者提存。④ 以应收账款出质的,质权自办理出质登记时设立。应收账款出质后,不得转让,但是出质人与质权人协商同意的除外。出质人转让应收账款所得的价款,应当向质权人提前清偿债务或者提存。

(四) 留置权

留置权指债务人不履行到期债务,债权人可以留置已经合法占有的债务人的动产,并有权就该动产优先受偿。债权人为留置权人,占有的动产为留置财产。

1. 留置权客体

留置权是受法律规定的私力救济手段,留置权客体区别于其他用益物权的客体,还需满足以下条件:债权人留置的动产,应当与债权属于同一法律关系,但是企业之间留置的除外;法律规定或者当事人约定不得留置的动产,不得留置;留置财产为可分物的,留置财产的价值应当相当于债务的金额。

2. 留置权人的权利和义务

留置权人有权收取留置财产的孳息;留置权人负有妥善保管留置财产的义务;因保管不善致使留置财产毁损、灭失的,应当承担赔偿责任。

3. 留置权债务人的债务履行期

留置权人与债务人应当约定留置财产后的债务履行期限;没有约定或者约定不明确的,留置权人应当给债务人60日以上履行债务的期限,但是鲜活易腐等不易保管的动产除外。债务人逾期未履行的,留置权人可以与债务人协议以留置财产折价,也可以就拍卖、变卖留置财产所得的价款优先受偿。留置财产折价或者变卖的,应当参照市场价格。

4. 留置权债务人的请求权

债务人可以请求留置权人在债务履行期限届满后行使留置权;留置权人不行使的,债务人可以请求人民法院拍卖、变卖留置财产。

5. 留置权的实现

留置财产折价或者拍卖、变卖的价款超过债权数额的部分归债务人所有,不足部分由债务人清偿。留置权优先于同一动产的抵押权和质权受偿。

6. 留置权的消灭

留置权人对留置财产丧失占有或者留置权人接受债务人另行提供担保的,留置权消灭。

> **探究与发现**
>
> 通过上述学习,你是否对"导入"所提出的问题进行了相关的思考?案例3中,C公司是否有权对该批货物行使留置权?
>
> 案例3中,A公司到期没有支付保管费用,C公司行使留置权,符合法律规定。但C公司负有妥善保管留置财产的义务,若因保管不善致使留置财产毁损、灭失的,应当承担赔偿责任。待法定留置期满后,A公司逾期仍未履行的,双方可以协议以留置财产折价,也可拍卖、变卖留置财产,留置权人可就所得的价款优先受偿。

第四节 占有的法律制度

占有指对动产或不动产有实际的控制和支配的事实状态,其中实际控制物的人为占有人,被实际控制的物为占有物。

一、占有分类

（一）有权占有和无权占有

按照是否有真正的权利基础为标准,占有分为有权占有和无权占有。

> **探究与发现**
>
> 通过上述学习,你是否对"导入"所提出的问题进行了相关的思考?案例2中,钱某对房屋的占有,陈某和顾某对吴某家禽的占有是有权占有还是无权占有?
>
> 案例2中,钱某基于善意取得制度取得房屋的所有权,他对房屋的占有是有权占有。而陈某占有吴某的8只鸡、顾某占有误跑进养殖棚的鸡,都没有真正的权利基础,属于无权占有。

（二）善意占有和恶意占有

无权占有按照占有人的主观方面又可分为善意占有和恶意占有,善意占有人和恶意占有人在行使费用求偿权和承担损害赔偿责任时存在区别。

不动产或者动产被占有人占有的,权利人可以请求返还原物及其孳息;但是,应当支付善意占有人因维护该不动产或者动产支出的必要费用。

占有的不动产或者动产毁损、灭失,该不动产或者动产的权利人请求赔偿的,占有人应当将因毁损、灭失取得的保险金、赔偿金或者补偿金等返还给权利人;权利人的损害未得到足够弥补的,恶意占有人还应当赔偿损失。

> **探究与发现**
>
> 通过上述学习,你是否对"导入"所提出的问题进行了相关的思考?案例2中,陈某和顾某对赵某家禽的占有是善意占有还是恶意占有?
>
> 案例2中,陈某偷盗吴某的鸡,主观上为恶意,该占有为恶意占有。顾某对误跑进养殖棚的鸡的占有,主观上为善意,该占有为善意占有。吴某可以请求陈某和顾某返还鸡及孳息,但还需支付顾某因饲养产生的费用。而陈某的恶意占有行为若致使鸡受到损害,还应当承担赔偿责任。

二、占有保护

为维护社会秩序的安定性,基于对占有事实的保护,法律确立了对占有人的保护制度。占有的不动产或者动产被侵占的,占有人有权请求返还原物,但自侵占发生之日起一年内未行使的,该请求权消灭;对妨害占有的行为,占有人有权请求排除妨害或者消除危险;因侵占或者妨害造成损害的,占有人有权依法请求损害赔偿。

案例2中陈某对盗取的鸡虽是无权占有,但法律保护该占有的事实,故陈某有权请求徐某返还原物,但应当自侵占发生之日起一年内行使,防止请求权消灭。

第五节 物权的法律保护

　　侵害人妨害他人物权时,可能受到刑法、行政法以及民法的规制,本部分主要关注民事法律的保护。根据《民法典》的规定,权利人可以通过和解、调解、仲裁、诉讼等途径寻求法律保护,包括物权保护方式和债权保护方式。物权保护方式有确认物权请求权、返还原物请求权、排除妨害请求权、消除危险请求权。物权保护方式,可以单独适用,也可以根据权利被侵害的情形合并适用。债权保护方式主要是损害赔偿请求权。案例1中,王某等对楼上住户的损害行为,享有要求住户恢复原状、赔偿损失的请求权。案例2中,吴某对村委会擅自拆除其宅基地上房屋的侵权行为,享有赔偿损失的请求权;钱某基于善意取得制度取得房屋的所有权,属于原始取得,合法取得,故李某不享有返还房屋的请求权。

本 章 小 结

　　市场经济产生以来,出现了许多新生事物,比如建筑物区分所有权,动产交易和不动产登记制度等,这些都需要法律来加以规范,物权法是中国经济社会发展的必然产物。物权法律制度对维护国家基本经济制度、维护社会主义市场经济秩序、明确物的归属、发挥物的效用和保护权利人的物权具有重要的意义和作用。本章以物权法的概述入手,介绍物权的概念和分类、物权法的基本原则等内容;重点介绍所有权、用益物权和担保物权的相关知识,并结合《民法典》物权编,分别对建筑物区分所有权、居住权入法和扩大担保合同范围等内容进行了阐述。

思 考 题

1. 简述物权法的基本原则。
2. 试述不动产的物权变动规制。
3. 简述善意取得的条件。
4. 试述抵押权的顺位。
5. 刘某与李某结婚后,于2010年6月共同购买了一套商品房,当年获得房产证,登记的所有人为李某。几年后,李某与购房者赵某签订了房屋买卖合同,双方约定:李某将该房屋以350万元的价格卖给赵某,赵某先付房款100万元,待双方办理房屋过户手续时付清余款。合同签订后,赵某于2019年6月份支付购房款100万元,同年7月办理了房屋过户手续并付清房款。2020年1月,李某的丈夫刘某宣称他不知道房屋被出售,要求赵某搬出房屋。赵某认为李某已将该房屋卖给自己,房款全部结清,因此不愿意搬出。双方为此事发生纠纷。刘某以该房屋买卖合同未经其同意为由,将李某与赵某诉至法院。

问题:

(1) 刘某与李某共同购买的商品房的所有权人是谁?李某是否有权单独处分该房屋?

(2) 李某和赵某签订的房屋买卖合同是否有效?赵某是否能取得房屋所有权?

拓 展 学 习

物权法是关系到国家、集体和私人资产保护、各种市场主体财产权益以及人民群众切身利益的重要法律。随着科技和经济的大发展,资产的形式、数量不断丰富,从而引发诸多亟待解决的新型问题:住宅建设地使用权在70年后将如何处理?老旧小区加装电梯、基础设施维修费用如何分摊?对于新类型用益物权、担保物权是否合法等问题,在《民法典》物权编都可以找到相应的答案。《民法典》物权编亦起到了家庭矛盾调和剂之作用,例如增加"居住权"这一新物权,既让老年人实现"以房养老",又让子女获得房屋所有权,使两者得到兼顾。《民法典》的制定在我国法治进程中具有里程碑的意义,必将对我国经济、社会的发展和社会主义和谐社会的构建产生深远影响。

第十一章

公司法

 本章教学目标

公司是市场经济中最重要的组织形式。通过本章的学习,学生应熟悉公司及公司法的概念;了解公司的合并、分立、增资、减资、解散与清算;掌握有限责任公司及股份有限公司的设立和组织机构等内容。

 本章核心概念

公司法基本制度;公司的组织结构;有限责任公司;股份有限公司

 导 入

【案例1】 2018年5月,赵某、王某、叶某与另外3位自然人欲成立一家物流有限公司。章程草案规定,注册资本为2 000万元,其中赵某以货币出资900万元;王某以专利权出资,协议作价金额为300万元;叶某以房产出资,协议作价金额为200万元;其他3位股东各以货币出资200万元。公司成立后赵某召集和主持了首次股东会议。公司拟设董事会,董事会由7名成员组成,由赵某担任董事长,王某任副董事长。公司不设监事会,由叶某担任监事。2019年2月,公司经过一段时间的运作后,经营状况良好,为扩大经营,公司董事长赵某召集和主持了董事会会议。董事会会议作出如下决议:① 制定关于公司将现有注册资本从2 000万元增加到3 000万元的增资方案;② 聘请某国有独资公司董事张某任公司总经理;③ 制定合并海天物流有限公司方案。出席会议的全体董事对上述讨论事项投了赞成票。2019年3月,由于业务扩展的需要,依法又在珠海设立分公司。自此以后,公司业务蒸蒸日上。但好景不长,2019年10月,珠海分公司在生产经营过程中因违反合同约定被诉至法院,对方以物流有限公司是珠海分公司的总公司为由,要求物流有限公司承担违约责任,物流有限公司遭受严重损失。2020年,市场情况发生重大变化,公司经营业绩开始下降,若继续经营将导致公司损失惨重。同年3月25日,公司召开了股东会,决议解散公司。4月5日,股东会选任5名董事成立清算组,正式启动了清算工作。清算组在4月20日将公司解散与清算事项分别通知了有关的公司债权人,并于5月30日在报纸上进行了公告,规定自公告之日起3个月内未向公司申报债权者,公司将不负清偿责任。

问题：

(1) 物流有限公司组建过程中，各股东的出资是否符合《中华人民共和国公司法》（以下简称《公司法》）①的规定？

(2) 物流有限公司内部管理结构设置是否合法？为什么？

(3) 物流有限公司董事会作出的决议是否有效？董事会有哪些权利？

(4) 关于珠海分公司的违约行为，能否让物流有限公司承担责任？

(5) 物流有限公司清算过程中的哪些行为违反了《公司法》的规定？

【案例2】 2017年10月，某市经济协作发展公司与甲汽车集团公司（私营）、乙汽车集团公司订立了以募集方式设立甲汽车配件股份有限公司（简称甲公司）的发起人协议，公司注册资本5 000万元，分为5 000股。同年5月6日，省有关部门批准同意组建该公司。3家发起人公司按协议制定章程，认购部分股份，起草招股说明书，签订股票承销协议、代收股款协议，经国务院证券监督管理机构批准，向社会公开募股。由于该汽车配件公司发展前景光明，所以股份募集顺利，发行股份股款缴足后经约定的验资机构验资证明后，发起人认为已完成任务，迟迟不召开创立大会，经股民强烈要求才在两个月后召开创立大会，发起人为图省事，只通知了代表股份总数的三分之一的认股人出席，会议决定了一些法定事项。创立大会结束后，在申请设立登记时，公司登记机关指出公司设立时的不合法之处，经发起人整改合格后，2018年1月15日公司依法成立。甲公司依法设立了董事会，董事会有9名董事。2018年2月，董事长林某召集和主持了董事会，出席会议的共8名董事，董事谢某因病不能出席，委托董事林某代为行使表决权。董事会决定为其子公司乙与A企业签订的买卖合同提供连带保证责任，该保证数额超过了公司章程规定的限额。在讨论上述决议时，只有董事齐某对保证事项投了反对票，其意见被记载于会议记录，其他董事都认为乙公司经营状况良好，风险不大，对该保证事项投了赞成票。出席会议的全体董事均在会议记录上签了名。令甲公司始料未及的是2018年10月，A企业因子公司乙在买卖合同签订的债务履行期届满后未履行债务，将子公司乙与甲公司一起诉至法院，要求甲公司承担保证责任。甲公司因承担保证责任遭受了重大损失。自此以后，甲公司经营业绩下降，开始亏损。2019年6月，董事会拟定了一个减少注册资本的方案，方案提出将公司现有的注册资本由5 000万元减少到3 000万元。减资方案提交股东大会讨论表决时，有三分之二的出席会议的股东赞成减资。股东会认为减资的股东人数和表决权都占多数，符合法律及章程规定，因此减资决议通过，并授权董事会执行。

问题：

(1) 甲公司设立时存在哪些违法行为？

---

① 《中华人民共和国公司法》自1994年7月1日起施行，最新修正是根据2018年10月26日第十三届全国人民代表大会常务委员会第六次会议《关于修改〈中华人民共和国公司法〉的决定》进行的第四次修正，自2018年10月26日起施行。

(2) 甲公司董事会作出的保证决议是否有效？
(3) 甲公司的减资程序是否符合《公司法》规定？
带着这些问题，让我们进入本章的学习。

第一节　公司和公司法概述

一、公司概述

(一) 公司的概念与特征

公司是一种企业组织形态，是社会经济活动最主要的主体。公司是指股东以营利为目的，依照公司法和相关法律的规定设立的企业法人。公司作为现代企业的重要组织形式，具有以下特征：

(1) 法定性。公司是依法登记成立的企业组织。公司必须严格按照公司法和相关法律规定设立和从事经营活动。

(2) 营利性。公司是以营利为目的的企业组织。公司以进行经营活动获取利润为基本目的和动机。公司的营利性是公司与事业单位、社会团体、基金会、社会服务机构等以公益或其他非营利目的成立的非营利法人的区别所在。

(3) 法人性。公司是具有独立的法律主体地位的企业组织。公司具有法人性是公司区别于个人独资企业、合伙企业等非法人企业的重要特征，是公司的本质属性。公司的法人性具体表现在公司具有独立的财产、独立的组织机构，能够以自己的名义从事民商事活动并独立承担法律责任。

(二) 公司的分类

1. 以公司资本的结构和股东对公司债务承担责任的方式为标准

以公司资本的结构和股东对公司债务承担责任的方式为标准，可将公司分为无限公司、两合公司、股份两合公司、股份有限公司和有限责任公司。

无限公司是由两名以上的股东组成的，股东以其全部资产对公司债务承担无限连带责任的公司形式。两合公司是由无限责任股东和有限责任股东所组成的公司形式，其中无限责任股东对公司债务负连带无限的清偿责任，有限责任股东以其出资额为限对公司债务负有限的清偿责任。股份两合公司是两合公司的变形，不同在于有限责任股东仅以其认购的股份对公司债务负清偿责任。

本章将主要介绍有限责任公司和股份有限公司这两种公司形式。

2. 以公司的信用基础为标准

以公司的信用基础为标准，可将公司分为人合公司、资合公司和人资两合公司。人合公司是指以股东个人信用为基础的公司，无限公司是典型的人合公司。在人合公司中，股东之间往往存在特殊的信任关系。资合公司是指以公司资本额为信用基础的公司，股份有限公司是典型的资合公司。人资两合公司是指兼以股东个人信用和公司资本信用为信用基础的公司,有限责任公司为典型的人资两合公司。

3. 以股东对象和股份转让是否受限为标准

以股东对象和股份转让是否受限为标准,可将公司分为封闭式公司和开放式公司。封闭式公司是指全部股份由设立公司的股东持有,股份不能在证券市场上自由转让的公司。开放式公司是指以法定程序公开招股,股东人数无法限制,股份可在证券市场上进行自由转让的公司。

4. 以公司之间的控制或从属关系为标准

以公司之间的控制或从属关系为标准,可将公司分为母公司和子公司。母公司是指通过持有其他公司一定数额的股份或根据协议等其他方式而能够对另一公司的经营施行实际控制的公司。子公司是指一定数额的股份被其他公司持有或依据协议,经营活动受其他公司实际控制的公司。虽然母公司和子公司形成一种控制与被控制的关系,但根据我国《公司法》的规定,子公司具有独立法人资格,依法独立承担民事责任。

5. 以公司内部组织关系为标准

以公司内部组织关系为标准,可将公司分为总公司和分公司。总公司是指依法设立并管辖公司全部组织的具有独立法人资格的总机构。分公司是指依法设立并受总公司管辖的不具有法人资格的分支机构。案例1中的珠海分公司,不具有法人资格,其民事责任应由物流有限公司承担。

6. 以公司的国籍为标准

以公司的国籍为标准,可将公司分为本国公司、外国公司和跨国公司。现今,不同国家公司的国籍标准不尽相同,大约有四种学说,即准据法说、设立行为地说、股东国籍地说和住所地说。我国采取以准据法为主兼采住所地的原则。就我国而言,本国公司是指依照中国法律并在中国境内设立的公司;外国公司是指依据外国法律在中国境外设立的公司;跨国公司是指以一国为基地或中心,通过对外直接投资,在不同国家或地区设立分支机构、子公司,从事国际化生产和经营活动的大型公司组织。

二、公司法概述

(一) 公司法概念

公司法有广义和狭义之分。狭义的公司法是指专门调整公司问题的法律,如《公司法》。广义的公司法是指规范公司的设立、组织、活动、解散及公司对内对外关系的法律规范的总称,除包括《公司法》外,还包括《民法典》《证券法》《刑法》等其他涉及公司的法律、法规、规章。本书所称公司法是指狭义上的公司法。公司对内关系是指公司内部发起人之间或股东之间的权利义务关系、公司内部的组织管理与协作关系及公司与股东之间的权利义务关系。所谓公司对外关系是指公司或其股东与第三人之间的权利义务关系。

(二) 公司法特征

1. 公司法是兼具组织法和行为法的法律

公司法在形式和内容上具有组织法特性,对公司的法律地位及资格,公司的设立、变更、终止,公司章程,股东权利义务等问题作出明确规定,涉及公司这一社会组织从产生到消灭的全部领域。此外,公司法具备一定的行为法特征,调整公司股票和债券的发行、交易等与公司组织特点直接相关的行为。

2. 公司法是兼具强制法和任意法的法律

公司法具有强制法的特性,对于公司的设立、股票及债券的发行转让、利润分配顺序等都作了强制性的规定,不允许当事人双方协商或单方任意改变或否认。公司法设定这些强制性规范的目的在于通过国家强制的立法来保障社会交易的安全,维护经济秩序的稳定。但是,为了保障经济的活力,提高经济效用,公司法也设定了很多任意性规范,这体现了私法的"意思自治"精神。

3. 公司法是兼具程序法和实体法的法律

公司法兼具实体法和程序法的双重属性,以实体法为主。公司法既规定了公司的法律地位、公司资本制度、公司组织机构及其职权、公司及股东的权利义务等实体法律规范,又规定了公司的设立程序,公司的组织结构行使职权的方式,公司合并、分立、解散程序等程序法律规范。

第二节 公司法基本制度

一、公司设立

(一) 公司设立概念及原则

公司设立是指公司发起人依照法定的条件和程序,为使公司成立并取得法人资格而必须采取和完成的一系列法律行为的总称。与公司设立相关的一个概念是公司成立。公司成立是指公司完成设立,经主管机关核准发给营业执照,取得公司法人资格的一种法律状态和事实。公司设立是公司成立的前提,公司成立是公司设立的法律结果。

公司设立原则是指公司设立所依赖的基本准则,其体现政府对公司设立的政治立场和态度。目前而言,世界各国(地区)对于公司的设立原则可分为以下几种情形,即自由设立主义、特许设立主义、核准主义和准则主义。自由设立主义,也称放任主义,即公司设立全凭当事人的自由,国家采取自由放任政策,不加任何干预和限制。特许主义指公司设立须经一国元首的命令或通过颁布专门的法令予以特别许可。核准主义,也称许可主义或审批主义,指公司设立除具备法定的一般要件外,还需经过行政主管部门审查批准。准则主义,也称登记主义,是指法律事先规定设立公司的要件,任何主体只要具备这些要件,无须经行政机关或立法机关的事先审批就可设立公司。依据《公司法》的规定,我国公司设立采用的是准则主义和核准主义相结合的原则。

（二）公司设立方式

根据《公司法》的规定，公司的设立方式可以分为以下两种：

1. 发起设立

发起设立是指由发起人认购公司应发行的全部股份而设立的公司。这种设立公司的方式，设立成本低、程序简单，公司成立后相对稳定。但由于发起设立是在发起人中进行的，因此募集资本的人数有限。在我国，有限责任公司和股份有限公司都可以采取发起设立的方式设立公司。

2. 募集设立

募集设立是指由发起人认购公司应发行股份的一部分，其余股份向社会公开募集或者向特定对象募集而设立公司。在募集设立的方式下，部分股份需向社会公众公开募集，直接关系社会公众的利益。因此，法律对募集设立规定了较为严格的程序，此种方式设立公司成本高、程序相对复杂、时间较长。在我国，股份有限公司可以采取募集设立的方式设立公司。案例2中，甲汽车配件股份有限公司就是采用募集设立的方式设立的，其由发起人认购部分股份，剩余股份经国务院证券监督管理机构批准，向社会公开募集。

二、公司资本

（一）公司资本制度的概述

公司资本与公司资产是不同的概念。公司资产是指在经营过程中，公司可以支配的全部财产，是公司实际拥有的各种价值形态的财产总和，包括固定资产、流动资产、实物资产、货币资产、不动产和无形财产等。在我国《公司法》中，公司资本一般指注册资本，是指记载于公司章程的并在公司登记机构注册登记的全体股东认缴或实缴的资本总额。公司资本是公司赖以存在的物质基础，是公司得以正常运营的物质保障。我国现行《公司法》取消了2005年《公司法》第二十六条的分期缴纳制度，取消了对实缴的要求，取消了法定注册最低资本的限额。案例1中，物流有限公司的章程草案规定的注册资本2 000万元以及案例2中甲公司注册资本5 000万元即为公司资本。

（二）公司资本的增减

1. 公司增资

公司增资，简称增资，是指公司成立后，基于筹集资金、扩大经营规模等目的，依法增加公司的注册资本。由于公司增资只会提高公司的资信水平和偿债能力，不会影响公司债权人债权的实现，所以我国《公司法》对此没有作过多限制，只规定经公司股东会或股东大会的特别决议并办理变更登记即可。公司增加注册资本可以通过增发新股或接纳新股东等方式实现。

> **探究与发现**
>
> 通过上述学习,你是否对"导入"所提出的问题进行了相关的思考?案例1中的物流有限责任公司应当如何完成增资?
>
> 案例1中,物流有限公司须将董事会决议的增资方案提交给股东会作出审议表决,经代表三分之二以上表决权的股东通过并办理变更登记才可完成增资。

2. 公司减资

公司减资,简称减资,是指公司在存续过程中,因资本过剩或亏损严重或基于某种需要,依法减少公司的注册资本。很大程度上,公司资本反映着公司的资信及偿债能力,公司资本的减少会对公司债权人利益和股东利益造成影响,因此各国公司法均对公司减资规定了较为严格的程序。依据我国《公司法》《公司登记管理条例》的相关规定,公司减资应遵循以下程序:

(1) 董事会通过决议,制定减资方案。

(2) 股东会或股东大会对减资方案进行特别决议。有限责任公司减少资本的决议须由代表三分之二以上表决权的股东通过;股份有限公司减少资本的决议必须经出席会议的股东所持表决权的三分之二以上通过。

(3) 编制资产负债表及财产清单。

(4) 通知及公告债权人。公司应当自作出减少注册资本决议之日起10日内通知债权人,并于30日内在报纸上公告。债权人自接到通知书之日起30日内,未接到通知书的自公告之日起45日内,有权要求公司清偿债务或者提供相应的担保。

(5) 办理变更登记并公告。公司减少注册资本的,应当自公告之日起45日后申请变更登记,并应当提交公司在报纸上登载公司减少注册资本公告的有关证明和公司债务清偿或者债务担保情况的说明。

> **探究与发现**
>
> 通过上述学习,你是否对"导入"所提出的问题进行了相关的思考?案例2中,甲公司的减资程序是否符合《公司法》规定?
>
> 案例2中,甲公司减资方案经出席会议的股东所持表决权的三分之二以上通过,形成了有效决议。减资由股东大会授权给董事会执行,董事会应自决议作出之日起及时通知并公告债权人。

三、公司变更

(一) 公司的合并

1. 公司合并的概念和方式

公司合并是指两个或两个以上公司依照法律、法规规定的条件和程序,通过订立合并协议,归并为一个公司或者创设一个新公司的法律行为。其具有以下法律特征:一是公司合并的主体是公司,并非公司股东;二是公司合并必须依照法定程序进行,对于涉及国有资产的公司的合并,还需经有关国家部门的批准;三是公司合并是通过订立合并协议进行,是一种自愿行为,而非行政行为或管理行为;四是公司合并后,合并各方的债权、债务应由合并后的公司承继。

公司合并包括吸收合并和新设合并两种形式。吸收合并,又称存续合并,是指一个公司吸收一个或一个以上的其他公司后继续存续,被吸收的公司解散,其法人资格消灭。新设合并,又称创设合并,是指两个或两个以上的公司以消灭各自的法人资格为前提而合并组成一个新的公司,新公司办理设立登记取得法人资格。

> **探究与发现**
>
> 通过上述学习,你是否对"导入"所提出的问题进行了相关的思考?案例1中,物流有限公司与海天物流有限公司的合并属于哪种合并形式?合并后的法律效果是什么?
>
> 案例1中,物流有限公司与海天物流有限公司的合并是一种典型的吸收合并。海天物流公司作为被吸收公司,法人资格消灭,其资产、负债、权益全部并入物流有限公司。物流有限公司作为存续公司,经营管理合并后的公司。

2. 公司合并的程序

公司合并的程序一般包括以下几个阶段:

(1) 提出合并方案。公司合并方案由参与合并公司的董事会或执行董事提出。

(2) 签订公司合并协议。合并协议是两个或两个以上的公司在平等协商的基础上就有关公司合并事项订立的书面协议。

(3) 公司权力机构特别决议。参与合并的公司均须通过各自的股东会或股东大会以特别决议的方式作出合并决议。有限责任公司股东会必须经代表三分之二以上表决权的股东通过才可作出合并决议;股份有限公司股东大会必须经出席会议的股东所持表决权的三分之二以上通过才可作出合并决议。

(4) 编制资产负债表和财产清单。由于资产负债表是反映公司资产、负债状况、股东权益的会计报表,是会计合并中必须编制的报表,所以合并各方应真实全面的编制此表。

(5) 通知和公告债权人。公司应当自作出合并决议之日起10日内通知债权人,并于30日内在报纸上公告。债权人自接到通知书之日起30日内,未接到通知书的自公告之日起45日内,可以要求公司清偿债务或者提供相应的担保。

(6) 办理合并登记手续。合并公司应在法定期限内,在登记主管机关办理合并登记,依照合并中不同公司的生灭变化可分为三种情形:合并以后解散的公司应当办理注销登记;合并后继续存续的公司应当办理变更登记;新成立的公司应当办理设立登记手续。合并只有进行登记后,才能获得法律的认可。

案例1中,物流有限公司若想与海天物流有限公司完成合并,需经股东会作出特别决议,与海天物流有限公司签订公司合并协议,通知及公告债权人,办理变更登记。

(二) 公司的分立

1. 公司分立的概念和方式

公司分立是指一个公司依照有关法律、法规规定的条件和程序,分成两个或两个以上的公司。公司分立主要有派生分立和解散分立两种形式。派生分立是指一个公司分立为两个或两个以上的公司,原公司存续。解散分立是指一个公司分解成两个或两个以上的公司,原公司解散。除公司在分立前与债权人就债务清偿达成书面协议另有约定外,公司分立前的债务由分立后的公司承担连带责任。

2. 公司分立的程序

公司分立与公司合并程序基本相同。根据我国《公司法》的规定,公司分立的程序一般包括以下几个阶段:

(1) 董事会或执行董事提出分立方案。

(2) 订立公司分立协议。与公司合并不同,《公司法》未明确规定公司分立应订立分立协议,但实践中无论是派生分立还是解散分立,在分立时都会订立分立协议。

(3) 股东会或股东大会作出分立决议。

(4) 编制资产负债表及财产清单。

(5) 通知和公告债权人。公司应当自作出分立决议之日起10日内通知债权人,并于30日内在报纸上公告。与公司合并不同,债权人不能对公司分立提出异议,也不能要求公司清偿债务或提供担保。

(6) 办理分立登记。

四、公司解散、清算

(一) 公司解散

公司解散是指已经成立的公司,因发生法定或者章程规定的事由而停止业务活动,并逐步终止其法人资格的行为。在理论上,公司解散因其原因和条件不同,可分为任意解散和强制解散。

1. 任意解散

任意解散,又称自愿解散,是指公司基于公司章程的规定或者股东(大)会决议而解散。任意解散是基于公司自身意志而发生,属于自愿行为。任意解散的主要情形有:① 公司章程规定的公司存续期间届满或者公司章程规定的其他解散事由出现而解散;② 股东会或股东大会作出特别决议解散;③ 公司因合并或分立而解散。案例1中,物流有限公司因经营困难,由股东会决议解散,以及海天物流有限公司因与物流有限公司合并而解散,都属于任意解散。

2. 强制解散

强制解散,又称非自愿解散,是指公司因违反法律、法规的规定,依政府有关部门或法院的强制命令而解散。强制解散是非因公司自身意志而发生,属于法律的强制。强制解散的主要情形有:① 公司依法被吊销营业执照、责令关闭或被撤销;② 法院依法作出解散公司的裁决。

(二) 公司清算

公司清算,是指公司解散后,依照法定程序清理公司财产、债权和债务,并最终使公司丧失法人资格的行为。依分类标准不同,公司清算可分为任意清算与法定清算、普通清算与特别清算。任意清算是指按照章程规定或股东(大)会决定的清算方式进行的清算。法定清算是指按法律规定的清算程序进行的清算。普通清算是指法院不直接干预公司清算事务,由公司依法定程序自行组织清算机构进行的清算。特别清算是指法院在公司解散不能由公司自身组织清算或者公司在进行普通清算时发生显著障碍的情形下介入而强制进行的清算。

公司除了因公司合并分立无须清算以及因破产解散使用破产清算程序外,其他事由解散公司,都应根据《公司法》的规定进行清算。公司清算的程序具体包括以下几个阶段:

(1) 成立清算组。公司应当在解散事由出现之日起 15 日内成立清算组开始清算,逾期不成立的,债权人可以申请人民法院指定有关人员组成清算组进行清算。

(2) 通知、公告债权人。为保护债权人的合法权益,清算组应当自成立之日起 10 日内通知债权人,并于 60 日内在报纸上公告。

(3) 债权申报和债权登记。债权人应当自接到通知书之日起 30 日内,未接到通知书的自公告之日起 45 日内,向清算组申报其债权。债权人申报债权,应当说明债权的有关事项,并提供证明材料。清算组应当对债权进行登记。

(4) 清理公司财产、编制资产负债表和财产清单。清算组应在清理公司财产的基础上编制资产负债表和财产清单。若公司财产能够清偿债务的,则制定清算方案;若公司财产不足以清偿债务的,应依法向人民法院申请宣告破产。

(5) 制定清算方案并报股东(大)会或人民法院确认。

(6) 分配公司财产。公司财产在分别支付清算费用、职工的工资、社会保险费用和法定补偿金,缴纳所欠税款,清偿公司债务后的剩余财产,有限责任公司按照股东的出资比例分配,股份有限公司按照股东持有的股份比例分配。

(7) 制作清算报告并申请注销登记。公司清算结束后,清算组应当制作清算报告,报股东会、股东大会或者人民法院确认,并报送公司登记机关,申请注销公司登记,公告公司终止。

> **探究与发现**
>
> 通过上述学习,你是否对"导入"所提出的问题进行了相关的思考?案例 1 中,物流有限公司在清算过程中的哪些行为违反了《公司法》的规定?

案例1中,物流有限公司于2020年3月25日召开股东会,决议解散公司,4月5日成立清算组,开始清算工作,属于在法定期限内成立清算组。但直到4月20日清算组才通知债权人,与法律规定的通知债权人的期限相比,整整迟了5天。此外,债权人申报债权的期限为接到通知书之日起30日内,未接到通知书的自公告之日起45日内,案例1中清算组将申报债权的期限规定为3个月,不符合法律的规定。

第三节 有限责任公司

一、有限责任公司概述

有限责任公司,简称有限公司,是指由一定人数的股东依法出资设立,股东以其出资额为限对公司承担责任,公司以其全部资产对公司债务承担责任的企业法人。

我国有限责任公司相较于其他企业类型,具有以下特征:

(1)封闭性。根据《公司法》的规定,有限责任公司只能采取发起设立的方式设立。公司设立时,出资总额由发起人全部认缴,不能向社会公开募集。股东人数、出资转让等受到限制,公司的财务会计等信息资料无须向社会公开。案例1中,物流有限公司作为有限责任公司,具有封闭性的特点,只能采取发起设立的方式。公司设立时,章程草案规定的2 000万元注册资本,应由赵某、王某、叶某等发起人全部认缴,不能向社会公开募集。

(2)兼具资合和人合的双重属性。资合性要求公司需具有符合公司章程的资本,人合性则强调股东间的相互信任。资金的联合和股东之间的信任是有限责任公司不可或缺的信用基础。

(3)责任有限性。责任有限性是指股东责任有限,即股东以其认缴的出资额为限对公司债务承担责任。

(4)设立程序简便。有限责任公司只有发起设立,无募集设立,只要符合法律规定的设立条件,即可向公司登记机关申请设立登记。

(5)组织机构灵活。有限责任公司只有股东会是必设机构(一人有限责任有限公司和国有独资公司除外),董事会与监事会等组织机构可根据需要选择是否设立。

二、有限责任公司的设立

(一)有限责任公司设立条件

根据《公司法》第二十三条的规定,设立有限责任公司,应当具备以下条件:

(1)股东符合法定人数。由于有限责任公司具有"人合"性质,人数过多不利于公司管理与经营决策。因此我国《公司法》明确规定有限责任公司由50人以下的股东出资设立。股东可以是自然人,也可以是法人。

(2) 有符合公司章程规定的全体股东认缴的出资额。除法律、行政法规规定不得作为出资的财产外,股东既可以用货币出资,也可以用实物、知识产权、土地使用权等可以用货币估价并可以依法转让的非货币财产作价出资。

(3) 股东共同制定公司章程。公司章程是记载公司组织、活动基本准则的公开性法律文件,对于公司及股东具有约束力,类似于公司"宪法"。设立有限责任公司必须由股东共同制定公司章程,股东应在公司章程上签字、盖章。

(4) 有公司名称、住所,建立符合有限责任公司要求的组织机构。公司名称是公司独立人格的标志。公司名称必须符合法律、法规的规定,并应当经过公司登记管理机关预先审核登记。公司的组织机构代表公司从事各种活动,公司应当依据法律规定及公司规模的大小建立符合有限责任公司要求的组织机构。

> **探究与发现**
>
> 通过上述学习,你是否对"导入"所提出的问题进行了相关的思考?案例1中,物流有限公司各股东的出资是否符合《公司法》的规定?
>
> 案例1中,物流有限公司由6名股东共同出资设立,股东符合法定人数。物流有限公司的股东以货币、实物、无形资产等形式出资,其中赵某以及其他3位股东以货币出资,王某以无形财产出资,叶某以实物出资,出资形式不违反法律规定。

案例详解

有限责任公司设立条件

(二) 有限责任公司设立程序

有限责任公司的设立只能采用发起设立的方式,设立程序较为简单,具体程序如下:

(1) 确定设立公司,发起人发起并签订发起人协议。发起人协议是由发起人订立的关于公司设立事项的协议,其作用在于确立所设公司的基本性质和结构,明确各方权利义务。

(2) 全体股东制定公司章程。公司章程是公司经营活动的准则,是公司设立的必经程序。有限责任公司章程应当载明下列事项:公司名称和住所;公司经营范围;公司注册资本;股东的姓名或者名称;股东的出资方式、出资额和出资时间;公司的机构及其产生办法、职权、议事规则;公司法定代表人;股东会会议认为需要规定的其他事项。公司章程自全体股东签字盖章时发生约束力。

(3) 缴纳出资。股东应当按期足额缴纳公司章程中规定的各自所认缴的出资额。股东以货币出资的,应当将货币出资足额存入有限责任公司在银行开设的账户;以非货币财产出资的,应当依法办理其财产权的转移手续。缴纳出资是设立有限责任公司必不可少的一个环节,根据股东的出资方式不同,其缴纳出资的方式也不尽相同。案例1中,赵某等以货币出资的股东,应将出资额足额存入公司账户。王某以专利权出资,应将其所拥有的专利权转移给公司。叶某以房屋出资,应办理转让手续,将其房屋所有权转移给公司。

（4）申请设立登记。设立登记是公司取得法人资格的必经程序。在履行法定设立程序后，由全体股东指定的代表或者共同委托的代理人向公司登记机关申请设立登记。

（5）向股东签发出资证明书。出资证明书是证明股东已缴纳出资的文件，有限责任公司成立后应向股东签发由公司盖章的出资证明书。

三、有限责任公司的组织机构

（一）权力机构——股东会

1. 股东会的性质和职权

股东会，是由全体股东组成的公司最高权力机构，是公司的意思形成机构，是公司法定必备但非常设机构。有限责任公司的股东会依法行使下列职权：① 决定公司的经营方针和投资计划；② 选举和更换非由职工代表担任的董事、监事，决定有关董事、监事的报酬事项；③ 审议批准董事会的报告；④ 审议批准监事会或者监事的报告；⑤ 审议批准公司的年度财务预算方案、决算方案；⑥ 审议批准公司的利润分配方案和弥补亏损方案；⑦ 对公司增加或者减少注册资本作出决议；⑧ 对发行公司债券作出决议；⑨ 对公司合并、分立、解散、清算或者变更公司形式作出决议；⑩ 修改公司章程；⑪ 公司章程规定的其他职权。案例1中，股东会有权对物流有限公司董事会制定的增资方案、合并海天物流有限公司方案作出决议。

2. 股东会会议的召集和主持

股东会会议是股东为行使股东会的职权，就股东会职权范围内的公司待决事项作出决议，依照法律或章程召开的会议。首次股东会会议由出资最多的股东召集和主持。股东会会议依召集的时间标准不同可分为定期会议和临时会议。定期会议是指公司按照法律或章程的规定必须定期召开的全体股东会议。临时会议是指因特定情况，在两次普通年会间不定期召开的全体股东会议。根据《公司法》第四十条的规定，有限责任公司设立董事会的，股东会会议由董事会召集，董事长主持；董事长不能履行职务或者不履行职务的，由副董事长主持；副董事长不能履行职务或者不履行职务的，由半数以上董事共同推举一名董事主持。有限责任公司不设董事会的，股东会会议由执行董事召集和主持。董事会或者执行董事不能履行或者不履行召集股东会会议职责的，由监事会或者不设监事会的公司的监事召集和主持；监事会或者监事不召集和主持的，代表十分之一以上表决权的股东可以自行召集和主持。

> **探究与发现**
>
> 通过上述学习，你是否对"导入"所提出的问题进行了相关的思考？案例1中，由股东赵某召集和主持首次股东会会议是否符合法律规定？
>
> 案例1中，赵某出资900万元，王某出资300万元，其他4位股东各出资200万

元,赵某出资最多,由其召集和主持首次股东会会议,符合法律规定。根据法律规定,物流有限公司应由公司董事长赵某召集和主持股东会会议。假设董事长赵某不召集或主持会议的话,副董事长王某可以召集或主持会议。

3. 股东会的议事方式和表决

有限责任公司股东会会议除公司章程另有规定外,由股东按照出资比例行使表决权。普通决议须经代表半数以上表决权的股东通过。特别决议必须经代表三分之二以上表决权的股东通过。

> **探究与发现**
>
> 通过上述学习,你是否对"导入"所提出的问题进行了相关的思考?如何计算案例1中各股东的表决权?
>
> 案例1中,公司章程草案规定的注册资本为2 000万元,赵某出资900万元,代表9/20的表决权;王某出资300万元,代表3/20的表决权;叶某与其余3位股东各出资200万元,各代表1/10的表决权。

(二)执行机构——董事会或执行董事

1. 董事会的性质和职权

董事会或执行董事是由股东会选举产生的业务执行机构,是公司的必设或常设机构。有限责任公司设董事会,其成员为3—13人。董事会依法行使下列职权:① 召集股东会会议,并向股东会报告工作;② 执行股东会的决议;③ 决定公司的经营计划和投资方案;④ 制订公司的年度财务预算方案、决算方案;⑤ 制订公司的利润分配方案和弥补亏损方案;⑥ 制订公司增加或者减少注册资本以及发行公司债券的方案;⑦ 制订公司合并、分立、解散或者变更公司形式的方案;⑧ 决定公司内部管理机构的设置;⑨ 决定聘任或者解聘公司经理及其报酬事项,并根据经理的提名决定聘任或者解聘公司副经理、财务负责人及其报酬事项;⑩ 制定公司的基本管理制度;⑪ 公司章程规定的其他职权。

> **探究与发现**
>
> 通过上述学习,你是否对"导入"所提出的问题进行了相关的思考?案例1中,物流有限公司董事会的设置是否符合法律规定?董事会行使了哪些职权?
>
> 案例1中,物流有限公司设董事会,由7名董事组成,符合《公司法》规定。依上述规定,物流有限公司的董事会有权制定增资方案、拟定合并海天物流有限公司的方案、聘任公司总经理。

2. 董事会会议的召集和主持

董事会会议由董事长召集和主持;董事长不能履行职务或者不履行职务的,由副董事长召集和主持；副董事长不能履行职务或者不履行职务的，由半数以上董事共同推举一名董事召集和主持。

3. 董事会的议事方式和表决

董事会的议事方式和表决程序，除《公司法》另有规定外，由公司章程规定。与股东会按出资比例行使表决权不同，董事会决议的表决，实行一人一票。

(三) 监督机构——监事会或监事

1. 监事会或监事的性质和职权

监事会是由股东代表和适当比例的公司职工代表组成的对公司执行机构的业务活动进行监督和检查的法定常设机构。监事会、不设监事会的公司监事依法行使下列职权：① 检查公司财务；② 对董事、高级管理人员执行公司职务的行为进行监督，对违反法律、行政法规、公司章程或者股东会决议的董事、高级管理人员提出罢免的建议；③ 当董事、高级管理人员的行为损害公司的利益时，要求董事、高级管理人员予以纠正；④ 提议召开临时股东会会议，在董事会不履行《公司法》规定的召集和主持股东会会议职责时召集和主持股东会会议；⑤ 向股东会会议提出提案；⑥ 依照《公司法》第一百五十一条的规定，对董事、高级管理人员提起诉讼；⑦ 公司章程规定的其他职权。

监事可以列席董事会会议，并对董事会决议事项提出质询或者建议。监事会、不设监事会的公司的监事发现公司经营情况异常，可以进行调查；必要时，可以聘请会计师事务所等协助其工作，费用由公司承担。

2. 监事会的召集和主持

依《公司法》规定，有限责任公司监事会每年度至少召开一次会议，监事可以提议召开临时监事会会议。监事会会议由监事会主席召集和主持，监事会主席不能履行职务或者不履行职务的，由半数以上监事共同推举一名监事召集和主持监事会会议。

3. 监事会的议事方式和表决程序

监事会的议事方式和表决程序，除《公司法》有规定的外，由公司章程规定。监事会决议应当经半数以上监事通过。

四、有限责任公司的股权转让

股权转让是指有限责任公司股东依照一定程序将其所持有的股份让与他人。

(一) 股东之间的股权转让

股东之间的股权转让属于内部转让，仅影响公司内部股东的股权结构，故《公司法》未对其作出特别限制。除公司章程另有规定外，有限责任公司的股东之间可以相互转让其全部或者部分股权。案例1中，赵某、王某、叶某以及其他股东的股权可以相互转让，不受限制。

(二) 股东向股东以外的人转让股权

有限责任公司具有人合性的特点，股东间的相互信赖关系是公司设立的信用基础，股东内部关系的稳定对公司有着至关重要的意义。为了保证公司的内部稳定,我国《公司法》对股东向股东以外的人转让股权作了严格限制。股东向股东以外的人转让股权,应当经其他股东过半数同意。股东应就其股权转让事项书面通知其他股东征求同意,其他股东自接到书面通知之日起满30日未答复的,视为同意转让。其他股东半数以上不同意转让的,不同意的股东应当购买该转让的股权;不购买的,视为同意转让。经股东同意转让的股权,在同等条件下,其他股东有优先购买权。两个以上股东主张行使优先购买权的,协商确定各自的购买比例;协商不成的,按照转让时各自的出资比例行使优先购买权。案例1中,赵某、王某等股东若想将其持有的股权转让给股东以外的第三人,应严格遵守《公司法》第七十一条的规定。

五、特殊的有限责任公司

(一) 一人有限责任公司

一人有限责任公司,简称一人公司,是指只有一个自然人股东或者一个法人股东的有限责任公司。由于一人有限责任公司缺乏组织机构制衡性,为避免股东滥用一人有限责任公司的法律人格,损害公司债权人或其他利害关系人的利益,我国《公司法》第五十八条至第六十三条对一人公司作出了以下特别规定:

(1) 再投资受到限制。一个自然人只能投资设立一个一人有限责任公司且该一人有限责任公司不能投资设立新的一人有限责任公司。

(2) 公示投资人身份。一人有限责任公司应当在公司登记中注明自然人独资或者法人独资,并在公司营业执照中载明。

(3) 一人有限责任公司不设股东会。股东作出应由股东会决议的事项时,应当采用书面形式,并由股东签名后置备于公司。

(4) 一人有限责任公司应当在每一会计年度终了时编制财务会计报告,并经会计师事务所审计。

(5) 财产混同时,公司法人人格否认,即股东不能证明公司财产独立于股东自己的财产的,应当对公司债务承担连带责任。

(二) 国有独资公司

国有独资公司,是指国家单独出资、由国务院或者地方人民政府授权本级人民政府国有资产监督管理机构履行出资人职责的有限责任公司。我国《公司法》第六十五条至第七十条对国有独资公司作出以下特别规定:

(1) 国有独资公司不设股东会,由国有资产监督管理机构行使股东会职权。国有资产监督管理机构可授权公司董事会行使除公司合并、分立、解散、增减资和发行公司债券以外的部分股东会职权。国有独资公司章程由国有资产监督管理机构制定,或者由董事会制订报国有资产监督管理机构批准。

(2) 国有独资公司设董事会,董事会成员由国有资产监督管理机构委派人员和公司职工代表组成。董事会设董事长一人,可以设副董事长。董事长、副董事长由国有资产监督管理机构从董事会成员中指定。国有独资公司设经理,经国有资产监督管理机构同意,董事会成员可以兼任经理。国有独资公司的董事长、副董事长、董事、高级管理人员,未经国有资产监督管理机构同意,不得在其他有限责任公司、股份有限公司或者其他经济组织兼职。

(3) 国有独资公司监事会成员不得少于五人,监事会成员由国有资产监督管理机构委派人员和公司职工代表组成,其中职工代表的比例不得低于三分之一,具体比例由公司章程规定。监事会主席由国有资产监督管理机构从监事会成员中指定。

第四节 股份有限公司

一、股份有限公司概述

股份有限公司,简称股份公司,是指由一定人数的股东依法出资设立的,全部资本分成等额股份,股东以其认购的股份为限对公司债务承担清偿责任,公司以其全部资产对公司债务承担责任的企业法人。

我国股份有限公司相较于其他公司类型,具有以下特征:

(1) 资合性。资合性是股份有限公司区别于有限责任公司的主要特征之一。股份有限公司具有浓厚的资合性,其建立的信用基础是股东出资的资本。资本在股份有限公司中发挥着极其重要的作用,是公司能够自下而上发展的源泉,是公司对债权人的总担保。

(2) 公司资本的股份性。股份有限公司全部资本分为等额股份,股份为股份有限公司资本的最小计算单位。公司资本的股份性有利于股票的发行和资本的筹集,有利于股东权的计算和行使。

(3) 股东责任的有限性。与有限责任公司股东责任有限类似,股份有限公司股东责任也是有限的,股东仅以其认购的股份为限对外承担责任。

(4) 开放性。股份有限公司既可发起设立,也可募集设立。公司的股份可在公开市场上自由转让。股份有限公司资本募集的公开性以及股份转让的自由性都体现了有别于有限责任公司封闭性的特征。

(5) 复杂性。与有限责任公司不同,由于股份有限公司股东众多,为了更好地保护公司股东、债权人及社会公众的利益,法律对股份有限公司的设立条件和程序作了较为严格的规定。

二、股份有限公司的设立

(一) 股份有限公司设立条件

根据《公司法》第七十六条的规定,设立股份有限公司应当具备下列条件:

(1) 发起人符合法定人数。发起人,亦称创办人,是指依法筹办创立股份有限公司事务并对公司设立承担责任的人。设立股份有限公司的发起人应当在 2 人以上 200 人以下,其中须有半数以上的发起人在中国境内有住所。发起人既可以是自然人,也可以是法人。案例 2 中,甲公司的发起人为 3 人,符合股份有限公司的发起人在 2 人以上 200 人以下的法定条件。

(2) 有符合公司章程规定的全体发起人认购的股本总额或者募集的实收股本总额。股份有限公司的设立采取认缴制,没有最低注册资本的要求,但法律、行政法规以及国务院决定对股份有限公司注册资本实缴、注册资本最低限额另有规定的,从其规定。以发起设立方式设立的股份有限公司,注册资本为在公司登记机关登记的全体发起人认购的股本总额。以募集设立方式设立的股份有限公司,注册资本为在公司登记机关登记的实收股本总额。

(3) 股份发行、筹办事项符合法律规定。

(4) 发起人制订公司章程,采用募集方式设立的经创立大会通过。

(5) 有公司名称、住所,建立符合股份有限公司要求的组织机构。

(二) 股份有限公司设立程序

股份有限公司设立有两种方式,即发起设立和募集设立,这两种方式的设立程序有所不同。

1. 发起设立股份有限公司的程序

以发起方式设立股份有限公司的设立程序与有限责任公司的设立程序大致相同,具体程序如下:

(1) 确定设立公司,发起人发起并签订发起人协议。

(2) 发起人订立公司章程。股份有限公司章程应当载明下列事项:公司名称和住所;公司经营范围;公司设立方式;公司股份总数、每股金额和注册资本;发起人的姓名或者名称、认购的股份数、出资方式和出资时间;董事会的组成、职权和议事规则;公司法定代表人;监事会的组成、职权和议事规则;公司利润分配办法;公司的解散事由与清算办法;公司的通知和公告办法等股东大会会议认为需要规定的其他事项。

(3) 发起人认足股份并缴纳股款。发起人应当书面认足公司章程规定其认购的股份,并按照公司章程规定缴纳出资。发起人以非货币财产出资的,应当依法办理其财产权的转移手续。

(4) 组建公司机构。发起人认足公司章程规定的出资后,应当选举董事会和监事会。

(5) 申请设立登记。在履行法定设立程序后,由董事会向公司登记机关申请设立登记。

2. 募集设立股份有限公司的程序

根据《公司法》规定,以募集方式设立股份有限公司的程序如下:

(1) 制订公司章程。采用募集方式设立股份公司的,发起人制订的公司章程须经创立大会通过。

(2) 发起人认购股份及缴纳股款。发起人认购的股份不得少于公司股份总数的35%，但是法律、行政法规另有规定的，从其规定。

(3) 向社会公开募集股份。《公司法》对向社会公开募集股份作了严格规定：① 须经证券监督管理机构等有关国家机关的核准；② 须向社会公告招股说明书，并制作认股书；③ 应当分别与证券公司、银行签订承销协议和代收股款协议。

(4) 召开创立大会。发行股份的股款缴足后，必须经依法设立的验资机构验资并出具证明。发起人应当自股款缴足之日起30日内主持召开公司创立大会。创立大会由发起人、认股人组成。创立大会应有代表股份总数过半数的发起人、认股人出席，方可举行。

(5) 申请设立登记。董事会应于创立大会结束后30日内，向公司登记机关申请设立登记。

> **探究与发现**
>
> 通过上述学习，你是否对"导入"所提出的问题进行了相关的思考？案例2中的甲公司设立时存在哪些违法行为？
>
> 案例2中，甲公司采用募集方式设立，注册资本为5 000万元，分为5 000股。以募集设立方式设立股份有限公司的，发起人认购的股份不得少于公司股份总数的35%，因此甲公司发起人(3家公司)认购的股份不得少于1 750股。此外，甲公司召开创立大会的程序也存在问题。甲公司发起人在股款缴足并验资后没有在30日内主持召开公司创立大会，而是经股民强烈要求才在2个月后召开创立大会，损害了股东与公司的利益。同时，创立大会的股东人数只有占股份总数三分之一的认股人，低于半数的法定比例，创立大会的组成不合法。

三、股份有限公司的组织结构

(一) 权力机构——股东大会

1. 股东大会的性质与职权

股份有限公司股东大会由全体股东组成，是公司必设的最高权力机构。根据《公司法》规定，股东大会的职权范围与有限责任公司股东会的职权相同。与有限责任公司类似，股份有限公司的股东大会也分为股东年会和临时股东会两种，但召开临时股东(大)会的事由股份公司和有限公司存在不同。

2. 股东大会的召集和主持

股东大会会议由董事会召集，董事长主持；董事长不能履行职务或者不履行职务的，由副董事长主持；副董事长不能履行职务或者不履行职务的，由半数以上董事共同推举一名董事主持。

董事会不能履行或者不履行召集股东大会会议职责的,监事会应当及时召集和主持;监事会不召集和主持的,连续90日以上单独或者合计持有公司10%以上股份的股东可以自行召集和主持。

3. 股东大会的决议

股东出席股东大会会议,所持每一股份有一表决权。股东大会作出普通决议,必须经出席会议的股东所持表决权过半数通过。但是,股东大会作出特别决议(修改章程;增加或减少注册资本;公司合并、分立、解散;变更公司形式),必须经出席会议的股东所持表决权的三分之二以上通过。案例2中,甲公司的减资方案为特别决议事项,须经出席会议的股东所持表决权的三分之二以上通过,才能形成有效决议。

(二) 执行机关——董事会

1. 董事会的性质和职权

股份有限公司董事会是由股东大会选举产生的若干名董事组成的行使经营决策权和管理权的公司必设和常设执行机构。股份有限公司设董事会,成员为5—19人,董事会设董事长一人,可以设副董事长。董事长和副董事长由董事会全体董事的过半数选举产生。股份有限公司董事的任期、董事会的职权适用《公司法》关于有限责任公司董事及董事会的规定。案例2中,甲公司设立董事会,董事会由9名董事组成,符合法定条件。

2. 董事会的召集和主持

股份有限公司董事会可分为董事会例会(即常会)与临时会议(即特别会议)两种形式。董事会例会每年度至少召开2次,每次会议应当于会议召开10日前通知全体董事和监事。代表十分之一以上表决权的股东、三分之一以上董事或者监事会,可以提议召开董事会临时会议。董事会召开临时会议,可以另定召集董事会的通知方式和通知时限。董事会会议应有过半数的董事出席方可举行。

董事会会议一般由董事长召集和主持,副董事长协助董事长工作。董事长不能履行职务或者不履行职务的,由副董事长履行职务;副董事长不能履行职务或者不履行职务的,由半数以上董事共同推举一名董事履行职务。

3. 董事会的决议

董事会决议是董事会就提请董事会会议审议的事项,依照法律规定或章程规定的程序表决形成的代表董事会集体意志的决议。董事会决议的表决,实行一人一票。董事会作出决议,必须经全体董事的过半数通过。《公司法》第一百一十二条规定:董事会会议,应由董事本人出席;董事因故不能出席,可以书面委托其他董事代为出席,委托书中应载明授权范围。董事会应当对会议所议事项的决定作成会议记录,出席会议的董事应当在会议记录上签名。董事应当对董事会的决议承担责任。董事会的决议违反法律、行政法规或者公司章程、股东大会决议,致使公司遭受严重损失的,参与决议的董事对公司负赔偿责任。但经证明在表决时曾表明异议并记载于会议记录的,该董事可以免除责任。

> **探究与发现**
>
> 通过上述学习,你是否对"导入"所提出的问题进行了相关的思考?案例2中,甲公司董事会对于保证事项所做的决议是否有效?
>
> 案例2中,董事会决定为其子公司乙与A企业签订的买卖合同提供连带保证责任,对于保证事项的决议,除董事齐某投反对票以外,其余董事都投赞成票。一方面,该保证决议经全体董事的过半数通过,属于有效决议;另一方面,由于该项决议违反了公司章程的规定,致使公司遭受严重损失,因此参与决议的董事应当对公司负赔偿责任。但根据规定,有证据能够证明董事对该项决议持有异议的,经证明的董事可以免除责任。案例2中,董事齐某对于超过公司章程规定限额的保证事项持反对意见,且其意见被记载于会议记录,因此齐某可不承担赔偿责任。

(三)监督机关——监事会

1. 监事会的性质和职权

监事会是股份有限公司依法设立的对公司事务进行监督的必备的常设机构。股份有限公司监事的任期,监事会的组成和职权适用对有限责任公司监事及监事会的规定。

2. 监事会会议的召集和主持

我国《公司法》规定,股份有限公司监事会每6个月至少召开一次会议。监事可以提议召开临时监事会会议。监事会会议由监事会主席召集和主持;监事会主席不能履行职务或者不履行职务的,由监事会副主席召集和主持;监事会副主席不能履行职务或者不履行职务的,由半数以上监事共同推举一名监事召集和主持。

3. 监事会的决议

监事会的议事方式和表决程序,除《公司法》有规定的外,由公司章程规定。监事会决议应当经半数以上监事通过。

四、股份有限公司的股份发行和转让

(一)股份发行

股份发行,是指股份有限公司为募集资金或调整股权结构,依法向投资者出售或分配自己股份的行为。为平衡各方当事人的利益,依《公司法》及《证券法》的规定,股份有限公司在发行股份时应遵循"禁止股票折价发行""同次发行,同股同价"及"公平、公正"的原则。禁止股票折价发行,是指法律严禁股票发行价格低于票面金额。同次发行,同股同价,是指同次发行的同种类股票,每股的发行条件和价格应当相同。任何单位或者个人所认购的股份,每股应当支付相同价额。股份的发行实行公平、公正原则,同种类的每一股份应当具有同等权利。

(二)股份转让

1. 股份转让的限制性规定

股份转让,是指股份有限公司的股份所有人依照法律规定自愿把自己持有的股份转让给他人,从而使他人取得股份或增加股份数额的行为。股份有限公司的股东原则上可以依法自由转让其所持股份,不受章程禁止或限制,此即股份转让自由原则。但考虑到股份转让可能影响公司财产的稳定,损害公司及股东的利益,为了加强国家对股票交易的管理,我国《公司法》对股份转让作了如下限制:

(1) 对发起人所持股份转让的限制。发起人持有的本公司股份,自公司成立之日起一年内不得转让。公司公开发行股份前已发行的股份,自公司股票在证券交易所上市交易之日起一年内不得转让。

(2) 对董事、监事、高级管理人员所持股份转让的限制。公司董事、监事、高级管理人员应当向公司申报所持有的本公司的股份及其变动情况,在任职期间每年转让的股份不得超过其所持有本公司股份总数的25%;所持本公司股份自公司股票上市交易之日起一年内不得转让。上述人员离职后半年内,不得转让其所持有的本公司股份。公司章程可以对公司董事、监事、高级管理人员转让其所持有的本公司股份作出其他限制性规定。

2. 股份转让的方式

依照《公司法》第一百三十八条的规定:"股东转让其股份,应当在依法设立的证券交易场所进行或者按照国务院规定的其他方式进行。"由于记名股票将股东姓名或名称记入股票或股东名册,所以不能随意转让。记名股票由股东以背书方式或者法律、行政法规规定的其他方式转让。无记名股票不记载股东姓名或名称,只需股东交付股票给受让人即发生转让效力。

五、上市公司

上市公司,是指其股票在证券交易所上市交易的股份有限公司。我国《公司法》第一百二十条至第一百二十四条对上市公司的组织结构作了以下特别规定:

(1) 增设股东大会特别决议事项。除了修改公司章程、增加或者减少注册资本的决议,以及公司合并、分立、解散或者变更公司形式等决议外,上市公司在一年内购买、出售重大资产或者担保金额超过公司资产总额30%的,应当由股东大会作出特别决议。

(2) 设立独立董事。上市公司设独立董事,具体办法由国务院规定。独立董事是指在公司不担任除董事外的其他职务,并与其所受聘的上市公司及主要股东不存在可能妨碍其进行独立客观判断的重要关系的董事。中国证券监督管理委员会在《关于在上市公司建立独立董事制度的指导意见》中明确规定,以下人员不得担任独立董事:① 在上市公司或者其附属企业任职的人员及其直系亲属(配偶、父母、子女等)、主要社会关系(兄弟姐妹、岳父母、儿媳女婿、兄弟姐妹的配偶、配偶的兄弟姐妹等);② 直接或间接持有上市公司已发行股份1%以上或者是上市公司前10名股东中的自然人股东及其直系亲属;③ 在直接或间接持有上市公司已发行股份5%以上的股东单位或者在上市公司前5名股东单位任职的人员及其直系亲属;④ 最近一年内曾经具有前三项所列举情形的人员;⑤ 为上市公司或者其附属企业提供财务、法律、咨询等服务的人员;⑥ 公司章程规定的其他人员;⑦ 中国证监会认定的其他人员。

(3) 设立董事会秘书。上市公司设董事会秘书,负责公司股东大会和董事会会议的筹备、文件保管以及公司股东资料的管理,办理信息披露事务等事宜。

(4) 增设关联董事回避制度。上市公司董事与董事会会议决议事项所涉及的企业有关联关系的,不得对该项决议行使表决权,也不得代理其他董事行使表决权。

本章小结

公司法是为了规范公司的组织和行为,保护公司、股东、职工和公司债权人的合法权益,维护社会经济秩序而制定的。公司法是规范资本市场主体的基本法律,是建立和完善市场经济体制的重要法律。本章首先从公司和公司法概述入手,重点阐述公司的分类、公司法的特征等内容;然后分析公司法基本制度,重点论述公司设立、公司资本、公司变更、公司解散与清算等内容;最后对我国《公司法》规定的有限责任公司、股份有限公司进行详细介绍。

思 考 题

1. 简述公司减资的程序。
2. 有限责任公司与股份有限公司有何区别?
3. 简述有限责任公司的设立条件。
4. 以发起设立方式和募集设立方式设立股份有限公司的程序分别是什么?有何区别?
5. 李某、陆某、王某拟设立一家有限责任公司,李某出资40%,陆某与王某各自出资30%,三人经协商后,确立了如下内容:① 公司名称为"上海益行科技公司";② 由王某担任董事长;③ 公司不设股东会,实行董事会领导下的总经理负责制;④ 因业务需要,公司可设立分公司,分公司具有法人人格,自主经营,自负盈亏;⑤ 公司存续期间,任何一方均可撤回投资。

问题:上述案例中哪些约定不符合《公司法》的规定?为什么?

拓 展 学 习

对赌协议(Valuation Adjustment Mechanism)在我国资本市场中颇为普遍,常见于私募股权投资和风险投资、上市公司重大资产重组等领域。对赌协议是期权的一种形式,是投资方与融资方在达成并购(或融资)协议时,对于未来不确定的情况进行的一种约定。如果约定的条件出现,融资方可以行使一种权利;如果约定的条件不出现,投资方则行使一种权利。现行法律对于"对赌协议"尚无明确的规定,而是由司法调整,主要有 2012 年"海富案"与 2019 年"华工案"两个典型案例。2019 年 11 月 14 日,最高院发布《第九次全国法院民商事审判工作会议纪要》,对"对赌协议"的定义、法律效力、司法审判规则等问题进行了规定,从理论层面上确认了"对赌协议"的效力。此举进一步促进了我国投融资领域的资本流动,也为我国的投资者提供了稳定的法律风险预期,具有重大的积极意义。

第十二章

合伙企业法

 本章教学目标

合伙企业法设立的目的是规范合伙企业的行为,保护合伙企业及其合伙人、债权人的合法权益,从而维护社会经济秩序,促进社会主义市场经济的发展。通过本章的学习,学生应理解合伙企业及合伙企业法的概念,了解合伙企业的类型,掌握合伙企业的设立条件、出资方式、合伙企业财产、合伙事务执行、入伙退伙等具体规定,熟悉合伙企业的解散和清算制度。

 本章核心概念

合伙企业的类型;合伙企业的责任承担;入伙退伙

 导入

【案例1】 2017年10月,甲、乙、丙共同设立了一家名为"宝灵五金钢材店"的普通合伙企业,并签订了书面合伙协议。合伙协议中约定:甲以现金10万元出资,乙以劳务进行出资,丙以自己的房屋使用权进行出资;各合伙人按照4∶3∶3的比例分配利润和承担风险;甲执行合伙企业事务,对外代表合伙企业,其他二人均不再执行合伙企业事务,但签订购销合同及代销合同应经其他合伙人同意。合伙协议中未约定合伙企业的经营期限。合伙企业成立后,为扩大经营范围,于2018年4月向银行贷款10万元,期限为2年。

2018年5月,甲擅自以合伙企业的名义与A公司签订了代销合同,乙知悉后,认为该合同损害了合伙企业的利益,与丙商议后,即向A公司表示不予承认该合同。

2019年1月,丙提出退伙。由于当时合伙企业处于盈利状态,甲、乙表示同意。2019年3月,丙办理了退伙结算手续;同月,丁以其知识产权出资入伙。

2019年5月,甲为了改善合伙企业经营管理,独自决定聘任合伙人以外的第三人戊担任该合伙企业的经营管理人员。不仅如此,甲还以合伙企业的名义为合伙企业以外的第三人己提供了担保。

2019年10月,乙在以其个人名义与B公司签订的房屋买卖合同中,无法清偿B公司的8万元债务。B公司遂于2019年12月向人民法院提起诉讼,人民法院判决B公司胜诉。于是B公司向人民法院申请强制执行乙在合伙企业中的全部财产份额,但甲和丁表示愿意购入乙在合伙企业中的财产份额。

2020年2月,甲、丁与庚、辛又共同设立了一家名为"东路五金配件店"的有限合伙企业,甲为该合伙企业的普通合伙人,丁为该合伙企业的有限合伙人。

2020年3月,因经营环境变化,宝灵五金钢材店亏损严重,甲、乙、丁决定解散该合伙企业,并将合伙企业现有财产6万元人民币进行分配,但对未到期的银行贷款未予清偿。2020年4月,银行贷款到期后,银行找该合伙企业清偿债务,发现该企业已经解散,遂向甲、乙、丙、丁要求偿还全部贷款,甲表示自己只按合伙协议约定的比例清偿相应数额;乙表示自己是以劳务出资的,不承担偿还贷款的义务;丙表示自己早已退伙,不负清偿责任;丁表示该笔贷款是在自己入伙前发生的,不负责清偿。

问题:

(1) 乙、丙、丁的出资方式是否合法?

(2) 甲与A公司签订的代销协议是否有效?

(3) 丙的退伙属于何种类型的退伙?退伙后能否免除其基于银行贷款产生的债务?丁入伙后应如何承担宝灵五金钢材店的债务?

(4) 甲独立聘任戊担任经营管理人以及以合伙企业的名义为己提供担保的行为是否合法?非合伙事务执行人实施了哪些权利?

(5) B公司能否成为宝灵五金钢材店的新合伙人代位行使乙的权利?

(6) 甲和丁能否与庚、辛合伙经营"东路五金配件店"?

(7) 宝灵五金钢材店所欠的银行贷款应如何清偿?甲和乙的主张能否成立?

(8) 宝灵五金钢材店的企业名称是否合法?

(9) 宝灵五金钢材店的解散是否合法?

【案例2】 2013年5月,王某、李某、陆某合伙设立了一家"长跃运输普通合伙公司",并签订了书面合伙协议。合伙协议中约定,三人均以现金10万元出资,并且平均分配利润、承担亏损;三人均有权对外代表合伙企业,执行合伙事务。合伙协议中约定了5年的经营期限。开业之时,王某的好友梁某为该合伙企业赠送了3辆货车。

2014年3月,王某私自将其在合伙企业中的50%财产份额转让给了合伙企业外的第三人江某;2014年8月,李某私自将其在合伙企业中的70%财产份额出质给不知情的黄某;2015年2月,陆某想要对外代表合伙企业与C公司签订协议约定,只要C公司有货物需要运输,即由"长跃运输普通合伙公司"全权负责,王某得知后认为约定的运输价格太低,会导致合伙企业亏本。

2016年4月,王某因意外去世,其子小王刚年满10岁,经李某和陆某一致同意,小王成了合伙企业的有限合伙人,长跃运输普通合伙公司从普通合伙企业转变为了有限合伙企业,改名为"长跃运输有限合伙公司"。

2016年5月,张某和孙某各出资2万元,作为有限合伙人加入了长跃运输有限合伙公司。同年7月,张某与D公司签订了车辆买卖协议,为合伙企业购入了5辆性能更好的货车;同年9月,为扩大经营,合伙企业向银行贷款30万元购入了新门店;同年12月,孙某将其在合伙企业内的全部财产份额转让给了第三人魏某;2017年2月,张某经过全体合伙人的一致同意,从有限合伙人转变为了普通合伙人。

2018年5月,5年经营期限届满,合伙企业准备解散,经清算合伙企业现有财产价值20万元,负有30万元银行贷款,后合伙企业将20万元用于归还银行贷款后,银行要求张某清偿剩余的10万元贷款,张某表示该笔贷款发生时其为有限合伙人,只承担以其出资额为限的有限责任。

问题:

(1) 梁某赠送的3辆货车是否属于"长跃运输普通合伙公司"的财产构成?

(2) 王某将其在合伙企业中的财产份额转让给江某的行为是否合法?李某将其在合伙企业中的财产份额出质给黄某的行为是否合法?孙某将其全部财产份额转让给魏某的行为是否合法?

(3) 王某得知陆某想与C公司签订的协议会导致合伙企业亏本,该如何处理?

(4) 小王能否成为合伙人?

(5) 对于与D公司签订的协议,张某是否需承担支付价款的责任?

(6) 张某转变为普通合伙人的行为是否合法?转变为普通合伙人后,张某主张对贷款以其出资额为限清偿债务的理由是否成立?

(7) "长跃运输普通合伙公司"的企业名称是否合法?

带着这些问题,让我们进入本章的学习。

第一节 合伙企业法概述

一、合伙企业

(一) 合伙企业的概念

合伙企业是指由两个以上自然人、法人或者其他组织根据合伙协议,共同出资、共同经营、共享收益、共担风险,并且至少有一名合伙人对企业债务承担无限责任或者无限连带责任的经济组织。

(二) 合伙企业的法律特征

合伙企业与其他企业形式相比,具有以下法律特征:

(1) 合伙企业由两个以上合伙人共同投资。合伙企业不是单个人的行为,而是多个人的联合,是由两个以上的合伙人共同出资组成的企业,合伙人可以是自然人,也可以是法人和其他组织。外国企业或者个人在中国境内设立合伙企业的管理办法由国务院另行规定。

(2) 合伙企业以合伙协议作为设立基础。合伙协议是由全体合伙人以书面形式订立,经过共同协商而达成的具有法律约束力的协议。合伙协议是合伙人建立合伙关系,确定合伙人权利义务,设立合伙企业的基础。在合伙协议中,各合伙人应就出资方式、利润分配方式和比例、亏损分担方式等事项作出约定。与公司章程相比,法律对合伙协议内容的强制性规定更少,合伙人对此拥有更多的自主权,但应当遵循自愿、平等、公平及诚实信用原则。

(3) 合伙企业以合伙关系作为内部关系。合伙企业是一种以合伙关系为基础的企业组织形式,合伙关系是指合伙企业全体合伙人共同出资、共同经营、共享收益、共担风险的关系。合伙企业是以共同出资为根本、以共同经营为标志、以共享收益为动力、以共担风险为保证的利益共同体和责任共同体。

(4) 普通合伙人对合伙企业债务承担无限责任或无限连带责任,有限合伙人对合伙企业债务承担有限责任。合伙企业的财产是由全体合伙人共同出资构成的,因此合伙人必须以其财产承担合伙企业的债务。当合伙企业的财产不足以清偿其债务时,普通合伙人对合伙企业债务承担无限责任或无限连带责任,有限合伙人以其认缴的出资额为限对合伙企业债务承担责任。

二、合伙企业法

(一) 合伙企业法的概念

合伙企业法有广义和狭义之分。广义上的合伙企业法是指国家立法机关或者其他有权机关依法制定的、调整合伙企业合伙关系的各种法律规范的总称;狭义的合伙企业法仅指《中华人民共和国合伙企业法》[①](以下简称《合伙企业法》)。本章讨论的合伙企业法为狭义概念上的合伙企业法,其规定了合伙企业的设立、事务执行、解散清算以及合伙企业与第三人之间的关系等内容。

(二) 合伙企业法的基本原则

《合伙企业法》的基本原则包括:

(1) 协商原则。作为合伙企业设立基础的合伙协议应由全体合伙人协商一致并以书面形式订立。

(2) 自愿、平等、公平、诚实信用原则。订立合伙协议、设立合伙企业,应当遵循自愿、平等、公平、诚实信用原则。

(3) 依法纳税原则。合伙企业的生产经营所得和其他所得,按照国家有关税收规定,由合伙人分别缴纳所得税。

(4) 守法原则。合伙企业及其合伙人必须遵守法律、行政法规,遵守社会公德、商业道德,承担社会责任。

(5) 受法律保护原则。合伙企业及其合伙人的合法财产及其权益受法律保护。

---

① 《中华人民共和国合伙企业法》自 1997 年 8 月 1 日起施行,最新修订已由中华人民共和国第十届全国人民代表大会常务委员会第二十三次会议于 2006 年 8 月 27 日通过,自 2007 年 6 月 1 日起施行。

第二节 合伙企业的类型

《合伙企业法》第二条规定:"本法所称合伙企业,是指自然人、法人和其他组织依照本法在中国境内设立的普通合伙企业和有限合伙企业。普通合伙企业由普通合伙人组成,合伙人对合伙企业债务承担无限连带责任。本法对普通合伙人承担责任的形式有特别规定的,从其规定。有限合伙企业由普通合伙人和有限合伙人组成,普通合伙人对合伙企业债务承担无限连带责任,有限合伙人以其认缴的出资额为限对合伙企业债务承担责任。"

一、普通合伙企业

(一)普通合伙企业的概念

普通合伙企业是指全体合伙人均为普通合伙人,且其对合伙企业债务承担无限连带责任的企业。无限连带责任包括两个方面:一是普通合伙人对合伙企业的债务承担无限责任,即合伙人以自己的全部财产对合伙企业的债务向债权人承担责任;二是普通合伙人对合伙企业的债务承担连带责任,即债权人可以不考虑合伙人在合伙协议中约定的承担债务比例而有权要求全体合伙人就合伙企业的债务进行清偿,若合伙人偿还合伙企业的债务超过其在合伙协议中约定的比例时,有权向其他合伙人追偿。

(二)普通合伙企业的设立

1. 普通合伙企业的设立条件

根据《合伙企业法》《企业名称登记管理条例》,设立普通合伙企业应当具备下列条件:

(1)有两个以上合伙人。合伙人为自然人的,应当具有完全民事行为能力。无民事行为能力人和限制民事行为能力人不得成为普通合伙人。国有独资公司、国有企业、上市公司以及公益性的事业单位、社会团体不得成为普通合伙人。

> **探究与发现**
>
> 通过上述学习,你是否对"导入"所提出的问题进行了相关的思考?案例1中,合伙人人数是否符合设立条件?
>
> 案例1中,"宝灵五金钢材店"一开始有甲、乙、丙三个合伙人;在丙退伙后,有甲、乙、丁三个合伙人,均符合该设立条件。

(2)有书面合伙协议。合伙协议应当载明下列事项:① 合伙企业的名称和主要经营场所的地点;② 合伙目的和合伙经营范围;③ 合伙人的姓名或者名称、住所;④ 合伙人的出资方式、数额和缴付期限;⑤ 利润分配、亏损分担方式;⑥ 合伙事务的执行;⑦ 入伙与退伙;⑧ 争议解决办法;⑨ 合伙企业的解散与清算;⑩ 违约责任。合伙协议经全体合伙人签名、盖章后生效。合伙人按照合伙协议享有权利,履行义务。修改或者补充合伙协议,应当经全体合伙人一致同意,但是合伙协议另有约定的除外。合伙协议未约定或者约定不明确的事项,由合伙人协商决定;协商不成的,依照有关法律、行政法规的规定处理。

(3) 有合伙人认缴或者实际缴付的出资。合伙人应当按照合伙协议约定的出资方式、数额和缴付期限,履行出资义务。合伙人可以用货币、实物、知识产权、土地使用权或者其他财产权利出资,也可以用劳务出资。合伙人以实物、知识产权、土地使用权或者其他财产权利出资,需要评估作价的,可以由全体合伙人协商确定,也可以由全体合伙人委托法定评估机构评估。合伙人以劳务出资的,其评估办法由全体合伙人协商确定,并在合伙协议中载明。案例1中,乙以劳务方式出资、丙以房屋使用权方式出资以及丁以知识产权出资均需要评估作价。

(4) 有合伙企业的名称和生产经营场所。合伙人在成立合伙企业时就应确定合伙企业的名称,并注意以下几点:① 合伙企业名称在合伙企业申请登记时,由合伙企业名称的登记主管机关核定,合伙企业名称经核准登记注册后方可使用,在规定的范围内享有专用权;② 合伙企业只准使用一个名称,在登记主管机关辖区内不得与已登记注册的同行业企业名称相同或者近似;③ 合伙企业名称应当由字号(或者商号)、行业或者经营特点、组织形式依次组成,同时应当冠以合伙企业所在地省(包括自治区、直辖市)或者市(包括州)或者县(包括市辖区)行政区划名称;④ 合伙企业名称应当使用汉字,民族自治地方的合伙企业名称可以同时使用本民族自治地方通用的民族文字,使用外文名称的,其外文名称应当与中文名称相一致,并报登记主管机关登记注册;⑤ 合伙企业名称中应当标明"普通合伙"字样,未标明的,由企业登记机关责令限期改正,处以2 000元以上10 000元以下的罚款。同时,经企业登记机关登记的普通合伙企业主要经营场所只能有一个,并且应当在其企业登记机关登记的管辖区域内。

> **探究与发现**
>
> 通过上述学习,你是否对"导入"所提出的问题进行了相关的思考?案例1和案例2中普通合伙企业的企业名称是否合法?
>
> 案例1中,该普通合伙企业的名称"宝灵五金钢材店"中并未标明"普通合伙"的字样,是不合法的;而在案例2中,"长跃运输普通合伙公司"的普通合伙企业名称则是合法的。

2. 普通合伙企业的设立程序

申请设立合伙企业,应当向企业登记机关提交登记申请书、合伙协议书、合伙人身份证明等文件。合伙企业的经营范围中有属于法律、行政法规规定在登记前须经批准的项目的,该项经营业务应当依法经过批准,并在登记时提交批准文件。

申请人提交的登记申请材料齐全、符合法定形式,企业登记机关能够当场登记的,应予当场登记,发给营业执照;不能当场登记的,企业登记机关应当自受理申请之日起20内,作出是否登记的决定。予以登记的,发给营业执照;不予登记的,应当给予书面答复,并说明理由。

合伙企业的营业执照签发日期,为合伙企业成立日期。合伙企业领取营业执照前,合伙人不得以合伙企业名义从事合伙业务。

合伙企业设立分支机构,应当向分支机构所在地的企业登记机关申请登记,领取营业执照。

合伙企业登记事项发生变更的,执行合伙事务的合伙人应当自作出变更决定或者发生变更事由之日起15日内,向企业登记机关申请办理变更登记。

(三) 普通合伙企业的财产

1. 普通合伙企业财产的构成

合伙企业的财产是指合伙存续期间,合伙人的出资和所有以合伙企业名义取得的收益和依法取得的其他财产。由此可见,普通合伙企业的财产由以下三部分组成:

(1) 合伙人的出资。普通合伙人可以用货币、实物、知识产权、土地使用权或者其他财产权利出资,经全体合伙人协商一致,普通合伙人也可以用劳务出资。案例1中,乙作为普通合伙人可以用劳务出资,但是应当经过甲和丙的同意。

(2) 以合伙企业名义取得的收益。合伙企业作为一个独立的经济实体,有其自己的独立利益,以其名义取得的收益当然应作为合伙企业获得的财产,成为合伙财产的一部分,主要包括普通合伙企业的公共积累资金、未分配的盈余、合伙企业债权、合伙企业取得的工业产权和非专利技术等财产权利。

(3) 依法取得的其他财产。根据法律、行政法规的规定依法取得的其他财产,也属于合伙企业的财产,如合法接受的赠与等。案例2中,梁某赠送的3辆货车即为"长跃运输普通合伙公司"合法接受的赠与,也属于其财产的构成。

2. 普通合伙企业财产的管理与使用

普通合伙企业的财产具有共同财产的性质,依法由全体合伙人共同管理和使用,即对普通合伙企业财产的占有、使用、收益和处分,均应依据全体合伙人的共同意志进行,具体表现在合伙财产的分割、合伙财产的转让以及合伙财产的担保三个方面。

(1) 合伙财产的分割。在合伙企业清算前,除依法退伙等法律特别规定的事项外,合伙人不得请求分割合伙企业的财产。合伙人在合伙企业清算前私自转移或者处分合伙企业财产的,合伙企业不得以此对抗善意第三人。

(2) 合伙财产的转让。合伙企业财产的转让是指合伙人将自己在合伙企业中的财产份额转让给其他合伙人或合伙人以外的人。普通合伙企业是由各合伙人共同出资设立,并对其承担无限连带责任的企业,普通合伙企业财产的转让将会很大程度影响合伙企业和各合伙人的利益。因此,除合伙协议另有约定外,合伙人向合伙人以外的人转让其在合伙企业中的全部或者部分财产份额时,须经其他合伙人一致同意。合伙人向合伙人以外的人转让其在合伙企业中的财产份额的,在同等条件下,其他合伙人有优先购买权,但是合伙协议另有约定的除外;合伙人以外的人依法受让合伙人在合伙企业中的财产份额的,经修改合伙协议即成为合伙企业的合伙人,依照《合伙企业法》和修改后的合伙协议享有权利,履行义务。合伙人之间转让在合伙企业中的全部或者部分财产份额时,应当通知其他合伙人。

案例详解
合伙财产的转让

> **探究与发现**
>
> 通过上述学习,你是否对"导入"所提出的问题进行了相关的思考?案例2中,王某将其在合伙企业中的财产份额转让给江某的行为是否合法?
>
> 案例2中,王某私自将其在合伙企业中的50%份额转让给第三人江某是不合法的,其若想转让财产份额,应经过李某和陆某的一致同意,并且在同等条件下,李某和陆某拥有优先购买权。

(3) 合伙财产的出质。合伙人以财产份额出质可能导致该财产份额依法发生权利转移,因此合伙人以其在合伙企业中的财产份额出质的,须经其他合伙人一致同意;未经其他合伙人一致同意,其行为无效,由此给善意第三人造成损失的,由行为人依法承担赔偿责任。

> **探究与发现**
>
> 通过上述学习,你是否对"导入"所提出的问题进行了相关的思考?案例2中,李某将其在合伙企业中的财产份额出质给黄某的行为是否合法?
>
> 案例2中,李某私自将其在合伙企业中的70%财产份额出质给黄某的行为是不合法的,其若想出质财产份额,必须经过王某和陆某的一致同意,即使黄某为善意第三人,李某的出质行为依旧无效,对于黄某因此受到的损失,由李某承担赔偿责任。

(四) 普通合伙企业的事务执行

1. 合伙事务执行的形式

合伙人对合伙事务的执行享有同等的权利,合伙人执行合伙企业事务,有以下两种形式:

(1) 全体合伙人共同执行合伙事务。该形式是执行合伙事务最基本的形式,合伙协议未约定或者全体合伙人未决定委托执行事务合伙人的,全体合伙人均为执行事务合伙人,都可直接参与合伙企业的经营,处理合伙企业的事务,对外代表合伙企业。案例2中,王某、李某和陆某即为共同执行合伙事务,均为该合伙企业的执行事务合伙人。

(2) 委托一个或数个合伙人执行合伙企业事务。按照合伙协议的约定或者经全体合伙人决定,可以委托一个或者数个合伙人对外代表合伙企业,执行合伙事务;作为合伙人的法人、其他组织执行合伙事务的,由其委派的代表执行。委托一个或者数个合伙人执行合伙事务的,其他合伙人不再执行合伙事务。案例1中,按照合伙协议的约定,委托了甲作为宝灵五金钢材店的合伙事务执行人,对外代表宝灵五金钢材店执行合伙事务,而乙、丙、丁不再执行合伙事务。

但是,并非所有的合伙事务都可以委托给部分合伙人决定,除合伙协议另有约定外,合伙企业的下列事项应当经全体合伙人一致同意:① 改变合伙企业的名称;② 改变合伙企业的经营范围、主要经营场所的地点;③ 处分合伙企业的不动产;④ 转让或者处分合伙企业的知识产权和其他财产权利;⑤ 以合伙企业名义为他人提供担保;⑥ 聘任合伙人以外的人担任合伙企业的经营管理人员。合伙人对必须经全体合伙人一致同意才可以执行的事务擅自处理并给合伙企业或者其他合伙人造成损失的,应依法承担赔偿责任。

普通合伙企业的事务执行

> **探究与发现**
>
> 通过上述学习,你是否对"导入"所提出的问题进行了相关的思考?案例1中,甲独立聘任戊担任经营管理人以及以合伙企业的名义为己提供担保的行为是否合法?
>
> 案例1中,甲聘任戊担任宝灵五金钢材店的经营管理人以及以合伙企业的名义为己提供担保的行为都不属于其可以独自做出的合伙事务执行行为,应当经过乙和丁的一致同意才可做出,因此甲独立聘任戊担任经营管理人以及以合伙企业的名义为己提供担保的行为是不合法的。

2. 合伙人在合伙事务执行中的权利

合伙人在合伙事务执行中主要享有下列权利:

(1) 执行权。各合伙人无论其出资多少,都有权平等享有执行合伙企业事务的权利。

(2) 代表权。执行合伙事务的合伙人对外代表合伙企业,合伙人在代表合伙企业执行事务时,不是以个人名义作出一定的民事行为,而是以合伙企业事务执行人的身份组织实施合伙企业的生产经营活动。

(3) 监督权。不执行合伙事务的合伙人有权监督执行事务合伙人执行合伙事务的情况。案例1中,乙、丙、丁均有权监督甲执行合伙事务。

(4) 知情权。合伙人为了解合伙企业的经营状况和财务状况,有权查阅合伙企业会计账簿等财务资料,无论是全体合伙人共同执行合伙事务还是委托一个或数个合伙人执行合伙事务,各合伙人均有权随时了解有关合伙事务和合伙财产的情况。

(5) 异议权。合伙人分别执行合伙事务的,执行事务合伙人可以对其他合伙人执行的事务提出异议。提出异议时,应当暂停该项事务的执行。如果发生争议,按照合伙协议约定的表决办法办理;合伙协议未约定或者约定不明确的,实行合伙人一人一票并经全体合伙人过半数通过的表决办法。

> **探究与发现**
>
> 通过上述学习,你是否对"导入"所提出的问题进行了相关的思考?案例2中,

> 王某得知陆某想与C公司签订的协议会导致合伙企业亏本,该如何处理?
>
> 案例2中,对于陆某想要与C公司签订的运输协议,王某认为会导致合伙企业亏本,即可提出异议,此时该运输协议应当暂停签订。

(6) 撤销权。受委托执行合伙事务的合伙人不按照合伙协议或者全体合伙人的决定执行事务的,其他合伙人可以决定撤销该委托。

(7) 增减出资权。合伙人按照合伙协议的约定或者经全体合伙人决定,可以增加或者减少对合伙企业的出资。

3. 合伙人在合伙事务执行中的义务

合伙人在合伙事务执行中主要承担下列义务:

(1) 报告义务。由一个或者数个合伙人执行合伙事务的,执行事务合伙人应当定期向其他合伙人报告事务执行情况以及合伙企业的经营和财务状况。

(2) 绝对竞业竞争。合伙人不得自营或者同他人合作经营与本合伙企业相竞争的业务。案例1中,甲作为宝灵五金钢材店的普通合伙人,不得与丁、庚、辛合伙经营与宝灵五金钢材店相竞争的东路五金配件店。

(3) 相对自我交易禁止。除合伙协议另有约定或者经全体合伙人一致同意外,合伙人不得同本合伙企业进行交易。

(4) 损益禁止。合伙人在执行合伙事务过程中,不得为了自己的私利,损害其他合伙人的利益,也不得与其他人恶意串通,损害合伙企业的利益。

4. 合伙企业的损益分配

合伙企业的利润分配、亏损分担,按照合伙协议的约定办理;合伙协议未约定或者约定不明确的,由合伙人协商决定;协商不成的,由合伙人按照实缴出资比例分配、分担;无法确定出资比例的,由合伙人平均分配、分担。合伙协议不得约定将全部利润分配给部分合伙人或者由部分合伙人承担全部亏损。

> **探究与发现**
>
> 通过上述学习,你是否对"导入"所提出的问题进行了相关的思考?案例1中,甲、乙、丙应当如何分配利润、承担亏损?
>
> 案例1中,合伙协议中明确约定了甲、乙、丙的利润分配及亏损分担比例,因此甲、乙、丙应当按照4∶3∶3的比例进行利润分配和亏损承担。

5. 非合伙人参与经营管理

经全体合伙人一致同意,可以聘任合伙人以外的人担任合伙企业的经营管理人,被聘任的经营管理人员不是合伙企业的合伙人,不具有合伙人资格。被聘任的合伙企业的经营管理人员应当在合伙企业授权范围内履行职务;其超越合伙企业授权范围履行职务,或者在履行职务过程中因故意或者重大过失给合伙企业造成损失的,依法承担赔偿责任。

(五)普通合伙企业与第三人的关系

合伙企业与第三人的关系即为合伙企业的对外关系,涉及合伙企业与善意第三人的关系以及合伙企业与债权人的关系。

1. 合伙企业与善意第三人的关系

合伙企业与善意第三人的关系主要体现在以下三个方面:

(1)合伙人在合伙企业清算前私自转移或者处分合伙企业财产的,合伙企业不得以此对抗善意第三人。

(2)合伙人以其在合伙企业中的财产份额出质的,须经其他合伙人一致同意;未经其他合伙人一致同意,其行为无效,由此给善意第三人造成损失的,由行为人向善意第三人依法承担赔偿责任。

(3)执行合伙企业事务的合伙人,在取得对外代表权后,可以以合伙企业的名义进行经营活动,在其被授权范围内作出法律行为,在通常情况下,合伙人执行合伙事务的权利和对外代表合伙企业的权利会受到一定内部限制,但是这种内部限制不得对抗善意第三人。

> **探究与发现**
>
> 通过上述学习,你是否对"导入"所提出的问题进行了相关的思考?案例1中,甲与A公司签订的代销协议是否有效?
>
> 案例1中,合伙协议中约定甲作为合伙事务执行人,签订购销合同及代销合同应当经过其他合伙人同意,但这一约定属于内部限制,不能对抗善意第三人,即A公司,因此甲与A公司签订的代销协议应认定有效。

2. 合伙企业与债权人的关系

(1)与合伙企业有关的债务。合伙企业对其债务,应先以其全部财产进行清偿;合伙企业不能清偿到期债务的,合伙人承担无限连带责任。合伙人由于承担无限连带责任,清偿数额超过其亏损分担比例的,有权向其他合伙人追偿。

> **探究与发现**
>
> 通过上述学习,你是否对"导入"所提出的问题进行了相关的思考?案例1中,宝灵五金钢材店所欠的银行贷款应如何清偿?甲和乙的主张能否成立?
>
> 案例1中,宝灵五金钢材店所欠银行的贷款首先应用其财产清偿,其财产不足清偿时,由甲、乙、丁承担无限连带责任,因此甲、乙、丁在合伙企业解散时未清偿债务便分配财产是违法的,应全部退还已分得的财产。同时,合伙协议中对债务承担的约定比例对债权人没有约束,因此甲提出按约定比例清偿债务的主张不能成立,其应对银

行贷款承担连带清偿责任,超出其分担比例的,可在清偿后向乙和丁追偿;以劳务出资的合伙人也应对合伙企业的债务承担无限连带责任,因此乙的主张也不能成立。

(2) 与合伙企业无关的债务。合伙人发生与合伙企业无关的债务,相关债权人不得以其债权抵销其对合伙企业的债务;也不得代位行使合伙人在合伙企业中的权利。合伙人的自有财产不足清偿其与合伙企业无关的债务的,该合伙人可以以其从合伙企业中分取的收益用于清偿;债权人也可以依法请求人民法院强制执行该合伙人在合伙企业中的财产份额用于清偿。人民法院强制执行合伙人的财产份额时,应当通知全体合伙人,其他合伙人有优先购买权;其他合伙人未购买,又不同意将该财产份额转让给他人的,应当为该合伙人办理退伙结算,或者办理削减该合伙人相应财产份额的结算。

> **探究与发现**
>
> 通过上述学习,你是否对"导入"所提出的问题进行了相关的思考?案例1中,B公司能否成为宝灵五金钢材店的新合伙人代位行使乙的权利?
>
> 案例1中,对于乙与宝灵五金钢材店无关的债务,B公司在请求人民法院强制执行时,应当通知甲和丁,甲和丁拥有优先购买权,而B公司不能成为宝灵五金钢材店的新合伙人代位行使乙的权利。

(六) 入伙与退伙

1. 入伙

入伙是指在合伙企业存续期间,合伙人以外的第三人加入合伙企业并取得合伙人资格的法律行为。入伙通常有两种方式,一是新合伙人在征得原合伙人一致同意后,通过购买合伙人的部分或全部合伙财产份额的方式入伙;二是新合伙人在征得原合伙人一致同意后,通过直接向合伙企业进行投资的方式入伙。

(1) 入伙的条件。新合伙人入伙,除合伙协议另有约定外,应当经全体合伙人一致同意,并依法订立书面入伙协议。订立入伙协议时,原合伙人应当向新合伙人如实告知原合伙企业的经营状况和财务状况。案例1中,丁入伙应当经过甲和乙的一致同意,同时甲和乙应当向丁如实告知宝灵五金钢材店的经营状况和财务状况。

(2) 入伙的法律后果。入伙的新合伙人与原合伙人享有同等权利,承担同等责任;但原合伙人愿意以更优越的条件吸引新合伙人入伙或者新合伙人愿意以较为不利的条件入伙的,也可在入伙协议中另行规定。而在债务承担方面,新合伙人对入伙前合伙企业的债务承担无限连带责任。

> **探究与发现**
>
> 通过上述学习,你是否对"导入"所提出的问题进行了相关的思考?案例1中,丁

> 入伙后应如何承担宝灵五金钢材店的债务?
> 案例1中,丁应当对其入伙前的合伙企业债务承担无限连带责任,因此其以银行贷款是在自己进入宝灵五金钢材店前发生的为由,不承担清偿责任的主张是不成立的。

2. 退伙

退伙是指合伙人退出合伙企业并丧失合伙人资格的法律行为。

(1) 退伙的原因。退伙可以是基于合伙人的意思表示,也可以是基于与合伙人意志无关的事件。合伙人的退伙原因一般有自愿退伙和法定退伙两种。自愿退伙是指合伙人基于自愿的意思表示而退伙;法定退伙是指合伙人因出现法律规定的事由而退伙。自愿退伙又可分为协议退伙和通知退伙;法定退伙又可分为当然退伙和除名退伙。具体内容可见表12.1。

表 12.1 退伙类型和条件

退伙原因		约定	条件	其他事项
自愿退伙	协议退伙	合伙协议中约定了合伙期限	① 合伙协议约定的退伙事由出现;② 经全体合伙人一致同意;③ 发生合伙人难以继续参加合伙的事由;④ 其他合伙人严重违反合伙协议约定的义务	合伙人违反规定擅自退伙的,应当赔偿由此给其他合伙人造成的损失
	通知退伙	合伙协议中未约定合伙期限	① 合伙人的退伙不给合伙企业事务执行造成不利影响;② 须提前30日通知其他合伙人	
法定退伙	当然退伙		① 作为合伙人的自然人死亡或者被依法宣告死亡;② 个人丧失偿债能力;③ 作为合伙人的法人或者其他组织依法被吊销营业执照、责令关闭、撤销,或者宣告破产;④ 法律规定或者合伙协议约定合伙人必须具有相关资格而丧失该资格;⑤ 合伙人在合伙企业中的全部财产份额被人民法院强制执行	① 合伙人被依法认定为无民事行为能力人或者限制民事行为能力人的,经其他合伙人一致同意,可以依法转为有限合伙人,普通合伙企业依法转为有限合伙企业;其他合伙人未能一致同意的,该无民事行为能力或者限制民事行为能力的合伙人退伙;② 退伙事由实际发生之日为退伙生效日
	除名退伙	经其他合伙人一致同意	① 未履行出资义务;② 因故意或者重大过失给合伙企业造成损失;③ 执行合伙事务时有不正当行为;④ 发生合伙协议约定的事由	① 对合伙人的除名决议应当书面通知被除名人;② 被除名人接到除名通知之日,除名生效,被除名人退伙;③ 被除名人对除名决议有异议的,可以自接到除名通知之日起30日内,向人民法院起诉

> **探究与发现**
>
> 通过上述学习,你是否对"导入"所提出的问题进行了相关的思考?案例1中,丙的退伙属于何种类型的退伙?
>
> 案例1中,宝灵五金钢材店的合伙协议中未约定合伙协议的经营期限,且因为合伙企业处于盈利状态,丙退伙不会对宝灵五金钢材店事务执行造成不利影响,因此丙提前30日告知甲和乙自己退伙的事实,属于典型的通知退伙。

(2)退伙的效果。退伙的效果是指退伙时退伙人在合伙企业中的财产份额和民事责任的归属变动,主要有财产继承和退伙结算两种情况。

一是财产继承。合伙人死亡或者被依法宣告死亡的,对该合伙人在合伙企业中的财产份额享有合法继承权的继承人,按照合伙协议的约定或者经全体合伙人一致同意,从继承开始之日起,取得该合伙企业的合伙人资格。但继承人不愿意成为合伙人的、法律规定或者合伙协议约定合伙人必须具有相关资格,而该继承人未取得该资格的或存在其他合伙协议约定不能成为合伙人的情形的,合伙企业应当向合伙人的继承人退还被继承合伙人的财产份额。合伙人的继承人为无民事行为能力人或者限制民事行为能力人的,经全体合伙人一致同意,可以依法成为有限合伙人,普通合伙企业依法转为有限合伙企业;全体合伙人未能一致同意的,合伙企业应当将被继承合伙人的财产份额退还该继承人。

> **探究与发现**
>
> 通过上述学习,你是否对"导入"所提出的问题进行了相关的思考?案例2中,小王能否成为合伙人?
>
> 上述案例2中,王某去世时,其继承人小王才10岁,属于限制民事行为能力人,因此经过李某和陆某的一致同意,小王成为该合伙企业的有限合伙人,同时"长跃运输普通合伙公司"也相应转变为"长跃运输有限合伙公司"的做法是合法的。

二是退伙结算。合伙人退伙,其他合伙人应当与该退伙人按照退伙时的合伙企业财产状况进行结算,退还退伙人的财产份额。退伙人对给合伙企业造成的损失负有赔偿责任的,相应扣减其应当赔偿的数额。退伙时有未了结的合伙企业事务的,待该事务了结后进行结算。退伙人在合伙企业中财产份额的退还办法,由合伙协议约定或者由全体合伙人决定,可以退还货币,也可以退还实物。合伙人退伙后,不能免除其对合伙企业既往债务的连带责任,退伙人对基于其退伙前的原因发生的合伙企业债务承担无限连带责任。

> **探究与发现**
>
> 通过上述学习,你是否对"导入"所提出的问题进行了相关的思考?案例1中,丙退伙后能否免除其基于银行贷款产生的债务?

> 案例1中，丙退伙后，不能免除其退伙前基于银行贷款产生的债务，丙对该笔贷款依旧负有无限连带责任，因此其主张自己早已退伙不负清偿责任的说法不能成立。

（七）特殊的普通合伙企业

特殊的普通合伙企业是指以专业知识和专门技能为客户提供有偿服务的专业服务机构，例如律师事务所、会计师事务所等，特殊的普通合伙企业名称中应当标明"特殊普通合伙"字样。

特殊的普通合伙企业与普通合伙企业相比，在责任形式上有其特殊性：

（1）无限责任与有限责任相结合。一个合伙人或者数个合伙人在执业活动中因故意或者重大过失造成合伙企业债务的，应当承担无限责任或者无限连带责任，其他合伙人以其在合伙企业中的财产份额为限承担责任。

（2）无限连带责任。合伙人在执业活动中非因故意或者重大过失造成的合伙企业债务以及合伙企业的其他债务，由全体合伙人承担无限连带责任。

（3）执行合伙人赔偿责任。合伙人执业活动中因故意或者重大过失造成的合伙企业债务，以合伙企业财产对外承担责任后，该合伙人应当按照合伙协议的约定对给合伙企业造成的损失承担赔偿责任。

特殊的普通合伙企业应当建立执业风险基金、办理职业保险。执业风险基金用于偿付合伙人执业活动造成的债务，其应单独立户管理，具体管理办法由国务院规定。

二、有限合伙企业

在法律适用中，凡是《合伙企业法》中对有限合伙企业作出特殊规定的，应适用特殊规定；无特殊规定的，适用普通合伙企业及其合伙人的一般规定。本部分主要介绍有限合伙企业的有关特殊规定。

（一）有限合伙企业的概念

有限合伙企业是指由一个以上的普通合伙人和一个以上的有限合伙人共同设立的合伙企业，普通合伙人对合伙企业债务承担无限连带责任，有限合伙人以其认缴的出资额为限对合伙企业债务承担责任。

（二）有限合伙企业的设立

（1）有2个以上50个以下合伙人。有限合伙企业由2个以上50个以下合伙人设立，但法律可以作出另外规定。有限合伙企业至少应当有1个普通合伙人。

（2）有书面合伙协议。有限合伙企业的合伙协议除须符合普通合伙企业的规定外，还应当载明下列事项：① 普通合伙人和有限合伙人的姓名或者名称、住所；② 执行事务合伙人应具备的条件和选择程序；③ 执行事务合伙人权限与违约处理办法；④ 执行事务合伙人的除名条件和更换程序；⑤ 有限合伙人入伙、退伙的条件、程序以及相关责任；

⑥ 有限合伙人和普通合伙人相互转变程序。

(3) 有合伙人认缴或者实际缴付的出资。有限合伙人可以用货币、实物、知识产权、土地使用权或者其他财产权利作价出资，但有限合伙人不得以劳务出资，这是因为在有限合伙企业中，有限合伙人不参与有限合伙企业的日常经营管理活动，因此有限合伙人无法以劳务出资。

(4) 有限合伙企业的名称中应当标明"有限合伙"字样。按照企业名称登记管理的有关规定，企业名称中应当含有企业的组织形式，因此有限合伙企业的名称中应当标明"有限合伙"字样，而不能标明"普通合伙""特殊普通合伙""有限公司"或者"有限责任公司"等字样。

(三) 有限合伙企业的事务执行

1. 合伙事务执行人

有限合伙企业由普通合伙人执行合伙事务，执行事务合伙人可以要求在合伙协议中确定执行事务的报酬及报酬提取方式。

有限合伙人不执行合伙事务，不得对外代表有限合伙企业。有限合伙人可以实施下列行为，但不视为执行合伙事务：① 参与决定普通合伙人入伙、退伙；② 对企业的经营管理提出建议；③ 参与选择承办有限合伙企业审计业务的会计师事务所；④ 获取经审计的有限合伙企业财务会计报告；⑤ 对涉及自身利益的情况，查阅有限合伙企业财务会计账簿等财务资料；⑥ 在有限合伙企业的利益受到侵害时，向有责任的合伙人主张权利或者提起诉讼；⑦ 执行事务合伙人怠于行使权利时，督促其行使权利或者为了本企业的利益以自己的名义提起诉讼；⑧ 依法为本企业提供担保。

> **探究与发现**
>
> 通过上述学习，你是否对"导入"所提出的问题进行了相关的思考？案例2中，张某能否与D公司签订车辆买卖协议？
>
> 案例2中，张某作为该合伙企业的有限合伙人，没有合伙事务执行权，因此不能对外代表合伙企业与D公司签订车辆买卖协议。

2. 有限合伙企业的利润分配

通常情况下，有限合伙企业不得将全部利润分配给部分合伙人，但是有限合伙企业可以在合伙协议中对此进行特别约定。在实践中，采用有限合伙形式的风险投资企业，大多在合伙协议中约定允许在前几年将合伙企业的全部利润分配给有限合伙人，以此来尽快收回有限合伙人的投资。

3. 有限合伙人的权利

(1) 有限合伙人可以同本有限合伙企业进行交易，若禁止有限合伙人与本有限合伙企业进行交易的，应当在合伙协议中作出约定。与普通合伙人不同，有限合伙人不参与有限合伙企业的事务执行，对有限合伙企业的对外交易行为没有直接或间接的控制权，因此其与本有限合伙企业进行交易时,一般不会损害有限合伙企业的利益。

(2)有限合伙人可以自营或者同他人合作经营与本有限合伙企业相竞争的业务,若禁止有限合伙人自营或者同他人合作经营与本有限合伙企业相竞争业务的,应当在合伙协议中作出约定。与普通合伙人不同,一般情况下允许有限合伙人竞业自由,其不承担竞业禁止义务。案例1中,丁在宝灵五金钢材店中是普通合伙人,在东路五金配件店中是有限合伙人,因此其可以经营这两家业务相竞争的合伙企业。

(3)有限合伙人可以将其在有限合伙企业中的财产份额出质,若禁止有限合伙人将其在有限合伙企业中的财产份额出质的,应当在合伙协议中作出约定。有限合伙人出质其财产份额对有限合伙企业的财产基础影响不大,因此其出质自己在有限合伙企业中的财产份额是被允许的。

(4)有限合伙人可以按照合伙协议的约定向合伙人以外的人转让其在有限合伙企业中的财产份额,但应当提前30日通知其他合伙人。有限合伙人向合伙人以外的人转让其财产份额不会对有限合伙企业的财产基础和有限合伙企业债权人的利益产生影响,因此其向合伙人以外的人转让在有限合伙企业中的财产份额是被允许的。案例2中,孙某作为有限合伙人,只要其提前30日通知其他合伙人,其将在合伙企业中的全部财产份额转让给魏某的行为即是合法的。

4. 有限合伙人的义务

(1)有限合伙人应当按照合伙协议的约定按期足额缴纳出资。有限合伙人未按期足额缴纳的,首先应当承担补缴义务,其次应对其他合伙人承担违约责任。

(2)有限合伙人不得未经授权以有限合伙企业名义与他人进行交易。有限合伙人未经授权以有限合伙企业名义与他人进行交易的行为属于无权代理行为,由此给有限合伙企业或其他合伙人造成损失的,该有限合伙人应当承担赔偿责任。

(四)有限合伙企业与第三人的关系

1. 合伙企业与善意第三人的关系

第三人有理由相信有限合伙人为普通合伙人并与其交易的,该有限合伙人对该笔交易承担与普通合伙人同样的责任。当第三人有理由相信有限合伙人为普通合伙人并与其交易时,有限合伙人的行为属于表见代理行为,为保护善意第三人的合法权益,该有限合伙人应对该笔交易承担与普通合伙人同样的无限连带责任。

> **探究与发现**
>
> 通过上述学习,你是否对"导入"所提出的问题进行了相关的思考?案例2中,对于与D公司签订的协议,张某是否需承担支付价款的责任?
>
> 上述案例2中,D公司若有理由相信张某是作为长跃运输有限合伙公司的普通合伙人与其签订的车辆买卖协议,则张某对于该协议约定的支付价款与李某、陆某同时承担无限连带责任。

2. 合伙企业与债权人的关系

有限合伙人的自有财产不足清偿其与合伙企业无关的债务的,该合伙人可以以其从有限合伙企业中分取的收益用于清偿;债权人也可以依法请求人民法院强制执行该合伙人在有限合伙企业中的财产份额用于清偿。人民法院强制执行有限合伙人的财产份额时可以采取变卖、拍卖等方式,并应当通知全体合伙人;在同等条件下,其他合伙人有优先购买权。

(五)有限合伙人的入伙与退伙

1. 有限合伙人的入伙

有限合伙人的入伙是指在有限合伙企业存续期间,合伙人以外的第三人加入有限合伙企业并取得有限合伙人资格的法律行为。

有限合伙人入伙的条件与普通合伙人入伙的条件相同,并应当在合伙协议中具体约定。

新入伙的有限合伙人对入伙前有限合伙企业的债务,以其认缴的出资额为限承担责任。

2. 有限合伙人的退伙

有限合伙人的退伙是指有限合伙人退出有限合伙企业并丧失有限合伙人资格的法律行为。

有限合伙人退伙的原因除了表12.1"当然退伙"中第②项"个人丧失偿债能力"这一条件外,与普通合伙人退伙的原因相同,并应当在合伙协议中具体约定。

作为有限合伙人的自然人在有限合伙企业存续期间丧失民事行为能力的,其他合伙人不得因此要求其退伙;作为有限合伙人的自然人死亡、被依法宣告死亡或者作为有限合伙人的法人及其他组织终止时,其继承人或者权利承受人可以依法取得该合伙人在有限合伙企业中的资格。

有限合伙人退伙后,对基于其退伙前原因发生的有限合伙企业债务,以其退伙时从有限合伙企业中取回的财产承担责任。

有限合伙企业仅剩有限合伙人的,应当解散;有限合伙企业仅剩普通合伙人的,应当转为普通合伙企业。

(六)有限合伙人与普通合伙人的相互转变

除合伙协议另有约定外,普通合伙人转变为有限合伙人,或者有限合伙人转变为普通合伙人,应当经全体合伙人一致同意。有限合伙人转变为普通合伙人的,对其作为有限合伙人期间有限合伙企业发生的债务承担无限连带责任。普通合伙人转变为有限合伙人的,对其作为普通合伙人期间合伙企业发生的债务承担无限连带责任。

> **探究与发现**
>
> 通过上述学习,你是否对"导入"所提出的问题进行了相关的思考?案例2中,张

某转变为普通合伙人的行为是否合法？转变为普通合伙人后，张某主张对贷款以其出资额为限清偿债务的理由是否成立？

案例2中，张某作为一名有限合伙人，想要转变为普通合伙人，应当经过李某、陆某、小王和魏某的一致同意，因此在该案例中，张某经过全体合伙人的一致同意，从有限合伙人转变为普通合伙人的行为是合法的；对于银行要求其偿还10万元债务，由有限合伙人转变为普通合伙人的，也应对在其作为有限合伙人期间发生的债务承担无限连带责任，因此张某主张该贷款发生在其作为有限合伙人阶段，只能以其出资额为限清偿债务的说法是不合法的。

第三节 合伙企业的解散与清算

一、合伙企业的解散

合伙企业有下列情形之一的，应当解散：① 合伙期限届满，合伙人决定不再经营；② 合伙协议约定的解散事由出现；③ 全体合伙人决定解散；④ 合伙人已不具备法定人数满30天；⑤ 合伙协议约定的合伙目的已经实现或者无法实现；⑥ 依法被吊销营业执照、责令关闭或者被撤销；⑦ 法律、行政法规规定的其他原因。

探究与发现

通过上述学习，你是否对"导入"所提出的问题进行了相关的思考？案例1和案例2中合伙企业的解散是否合法？

案例1中，由于宝灵五金钢材店亏损严重，甲、乙、丁决定解散合伙企业的，"宝灵五金钢材店"应当解散；在案例2中，由于约定的5年经营期间届满，"长跃运输有限合伙公司"也应当解散。

二、合伙企业的清算

（一）清算人的确定

合伙企业解散，应当由清算人进行清算。清算人由全体合伙人担任；经全体合伙人过半数同意，可以自合伙企业解散事由出现后15日内指定一个或者数个合伙人，或者委托第三人，担任清算人。自合伙企业解散事由出现之日起15日内未确定清算人的，合伙人或者其他利害关系人可以申请人民法院指定清算人。

（二）清算人的职责

清算人在清算期间执行下列事务：① 清理合伙企业财产，分别编制资产负债表和财产清单;②处理与清算有关的合伙企业未了结事务;③清缴所欠税款;④清理债权、债务;⑤处理合伙企业清偿债务后的剩余财产;⑥代表合伙企业参加诉讼或者仲裁活动。

(三)清算通知和债权登记

清算人自被确定之日起10日内将合伙企业解散事项通知债权人,并于60日内在报纸上公告。债权人应当自接到通知书之日起30日内,未接到通知书的自公告之日起45日内,向清算人申报债权。债权人申报债权,应当说明债权的有关事项,并提供证明材料。清算人应当对债权进行登记。清算期间,合伙企业存续,但不得开展与清算无关的经营活动。

(四)财产清偿顺序

合伙企业财产在支付清算费用和职工工资、社会保险费用、法定补偿金以及缴纳所欠税款、清偿债务后的剩余财产,按照合伙协议的约定办理;合伙协议未约定或者约定不明确的,由合伙人协商决定;协商不成的,由合伙人按照实缴出资比例分配;无法确定出资比例的,由合伙人平均分配。

合伙企业不能清偿到期债务的,债权人可以依法向人民法院提出破产清算申请,也可以要求普通合伙人清偿。合伙企业依法被宣告破产的,普通合伙人对合伙企业债务仍应承担无限连带责任。

(五)结束清算

清算结束,清算人应当编制清算报告,经全体合伙人签名、盖章后,在15日内向企业登记机关报送清算报告,申请办理合伙企业注销登记。合伙企业注销后,原普通合伙人对合伙企业存续期间的债务仍应承担无限连带责任。

第四节 争议解决

合伙人履行合伙协议发生争议的,合伙人可以通过协商或者调解解决;不愿通过协商、调解解决或者协商、调解不成的,可以按照合伙协议约定的仲裁条款或者事后达成的书面仲裁协议,向仲裁机构申请仲裁;合伙协议中未订立仲裁条款,事后又没有达成书面仲裁协议的,可以向人民法院起诉。

本 章 小 结

本章从合伙企业及合伙企业法的概念入手,分别对普通合伙企业及有限合伙企业的设立条件、出资方式、合伙企业财产、合伙事务执行、入伙退伙等具体规定进行阐述,并说明了合伙企业的解散和清算制度,体现了《合伙企业法》通过规范合伙企业的组织和行为,有利于保护合伙企业及其有关利害关系人的合法权益,使合伙企业的活动纳入法制轨道,

思考题

1. 合伙企业的设立有哪些必备条件?
2. 普通合伙企业、特殊的普通合伙企业和有限合伙企业有哪些区别?
3. 2020年5月,甲、乙、丙、丁共同出资设立了一家有限合伙企业,合伙协议中约定:① 甲以现金5万元出资,乙以房屋作价9万元出资,丙以劳务作价2万元、知识产权作价6万元出资,丁以现金8万元出资;② 丁为普通合伙人,甲、乙、丙均为有限合伙人;③ 各合伙人按相同比例分配盈利、承担亏损;④ 合伙企业的事务由丙和丁执行,甲和乙不执行合伙企业事务,也不对外代表合伙企业;⑤ 普通合伙人向合伙人以外第三人转让财产份额的,无须经过其他合伙人同意;⑥ 合伙企业取名为"龙腾四海物流合伙"。

    问题:该合伙协议中的哪些约定是违法的?

4. 王某与A公司协商后决定设立一家普通合伙企业。合伙协议规定:A公司向合伙企业出资20万元;王某负责经营管理,但无须对合伙企业进行出资;A公司每年从合伙企业中取得60%的收益,但亏损时的责任和风险由王某独自承担。随后,双方共同向登记机关申请合伙登记,登记机关工作人员李某在收取了王某的贿赂后作出了登记决定,并颁发了合伙企业营业执照。后王某为了经营方便一直使用A公司的名义对外进行经营活动。

    问题:上述案例中有哪些违法行为?应如何处理?

拓展学习

《民法典》确立了包括合伙企业在内的非法人组织的独立民事主体地位,《民法典》合同编增设"合伙合同"强化了契约型与组织型合伙财产性质的差异,但由于《合伙企业法》规定普通合伙人承担无限连带责任,因此有必要对合伙企业财产制度重新解释。普通合伙人对合伙企业承担的债务既非有限责任,也非连带责任,而是无限责任。无限责任应该定性为法定担保责任。合伙企业对外承担责任的担保财产,第一序位是合伙企业的全部财产,第二序位是全体普通合伙人的财产总和,两者需通过外观表见来彼此区隔,从而为交易第三人和司法裁判机关识别。不同于契约型合伙财产共有,合伙企业财产性质既非合伙人共有,也非相对独立,而是独立所有。现代合伙企业组织的独特价值,就在于强制性规范确立的独立财产制度与契约自由建立的治理机制的完美结合。

第十三章

企业破产法

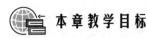 **本章教学目标**

企业破产法的制定是为了规范企业破产程序,公平清理债权债务,保护债权人和债务人的合法权益,维护社会主义市场经济秩序。通过本章的学习,学生应了解破产和破产法的概念以及破产界限,熟悉破产程序,掌握破产管理人、债权人会议、破产重整与破产和解、破产财产分配等内容,能够分析破产企业的法律现象。

 本章核心概念

破产;破产程序;破产费用;共益债务

 导入

【案例1】 2018年4月24日,甲公司就自己不能支付到期债务并且明显缺乏清偿能力向人民法院递交了破产申请书并提出破产申请,破产申请书上载明了甲公司的基本情况、申请破产的事实等。人民法院于2018年5月5日裁定受理甲公司的破产申请,并指定乙会计师事务所担任破产管理人。管理人接管甲公司后,对其资产、负债进行了清理,情况如下:

一、人民法院受理破产申请时,甲公司的资产总额为5 600万元(全部财产的变现价值)。其中,厂房变现价值520万元,办公楼变现价值650万元,全部机器设备变现价值480万元。

二、人民法院受理破产申请时,甲公司流动负债情况为:

(一)应付职工工资180万元,未交税金220万元;

(二)应付账款800万元,包括但不限于:

1. 应付丙公司到期货款380万元。丙公司多次催要无果后向人民法院提起诉讼,2018年4月14日,人民法院终审判决甲公司支付丙公司欠款及违约金和赔偿金等共计400万元。丙公司申请强制执行,人民法院对甲公司办公楼予以查封;人民法院受理甲公司破产申请时,此判决尚未执行。

2. 应付丁公司2016年4月20日到期货款180万元。2015年3月20日应丁公司的要求，甲公司与丁公司签订了一份担保合同，担保合同约定：以甲公司全部机器设备作抵押，若2016年3月20日前甲公司仍不能支付丁公司180万元的货款，则以甲公司机器设备变卖受偿。

3. 应付戊公司2017年8月1日到期货款200万元。应戊公司的要求，甲公司为保证到期支付该笔货款，在价值150万元的设备上为戊公司设定了留置权。

4. 林某欠甲公司债务20万元。

三、2017年11月，甲公司为逃避债务而隐匿230万元财产。

四、2018年2月，甲公司已经知道自己不能清偿到期债务，即将破产，仍向债权人己公司清偿了90万元。

五、2018年4月27日，甲公司向庚公司购买了用于生产的原材料，约定先付50万元定金，剩余50万元尾款等货物到达验收合格后支付。次日，庚公司安排将该批原材料运输至甲公司，但直到2018年5月5日，该批原材料还在运输途中，庚公司得知甲公司破产申请被受理后，通知了甲公司取回该批原材料。

六、甲公司的股东用于出资的房产在出资时作价600万元，而当时实际价值仅为520万元。

七、甲公司与王某于2018年3月26日签订了价值80万元的买卖合同，但合同尚未履行，至2018年7月10日，乙会计师事务所也未通知王某履行合同。

八、人民法院诉讼费用为30万元，管理人报酬20万元，为继续营业而支付的职工工资及社会保险费用150万元。

经查，甲公司用于抵押的厂房、机器设备于合同签订的当天全部办理了抵押登记手续。

问题：

（1）甲公司的破产原因属于哪一类？甲公司的破产申请书所载事项是否完整？人民法院受理破产申请后是否在规定时间内作出了受理与否的裁定？

（2）上述债务中哪些属于破产费用和共益债务？应如何清偿？

（3）人民法院对甲公司办公楼的查封这一措施应如何处理？

（4）甲公司与丁公司之间的担保合同能否撤销？甲公司与王某签订的买卖合同应如何处理？

（5）对于甲公司在设备上为戊公司设定的留置权，乙会计师事务所能否要求取回？

（6）林某欠甲公司的20万元应如何处理？

（7）甲公司隐匿财产的行为应如何定性？甲公司对己公司的清偿行为是否有效？

（8）庚公司取回原材料的行为是否合法？

（9）甲公司股东的行为应如何处理？

【案例2】 2019年7月5日，A公司以其不能清偿到期债务并明显缺乏清偿能力为由，向人民法院申请重整，人民法院于2019年7月11日受理了A公司的重整申请，并指定A公司自己为破产管理人。A公司现有债权债务关系如下:向B银行贷款500万元并签订了担保合同;分别应付C公司、D公司、E公司到期货款200万元、100万元、50万元;拖欠F公司装修费用100万元;拖欠G公司清洁费30万元。各债权人在人民法院受理A公司的重整申请后均申报了债权。2019年9月1日,人民法院召集了第一次债权人会议。2020年1月15日,A公司向法院及债权人会议递交了重整计划草案。2020年1月23日,人民法院召集了第二次债权人会议,就A公司的重整草案进行表决,所有债权人均出席了会议,其中B银行、C公司、E公司和G公司同意该重整方案,而D公司及F公司持反对意见。2020年2月2日,A公司向人民法院提出了批准重整计划的申请,人民法院于2020年2月26日裁定批准。

问题:
(1) B银行的担保权应如何处理?
(2) A公司是否在规定期限内提交了重整计划草案?
(3) A公司的重整计划草案是否通过?
(4) A公司申请批准重整计划的行为及法院裁定批准的行为是否均合法?

带着这些问题,让我们进入本章的学习。

第一节 企业破产法概述

一、破产

(一) 破产的概念

破产是商品经济社会发展到一定阶段必然出现的法律现象,是商品经济条件下市场竞争的必然产物。在法律层面,破产有实体和程序两个方面的含义。从实体方面看,破产是指债务人无力清偿债务的一种事实状态,主要包括资不抵债和因资金周转问题陷入停止支付的状态。从程序方面看,破产主要包括清算程序、和解程序和重整程序。清算程序是指在债务人不能清偿到期债务时,由法院宣告其破产并主持对其全部财产进行清算,公平清偿全体债权人的法律程序;和解程序是指在债务人不能清偿到期债务时,在法院监督下,由债务人与债权人会议达成和解协议的方式清偿债务,从而避免破产清算的法律程序。重整程序是指在债务人不能清偿到期债务时,通过企业重整的方式清偿债务,从而避免企业破产的法律程序。

(二) 破产的法律特征

破产作为一种既能对债务人进行有效救济,又能公平保护债权人利益的特殊司法上的偿债程序,具有以下法律特征:

(1) 破产是一种特殊的执行程序。破产程序是为了全体债权人的利益而对债务人的全部财产依法强制执行的程序。从对债务的清偿角度看,破产具有执行程序的属性。作为一种特殊的执行程序,破产程序和普通执行程序相同,没有设置解决当事人之间实体争议的相应程序,因此不具有解决当事人之间实体民事争议的功能。对于债务人与债权人或其他利害关系人之间的实体民事争议,应在破产程序之外通过诉讼程序解决,只有无争议的或由法院、仲裁机构生效裁判确定的债权债务关系,才能在破产程序中被依法执行。

(2)破产是在特定情况下启动的一种执行程序。启动破产程序清偿债务必须具有法定的事实依据,即债务人不能清偿到期债务,并且资产不足以清偿全部债务或者明显缺乏清偿能力时,破产程序才可启动。除法律有特别规定外,在不具备法定事实依据的前提下,不能启动破产程序。

(3)破产是对债务人现有的全部债权债务关系的彻底清算。启动破产程序对债务人的全部财产进行清算,会导致债务人丧失继续经营的财产基础和民事主体资格,从而会促使对债务人全部债权债务关系的彻底清算。

(4)破产既能公平保障债权人的债权利益,也能公平保护债务人的合理权益。债务人破产情况下,其破产财产一般不能满足全体债权人的清偿要求,因此必须通过破产程序公平清偿,从而使各债权人得到与其债权性质及数额相适应的清偿,由此可见破产程序是对全体债权人的公平救济。同时,债务人作为启动破产程序的申请人,在破产程序中也受到和解程序、重整程序等制度的特别保护以避免破产。

二、企业破产法

(一)企业破产法的概念

企业破产法是调整企业破产关系的法律规范的总称,即在债务人无法清偿到期债务时,由人民法院宣告其破产并主持将其全部财产执行强制清算,公平清偿全体债权人,或通过债务人与债权人会议达成和解协议以避免企业破产,或通过企业重整以避免企业破产的法律规范的总称。

企业破产法有狭义和广义之分。狭义的企业破产法仅指对企业债务人进行破产清算的法律规范;广义的企业破产法还包括和解制度和重整制度方面的法律规范。破产清算、破产和解和破产重整构成了现代企业破产法律制度。《中华人民共和国企业破产法》[①](以下简称《企业破产法》)的基本内容包括破产程序规范、破产实体规范和破产法律责任三部分。

(二)企业破产法的基本原则

1. 债权人公平受偿原则

破产法创设的最初目的是在全体债权人之间公平分配有限的破产财产,债权人公平受偿原则是保障所有债权人公平实现债权的基本准则,是破产法最基本的原则,其不仅能

---

① 《中华人民共和国企业破产法》于2006年8月27日经第十届全国人民代表大会常务委员会第二十三次会议审议通过,自2007年6月1日起实施。

保障各债权人都有公平受偿的机会,也能使性质相同的债权在受偿权利方面一律平等地按债权数额比例清偿。

2. 破产与拯救相结合原则

破产与拯救相结合原则是破产法现代化的一个重要标志。在破产程序中,对于无力清偿债务且没有挽救希望的企业,应当通过破产宣告进行破产清算,从而保护企业债务人、债权人及各利害关系人的合法权益;对于无力清偿债务但有挽救希望的企业,应当通过和解程序、重整程序以此避免企业破产,从而实现拯救企业的目的。

3. 破产免责原则

破产免责原则是指在破产程序终结后,对于符合法定免责条件的诚实的债务人未能依破产程序清偿的债务,在法定范围内予以免除继续清偿的责任。破产免责责任又分为许可免责和当然免责。许可免责是指当债务人符合免责条件时,可以向法院申请免责,未经法院许可,不得免责;当然免责是指债务人在破产程序终结时,除犯有欺诈破产罪外,无须申请并经法院许可,即可当然享有免责利益。

4. 破产域外效力原则

对外国法院作出的发生法律效力的破产案件的判决、裁定,涉及债务人在中华人民共和国领域内的财产,申请或者请求人民法院承认和执行的,人民法院依照中华人民共和国缔结或者参加的国际条约,或者按照互惠原则进行审查,认为不违反中华人民共和国法律的基本原则,不损害国家主权、安全和社会公共利益,不损害中华人民共和国领域内债权人的合法权益的,裁定承认和执行。

除此之外,企业破产法的原则还包括职工权益保障原则和破产责任追究原则,人民法院审理破产案件时,应当依法保障企业职工的合法权益,依法追究破产企业经营管理人员的法律责任。

第二节 破产申请和受理

一、破产申请

破产申请是指债务人、债权人或其他申请人向有管辖权的法院提出的对债务人进行破产清算、破产和解或者破产重整的意思表示。对于破产程序的启动,我国采取申请主义,未经申请人申请,法院不得依职权启动破产程序。

(一) 破产原因

破产原因是指债务人、债权人或其他申请人启动破产程序的事实依据,是提出破产申请的必要条件。

1. 债务人提出破产申请的破产原因

(1) 不能清偿到期债务,并且资产不足以清偿全部债务。不能清偿到期债务,即为无力偿债,是指债务履行期限届满后,债务人并未实际履行债务。资产不足以清偿全部债务,即为资不抵债,是指企业法人因经营不善出现亏损,在其资产负债表上,全部资产之和小于其对外需承担的全部债务。

(2) 不能清偿到期债务,并且明显缺乏清偿能力。明显缺乏清偿能力,是指债务人的资产状况表明其明显不具有清偿债务的能力。

明显缺乏清偿能力与资产不足以清偿全部债务构成并列的选择关系,两者均不能单独作为判断债务人启动破产程序的标准,只有在债务人不能清偿债务的前提下,再满足两者之一的条件,债务人才可提出破产申请。

> **探究与发现**
>
> 通过上述学习,你是否对"导入"所提出的问题进行了相关的思考?案例1中,甲公司的破产原因属于哪一类?
>
> 案例1中,甲公司作为债务人,以自己的名义向人民法院申请破产,其申请破产的原因便是自己不能清偿到期债务并且明显缺乏清偿能力,符合破产申请的主体要求。

2. 债权人提出破产申请的破产原因

债权人提出破产申请的破产原因相较于债务人而言,较为宽松。债务人不能清偿到期债务,债权人即可向法院提出针对债务人的破产申请。

(二) 破产申请人

1. 债务人

债务人不能清偿到期债务,并且资产不足以清偿全部债务或者明显缺乏清偿能力的,可以向人民法院提出重整、和解或者破产清算申请。案例1即为破产申请人为债务人的情形,甲公司作为债务人,由于其自身不能清偿到期债务且明显缺乏清偿能力,便作为破产申请人向人民法院提出了破产清算申请,甲公司作为破产申请人是合法的。

2. 债权人

债务人不能清偿到期债务,债权人可以向人民法院提出对债务人进行重整或者破产清算的申请。

3. 其他申请人

除债权人和债务人之外,特定范围内的第三人也有提出破产申请的权利。企业法人已解散但未清算或者未清算完毕,资产不足以清偿债务的,依法负有清算责任的人应当向人民法院申请破产清算;商业银行、证券公司、保险公司等金融机构不能清偿到期债务,并且资产不足以清偿全部债务或者明显缺乏清偿能力的,国务院金融监督管理机构可以向人民法院提出对该金融机构进行重整或者破产清算的申请。

(三) 破产申请的管辖

破产申请的管辖,是指各级法院之间以及不同地区同级法院之间受理破产申请的职权范围和具体分工,主要分为级别管辖和地域管辖。

1. 级别管辖

基层人民法院一般管辖县、县级市或区的登记机关核准登记企业的破产案件;中级人民法院一般管辖地区、地级市(含本级)以上登记机关核准登记的企业破产案件;纳入国家计划调整的企业破产案件,由中级人民法院管辖。

2. 地域管辖

企业破产案件由债务人住所地人民法院管辖。债务人住所地是指债务人的主要办事机构所在地,没有主要办事机构所在地或主要办事机构所在地不明确的,由其注册地人民法院管辖。

(四) 破产申请文件

破产申请文件是申请人向法院提出破产申请时应当提交的法定文件。

申请人向人民法院提出破产申请,应当提交破产申请书和有关证据。破产申请书应当载明下列事项:① 申请人、被申请人的基本情况;② 申请目的;③ 申请的事实和理由;④ 人民法院认为应当载明的其他事项。债务人提出申请的,还应当向人民法院提交财产状况说明、债务清册、债权清册、有关财务会计报告、职工安置预案以及职工工资的支付和社会保险费用的缴纳情况。

> **探究与发现**
>
> 通过上述学习,你是否对"导入"所提出的问题进行了相关的思考?案例1中,甲公司的破产申请书所载事项是否完整?
>
> 案例1中,由于甲公司是作为债务人提出的破产申请,因此递交的破产申请书上应载明甲公司的基本情况、其申请破产的目的、事实和理由,但上述案例中甲公司的破产申请书上只载明了其公司的基本情况和申请破产的事实,还应载明申请目的和申请的理由。

(五) 破产申请的撤回

人民法院受理破产申请前,申请人可以请求撤回申请。对于申请人提出撤回申请的请求,法院应考虑其撤回行为是否存在恶意的权利滥用、是否会损害其他当事人的合法利益,若不存在上述情况,则应以裁定的方式准许破产申请的撤回。在破产申请撤回后,申请人仍然有权就同一案件以同一理由再次提出破产申请,但为防止权利滥用,应对从破产申请撤回到再次提起破产申请的间隔时间加以限制。

二、破产受理

破产受理,即为破产立案,是指人民法院在收到破产申请后,经审查认为破产申请符合法定立案条件而予以接受,并由此启动破产程序的司法行为。

（一）破产受理的程序

1. 法院审查

人民法院收到申请人提出的破产申请后,应当对其进行审查,审查分为形式审查和实质审查。形式审查主要审查法院的管辖权:破产申请是否属于该法院的管辖范围、申请人的主体资格即申请人是否有提起破产申请的权利,以及申请文件的合法性即文件内容是否符合要求、证据是否完整。实质审查主要审查债务人的破产能力以及破产原因,即是否达到破产界限。

2. 受理时限

债权人提出破产申请的,人民法院应当自收到申请之日起5日内通知债务人,债务人对申请有异议的,应当自收到人民法院的通知之日起7日内向人民法院提出,人民法院应当自异议期满之日起10日内裁定是否受理。债务人或其他申请人提出破产申请的,人民法院应当自收到破产申请之日起15日内裁定是否受理。有特殊情况需要延长裁定受理期限的,经上一级人民法院批准,可以延长15日。

> **探究与发现**
>
> 通过上述学习,你是否对"导入"所提出的问题进行了相关的思考?案例1中,人民法院受理破产申请后是否在规定时间内作出了是否受理的裁定?
>
> 案例1中,甲公司作为债务人于2018年4月24日向人民法院提出破产申请,人民法院应当自收到破产申请之日起15日内裁定是否受理,即应当在2018年5月9日之前作出裁定,因此人民法院于2018年5月5日裁定受理甲公司的破产申请是合法的。

3. 作出裁定

对于申请人的破产申请,人民法院依法审查后,可以作出予以受理、不予受理或驳回申请的裁定。

（1）予以受理。人民法院受理破产申请的,应当自裁定作出之日起5日内送达申请人;债权人提出申请的,人民法院应当自裁定作出之日起5日内送达债务人,债务人应当自裁定送达之日起15日内,向人民法院提交财产状况说明、债务清册、债权清册、有关财务会计报告以及职工工资的支付和社会保险费用的缴纳情况。人民法院裁定受理破产申请的,应当同时指定管理人。人民法院应当自裁定受理破产申请之日起25日内通知已知债权人,并予以公告,通知和公告应当载明下列事项:① 申请人、被申请人的名称或者姓名;② 人民法院受理破产申请的时间;③ 申报债权的期限、地点和注意事项;④ 债务人的债务人或者财产持有人应当向管理人清偿债务或者交付财产的要求;⑤ 第一次债权人会议召开的时间和地点;⑥ 人民法院认为应当通知和公告的其他事项。

（2）不予受理。人民法院裁定不受理破产申请的,应当自裁定作出之日起5日内送达申请人并说明理由;申请人对裁定不服的,可以自裁定送达之日起 10 日内向上一级人民法院提起上诉。

(3) 驳回起诉。人民法院受理破产申请后至破产宣告前,经审查发现债务人不符合"不能清偿到期债务,并且资产不足以清偿全部债务或者明显缺乏清偿能力的"情形的,可以裁定驳回申请。申请人对裁定不服的,可以自裁定送达之日起 10 日内向上一级人民法院提起上诉。

(二) 破产受理的法律效果

1. 债务人的义务

自人民法院受理破产申请的裁定送达债务人之日起至破产程序终结之日,债务人的有关人员(指企业的法定代表人;经人民法院决定,还可以包括企业的财务管理人员和其他经营管理人员)须承担下列义务:① 妥善保管其占有和管理的财产、印章和账簿、文书等资料;② 根据人民法院、管理人的要求进行工作,并如实回答询问;③ 列席债权人会议并如实回答债权人的询问;④ 未经人民法院许可,不得离开住所地;⑤ 不得新任其他企业的董事、监事、高级管理人员。

2. 限制债务人对个别债权人的清偿行为

人民法院受理破产申请后,债务人对个别债权人的债务清偿无效。个别清偿是指债务人在破产申请受理后对实际存在的债务实施的清偿,个别清偿是绝对无效的。

> **探究与发现**
>
> 通过上述学习,你是否对"导入"所提出的问题进行了相关的思考?案例 1 中,甲公司对己公司的清偿行为是否有效?
>
> 案例 1 中,甲公司作为债务人,在人民法院受理破产申请后,应停止对个别债权人的债务清偿,但甲公司在法院受理破产申请后依旧向己公司清偿了 90 万元债务,这一行为属于个别清偿行为,是无效的。

3. 债务人债权的处理

人民法院受理破产申请后,债务人的债务人或者财产持有人应当向管理人清偿债务或者交付财产。债务人的债务人或者财产持有人故意违反《企业破产法》规定向债务人清偿债务或者交付财产,使债权人受到损失的,不免除其清偿债务或者交付财产的义务。

> **探究与发现**
>
> 通过上述学习,你是否对"导入"所提出的问题进行了相关的思考?案例 1 中,林某欠甲公司的 20 万元应如何处理?
>
> 案例 1 中,林某欠甲公司 20 万元,其为破产债务人甲公司的债务人,在人民法院受理甲公司的破产申请后,林某应向管理人乙会计师事务所清偿 20 万元债务。

4. 债务人未履行合同的处理

人民法院受理破产申请后,管理人对破产申请受理前成立而债务人和对方当事人均未履行完毕的合同有权决定解除或者继续履行,并通知对方当事人。管理人自破产申请受理之日起2个月内未通知对方当事人,或者自收到对方当事人催告之日起30日内未答复的,视为解除合同。管理人决定继续履行合同的,对方当事人应当履行;但是,对方当事人有权要求管理人提供担保,管理人不提供担保的,视为解除合同。

> **探究与发现**
>
> 通过上述学习,你是否对"导入"所提出的问题进行了相关的思考?案例1中,甲公司与王某签订的买卖合同应如何处理?
>
> 案例1中,甲公司与王某在法院受理甲公司的破产申请前便签订了买卖合同,但还未实际履行,乙会计师事务所直至2018年7月10日也未通知王某履行合同,超出了2个月的期限,因此该买卖合同视为解除。

5. 对相关民事程序的效力

人民法院受理破产申请后,有关债务人财产的保全措施应当解除,执行程序应当中止;已经开始而尚未终结的有关债务人的民事诉讼或者仲裁应当中止;在管理人接管债务人的财产后,该诉讼或者仲裁继续进行。

> **探究与发现**
>
> 通过上述学习,你是否对"导入"所提出的问题进行了相关的思考?案例1中,人民法院对甲公司办公楼的查封这一措施应如何处理?
>
> 案例1中,在人民法院受理甲公司的破产申请后,对甲公司办公楼的查封这一保全措施应当解除,办公楼应计入破产财产,债权人丙公司可以申报400万元的破产债权。

人民法院受理破产申请后,有关债务人的民事诉讼,只能向受理破产申请的人民法院提起。国务院金融监督管理机构依法对出现重大经营风险的金融机构采取接管、托管等措施的,可以向人民法院申请中止以该金融机构为被告或者被执行人的民事诉讼程序或者执行程序。

第三节 破产管理人与债务人财产

一、破产管理人

(一)破产管理人的概念

破产管理人是指破产程序开始后,全面接管企业债务人并负责其财产管理和破产事务的专门机构,即在企业进行清算、和解以及重整过程中,对破产企业的财产管理、营业维持、财产处分等事项进行管理的人。

(二) 破产管理人的确定方式及产生时间

管理人由人民法院指定;债权人会议认为管理人不能依法、公正执行职务或者有其他不能胜任职务情形的,可以申请人民法院予以更换。指定管理人和确定管理人报酬的办法,由最高人民法院规定。为实现债务人财产的及时保全,人民法院裁定受理破产申请时,应当同时指定破产管理人。案例1中,人民法院指定乙会计师事务所作为破产管理人的行为是合法的。

(三) 破产管理人的任职条件

管理人可以由有关部门、机构的人员组成的清算组或者依法设立的律师事务所、会计师事务所、破产清算事务所等社会中介机构担任。人民法院根据债务人的实际情况,可以在征询有关社会中介机构的意见后,指定该机构具备相关专业知识并取得执业资格的人员担任管理人。有下列情形之一的,不得担任管理人:① 因故意犯罪受过刑事处罚;② 被吊销相关专业执业证书;③ 与本案有利害关系;④ 人民法院认为不宜担任管理人的其他情形。

管理人经人民法院许可,可以聘用必要的工作人员。管理人的报酬由人民法院确定,债权人会议对管理人的报酬有异议的,有权向人民法院提出。

(四) 破产管理人的职责

管理人履行下列职责:① 接管债务人的财产、印章和账簿、文书等资料;② 调查债务人财产状况,制作财产状况报告;③ 决定债务人的内部管理事务;④ 决定债务人的日常开支和其他必要开支;⑤ 在第一次债权人会议召开之前,决定继续或者停止债务人的营业;⑥ 管理和处分债务人的财产;⑦ 代表债务人参加诉讼、仲裁或者其他法律程序;⑧ 提议召开债权人会议;⑨ 人民法院认为管理人应当履行的其他职责。

此外,破产管理人应当勤勉尽责,忠实执行职务;依照《企业破产法》规定执行职务,其还应当向人民法院报告工作,并接受债权人会议和债权人委员会的监督;应当列席债权人会议,向债权人会议报告职务执行情况,并回答询问。

二、债务人财产

(一) 债务人财产的范围

破产申请受理时属于债务人的全部财产,以及破产申请受理后至破产程序终结前债务人取得的财产,为债务人财产。因此,债务人财产包括两部分:

(1) 破产申请受理时属于债务人的全部财产,即债务人在破产申请受理时所有的或者经营管理的全部财产,包括有形财产、无形财产、货币、有价证券、投资收益等。

(2) 破产申请受理后至破产程序终结前债务人取得的财产,包括债务人的债务人清偿的财产或者财产持有人交付的财产、债务人继续履行合同取得的财产、债务人财产所生孳息等。

（二）债务人财产的管理

1. 破产撤销权

破产撤销权是指对于债务人在法院受理破产申请前一定期限内实施的有损于债务人财产从而损害债权人利益的行为，管理人有请求人民法院予以撤销的权利。破产撤销权适用于两种情形：

（1）可撤销行为。人民法院受理破产申请前一年内，涉及债务人财产的下列行为，管理人有权请求人民法院予以撤销：① 无偿转让财产的；② 以明显不合理的价格进行交易的；③ 对没有财产担保的债务提供财产担保的；④ 未到期的债务提前清偿的；⑤ 放弃债权的。

> **探究与发现**
>
> 通过上述学习，你是否对"导入"所提出的问题进行了相关的思考？案例1中，甲公司与丁公司之间的担保合同能否撤销？
>
> 案例1中，甲公司应丁公司的要求，对于丁公司的180万元货款，双方签订了担保合同，设定了抵押担保，但是设定该抵押担保的时间距离人民法院受理甲公司破产申请的时间超过了一年，因此管理人乙会计师事务所不能向人民法院申请撤销该抵押担保。

（2）个别清偿行为。人民法院受理破产申请前6个月内，债务人有"不能清偿到期债务，并且资产不足以清偿全部债务或者明显缺乏清偿能力"的情形，仍对个别债权人进行清偿的，管理人有权请求人民法院予以撤销。但是，个别清偿使债务人财产受益的除外，例如为维持企业经营，购买生产所需的原材料而支付的价款。案例1中，甲公司在人民法院受理其破产申请后，依旧对己公司的债务进行清偿的行为是个别清偿行为，属于可撤销情形，管理人乙会计师事务所有权请求人民法院予以撤销。

2. 出资补足义务

出资补足是指破产管理人在债务人的出资人未履行出资义务的情况下，依法要求其继续履行出资义务，补足出资金额的行为。人民法院受理破产申请后，债务人的出资人尚未完全履行出资义务的，管理人应当要求该出资人缴纳所认缴的出资，而不受出资期限的限制。

> **探究与发现**
>
> 通过上述学习，你是否对"导入"所提出的问题进行了相关的思考？案例1中，对于甲公司股东的出资应如何处理？
>
> 案例1中，甲公司的股东用于出资的房产在出资时作价600万元，而出资时的实际价值仅为520万元，该行为属于尚未完全履行出资义务，不受该股东出资期限的限制，乙会计师事务所应当要求其补足其余80万元。

3. 破产追回权

债务人的董事、监事和高级管理人员利用职权从企业获取的非正常收入和侵占的企业财产,管理人应当追回。

4. 破产取回权

破产取回权是以物权为基础的特定物返还请求权,是物权人向占有人提出的特定物返还请求权,可分为管理人取回权和权利人取回权。

(1) 管理人取回权。管理人取回权是指管理人从财产占有人处取回属于债务人财产的请求权。人民法院受理破产申请后,管理人可以通过清偿债务或者提供为债权人接受的担保,取回质物、留置物。债务清偿或者替代担保,在质物或者留置物的价值低于被担保的债权额时,以该质物或者留置物当时的市场价值为限。

> **探究与发现**
>
> 通过上述学习,你是否对"导入"所提出的问题进行了相关的思考?案例1中,对于甲公司在设备上为戊公司设定的留置权,乙会计师事务所能否要求取回?
>
> 案例1中,甲公司为按时履行戊公司的到期货款,在其价值150万元的设备上为戊公司设定了留置权,人民法院受理甲公司的破产申请后,乙会计师事务所作为管理人有权通过清偿200万元债务的方式,将留置物即价值150万元的设备取回。

(2) 权利人取回权。权利人取回权是指权利人从管理人接管的财产中取回不属于债务人而属于自己财产的请求权。权利人取回权又可分为一般取回权和特别取回权。① 一般取回权:人民法院受理破产申请后,债务人占有的不属于债务人的财产,该财产的权利人可以通过管理人取回,但是《企业破产法》另有规定的除外。② 特别取回权:人民法院受理破产申请时,出卖人已将买卖标的物向作为买受人的债务人发运,债务人尚未收到且未付清全部价款的,出卖人可以取回在运途中的标的物,但是管理人可以支付全部价款,请求出卖人交付标的物。

> **探究与发现**
>
> 通过上述学习,你是否对"导入"所提出的问题进行了相关的思考?案例1中,庚公司取回原材料的行为是否合法?
>
> 案例1中,在人民法院受理破产申请时,庚公司作为出卖人已将甲公司购买的原材料发运,但甲公司在2018年5月5日之前并未收到货物且还有50万元尾款未支付,因此庚公司取回在运输途中的该批原材料是合法的。

5. 债务人的无效行为

债务人的无效行为是指债务人在破产状态下实施的使债务人财产不当减少或违反公平清偿原则从而损害债权人清偿利益,依法被确认无效的财产处分行为。

涉及债务人财产的下列行为无效：① 为逃避债务而隐匿、转移财产的；② 虚构债务或者承认不真实的债务的；③ 债务人对个别债权人的债务清偿。案例1中，甲公司为逃避债务隐匿230万元财产的行为属于无效行为。

三、破产费用和共益债务

（一）破产费用

破产费用是指人民法院受理破产申请后，为破产程序的顺利进行以及为了全体债权人的共同利益而从债务人财产中优先支付的费用。破产费用包括：① 破产案件的诉讼费用；② 管理、变价和分配债务人财产的费用；③ 管理人执行职务的费用、报酬和聘用工作人员的费用。案例1中，人民法院的诉讼费用30万元以及管理人报酬20万元属于破产费用，合计50万元。

（二）共益债务

共益债务是指人民法院受理破产申请后，为全体债权人的共同利益，破产管理人管理、变价和分配破产财产而产生的债务。共益债务包括：① 因管理人或者债务人请求对方当事人履行双方均未履行完毕的合同所产生的债务；② 债务人财产受无因管理所产生的债务；③ 因债务人不当得利所产生的债务；④ 为债务人继续营业而应支付的劳动报酬和社会保险费用以及由此产生的其他债务；⑤ 管理人或者相关人员执行职务致人损害所产生的债务；⑥ 债务人财产致人损害所产生的债务。案例1中为继续营业而支付的职工工资及社会保险费用150万元属于共益债务。

（三）破产费用和共益债务的清偿

破产费用和共益债务的清偿，采取下列原则：

（1）破产费用和共益债务由债务人财产随时清偿。破产费用的支付和共益债务的清偿，无须等到破产程序结束或进行债权申报，只要期限届满，破产管理人随时以债务人财产负责清偿。

（2）债务人财产不足以清偿所有破产费用和共益债务的，先行清偿破产费用。当破产费用和共益债务不能同时清偿时，破产费用优先于共益债务清偿。

（3）债务人财产不足以清偿所有破产费用或者共益债务的，按照比例清偿。当债务人财产不足以清偿所有破产费用时，破产费用中的各项开支由债务人财产按比例清偿，共益债务就不再清偿；当债务人财产可以清偿所有破产费用，但不足以清偿所有共益债务时，在优先清偿破产费用后，共益债务中的各项开支由债务人财产按比例清偿。

（4）债务人财产不足以清偿破产费用的，破产管理人应当提请人民法院终结破产程序。人民法院应当自收到请求之日起15日内裁定终结破产程序，并予以公告。

> **探究与发现**
>
> 通过上述学习，你是否对"导入"所提出的问题进行了相关的思考？案例1中的

> 破产费用和共益债务应如何清偿?
> 案例1中,作为破产费用的诉讼费用和管理人报酬50万元、作为共益债务支付的职工工资及社会保险费用150万元,应当随时清偿;而50万元的破产费用又应当优先于150万元的共益债务清偿。

第四节 债权申报与债权人会议

一、债权申报

债权申报是指人民法院受理破产案件后,债权人依照法定程序向破产管理人主张并证明其债权,以便参加破产程序的法律行为。

(一)债权申报的一般规定

1. 债权申报的期限

人民法院受理破产申请后,应当确定债权人申报债权的期限。债权申报期限自人民法院发布受理破产申请公告之日起计算,最短不得少于30日,最长不得超过3个月。债权人应当在人民法院确定的债权申报期限内向破产管理人申报债权。

2. 债权申报的方式

债权人申报债权时,应当书面说明债权的数额和有无财产担保,并提交有关证据;申报的债权是连带债权的,应当说明。

3. 未申报债权的后果

在人民法院确定的债权申报期限内,债权人未申报债权的,可以在破产财产最后分配前补充申报;但是此前已进行的分配,不再对其补充分配。为审查和确认补充申报债权的费用,由补充申报人承担。债权人未依法申报债权的,不得依照《企业破产法》规定的程序行使权利。

(二)债权的免申报

债务人所欠职工的工资和医疗、伤残补助、抚恤费用,所欠的应当划入职工个人账户的基本养老保险、基本医疗保险费用,以及法律、行政法规规定应当支付给职工的补偿金,不必申报,由管理人调查后列出清单并予以公示。职工对清单记载有异议的,可以要求管理人更正;管理人不予更正的,职工可以向人民法院提起诉讼。案例1中,甲公司拖欠的职工工资即属于免申报的债权。

(三)债权申报的审查

管理人收到债权申报材料后,应当登记造册,对申报的债权进行审查,并编制债权表;债权表和债权申报材料由管理人保存,供利害关系人查阅。编制的债权表应当提交第一次债权人会议核查。债务人、债权人对债权表记载的债权无异议的,由人民法院裁定确认;债务人、债权人对债权表记载的债权有异议的,可以向受理破产申请的人民法院提起诉讼。

二、债权人会议

(一)债权人会议的概念和性质

债权人会议是由全体债权人组成,在破产程序中对涉及其利益的重大事项作出决议并监督破产程序运行的破产议事机构。债权人会议是自治性机构,具有独立的法律地位,对于债权人权力行使和处分的事项,债权人在债权人会议上有充分的表达和表决权。

(二)债权人会议的组成

1. 债权人会议主席

债权人会议设主席一人,由人民法院从有表决权的债权人中指定。债权人会议主席主持债权人会议。

2. 债权人会议成员

依法申报债权的债权人为债权人会议的成员,有权参加债权人会议,享有表决权。债权尚未确定的债权人,除人民法院能够为其行使表决权而临时确定债权额的外,不得行使表决权。

对债务人的特定财产享有担保权的债权人,未放弃优先受偿权利的,对于通过和解协议和通过破产财产的分配方案的事项不享有表决权。

债权人可以委托代理人出席债权人会议,行使表决权。代理人出席债权人会议,应当向人民法院或者债权人会议主席提交债权人的授权委托书。

债权人会议应当有债务人的职工和工会代表参加,对有关事项发表意见。

(三)债权人会议的职权

债权人会议行使下列职权:① 核查债权;② 申请人民法院更换管理人,审查管理人的费用和报酬;③ 监督管理人;④ 选任和更换债权人委员会成员;⑤ 决定继续或者停止债务人的营业;⑥ 通过重整计划;⑦ 通过和解协议;⑧ 通过债务人财产的管理方案;⑨ 通过破产财产的变价方案;⑩ 通过破产财产的分配方案;⑪ 人民法院认为应当由债权人会议行使的其他职权。

债权人会议应当对所议事项的决议作成会议记录。

(四)债权人会议的召开

1. 债权人会议的召集

第一次债权人会议由人民法院召集,自债权申报期限届满之日起15日内召开。以后的债权人会议,在人民法院认为必要时,或者管理人、债权人委员会、占债权总额四分之一以上的债权人向债权人会议主席提议时召开。召开债权人会议,管理人应当提前15日通知已知的债权人。

2. 债权人会议的决议

债权人会议的决议,由出席会议的有表决权的债权人过半数通过,并且其所代表的债权额占无财产担保债权总额的二分之一以上;但是《破产企业法》另有规定的除外。债权人认为债权人会议的决议违反法律规定,损害其利益的,可以自债权人会议作出决议之日起 15 日内,请求人民法院裁定撤销该决议,责令债权人会议依法重新作出决议。债权人会议的决议,对于全体债权人均有约束力。

对于通过债务人财产的管理方案和破产财产的变价方案,经债权人会议表决未通过的,由人民法院裁定;对于通过破产财产的分配方案,经债权人会议二次表决仍未通过的,由人民法院裁定;上述裁定,人民法院可以在债权人会议上宣布或者另行通知债权人。

债权人对人民法院关于通过债务人财产的管理方案和破产财产的变价方案作出的裁定不服的,债权额占无财产担保债权总额二分之一以上的债权人对人民法院关于通过破产财产的分配方案作出的裁定不服的,可以自裁定宣布之日或者收到通知之日起 15 日内向该人民法院申请复议;复议期间不停止裁定的执行。

(五) 债权人委员会

1. 债权人委员会的组成

债权人会议可以决定设立债权人委员会。债权人委员会由债权人会议选任的债权人代表和一名债务人的职工代表或者工会代表组成。债权人委员会成员不得超过 9 人。债权人委员会成员应当经人民法院书面决定认可。

2. 债权人委员会的职权

债权人委员会行使下列职权:① 监督债务人财产的管理和处分;② 监督破产财产分配;③ 提议召开债权人会议;④ 债权人会议委托的其他职权。

债权人委员会执行职务时,有权要求管理人、债务人的有关人员对其职权范围内的事务作出说明或者提供有关文件。

管理人、债务人的有关人员违反规定拒绝接受监督的,债权人委员会有权就监督事项请求人民法院作出决定;人民法院应当在 5 日内作出决定。

第五节 重整与和解制度

一、重整制度

(一) 重整的概念

重整是指对于可能或已经发生破产原因但又有挽救希望的企业,通过对各方利害关系人的利益协调,强制性进行营业重组和债务清偿,以此使企业避免破产从而重新运转的法律制度。破产重整制度为濒临破产的企业提供了焕发生机的机会,能有效减少债权人和债务人的损失,同时在一定程度上也能减少社会财富的损失。

（二）重整申请和重整期间

1. 重整申请

当企业法人不能清偿到期债务，并且资产不足以清偿全部债务或明显缺乏清偿能力时，债务人或债权人可以向人民法院申请对债务人进行重整。债权人申请对债务人进行破产清算的，在人民法院受理破产申请后、宣告债务人破产前，债务人或者出资额占债务人注册资本十分之一以上的出资人，可以向人民法院申请重整。

人民法院经审查认为重整申请符合规定的，应当裁定债务人重整，并予以公告。

2. 重整期间

自人民法院裁定债务人重整之日起至重整程序终止，为重整期间。

在重整期间，经债务人申请，人民法院批准，债务人可以在管理人的监督下自行管理财产和营业事务；债务人自行管理财产和营业事务的，已接管债务人财产和营业事务的管理人应当向债务人移交财产和营业事务，管理人的职权由债务人行使。

管理人负责管理财产和营业事务的，可以聘任债务人的经营管理人员负责营业事务。

3. 重整期间的保护措施

为了促使重整程序的有效进行，《企业破产法》规定了下列保护措施：

（1）在重整期间，对债务人的特定财产享有的担保权暂停行使；但是担保物有损坏或者价值明显减少的可能，足以危害担保权人权利的，担保权人可以向人民法院请求恢复行使担保权。

> **探究与发现**
>
> 通过上述学习，你是否对"导入"所提出的问题进行了相关的思考？案例2中，B银行的担保权应如何处理？
>
> 案例2中，虽然B银行对A公司的厂房享有担保权，但在重整期间，为了保护A公司的合理权益，B银行的担保权应暂停行使。

（2）在重整期间，债务人或者管理人为继续营业而借款的，可以为该借款设定担保。

（3）债务人合法占有的他人财产，该财产的权利人在重整期间要求取回的，应当符合事先约定的条件。

（4）在重整期间，债务人的出资人不得请求投资收益分配。

（5）在重整期间，债务人的董事、监事、高级管理人员不得向第三人转让其持有的债务人的股权；但是经人民法院同意的除外。

4. 重整终止

在重整期间，有下列情形之一的，经管理人或者利害关系人请求，人民法院应当裁定终止重整程序，并宣告债务人破产：

（1）债务人的经营状况和财产状况继续恶化，缺乏挽救的可能性。

(2) 债务人有欺诈、恶意减少债务人财产或者其他显著不利于债权人的行为。

(3) 由于债务人的行为致使管理人无法执行职务。

(三) 重整计划的制定和批准

重整计划是重整程序中最重要的法定文件,是促进企业再建、维持债务人营业能力、解决债务清偿事宜的计划形式。

1. 重整计划草案的制定和提交

债务人自行管理财产和营业事务的,由债务人制作重整计划草案;管理人负责管理财产和营业事务的,由管理人制作重整计划草案。

债务人或者管理人应当自人民法院裁定债务人重整之日起6个月内,同时向人民法院和债权人会议提交重整计划草案;6个月内未提交的,经债务人或者管理人请求,有正当理由的,人民法院可以裁定延期3个月。债务人或者管理人未按期提出重整计划草案的,人民法院应当裁定终止重整程序,并宣告债务人破产。

> **探究与发现**
>
> 通过上述学习,你是否对"导入"所提出的问题进行了相关的思考?案例2中,A公司是否在规定期限内提交了重整计划草案?
>
> 案例2中,人民法院于2019年7月11日受理了A公司的重整申请后,A公司于2020年1月15日向人民法院及债权人会议提交了重整计划草案,距人民法院受理重整申请的时间不足6个月,因此该行为处于6个月的规定时限内,是合法的行为。

2. 重整计划草案的内容

重整计划草案应当包括下列内容:① 债务人的经营方案;② 债权分类;③ 债权调整方案;④ 债权受偿方案;⑤ 重整计划的执行期限;⑥ 重整计划执行的监督期限;⑦ 有利于债务人重整的其他方案。

3. 重整计划草案的表决

(1) 划分债权人表决组。债权人参加讨论重整计划草案的债权人会议,依照下列债权分类,分组对重整计划草案进行表决:① 对债务人的特定财产享有担保权的债权;② 债务人所欠职工的工资和医疗、伤残补助、抚恤费用,所欠的应当划入职工个人账户的基本养老保险、基本医疗保险费用,以及法律、行政法规规定应当支付给职工的补偿金;③ 债务人所欠税款;④ 普通债权。人民法院在必要时可以决定在普通债权组中设小额债权组对重整计划草案进行表决。

(2) 召开债权人会议分组表决。人民法院应当自收到重整计划草案之日起30日内召开债权人会议,对重整计划草案进行表决。出席会议的同一表决组的债权人过半数同意重整计划草案,并且其所代表的债权额占该组债权总额的三分之二以上的,即为该组通过重整计划草案。债务人或者管理人应当向债权人会议就重整计划草案作出说明,并回答询问。

> **探究与发现**
>
> 通过上述学习,你是否对"导入"所提出的问题进行了相关的思考?案例2中,A公司的重整计划草案是否通过?
>
> 案例2中,对于A公司提交的重整计划草案,表示同意的B银行、C公司、E公司和G公司在债权人中人数过半,且其所代表的债权份额达到了830万元,远超债权总额的三分之二,因此该四个债权人同意了A公司提交的重整计划草案后,即为该重整草案顺利通过。

债务人的出资人代表可以列席讨论重整计划草案的债权人会议。重整计划草案涉及出资人权益调整事项的,应当设出资人组,对该事项进行表决。

各表决组均通过重整计划草案时,重整计划即为通过。

4. 重整计划草案的批准

自重整计划通过之日起10日内,债务人或者管理人应当向人民法院提出批准重整计划的申请。人民法院经审查认为符合规定的,应当自收到申请之日起30日内裁定批准,终止重整程序,并予以公告。

> **探究与发现**
>
> 通过上述学习,你是否对"导入"所提出的问题进行了相关的思考?案例2中,A公司申请批准重整计划的行为及法院裁定批准的行为是否均合法?
>
> 案例2中,A公司的重整计划草案于2020年1月23日表决通过,A公司在2020年2月2日向人民法院提出了批准重整计划的申请,处于10日期限内;同时人民法院在2020年2月26日裁定批准了A公司的重整计划,也处于30日的期限内,因此A公司申请批准重整计划的行为以及法院裁定批准的行为均是合法的。

部分表决组未通过重整计划草案的,债务人或者管理人可以同未通过重整计划草案的表决组协商;该表决组可以在协商后再表决一次。双方协商的结果不得损害其他表决组的利益。

未通过重整计划草案的表决组拒绝再次表决或者再次表决仍未通过重整计划草案,但重整计划草案符合下列条件的,债务人或者管理人可以申请人民法院批准重整计划草案:① 按照重整计划草案,对债务人的特定财产享有担保权的债权就该特定财产将获得全额清偿,其因延期清偿所受的损失将得到公平补偿,并且其担保权未受到实质性损害,或者该表决组已经通过重整计划草案;② 按照重整计划草案,债务人所欠职工的工资和医疗、伤残补助、抚恤费用,所欠的应当划入职工个人账户的基本养老保险、基本医疗保险费用,以及法律、行政法规规定应当支付给职工的补偿金、债务人所欠税款将获得全额清偿,或者相应表决组已经通过重整计划草案;③ 按照重整计划草案,普通债权所获得的清偿比例,不低于其在重整计划草案被提请批准时依照破产清算程序所能获得的清偿比例,或者该表决组已经通过重整计划草案;④ 重整计划草案对出资人权益的调整公平、公正,或者出资人组已经通过重整计划草案;⑤ 重整计划草案公平对待同一表决组的成员,并且所规定的债权清偿顺序不违反《企业破产法》的规定;⑥ 债务人的经营方案具有可行性。

人民法院经审查认为重整计划草案符合规定的,应当自收到申请之日起30日内裁定批准,终止重整程序,并予以公告。

重整计划草案未获得通过且债务人或管理人依法直接申请人民法院批准也未获得批准的,或者已通过的重整计划未获得批准的,人民法院应当裁定终止重整程序,并宣告债务人破产。

(四) 重整计划的执行

1. 重整计划执行的监督

重整计划由债务人负责执行。人民法院裁定批准重整计划后,已接管财产和营业事务的管理人应当向债务人移交财产和营业事务。

自人民法院裁定批准重整计划之日起,在重整计划规定的监督期内,由管理人监督重整计划的执行。在监督期内,债务人应当向管理人报告重整计划执行情况和债务人财务状况。

监督期届满时,管理人应当向人民法院提交监督报告。自监督报告提交之日起,管理人的监督职责终止。管理人向人民法院提交的监督报告,重整计划的利害关系人有权查阅。经管理人申请,人民法院可以裁定延长重整计划执行的监督期限。

2. 重整计划执行的效力

经人民法院裁定批准的重整计划,对债务人和全体债权人均有约束力。债权人未依法申报债权的,在重整计划执行期间不得行使权利;在重整计划执行完毕后,可以按照重整计划规定的同类债权的清偿条件行使权利。债权人对债务人的保证人和其他连带债务人所享有的权利,不受重整计划的影响。

按照重整计划减免的债务,自重整计划执行完毕时起,债务人不再承担清偿责任。

3. 重整计划执行的终止

债务人不能执行或者不执行重整计划的,人民法院经管理人或者利害关系人请求,应当裁定终止重整计划的执行,并宣告债务人破产。人民法院裁定终止重整计划执行的,债权人在重整计划中作出的债权调整的承诺失去效力,但是债务人或者第三人为重整计划的执行提供的担保继续有效,即债权人可以就此向债务人或者第三人主张权利。

人民法院裁定终止重整计划执行的,债权人因执行重整计划所受的清偿仍然有效,债权未受清偿的部分作为破产债权,但只有在其他同顺位债权人同自己所受的清偿达到同一比例时,才能继续接受分配。

二、和解制度

(一) 和解的概念

和解是指发生破产原因的债务人,在人民法院的主持下,为避免破产清算而与债权人会议达成让步了结协议的法律制度。和解制度与重整制度一样,都是以避免企业破产清算为目的破产制度,但和解制度更能充分尊重当事人的意思自治。

(二) 和解申请的提出和受理

1. 和解申请的提出

当债务人不能清偿到期债务,并且资产不足以全部债务或者明显缺乏清偿能力时,债务人可以直接向人民法院提出和解申请;债务人也可以在人民法院受理破产申请后、宣告债务人破产前,向人民法院提出和解申请。债务人申请和解,应当提出和解协议草案。

2. 和解申请的受理

人民法院经审查认为和解申请符合规定的,应当裁定和解,予以公告,并召集债权人会议讨论和解协议草案。对债务人的特定财产享有担保权的权利人,自人民法院裁定和解之日起可以行使权利。

(三) 和解协议的成立

债务人提出和解申请后,经人民法院裁定和解,应当召集债权人会议讨论和解协议草案,债权人会议可要求债务人就和解协议的相关内容作出解释和说明;债权人会议认为需要修改和解协议草案的,可以与债务人协商谈判。

债权人会议以表决方式通过和解协议草案。债权人会议通过和解协议的决议,由出席会议的有表决权的债权人过半数同意,并且其所代表的债权额占无财产担保债权总额的三分之二以上。债权人会议通过和解协议的,由人民法院裁定认可,终止和解程序,并予以公告。管理人应当向债务人移交财产和营业事务,并向人民法院提交执行职务的报告。和解协议草案经债权人会议表决未获得通过,或者已经债权人会议通过的和解协议未获得人民法院认可的,人民法院应当裁定终止和解程序,并宣告债务人破产。

(四) 和解协议的效力

经人民法院裁定认可的和解协议,对债务人和全体和解债权人均有约束力。和解债权人是指人民法院受理破产申请时对债务人享有无财产担保债权的人。

和解债权人未依法申报债权的,在和解协议执行期间不得行使权利;在和解协议执行完毕后,可以按照和解协议规定的清偿条件行使权利。和解债权人对债务人的保证人和其他连带债务人所享有的权利,不受和解协议的影响。

(五) 和解协议的执行

债务人应当按照和解协议规定的条件清偿债务。因债务人的欺诈或者其他违法行为而成立的和解协议,人民法院应当裁定无效,并宣告债务人破产。和解债权人因执行无效和解协议所受的清偿,在其他债权人所受清偿同等比例的范围内,不予返还。

（六）和解协议的终止

债务人不能执行或者不执行和解协议的,人民法院经和解债权人请求,应当裁定终止和解协议的执行,并宣告债务人破产。人民法院裁定终止和解协议执行的,和解债权人在和解协议中作出的债权调整的承诺失去效力;但是债务人或者第三人为和解协议执行提供的担保继续有效,即债权人可以就此向债务人或者第三人主张权利。人民法院裁定终止和解协议执行的,和解债权人因执行和解协议所受的清偿仍然有效,和解债权未受清偿的部分作为破产债权,但只有在其他债权人同自己所受的清偿达到同一比例时,才能继续接受分配。

（七）法庭外的自行和解

人民法院受理破产申请后,债务人与全体债权人就债权债务的处理自行达成协议的,可以请求人民法院裁定认可,并终结破产程序。

第六节 破产清算

破产清算程序是指对破产程序中没有挽救希望的债务人企业,通过宣告破产并对其债权债务进行清理,以其全部财产依法公平清偿债务后,注销企业法人资格,使企业归于消灭的程序。破产清算程序是破产程序中最重要的环节,也是企业法人破产的最终程序,主要包括破产宣告、破产财产的变价和分配与破产程序的终结三个阶段。

一、破产宣告

破产宣告是指法院依据当事人的申请或法定职权裁定宣布债务人破产并对债务人财产进行清算的司法活动。债务人被宣告破产后,债务人称为破产人,债务人财产称为破产财产,人民法院受理破产申请时对债务人享有的债权称为破产债权。

企业债务人有下列情形之一的,由人民法院裁定宣告其破产:① 债务人在重整期间因法定事由被人民法院裁定终止重整程序的;② 债务人或管理人未按期提出重整计划草案,被人民法院裁定终止重整程序的;③ 重整计划草案未获通过且未被批准,或者重整计划已通过但未被批准,被人民法院裁定终止重整程序的;④ 债务人不能执行或不执行重整计划的,经管理人或利害关系人请求,人民法院裁定终止重整计划的执行的;⑤ 债务人不能清偿债务且与债权人不能达成和解协议的;⑥ 和解协议草案经债权人会议表决未获通过,或者已获通过但未获得人民法院认可的,被人民法院裁定终止和解程序的;⑦ 因债务人的欺诈或其他违法行为而成立的和解协议,被人民法院裁定无效的;⑧ 债务人不执行或者不能执行和解协议的。

但破产宣告前,有下列情形之一的,人民法院应当裁定终结破产程序,并予以公告:① 第三人为债务人提供足额担保或者为债务人清偿全部到期债务的;② 债务人已清偿全部到期债务的。

人民法院依法宣告债务人破产的,应当自裁定作出之日起5日内送达债务人和管理人,自裁定作出之日起10日内通知已知债权人,并予以公告。

二、破产财产的变价和分配

(一)破产财产的变价

破产财产的变价是指在破产清算程序中,将拟用于分配的破产财产中的非货币性财产,以拍卖或者债权人会议决定的其他方式转为货币财产,以便进行破产分配的行为。非货币性财产不经过评估作价难以确定其实际市场价格,会对破产分配造成一定难度,因此对非货币性财产进行变价是破产分配的基本前提。

在破产宣告后,管理人应当及时拟订破产财产变价方案,提交债权人会议讨论。管理人应当按照债权人会议通过的或者人民法院依法裁定的破产财产变价方案,适时变价出售破产财产。

变价出售破产财产应当通过拍卖进行;但是债权人会议另有决议的除外。破产企业可以全部或者部分变价出售。企业变价出售时,可以将其中的无形资产和其他财产单独变价出售。按照国家规定不能拍卖或者限制转让的财产,应当按照国家规定的方式处理。

(二)破产财产的分配

1. 破产财产的清偿顺序

破产财产在优先清偿破产费用和共益债务后,依照下列顺序清偿:① 破产人所欠职工的工资和医疗、伤残补助、抚恤费用,所欠的应当划入职工个人账户的基本养老保险、基本医疗保险费用,以及法律、行政法规规定应当支付给职工的补偿金;② 破产人欠缴的除前项规定以外的社会保险费用和破产人所欠税款;③ 普通破产债权。

破产财产不足以清偿同一顺序的清偿要求的,按照比例分配。破产企业的董事、监事和高级管理人员的工资按照该企业职工的平均工资计算。

2. 破产财产分配方案的拟订和执行

管理人应当及时拟订破产财产分配方案,提交债权人会议讨论。破产财产分配方案应当载明下列事项:① 参加破产财产分配的债权人名称或者姓名、住所;② 参加破产财产分配的债权额;③ 可供分配的破产财产数额;④ 破产财产分配的顺序、比例及数额;⑤ 实施破产财产分配的方法。债权人会议通过破产财产分配方案后,由管理人将该方案提请人民法院裁定认可。

破产财产分配方案经人民法院裁定认可后,由管理人执行。管理人按照破产财产分配方案实施多次分配的,应当公告本次分配的财产额和债权额。管理人实施最后分配的,应当在公告中指明,并载明对于附条件债权提存的分配额要说明条件成就的情况以及提存财产的处理情况。破产财产的分配应当以货币分配方式进行;但是债权人会议另有决议的除外。

3. 破产财产分配额的提存

(1) 附条件债权分配额的提存。对于附生效条件或者解除条件的债权,管理人应当将其分配额提存。管理人依照前款规定提存的分配额,在最后分配公告日,生效条件未成就或者解除条件成就的,应当分配给其他债权人;在最后分配公告日,生效条件成就或者解除条件未成就的,应当交付给债权人。

(2) 债权人未受领分配额的提存。债权人未受领的破产财产分配额,管理人应当提存。债权人自最后分配公告之日起满2个月仍不领取的,视为放弃受领分配的权利,管理人或者人民法院应当将提存的分配额分配给其他债权人。

(3) 诉讼或者仲裁未决债权分配额的提存。破产财产分配时,对于诉讼或者仲裁未决的债权,管理人应当将其分配额提存。自破产程序终结之日起满2年仍不能受领分配的,人民法院应当将提存的分配额分配给其他债权人。

三、破产程序的终结

破产程序的终结是指人民法院受理破产申请后,由于法定事由的出现,人民法院根据管理人的请求依法裁定结束破产程序的司法行为。

(一) 破产程序终结的法定事由

根据《企业破产法》最高人民法院《关于审理企业破产案件若干问题的规定》,破产程序终结的法定事由如下:

(1) 债务人财产不足以支付破产费用或者债务人无财产可供分配的。
(2) 受理破产案件后,债务人与债权人就债权债务的处理自行达成协议的。
(3) 第三人为债务人提供足额担保或者为债务人清偿全部到期债务的。
(4) 破产财产分配完毕的。

管理人在最后分配完结后,应当及时向人民法院提交破产财产分配报告,并提请人民法院裁定终结破产程序。

人民法院应当自收到管理人终结破产程序的请求之日起15日内作出是否终结破产程序的裁定。裁定终结的,应当予以公告。

(二) 破产企业的注销及管理人职务终止

管理人应当自破产程序终结之日起10日内,持人民法院终结破产程序的裁定,向破产人的原登记机关办理注销登记。管理人于办理注销登记完毕的次日终止执行职务;但是存在诉讼或者仲裁未决情况的除外。

(三) 破产债权的追加分配

破产程序依法终结之日起2年内,有下列情形之一的,债权人可以请求人民法院按照破产财产分配方案进行追加分配:

(1) 发现有在人民法院受理破产申请前1年内,因债务人无法转让财产、以明显不合理的价格进行交易、对没有财产担保的债务提供财产担保、对未到期的债务提前清偿、放弃债权等而应当追回的财产。

(2) 发现有在人民法院受理破产申请前6个月内,债务人在已经达到破产界限的情况下,仍对个别债权人进行清偿,由此应当依法撤销并予以追回的财产,但是个别清偿使债务人财产受益的除外。

(3) 发现破产人有为逃避债务而隐匿、转移的财产以及因虚构债务或者承认不真实债务而应当依法追回的财产。

(4) 发现有债务人的董事、监事和高级管理人员利用职权从企业获取的非正常收入和侵占的企业财产。

(5) 发现破产人有应当供分配的其他财产的。

但是,如果追回的财产数量不足以支付分配费用的,不再进行追加分配,由人民法院将其上交国库。

(四) 连带清偿责任

破产人的保证人和其他连带债务人,在破产程序终结后,对债权人依照破产清算程序未受清偿的债权,依法继续承担清偿责任。

第七节 法律责任

一、债务人及相关人员的法律责任

(1) 企业董事、监事或者高级管理人员违反忠实义务、勤勉义务,致使所在企业破产的,依法承担民事责任,并且自破产程序终结之日起3年内不得担任任何企业的董事、监事、高级管理人员;构成犯罪的,依法追究刑事责任。

(2) 有义务列席债权人会议的债务人的有关人员,经人民法院传唤,无正当理由拒不列席债权人会议的,人民法院可以拘传,并依法处以罚款。债务人的有关人员违反规定,拒不陈述、回答,或者作虚假陈述、回答的,人民法院可以依法处以罚款;构成犯罪的,依法追究刑事责任。

(3) 债务人违反规定,拒不向人民法院提交或者提交不真实的财产状况说明、债务清册、债权清册、有关财务会计报告以及职工工资的支付情况和社会保险费用的缴纳情况的,人民法院可以对直接责任人员依法处以罚款;构成犯罪的,依法追究刑事责任。

(4) 债务人违反规定,拒不向管理人移交财产、印章和账簿、文书等资料的,或者伪造、销毁有关财产证据材料而使财产状况不明的,人民法院可以对直接责任人员依法处以罚款;构成犯罪的,依法追究刑事责任。

(5) 在人民法院受理破产申请前1年内,因债务人无法转让财产、以明显不合理的价格进行交易、对没有财产担保的债务提供财产担保、对未到期的债务提前清偿、放弃债权等行为,损害债权人利益的,债务人的法定代表人和其他直接责任人员依法承担赔偿责任;构成犯罪的,依法追究刑事责任。

(6) 在人民法院受理破产申请前6个月内,债务人在已经达到破产界限的情况下,仍对个别债权人进行清偿,损害债权人利益的,债务人的法定代表人和其他直接责任人员依法承担赔偿责任;构成犯罪的,依法追究刑事责任。

(7) 债务人有为逃避债务而隐匿、转移的财产以及因虚构债务或者承认不真实债务的行为,损害债权人利益的,债务人的法定代表人和其他直接责任人员依法承担赔偿责任;构成犯罪的,依法追究刑事责任。

(8) 债务人的有关人员违反规定,擅自离开住所地的,人民法院可以予以训诫、拘留,可以依法并处罚款;构成犯罪的,依法追究刑事责任。

二、管理人的法律责任

管理人未依法勤勉尽责、忠实执行职务的,人民法院可以依法处以罚款;给债权人、债务人或者第三人造成损失的,依法承担赔偿责任。

本 章 小 结

本章从破产和破产法的概念入手,介绍了破产界限和破产程序,并对破产管理人、债权人会议、破产重整与破产和解、破产财产分配等内容进行了阐述,明确了《企业破产法》在有效规范企业破产程序方面、实现债权债务公平清理方面、保护债权人合法权益方面以及维护债务人合法权益方面都有重大意义,更好地优化了社会资源配置,适应了我国市场经济条件下市场主体建设的需要,有效促进了市场经济体制的发展与完善。

思 考 题

1. 破产受理后会对债务人产生哪些法律效力?
2. 破产和解会对未申报债权的和解债权人产生哪些法律效力?
3. 2020年7月30日,人民法院受理了甲公司的破产申请,并同时指定了管理人。管理人接管甲公司后,在清理其债权债务过程中,有如下事项:

(1) 2019年4月,甲公司向乙公司采购原材料而欠乙公司80万元货款未付。2020年3月,甲乙双方签订一份还款协议,该协议约定:甲公司于2020年9月10日前偿还所欠乙公司货款及利息共计87万元,并以甲公司所属一间厂房作抵押。还款协议签订后,双方办理了抵押登记。乙公司在债权申报期内就上述债权进行了申报。

(2) 2019年6月,丙公司向A银行借款120万元,借款期限为1年。甲公司以所属部分设备为丙公司提供抵押担保,并办理了抵押登记。借款到期后,丙公司未能偿还A银行贷款本息。经甲公司、丙公司和 A 银行协商，甲公司用于抵押的设备被依法变现，所得价款全部用于偿还 A 银行，但尚有 20 万元借款本息未能得到清偿。

(3) 2019 年 7 月，甲公司与丁公司签订了一份广告代理合同，该合同约定：丁公司代理发布甲公司产品广告，期限 2 年；一方违约，应当向另一方承担违约金 20 万元。至甲公司破产申请被受理时，双方均各自履行了部分合同义务。

(4) 2019 年 8 月，甲公司向李某购买一项专利，尚欠李某 19 万元专利转让费未付。李某之子小李创办的戊公司曾于 2019 年 11 月向甲公司采购一批电子产品，尚欠甲公司货款 21 万元未付。人民法院受理甲公司破产申请后，李某与戊公司协商一致，戊公司在向李某支付 19 万元后，取得李某对甲公司的 19 万元债权。戊公司向管理人主张以 19 万元债权抵销其所欠甲公司相应债务。

甲公司的全部财产在清偿破产费用和共益债务后，仅剩余价值 1 500 万元的厂房及土地使用权，但该厂房及土地使用权已于 2019 年 6 月被甲公司抵押给 B 银行，用于担保一笔 2 000 万元的借款。

问题：

(1) 管理人是否有权请求人民法院对甲公司将厂房抵押给乙公司的行为予以撤销？

(2) A 银行能否将尚未得到清偿的 20 万元欠款向管理人申报普通债权，由甲公司继续偿还？

(3) 如果管理人决定解除甲公司与丁公司之间的广告代理合同，并由此给丁公司造成实际损失 5 万元，则丁公司可以向管理人申报的债权额应为多少？

(4) 戊公司向管理人提出以 19 万元债权抵销其所欠甲公司相应债务的主张是否成立？

拓 展 学 习

我国《企业破产法》于 2007 年 6 月 1 日起正式实施，该法在很多方面都取得了突破，尤其是在借鉴国外先进经验的基础上引进了企业重整制度，更可称得上是《企业破产法》最大的亮点，而重整计划强制批准制度是企业重整中的核心问题之一，但作为一个"舶来品"，该制度在我国面临着"水土不服"的问题。在适用该制度的过程中，债权人利益受到严重损害、政府干预依然存在、法院公信力不足、强制批准程序不完善等问题层出不穷，因此必须通过修改强制批准的审查标准、要求政府不缺位不越位、提高司法公信力、完善强制批准制度程序设计等举措来完善我国重整计划强制批准制度。

第十四章

合同法

 本章教学目标

合同是市场主体从事交易活动的主要法律形式。通过本章的学习,学生应掌握合同的基本概念和法律特征,理解合同法基本原则,能够运用基本原则分析和处理具体的合同关系。

 本章核心概念

合同的订立程序;合同履行的抗辩权;承担违约责任的方式

 导入

2015年1月,北京昌平区甲公司开发新楼盘,由于资金周转出现问题,于2015年1月15日向北京海淀区乙公司借款2亿元,约定3年后还款,利息为10%,违约金为10%,双方于2015年1月20日签订了借款合同。甲公司因新楼盘开发不顺利,到了2018年1月20日仍然未偿还乙公司借款。1月25日,乙公司向甲公司催促还款无果后,得知北京市昌平区丙公司曾向甲公司借款5 000万元,现已到还款期,且甲公司怠于行使债权,乙公司遂向法院起诉,请求以自己的名义行使甲公司对丙公司的债权。甲公司辩称已于2018年1月22日放弃该债权,无法清偿债务。

为偿还乙公司的债务,甲公司将开发中的新楼盘投入市场,发布商业广告,广告主要内容有宣传标语——最适合老年人的社区,并列明了售楼处的联系电话及地址。2018年6月1日,蒋某为了父母健康养老在北京市昌平区与甲公司签订了房屋买卖合同,价款850万元,定金160万元。甲公司在合同中载明"未来小区内将配有全套养老设施",同时双方约定于2019年6月1日交房并办理过户登记手续。2019年5月1日,甲公司通知蒋某因房屋尚未建造完成,无法于约定的2019年6月1日交房并办理过户登记,并承诺于2019年10月1日完成交付,希望征求蒋某的同意。蒋某同意了甲公司的请求。

2019年10月1日,甲公司与蒋某终于完成了交房并办理了过户登记。蒋某开始着手购买家具,与丁家具公司签订买卖合同,合同约定蒋某先支付货款30%,家具安装完毕后再支付剩余货款,但蒋某在准备付款30%时,发现报纸上刊登了该家具公司的破产公告,该家具公司已经停产,负债千万元。

历尽千辛万苦,房屋终于装修完毕了。2020年3月20日,蒋某的11岁的儿子小蒋听说舒心牌按摩椅非常适合老年人,遂去商场购买了价值2万元的按摩椅。随后,商场致电蒋某,蒋某当即同意了小蒋的购买行为,并告知商场,直接将按摩椅送至小蒋的爷爷老蒋家,按摩椅存有任何问题老蒋有权要求商店进行赔偿。当日6点商场配送完毕。小蒋的爷爷老蒋签收按摩椅时发现按摩椅存在零件脱落、掉漆严重的现象,质量堪忧,要求商场重新配送。

2020年3月21日,蒋某邀请若干亲戚朋友到家中做客,庆祝父母乔迁。好友马某见蒋某楼下属于蒋某的店面正在出租,于是想租他的店面。蒋某热情接待了马某,马某说他想租下开超市,租期1年,月租金1万元,蒋某表示同意。马某要求蒋某先把门面中的物品清理干净,待蒋某清理干净后双方再签租房合同,因双方是多年的好友,蒋某没有提出异议。3月22日,蒋某请了钟点工打扫,并回绝了期间想要租赁店面的其他人。此后三天,马某还致电蒋某,让蒋某尽快腾空店面。2020年3月30日,在蒋某一切准备完毕的时候,马某突然找到蒋某称自己的资金被股市套牢了无力再开饭店,所以不能签订租房合同了。蒋某听后非常恼火,要求马某赔偿自己请人清理的费用。

问题:

(1) 甲公司与乙公司签订的借款合同的成立时间是什么?

(2) 案例中乙公司请求法院以自己的名义行使甲公司对丙公司的债权是否有法律依据?

(3) 甲公司发布的商业广告属于要约还是要约邀请?

(4) 蒋某发现家具公司存在丧失履行债务能力的情形后可以采取哪些措施?

(5) 未被追认前,小蒋与商场订立的按摩椅买卖合同的效力如何?

(6) 蒋某能否要求马某承担缔约过失责任?为什么?

带着这些问题,让我们进入本章的学习。

第一节 合同法概述

一、合同的概念和分类

(一) 合同的概念

合同是民事主体之间设立、变更、终止民事法律关系的协议。合同具有以下法律特征:

(1) 合同是平等主体之间的民事法律关系。合同至少有两方当事人,当事人可以是公民、法人或者其他组织。合同当事人的法律地位平等,任何一方不能将自己的意志强加给对方。

(2) 合同是以设立、变更、终止民事权利义务为目的的民事法律行为。设立民事权利义务关系，是指当事人通过订立合同形成合同法律关系，从而享受合同权利，履行合同义务。变更民事权利义务关系，是指当事人通过协商改变原有的合同法律关系的内容。终止权利义务关系，是指当事人依据法律规定或者当事人的约定来消灭合同法律关系。

(3) 合同具有法律约束力。合同依法成立、发生法律效力之后，各方当事人必须全面、准确地履行义务，不得擅自变更或者解除。当事人不履行合同义务的，要依法承担违约责任。

(二) 合同的分类

根据不同的标准可以对合同进行不同的分类。

(1) 单务合同和双务合同。单务合同是指仅一方负担债务，对方不负担债务的合同，如赠与合同。双务合同是指双方互负债务的合同，如买卖合同。

(2) 有名合同和无名合同。有名合同又称典型合同，是指法律赋予其内容并赋予一定名称的合同。我国《民法典》合同编第二分编规定的买卖合同、赠与合同、借款合同等19种合同即属此类。无名合同又称非典型合同，是指法律尚未规定名称与规则的合同。

(3) 有偿合同和无偿合同。有偿合同是指一方通过履行合同规定的义务而给对方某种利益，对方要得到该利益必须为此支付相应对价的合同，如买卖合同。无偿合同是指一方给付某种利益，对方取得该利益时并不支付任何报酬的合同，如赠与合同。

(4) 诺成性合同和实践性合同。诺成性合同是指只要行为人意思表示一致就能成立的合同，如买卖合同。实践性合同是指除意思表示一致外，还需以物的交付为成立要件的合同，如保管合同。

(5) 要式合同和不要式合同。要式合同是指法律要求必须具备一定形式的合同，如抵押合同。不要式合同是指法律不要求必须具备一定形式的合同，如买卖合同。

(6) 主合同和从合同。主合同是指不需要其他合同的存在即可独立存在的合同。从合同是指须以其他合同存在作为存在前提的合同。如担保关系中，主合同为借款合同，从合同为担保合同。

二、合同法概述

2020年5月28日，第十三届全国人民代表大会第三次会议表决通过了《民法典》，自2021年1月1日起施行。《中华人民共和国合同法》同时废止。我国现行有关合同的法律关系由《民法典》第三编合同编调整。

合同编的调整范围包括以下内容：

(1) 合同编调整的是平等主体之间的民事法律关系。政府的经济管理活动属于行政管理关系，不适用合同编；企业、单位内部的管理关系，不是平等主体之间的关系，不适用合同编。

(2) 合同编主要调整民事主体之间的合同关系，包括自然人之间的买卖、租赁、借贷、赠与等合同关系,还包括法人、其他组织之间的经济贸易合同关系。

(3)婚姻、收养、监护等有关身份关系的协议,适用有关该身份关系的法律规定;没有规定的,可以根据其性质参照适用合同编的规定。

第二节 合同的订立

合同的订立,是指合同当事人依法进行协商,就合同主要条款达成一致意见的过程。

一、合同的内容和形式

(一)合同的内容

依照《民法典》规定,合同的内容由当事人约定,一般包括当事人的姓名或者名称和住所,标的,数量,质量,价款或者报酬,履行期限、地点和方式,违约责任,解决争议的方法等内容。当事人的姓名或者名称和住所、标的及数量是合同的必备条款。

(二)合同的形式

(1)口头形式。口头形式是指当事人面对面或者运用通信设备以语言形式为意思表示订立合同。

(2)书面形式。书面形式是指以合同书、信件、电报、电传、传真等可以有形地表示所记载内容的形式为意思表示订立合同。以电子数据交换、电子邮件等方式能够有形地表明所载内容,并可以随时调取查用的数据电文,视为书面形式。

(3)其他形式。这种形式的合同可以称为默示合同,当事人未用语言或者文字的方式明确表示意见,但可以通过当事人的行为或者特定情形推定合同的成立。

探究与发现

通过上述学习,你是否对"导入"所提出的问题进行了相关的思考?案例中,按摩椅买卖合同与借款合同分别属于哪种合同形式?

案例中,小蒋与商场以口头的形式就买卖按摩椅达成一致意见,以口头形式订立了买卖合同。甲公司与乙公司签订的借款合同是以书面形式订立的,其优势在于容易确认各方的责任,比较安全。

二、格式条款

(一)格式条款的概念

格式条款是指当事人为重复使用而预先拟定,并在订立合同时未与对方协商的条款。如咖啡店设置的消费者充值会员卡使用章程。

(二) 格式条款的限制

格式条款的适用可以简化签约程序,加快交易速度,但是由于格式条款为一方当事人预先拟订,且在合同谈判中很难协商修改,条款内容难免有不公平之处,可能损害到另一方当事人的利益。因此,《民法典》合同编对格式条款作出了限制性的规定:

(1) 明确格式条款提供方的义务。格式条款提供方负有提示和说明的义务,如果违反这一义务,致使对方没有注意或者理解与其有重大利害关系的条款的,对方可以主张该条款不成为合同的内容。

(2) 规定格式条款无效的情形。格式条款提供方不合理地免除或减轻其责任、加重对方责任、限制对方主要权利、排除对方主要权利的条款无效。

(3) 特别规定对格式条款的解释。对格式条款有两种以上解释的,应当作出不利于提供格式条款一方的解释。

三、合同订立的程序

合同订立的程序一般可以分为要约和承诺两个阶段。

(一) 要约

1. 要约的概念

要约又称发盘、出盘、发价或出价,是希望与他人订立合同的意思表示。发出要约的一方称要约人,接受要约的一方称受要约人。根据《民法典》第四百七十二条,要约应具备以下的条件:① 内容具体确定。确定是指要约的内容必须具备足以促使合同成立的主要条件,如标的、数量、质量等。② 表明经受要约人承诺,要约人即受该意思表示约束。要约作为一种法律行为,要约人受到要约的约束。要约的内容必须能够表明,一旦对方接受要约,合同即告成立。

2. 要约邀请

根据《民法典》第四百七十三规定:"要约邀请是希望他人向自己发出要约的表示。拍卖公告、招标公告、招股说明书、债券募集办法、基金招募说明书、商业广告和宣传、寄送的价目表等为要约邀请。商业广告和宣传的内容符合要约条件的,构成要约。"

要约与要约邀请的区别在于:① 要约是一个一经承诺就成立合同的意思表示,具有法律效力;而要约邀请是希望他人向自己发出要约的意思表示,本身不具有法律效力。② 要约的内容要明确具体,而要约邀请则不受此限制。

> **探究与发现**
>
> 通过上述学习,你是否对"导入"所提出的问题进行了相关的思考?案例中,甲公司发布的商业广告属于要约还是要约邀请?
>
> 案例中,甲公司发布的商业广告的主要内容是宣传标语以及售楼处的联系电话及地址,没有涉及具体的房屋价格,内容不够明确具体,可以看出甲公司希望通过这

则商业广告吸引他人向自己发出购房的意思表示，本身不具有法律效力，因此上述的商业广告属于要约邀请。

3. 要约生效的时间

以对话方式作出的意思表示，相对人知道其内容时生效。以非对话方式作出的意思表示，到达相对人时生效。以非对话方式作出的采用数据电文形式的意思表示，相对人指定特定系统接收数据电文的，该数据电文进入该特定系统时生效；未指定特定系统的，相对人知道或者应当知道该数据电文进入其系统时生效。当事人对采用数据电文形式的意思表示的生效时间另有约定的，从其约定。

4. 要约的撤回

要约的撤回是指在要约发出后、生效前，要约人使要约不发生法律效力的意思表示。撤回的对象必须是尚未生效的要约，原因在于此时撤回要约不会对受要约人产生任何不利的影响。撤回要约的通知应当在要约到达相对人前或者与要约同时到达相对人。

5. 要约的撤销

要约的撤销是指在要约生效后、受要约人承诺前，要约人使要约丧失法律效力的意思表示。撤销的对象是已经生效但尚未获得受要约人承诺的要约。以对话方式撤销要约的，撤销要约的意思表示应当在受要约人作出承诺之前为受要约人所知道；以非对话方式撤销要约的，撤销要约的意思表示应当在受要约人作出承诺之前到达受要约人。要约存在以下情形的，不得撤销：① 要约人以确定承诺期限的形式明示要约不可撤销；② 要约人以其他形式明示要约不可撤销；③ 受要约人有理由认为要约是不可撤销的，并已经为履行合同做了合理准备工作。

6. 要约的失效

要约的失效是指要约失去法律效力，要约人不再承担接受承诺的约束，受要约人也不再享有通过承诺使合同成立的权利。《民法典》第四百七十八条规定："有下列情形之一的，要约失效：（一）要约被拒绝；（二）要约被依法撤销；（三）承诺期限届满，受要约人未作出承诺；（四）受要约人对要约的内容作出实质性变更。"

（二）承诺

1. 承诺的概念

承诺是受要约人同意要约的意思表示。承诺应当由受要约人向要约人作出，并在要约确定的期限内到达要约人。

2. 承诺的方式

承诺的方式是指受要约人将其承诺的意思表示传达给要约人所采用的方式。承诺一般情况下应当以通知的方式作出，通知可以是口头的，也可以是书面的。

3. 承诺的期限

要约确定承诺期限的,承诺应当在该期限内到达要约人。要约没有确定承诺期限的,承诺应当依照下列规定到达:要约以对话方式作出的,应当即时作出承诺;要约以非对话方式作出的,承诺应当在合理期限内到达。对于承诺期限的起算,《民法典》第四百八十二条规定:"要约以信件或者电报作出的,承诺期限自信件载明的日期或者电报交发之日开始计算。信件未载明日期的,自投寄该信件的邮戳日期开始计算。要约以电话、传真、电子邮件等快速通信方式作出的,承诺期限自要约到达受要约人时开始计算。"

4. 承诺的生效

承诺自通知到达要约人时生效。承诺不需要通知的,根据交易习惯或者要约的要求作出承诺的行为时生效。

5. 承诺的撤回

承诺的撤回是指在承诺发出后、生效前,受要约人阻止承诺发生法律效力的意思表示。撤回的对象是已发出但尚未生效的承诺。根据《民法典》的规定,承诺可以撤回,但撤回承诺的通知应当在承诺到达要约人之前或者与承诺通知同时到达要约人。

6. 承诺的迟延与迟到

承诺的迟延主要有两种情形:① 受要约人超过承诺期限发出承诺;② 受要约人在承诺期限内发出承诺,但按照通常情形该承诺不能及时到达要约人。对于迟延承诺,除要约人及时通知受要约人该承诺有效的外,迟延的承诺视为新要约。

承诺的迟到,是指受要约人在承诺期限内发出承诺,按照通常情形能够及时到达要约人,但是因其他原因致使承诺到达要约人时超过承诺期限。对于迟到承诺,除要约人及时通知受要约人因承诺超过期限不接受该承诺外,迟到承诺为有效承诺。

7. 承诺对要约内容的变更

承诺的内容应当与要约的内容一致。受要约人对要约的内容作出实质性变更的,为新要约。有关合同标的、数量、质量、价款或者报酬、履行期限、履行地点和方式、违约责任和解决争议方法等的变更,是对要约内容的实质性变更。承诺对要约的内容作出非实质性变更的,除要约人及时表示反对或者要约表明承诺不得对要约的内容作出任何变更外,该承诺有效,合同的内容以承诺的内容为准。

四、合同成立的时间和地点

(一) 合同成立的时间

合同成立的时间是指合同当事人享有合同权利、承担合同义务的时间。合同成立的时间因合同订立的方式不同而略有不同。当事人采用合同书形式订立合同的,自当事人均签名、盖章或者按指印时合同成立。在签名、盖章或者按指印之前,当事人一方已经履行主要义务,对方接受时,该合同成立。当事人采用信件、数据电文等形式订立合同要求签订确认书的,签订确认书时合同成立。当事人一方通过互联网等信息网络发布的商品或者服务信息符合要约条件的,对方选择该商品或者服务并提交订单成功时合同成立,但是当事人另有约定的除外。

> **探究与发现**
>
> 通过上述学习,你是否对"导入"所提出的问题进行了相关的思考?如何确定案例中甲、乙公司借款合同的成立时间?
>
> 案例中,甲公司与乙公司签订的借款合同是以合同书的形式订立的,根据《民法典》第四百九十条的规定,借款合同自甲、乙公司签名、盖章或者按指印时成立。因此,该借款合同的成立时间为2015年1月20日。

(二) 合同成立的地点

合同成立的地点又称合同的签订地,关系到合同的管辖权。根据《民法典》的规定,承诺生效的地点为合同成立的地点。当事人采用数据电文形式订立合同的,收件人的主营业地为合同成立的地点;没有主营业地的,其住所地为合同成立的地点。当事人另有约定的,按照其约定。当事人采用合同书形式订立合同的,最后签名、盖章或者按指印的地点为合同成立的地点,但是当事人另有约定的除外。

> **探究与发现**
>
> 通过上述学习,你是否对"导入"所提出的问题进行了相关的思考?如何确定案例中蒋某和甲公司房屋买卖合同的成立地点?
>
> 案例中,蒋某和甲公司的房屋买卖合同成立的地点为北京市昌平区,因为本案中当事人是以合同书形式订立的合同,因此应当以最后签名、盖章或者按指印的地点为合同成立的地点。

五、缔约过失责任

缔约过失责任是指当事人在订立合同过程中,因违反法律法规以及诚实信用原则导致合同未成立、未生效、被撤销或者无效的情形下,对给对方当事人造成的损失承担的损害赔偿责任。

《民法典》第五百条规定:"当事人在订立合同过程中有下列情形之一,造成对方损失的,应当承担赔偿责任:(一)假借订立合同,恶意进行磋商;(二)故意隐瞒与订立合同有关的重要事实或者提供虚假情况;(三)有其他违背诚信原则的行为。"

> **探究与发现**
>
> 通过上述学习,你是否对"导入"所提出的问题进行了相关的思考?案例中,马某是否应承担缔约过失责任?

> 案例中,马某要求蒋某先把门面中的物品清理干净,待蒋某清理干净后双方再签租房合同,此后三天,马某还致电蒋某,让蒋某尽快腾空店面。在蒋某一切准备完毕的时候,马某突然找到蒋某说自己不能签订租房合同了。马某的上述行为发生在合同订立过程中且违反了诚信原则。蒋某应马某的要求请了钟点工并回绝了其他想要租赁店面的人,造成了蒋某信赖利益的损失,马某应当对给蒋某造成的损失承担缔约过失责任。

缔约过失责任

第三节 合同的效力

合同的效力,即合同的法律效力,是法律赋予依法成立的合同在当事人之间产生的约束力。根据《民法典》的规定,合同的效力主要有四种类型,即有效合同、无效合同、效力待定合同以及可撤销合同。

一、合同的生效

合同的生效是指已经成立的合同在当事人之间产生法律约束力。合同的生效不同于合同的成立。合同的成立是实施层面的判断,而合同的生效则是价值层面的判断。

《民法典》根据合同类型的不同,分别规定了合同的生效时间:

(1)依法成立的合同,自成立时生效,但是法律另有规定或者当事人另有约定的除外。

(2)依照法律、行政法规的规定,合同应当办理批准等手续的,合同自办理批准等手续后生效。

(3)当事人对合同的效力可以约定附条件。附生效条件的合同,自条件成就时生效。

(4)当事人对合同的效力可以约定附期限。附生效期限的合同,自期限届至时生效。

二、有效合同

有效合同是指法律承认其具有法律效力的合同。有效合同必须具备三个条件:

(1)当事人具有相应的民事行为能力。法人和其他组织一般均具有缔结合同的能力。对于自然人而言,原则上完全民事行为能力人订立的合同有效;无民事行为能力人订立的合同无效;限制民事行为能力人订立的纯获利益的合同或者与其年龄、智力、精神健康状况相适应的合同有效,实施的其他民事法律行为经法定代理人同意或者追认后有效。

(2)当事人意思表示真实,即当事人订立合同必须是自己真实的意思表示,不存在欺诈、胁迫、重大误解等情形。

(3)不违反法律或者社会公共利益。当事人在订立合同时,不能规避法律、行政法规的要求,不能违反我国法律的强制性规定,不能违背社会公德、扰乱社会公共秩序、损害社会公共利益。

三、无效合同

无效合同是指不发生法律效力和不具有法律约束力的合同。无效合同自始无效、当然无效、绝对无效。根据《民法典》的规定，合同无效有以下几种情形：① 无民事行为能力人签订的合同；② 合同双方以虚假意思签订的合同；③ 违反法律、法规强制性规定的合同；④ 违背公序良俗的合同；⑤ 恶意串通，损害他人合法权益的合同。

合同部分无效，不影响其他部分的效力，其他部分仍然有效。部分无效的合同是指部分条款违反法律规定或者损害他人利益，但不影响合同本质成立的合同。

根据《民法典》的规定，下列条款无效：① 造成对方人身损害或者因故意或者重大过失造成对方财产损失的合同免责条款；② 提供格式条款一方提供的不合理地免除或减轻自己责任、加重对方责任、限制对方主要权利的条款。

四、效力待定合同

效力待定合同是指已经成立但尚未生效，还需权利人追认的合同。根据《民法典》规定，效力待定的合同主要有以下几类：

（一）限制民事行为能力人独立订立的与其年龄、智力、精神状况不相适应的合同

限制民事行为能力人订立的合同，经法定代理人同意或者追认后有效，但订立的纯获利益的合同或者与其年龄、智力、精神健康状况相适应的合同不需要经过法定代理人的追认或同意即有效。合同相对人可以催告法定代理人自收到通知之日起30日内予以追认。法定代理人未作表示的，视为拒绝追认。民事法律行为被追认前，善意相对人有撤销的权利。撤销应当以通知的方式作出。

（二）无权代理人订立的合同

行为人没有代理权、超越代理权或者代理权终止后，仍然以被代理人的名义订立的合同，未经被代理人追认的，对被代理人不发生效力。

相对人可以催告被代理人自收到通知之日起30日内予以追认。被代理人未作表示的，视为拒绝追认。行为人实施的行为被追认前，善意相对人有撤销的权利。撤销应当以通知的方式作出。

（三）无权处分人订立的合同

无处分权的人处分他人财产，经权利人追认或者无处分权的人订立合同后取得处分权的，该合同有效。在未追认前属于效力待定的合同。

探究与发现

通过上述学习，你是否对"导入"所提出的问题进行了相关的思考？未被追认前，小蒋订立的按摩椅买卖合同的效力如何？

> 案例中,蒋某11岁的儿子小蒋是限制民事行为能力人,而舒心牌按摩椅价值2万元,与小蒋的年龄、智力、精神状况不相适应。因此小蒋与商场订立的买卖合同在蒋某未同意前,属于效力待定合同。

五、可撤销合同

(一) 可撤销合同的概念

可撤销合同是指因合同当事人订立合同时意思表示不真实,经有撤销权的当事人请求人民法院或者仲裁机构予以撤销或者变更的合同。可撤销合同一般具有以下特征:

(1) 可撤销合同是意思表示不真实的合同。

(2) 可撤销合同在撤销决定作出前,仍然属于有效的合同。在撤销决定作出后,该合同才无效,且无效溯及合同成立之时。

(3) 可撤销合同的变更或者撤销应当由当事人行使撤销权来实现。

(4) 可撤销合同的变更或者撤销的决定必须由人民法院或者仲裁机构作出。

(二) 可撤销合同的种类

可撤销合同包括以下几种:

(1) 基于重大误解订立的合同。所谓重大误解是指当事人因对合同的性质,标的物的品种、规格、数量、质量等的认识错误而订立合同,导致合同与自己真实意思相悖并造成较大损失的情形。重大误解的核心在于对合同主要内容的认识错误。

(2) 因欺诈订立的合同。欺诈是指一方当事人故意告诉另一方当事人虚假情况或者故意隐瞒真实情况,使得当事人陷入错误认识并作出错误的意思表示。欺诈的核心在于一方当事人陷入错误认识是由于另一方当事人诱使导致的。

(3) 因胁迫订立的合同。胁迫是指一方当事人以给公民及其亲友的生命健康、名誉、财产等造成损害,或以给法人的荣誉、名誉、财产等造成损害为要挟,强迫对方作出不真实的意思表示。胁迫的核心在于胁迫人不正当的预告危害使得被胁迫人陷入恐惧或者害怕的心理状态。

(4) 因显失公平订立的合同。显失公平是指一方利用对方处于困境、缺乏判断能力(如信息不对称)等情形,致使合同成立时违反了公平、等价有偿原则。显失公平的核心在于合同成立时存在违反公平、等价有偿原则的情形。

第四节 合同的履行

合同的履行是整个合同法律制度的核心内容。合同的履行是指合同生效后,合同当事人按照合同约定的各项条款,全面、适当地完成合同规定的义务和实现合同规定的权利,使合同目的得到实现的行为。

一、合同履行的规则

(一) 当事人就合同约定不明确的履行规则

当事人应当按照约定全面履行自己的义务。当事人应当遵循诚信原则,根据合同的性质、目的和交易习惯履行通知、协助、保密等义务。当事人在履行合同过程中,应当避免浪费资源、污染环境和破坏生态。

合同生效后,当事人就质量、价款或者报酬、履行地点等内容没有约定或者约定不明确的,可以协议补充;不能达成补充协议的,按照合同相关条款或者交易习惯确定;仍不能确定的,适用下列规定:

(1) 质量要求不明确的,按照强制性国家标准履行;没有强制性国家标准的,按照推荐性国家标准履行;没有推荐性国家标准的,按照行业标准履行;没有国家标准、行业标准的,按照通常标准或者符合合同目的的特定标准履行。

(2) 价款或者报酬不明确的,按照订立合同时履行地的市场价格履行;依法应当执行政府定价或者政府指导价的,依照规定履行。

(3) 履行地点不明确,给付货币的,在接受货币一方所在地履行;交付不动产的,在不动产所在地履行;其他标的,在履行义务一方所在地履行。

(4) 履行期限不明确的,债务人可以随时履行,债权人也可以随时请求履行,但是应当给对方必要的准备时间。

(5) 履行方式不明确的,按照有利于实现合同目的的方式履行。

(6) 履行费用的负担不明确的,由履行义务一方负担;因债权人原因增加的履行费用,由债权人负担。

(二) 互联网等信息网络订立的电子合同的履行规则

通过互联网等信息网络订立的电子合同的标的为交付商品并采用快递物流方式交付的,收货人的签收时间为交付时间。电子合同的标的为提供服务的,生成的电子凭证或者实物凭证中载明的时间为提供服务时间;前述凭证没有载明时间或者载明时间与实际提供服务时间不一致的,以实际提供服务的时间为准。

电子合同的标的物为采用在线传输方式交付的,合同标的物进入对方当事人指定的特定系统且能够检索识别的时间为交付时间。

电子合同当事人对交付商品或者提供服务的方式、时间另有约定的,按照其约定。

(三) 执行政府定价或者政府指导价的合同履行规则

执行政府定价或者政府指导价的,在合同约定的交付期限内政府价格调整时,按照交付时的价格计价。逾期交付标的物的,遇价格上涨时,按照原价格执行;价格下降时,按照新价格执行。逾期提取标的物或者逾期付款的,遇价格上涨时,按照新价格执行;价格下降时,按照原价格执行。

(四) 涉及第三人的合同履行规则

(1) 债务人向第三人履行的合同。向第三人履行的合同是指当事人约定由债务人向第三人履行债务,第三人享有债权的合同。债务人未向第三人履行债务或者履行债务不符合约定的,应当向债权人承担违约责任。法律规定或者当事人约定第三人可以直接请求债务人向其履行债务,第三人未在合理期限内明确拒绝,债务人未向第三人履行债务或者履行债务不符合约定的,第三人可以请求债务人承担违约责任;债务人对债权人的抗辩,可以向第三人主张。

> **探究与发现**
>
> 通过上述学习,你是否对"导入"所提出的问题进行了相关的思考? 按摩椅买卖合同是否属于涉及第三人的合同?
>
> 案例中,小蒋为老蒋购买的按摩椅买卖合同,经蒋某同意后,约定商场直接将按摩椅送至老蒋处,存有任何问题老蒋有权请求商家赔偿。该按摩椅买卖合同具备向第三人履行合同的要件:债务人(商场)须向第三人(老蒋)履行买卖合同;第三人(老蒋)取得请求权。老蒋在签收按摩椅时发现债务人(商场)送达的按摩椅存在零件脱落、掉漆严重等质量不合格的现象,有权请求商场承担违约责任。

(2) 由第三人履行的合同。由第三人履行的合同又称第三人负担的合同,是指双方当事人约定由第三人履行债务的合同。当事人约定由第三人向债权人履行债务,第三人不履行债务或者履行债务不符合约定的,债务人应当向债权人承担违约责任。

二、合同履行的抗辩权

抗辩权是指在双务合同中,一方当事人在对方不履行合同义务或者履行不符合合同约定或者法律规定时,依法对抗对方要求或者否认对方权利主张的权利。根据《民法典》的规定,合同履行的抗辩权主要包括同时履行抗辩权、先履行抗辩权以及不安履行抗辩权。

(一) 同时履行抗辩权

同时履行抗辩权是指合同约定双方当事人应当同时履行合同义务的,一方在对方未履行合同义务前,有拒绝对方请求自己履行合同的权利。《民法典》第五百二十五条规定:"当事人互负债务,没有先后履行顺序的,应当同时履行。一方在对方履行之前有权拒绝其履行请求。一方在对方履行债务不符合约定时,有权拒绝其相应的履行请求。"

(二) 先履行抗辩权

先履行抗辩权是指合同约定双方当事人履行合同义务有先后顺序的,后履行义务一方在先履行义务一方未履行时,有拒绝对方请求自己履行合同的权利。《民法典》第五百二十六条规定:"当事人互负债务,有先后履行顺序,应当先履行债务一方未履行的,后履行一方有权拒绝其履行请求。先履行一方履行债务不符合约定的,后履行一方有权拒绝其相应的履行请求。"

（三）不安履行抗辩权

不安履行抗辩权是指有先后履约顺序的双务合同中,应先履行合同义务的一方当事人,有确切证据证明对方当事人有丧失或者可能丧失履行债务能力的情形,在对方没有履行或者没有提供担保之前,有权暂时中止履行合同。《民法典》第五百二十七条第一款规定:"应当先履行债务的当事人,有确切证据证明对方有下列情形之一的,可以中止履行:（一）经营状况严重恶化;（二）转移财产、抽逃资金,以逃避债务;（三）丧失商业信誉;（四）有丧失或者可能丧失履行债务能力的其他情形。"

当事人依据《民法典》第五百二十七条的规定中止履行合同义务的,应当及时通知对方。对方提供适当担保的,应当恢复履行。中止履行后,对方在合理期限内未恢复履行能力且未提供适当担保的,视为以自己的行为表明不履行主要债务,中止履行的一方可以解除合同并可以请求对方承担违约责任。

案例详解
不安履行抗辩权

> **探究与发现**
>
> 通过上述学习,你是否对"导入"所提出的问题进行了相关的思考?蒋某在发现家具公司存在丧失履行债务能力的情形后可以采取何种措施?
>
> 案例中,合同约定蒋某先支付货款30%,家具安装完毕后再支付剩余货款,但蒋某在准备付款时,发现该家具公司存在丧失履行债务能力的情形,此时蒋某可以对丁家具公司行使不安履行抗辩权,中止支付货款。

三、合同履行中特殊情况的处理

（一）履行困难

债权人分立、合并或者变更住所没有通知债务人,使得履行债务发生困难的,债务人可以中止履行或者将标的物提存。

（二）提前履行

债权人可以拒绝债务人提前履行债务,但是提前履行不损害债权人利益的除外。债务人提前履行债务给债权人增加的费用,由债务人承担。

（三）部分履行

债权人可以拒绝债务人部分履行债务,但是部分履行不损害债权人利益的除外。债务人部分履行给债权人增加的费用,由债务人承担。

四、合同的保全

合同的保全,是指法律为防止因债务人财产的不当减少致使债权人债权的实现受到危害而设置的保全债务人责任财产的法律措施。合同的保全包括债权人的代位权和债权人的撤销权。

(一) 债权人的代位权

代位权是指因债务人怠于行使其债权或者与该债权有关的从权利,影响债权人的到期债权实现的,债权人可以向人民法院请求以自己的名义代位行使债务人对相对人的权利。

1. 代位权的成立条件

债权人行使代位权,应当具备以下条件:① 原则上,债权人对债务人、债务人对次债务人的债权(只能是金钱之债、货币之债)均合法且到期;② 债务人怠于行使其债权或者与债权有关的从权利;③ 债务人怠于行使债权影响债权人的到期债权;④ 债务人的债权系非专属于债务人自身的债权(专属于债务人自身的债权是指基于抚养关系、赡养关系等产生的给付请求权和养老金、抚恤金、人身伤害赔偿请求权等权利)。

2. 代位权行使的法律后果

行使代位权的法律后果主要有以下几方面:① 相对人对债务人的抗辩,可以向债权人主张;② 原告胜诉,诉讼费从实现债权中优先支付,但最终由债务人承担;③ 原告胜诉,债务人的相对人直接向债权人履行义务,而不能向债务人履行;④ 债权人提起代位权诉讼的,对债权人的债权和债务人的债权均发生诉讼时效中断的效力。

> **探究与发现**
>
> 通过上述学习,你是否对"导入"所提出的问题进行了相关的思考?案例中,乙公司请求法院以自己的名义行使甲公司对丙公司的债权是否有法律依据?
>
> 案例中,乙对甲公司、甲对丙公司都存在合法债权且均已届期,但由于甲公司怠于行使债权,损害了乙公司债权的实现,乙公司可以行使代位权,以自己的名义直接向法院起诉,要求丙公司向自己支付5 000万元。

(二) 撤销权

撤销权是指债务人实施了不当减少财产的行为,影响债权人债权的实现时,债权人为保障自己债权的实现请求法院予以撤销的权利。撤销权自债权人知道或者应当知道撤销事由之日起1年内行使。自债务人的行为发生之日起5年内没有行使撤销权的,该撤销权消灭。

1. 撤销权的成立条件

债权人行使撤销权,应当具备以下条件:① 债权人对债务人有合法债权;② 主观上债务人具有损害债权人债权的恶意;③ 客观上实施了侵害债权的行为且已危害债权人的债权。

侵害债权的行为有:① 放弃到期债权;② 放弃未到期债权;③ 放弃债权担保;④ 恶

意串通的事后抵押;⑤ 恶意延长到期债权的履行期;⑥ 以明显不合理的低价转让财产,且受让人明知;⑦ 以明显不合理高价受让财产,且转让人明知;⑧ 无偿转让财产。

2. 撤销权行使的法律后果

撤销权行使的法律后果如下:① 债务人影响债权人债权实现的行为被撤销的,自始没有法律约束力;② 债权人可以请求受让人将所获利益返还给债务人;③ 债权人胜诉的,诉讼费用、律师代理费、差旅费等必要费用由债务人承担,第三人有过错的,适当分担。

> **探究与发现**
>
> 通过上述学习,你是否对"导入"所提出的问题进行了相关的思考? 案例中,乙公司请求法院撤销甲公司放弃对丙公司债权的行为是否有法律依据?
>
> 案例中,甲公司放弃对丙公司到期债权的行为属于侵害债权的行为,危害了债权人的债权,乙公司可以行使撤销权,请求法院撤销甲公司放弃对丙公司债权的行为。

第五节 合同的变更和转让

一、合同的变更

(一) 合同变更的概念

合同变更是指合同内容的变更,不包括合同主体的变更,即在合同没有履行或者没有完全履行时,因主客观情况的变化,双方当事人依据法律规定的条件和程序达成合意,对原合同内容进行修改或者补充的行为,不改变合同的性质。

(二) 合同变更的条件

合同的变更需要具备以下条件:

(1) 当事人之间存在有效的原合同的关系。如果原合同关系不存在,合同变更将失去存在的基础。

(2) 合同内容发生了变化,如合同标的种类的更换、价款的增减、期限的提前或延长等。

(3) 合同变更本身明确且有效。当事人对合同变更的内容约定不明确的,推定为未变更合同。

> **探究与发现**
>
> 通过上述学习,你是否对"导入"所提出的问题进行了相关的思考? 如何理解合同的变更?
>
> 案例中,蒋某与甲公司签订了房屋买卖合同,双方约定于2019年6月1日交房并办理过户登记手续。因工程进度缓慢,甲公司在合同约定期限无法交付房屋,遂请

求蒋某同意延期交付房屋,蒋某同意了甲公司的请求。甲公司与蒋某订立的房屋买卖合同合法有效,满足合同变更的基础。甲公司与蒋某协商一致,将交房期限由 2019 年 6 月 1 日变更为 2019 年 10 月 1 日,对合同履行期限进行了变更,属于变更合同内容的情形。

二、合同的转让

合同的转让,即合同主体的变更,指当事人将合同的权利和义务全部或者部分转让给第三人。合同的转让分为债权转让、债务承担和债权债务的概括承受。

(一) 债权转让

债权转让又称债权让与,是指债权人将合同的全部或者部分权利转让给第三人。其中债权人是让与人,第三人是受让人。因债权转让增加的履行费用,由让与人承担。

1. 债权转让的生效要件

(1) 存在合法有效的债权。所谓有效债权,是指在合同权利转让时该债权是确实存在的。有效债权的存在是债权转让的前提。

(2) 被让与的债权具有可让与性。不得转让的债权包括以下情形:① 根据债权性质不得转让,主要指与人身有密切关系的合同,如演出合同;② 按照当事人约定不得转让;③ 依照法律规定不得转让,通常以特定身份为基础,如抚养费请求权、退休金债权。

(3) 让与人与受让人达成债权转让协议。债权人转让债权,未通知债务人的,该转让对债务人不发生效力。

2. 债权转让的效力

(1) 债权全部转让的,原债权人(让与人)退出原债的关系,不再享有债权债务,受让人取代让与人的法律地位而成为新的债权人。

(2) 债权人转让债权的,受让人取得与债权有关的从权利(如担保物权),但是该权利专属于债权人自身的除外。

(3) 让与人对其让与的债权负瑕疵担保责任。如果因转让的债权存在瑕疵而致使受让人遭受损失,让与人应当向受让人承担赔偿责任,但受让人明知债权存在瑕疵的除外。

(4) 债权人转让债权的,应当通知债务人,未经通知,该转让对债务人不发生效力。债务人接到债权转让通知后,债务人对让与人的抗辩,可以向受让人主张。

(二) 债务承担

债务承担是指债务人将合同义务的全部或者部分转移给第三人。债务人将债务的全部或者部分转移给第三人的,应当经债权人同意。债务人或者第三人可以催告债权人在合理期限内予以同意,债权人未作表示的,视为不同意。

1. 债务承担的生效要件
（1）存在合法有效的债务。
（2）被移转的债务具有可移转性。
（3）第三人与债务人或第三人与债权人签订债务承担协议。

2. 债务承担的类型

根据债务承担后原债务人是否免责，可以分为免责的债务承担和并存的债务承担。免责的债务承担是指第三人取代原债务人的地位而承担全部债务，使原债务人脱离债的关系的债务承担方式。并存的债务承担是指债务人不脱离债的关系，第三人加入债的关系，与原债务人一起向债权人承担债务的债务承担方式。

3. 债务承担的效力

（1）债务人转移全部债务的，新债务人成为合同当事人，向债权人履行义务或者承担违约责任。
（2）债务人转移债务的，新债务人可以主张原债务人对债权人的抗辩。
（3）债务人转移债务的，新债务人应当承担与主债务有关的从债务，但是该从债务专属于原债务人自身的除外。

(三) 债权债务的概括承受

债权债务的概括承受是指债的一方当事人将其债权债务一并转移给第三人，由第三人概括地承受权利和义务。债权债务概括承受可以分为意定的债权债务概括承受和法定的债权债务概括承受。前者是指双务合同的一方当事人经对方当事人同意，将其债权债务通过协议一并转移给第三人。后者是指依法将债权债务转移给新的债权债务人，如（财产）保险人对第三人的代位求偿权、法人发生合并或分立时对原债权债务的承担、继承人在继承遗产的范围内对被继承人生前债务的清偿、租赁物的受让人对原租赁合同的承受。

第六节　合同权利义务的终止

合同的权利义务终止，又称合同的终止，是指当出现一定法律事实时，当事人之间的权利义务关系归于消灭的情形。根据《民法典》的规定，合同终止的原因主要有：债务已经履行；债务相互抵销；债务人依法将标的物提存；债权人免除债务；债权债务同归于一人；合同解除以及法律规定或者当事人约定终止的其他情形。

一、清偿

清偿又称债的履行，是指合同当事人依照法律规定或者合同约定完成合同义务。

(一) 代物清偿

代物清偿是指在债的履行过程中，债权人受领他种给付以代替原种给付而使债的关系消灭。如李某为债权人,王某为债务人,王某负有向李某交付3头牛的义务,在债权到期后,双方约定,王某向李某履行10天劳务代替交付3头牛的债务。

(二) 清偿抵充

清偿抵充是指在债务人对于同一债权人负担数宗同种类的债务而债务人提供的给付不足以清偿全部债务时,决定以该给付抵充某宗或某几宗债务的规则。《民法典》第五百六十条规定:"债务人对同一债权人负担的数项债务种类相同,债务人的给付不足以清偿全部债务的,除当事人另有约定外,由债务人在清偿时指定其履行的债务。债务人未作指定的,应当优先履行已经到期的债务;数项债务均到期的,优先履行对债权人缺乏担保或者担保最少的债务;均无担保或者担保相等的,优先履行债务人负担较重的债务;负担相同的,按照债务到期的先后顺序履行;到期时间相同的,按照债务比例履行。"

二、合同的解除

合同的解除是指合同有效成立后,在没有履行或完全履行完毕前,当事人依法或依约提前终结合同效力。合同的解除分为双方解除和单方解除,单方解除又分为约定解除和法定解除。

(一) 双方解除

双方解除又称协议解除,是指当事人协商一致解除合同。此时双方当事人均无需承担违约责任。

(二) 单方解除

1. 约定解除

约定解除是指合同订立时双方约定解除权行使情形;当约定情形出现时,享有解除权的一方以单方意思表示即可使合同解除,无需征得对方同意。

2. 法定解除

法定解除是指根据法律规定而解除合同。《民法典》第五百六十三条第一款规定:"有下列情形之一的,当事人可以解除合同:(一)因不可抗力致使不能实现合同目的;(二)在履行期限届满前,当事人一方明确表示或者以自己的行为表明不履行主要债务;(三)当事人一方迟延履行主要债务,经催告后在合理期限内仍未履行;(四)当事人一方迟延履行债务或者有其他违约行为致使不能实现合同目的;(五)法律规定的其他情形。"合同解除后,尚未履行的,终止履行;已经履行的,根据履行情况和合同性质,当事人可以请求恢复原状或者采取其他补救措施,并有权请求赔偿损失。

> **探究与发现**
>
> 通过上述学习,你是否对"导入"所提出的问题进行了相关的思考?如何理解法定解除中当事人"有其他违约行为致使不能实现合同目的"的规定?

> 案例中,蒋某为父母养老与甲公司签订了房屋买卖合同,甲公司在合同中载明:"未来小区内将配有全套养老设施"。交房后,如果甲公司未依照其承诺提供相关配套设施,致使不能实现蒋某购房为父母健康养老的目的,甲公司的行为属于当事人"有其他违约行为致使不能实现合同目的"的行为,甲公司构成根本违约,蒋某可以主张法定解除权,维护自己的合法权益。

三、抵销

抵销,是指在双方当事人互负债务的情形下,当事人各自以其债权充当债务的清偿,使双方债务在对等额内相互消灭。主张抵销的债权,称为主动债权或自动债权;被抵销的债权,称为被动债权或受动债权。抵销依产生的依据不同分为意定抵销和法定抵销。

(一) 意定抵销

意定抵销,是指当事人互负债务,经双方协商一致,将互负的债务抵销。根据《民法典》的规定,当事人互负债务,标的物种类、品质不相同的,经协商一致,也可以抵销。

(二) 法定抵销

法定抵销,是指当事人互负债务,该债务的标的物种类、品质相同的,任何一方可以将自己的债务与对方的到期债务抵销;但是,根据债务性质、按照当事人约定或者依照法律规定不得抵销的除外。当事人主张抵销的,应当通知对方。通知自到达对方时生效。抵销不得附条件或者附期限。

四、提存

提存是指因为债权人原因而导致债务人难以履行债务的,债务人将标的物交由提存部门保存从而终止合同的权利义务。提存的标的物原则上应当是合同约定的标的物本身,但如果标的物不适于提存或者提存费用过高的,债务人依法可以拍卖或者变卖标的物,提存所得的价款。《民法典》第五百七十条第一款规定:"有下列情形之一,难以履行债务的,债务人可以将标的物提存:(一) 债权人无正当理由拒绝受领;(二) 债权人下落不明;(三) 债权人死亡未确定继承人、遗产管理人,或者丧失民事行为能力未确定监护人;(四) 法律规定的其他情形。"

五、免除和混同

免除,是指债权人免除债务人部分或者全部债务的,合同的权利义务部分或全部终止。但是债务人在合理期限内拒绝的除外。

混同,是指债权和债务同归于一人的,合同权利义务终止。但是损害第三人利益的除外。

第七节 违约责任

一、违约及违约形式

违约是指合同当事人不履行合同义务或者履行义务不符合约定。违约包括预期违约和实际违约两种形式。

预期违约,是指在合同履行期限届满前,当事人一方明确表示或者以自己的行为表明不履行合同义务。预期违约可以分为明示的预期违约和默示的预期违约,两者的区别在于当事人是否明确表示不履行合同义务。

实际违约,是指合同履行期限届满后,当事人不履行或者不完全履行合同义务。实际违约分为不履行、不适当履行和迟延履行。

二、违约责任

违约责任是指合同当事人不履行合同义务或者履行义务不符合约定所承担的责任。违约责任具有以下特点:

(1) 承担违约责任的主体是合同当事人。合同具有相对性,违反合同的行为只能由合同当事人作出。

(2) 违约责任侵犯的客体是合同对方的合法债权。

(3) 违约行为是客观上不履行合同义务或者履行义务不符合合同规定的行为。

(4) 违约责任以有效合同的存在为前提,无效合同不存在承担违约责任的问题。

三、承担违约责任的方式

《民法典》规定,当事人一方不履行合同义务或者履行合同义务不符合约定的,应当承担继续履行、采取补救措施或者赔偿损失等违约责任。

(一) 继续履行

继续履行又称实际履行,是指一方当事人在对方违反合同义务时,得请求人民法院或者仲裁机构强制对方实际履行合同义务。继续履行只适用于非金钱债务。

《民法典》规定,当事人一方不履行非金钱债务或者履行非金钱债务不符合约定的,对方可以请求履行,但是有下列情形之一的除外:① 法律上或者事实上不能履行;② 债务的标的不适于强制履行或者履行费用过高;③ 债权人在合理期限内未请求履行。

(二) 采取补救措施

当事人一方履行合同不符合约定的,应按照当事人的约定承担违约责任。对违约责任合同未约定或者约定不明确的,合同中的受损害方根据标的性质以及损失的大小,可以合理选择请求对方承担修理、重作、更换、退货、减少价款或者报酬等违约责任。采取补救措施和违约金可以并用。

(三) 损害赔偿

一方当事人不履行合同义务或者不按照合同约定履行合同义务,另一方在履行义务或者采取补救措施后仍有其他损失的,应当赔偿损失。当事人一方不履行合同义务或者履行合同义务不符合约定,造成对方损失的,赔偿损失的数额应当相当于因违反合同所造成的损失,包括履行合同后能够获得的利益;但是,赔偿金额不得超过违约方在订立合同时预见到或者应当预见到的因违约可能造成的损失。一方当事人违约后,另一方当事人应当采取适当的措施防止损失的扩大;没有采取适当措施致使损失扩大的,不得就扩大的损失请求赔偿。当事人因防止损失扩大所支出的合理费用,由违约方负担。

(四) 支付违约金

违约金,是指按照当事人的约定或者法律的规定,违约方根据违约情况给付对方一定数额的货币。当事人可以约定违约金的数额,也可以约定因违约产生的损失赔偿额的计算方法。

约定的违约金低于造成的损失的,人民法院或者仲裁机构可以根据当事人的请求予以增加;约定的违约金过分高于造成的损失的,人民法院或者仲裁机构可以根据当事人的请求予以适当减少。

> **探究与发现**
>
> 通过上述学习,你是否对"导入"所提出的问题进行了相关的思考?如何计算甲、乙公司借款合同的违约金额?
>
> 案例中,甲公司于2015年1月15日向乙公司借款2亿元,约定3年后还款,利息为10%,违约金为10%。到期后,甲公司无力偿还借款构成违约,依照合同约定的违约金计算方法,乙公司可请求甲公司支付2 000万元违约金。

(五) 给付或者双倍返还定金

定金,是指合同双方当事人为了保证合同的履行,约定由一方当事人先行给付给对方当事人一定数额的货币作为担保。当事人既约定违约金,又约定定金,一方违约时,对方可以选择适用违约金或者定金条款。定金合同自实际交付定金时成立。

定金的数额由当事人约定;但是,不得超过主合同标的额的20%,超过部分不产生定金的效力。实际交付的定金数额多于或者少于约定数额的,视为变更约定的定金数额。

债务人履行债务的,定金应当抵作价款或者收回。给付定金的一方不履行约定的债务,致使合同目的不能实现,无权请求返还定金;收受定金的一方不履行约定的债务,致使合同目的不能实现,应当双倍返还定金。

四、免责事由

(一) 不可抗力

不可抗力,是指不能预见、不可避免并不能克服的客观情况,如地震、战争、政府颁布新政策等。

因不可抗力不能履行合同的,根据不可抗力的影响,部分或者全部免除责任。当事人迟延履行后发生不可抗力的,不免除其违约责任。

因不可抗力不能履行合同的,应当及时通知对方,以减轻可能给对方造成的损失,并应当在合理期限内提供证明。

(二) 免责条款

合同双方在合同中约定出现一定事由或者满足一定条件时,可以免除违约方的违约责任。

(三) 相对人有过错

当事人一方违反合同约定造成对方损失的,对方对损失的发生有过错的,可以减少相应的损失赔偿额。

本章小结

合同法是规范市场交易的基本法,是民商法的重要组成部分,对于保护合同当事人的合法权益、维护正常交易秩序方面具有重大意义。本章以合同法的概述入手,分析了合同的概念、合同的分类、《民法典》合同编调整范围等内容;然后阐明了合同的订立程序、合同的效力、合同的履行、合同的变更和转让等各项基本制度;最后对合同权利义务终止的主要情形及承担违约责任的方式进行了阐述。

思 考 题

1. 简述要约和要约邀请的区别。
2. 简述无效合同、效力待定合同的法律规定。
3. 简述双务合同中同时履行抗辩权、先履行抗辩权、不安抗辩权的区别。
4. 简述承担违约责任的方式。
5. 2018 年 5 月,甲公司与乙公司签订一份买卖合同,合同约定:甲公司向乙公司购买 BT007 型空调 200 台,每台 5 000 元,共计 100 万元;合同签订之日起 5 个工作日内甲公司向乙公司付款 20 万元,余款自空调交付之后,每月 5 日前支付 10 万元,8 个月付清;甲公司任何一个月未按期付款,乙公司享有合同解除权;货款付清之前,乙公司保留 200 台空调的所有权。乙公司在收到 20 万元货款后,按照约定时间向甲公司交付空调时,因合同未约定履行地点及履行费用负担,双方发生争议。在争议未解决的情况下,乙公司委托运输公司将空调送到甲公司,为此支付运费2万元。甲公司在对空调进行检查时发现,其中10台空调存在严重质量问题无法使用,20台空调因雨水浸泡受损。上述争议解决后,甲公司按期支付货款,到2018年10月,因资金周转出现问题,甲公司连续3个月未支付货款。

问题:
(1) 如何确定该买卖合同的履行地点及履行费用的负担?
(2) 甲公司是否能够因10台空调质量问题而解除200台空调的买卖合同?
(3) 空调因被雨水浸泡所受损失应由谁承担?
(4) 在甲公司连续3个月未支付货款的情形下,乙公司享有什么权利?

拓 展 学 习

　　随着电子技术、网络信息技术的迅猛发展,劳动合同也在逐步向数字化发展。电子劳动合同是指在电子介质中存储的劳动者与用人单位建立的劳动合同。电子劳动合同的形式呈现多样化,可以在微信、QQ等社交软件中保存,也可以通过电子邮箱、第三方软件等较为正式的方式传递文本。随着互联网的普及和发展,电子劳动合同的使用量也在逐步增加。在人工智能背景下,劳动合同的电子形式能够更好地服务于新型用工形式的发展,更好地实现当事人的意愿,当然,其中也存在种种风险。电子劳动合同如何订立?其订立过程中存在哪些风险以及如何防范?电子劳动合同举证责任如何分配?这些问题值得深入研究分析。

第十五章

知识产权法

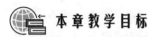 **本章教学目标**

在当前经济飞速发展的时代,知识产权在促进经济发展、科技进步、文化繁荣等方面发挥着越来越重要的作用。通过本章的学习,学生应了解知识产权的概念和特征;熟悉著作权的使用和限制、申请专利的原则、专利权的限制与保护、商标注册的原则;掌握著作权的内容、著作权的保护、专利权的内容、授予专利的条件、商标权的内容、商标注册的程序等基本内容。

 本章核心概念

著作权;专利权;商标权

 导入

【案例1】 殷某从小喜爱写作,大学毕业后遂执笔文坛,以文笔清新华丽、情感细腻,精彩起伏的故事情节和独具一格的写作手法得到广大读者的喜爱。2017年间,殷某撰写了一部名为《梦入繁华》的小说,其授权A出版社出版发行该作品。该书出版后,殷某发现出版社未经其同意,擅自将故事的主线进行修改,使得原本愉悦、励志的故事充满复仇、血腥的色彩,殷某立即通知了出版社,要求出版社停止出版该小说。经过长达半年的交涉,出版社问题终于告一段落。2018年6月,殷某又与B网站签约,同意将包括《梦入繁华》在内的所有作品上传于B网站,任何人只要成为B网站的会员,即可随时阅读。《梦入繁华》一度成为B网站点击量排行榜的第一名。随着小说热度的升高,《梦入繁华》被C影视公司看中。2018年9月,C影视公司与殷某签订了协议,有偿取得了小说的电视剧改编权和摄制权。取得相应权利后,C影视公司立即着手拍摄《梦入繁华》,并邀请著名歌手张某担任音乐制作人,演唱电视剧主题曲及插曲。电视剧于2019年3月杀青。2019年4月,电视剧《梦入繁华》在D视频网站上映,由于与原著贴合,受到了原著粉丝的一致好评,收视率相当可观。《梦入繁华》的主题曲与插曲也爆红网络,在各大商场、餐厅循环播放。2019年中秋,张某受邀参加E电视台中秋晚会,现场演唱了《梦入繁华》的主题曲与插曲。2020年,江某在赈灾义演中演唱了《梦入繁华》的主题曲与插曲。

问题:
(1) 殷某对其作品《梦入繁华》行使了哪些权利?
(2) A出版社侵犯了殷某的什么权利?
(3) 电视剧《梦入繁华》的著作权属于谁?

【案例2】 2017年1月,林某与W空调有限公司(以下简称W公司)签订劳务合同,合同期限为5年,主要从事空调的设计开发与质量改善。林某在W公司任职期间,与公司其他几名设计人员,经过共同努力,设计完成了一款变频家用空调。2018年1月15日,W公司就变频空调发明创造首次向英国专利商标局递交申请发明专利,同年10月20日,向中国国家知识产权局就相同发明申请发明专利并声明要求优先权。但在2018年5月20日,Q公司就相同的发明向中国国家知识产权局申请专利。经知识产权局审查,最终W公司获得变频空调的专利。2019年5月,W公司在进行市场调查时发现,H公司未经其许可,擅自生产并销售了变频家用空调5 000台。M公司未经其许可,在自己研发的空调上使用W公司变频空调真实有效的专利号、证书或文件。Y家电销售公司在明知H公司侵犯W公司专利的情况下,从H公司进货2 000台,并实际销售1 600台。Z宾馆在不知道H公司侵犯W公司专利权的情况下,也从H公司购入200台并已安装使用。

问题:
(1) W公司取得变频空调的专利权是否有法律依据?
(2) H公司、M公司、Y公司、Z宾馆的侵权行为应当承担何种法律责任?

【案例3】 上海A公司在2014年期间在第25类服饰上向商标局申请注册"舒适"和红色"✚"商标,被商标局驳回。2015年1月,A公司又向商标局申请了"名媛"牌服装注册商标,并于2015年5月20日获得核准注册。由于其设计精美且价格实惠,一进入市场即销售火爆。上海B服装厂想通过使用A公司的"名媛"牌商标销售自己生产的服装,遂与A公司进行协商。2015年9月15日,A公司与B服装厂签订了"名媛"注册商标使用的许可合同。2018年6月,A公司在进行市场调研时发现,某经营场所销售的带有"名媛"注册商标的服饰做工粗糙,非A公司和B服装厂生产、销售,遂向主管机关进行反映。经主管机关调查,发现该经营场所负责人谢某自2016年4月起,从广州购入大量假冒"名媛"及其他两个品牌的服饰,在某经营场所进行销售。至2018年6月被查获,谢某销售假冒"名媛"等注册商标服饰的销售金额高达220多万元。谢某最终受到法律制裁。

问题:
(1) 商标局驳回A公司"舒适"和红色"✚"的商标注册申请是否有法律依据?
(2) A公司是否有权将其"名媛"牌商标许可他人使用?

带着这些问题,让我们进入本章的学习。

第一节　知识产权法概述

一、知识产权的概念与特征

（一）知识产权的概念

知识产权是指权利主体对智力创造成果和工商业标记等特定相关客体依法享有的专有性权利，主要包括著作权、专利权、商标权。

（二）知识产权的特征

知识产权与物权都属财产权的范畴，但两者之间存在较大差别。与物权相比，特别是物权中的所有权，知识产权具有以下法律特征：

1. 无形性

知识产权的无形性，即知识产权的客体与其载体具有可分离性，决定了知识产权与物权相比在权能上具有以下不同：第一，相较于物权人对其物有实际占有并排他支配的权能，知识产权人不发生对知识产品的实体占有控制与实体损耗的使用，而且对于同一知识产品，可以多人同时使用，彼此互不排斥；第二，相较于物权人有对物权进行实体上事实处分的权能，知识产权人不发生消灭知识产权客体的事实处分。

2. 专有性

专有性，又称排他性，是指知识产权人对其权利客体享有独占权、垄断权，未经知识产权人许可或法律特别规定，任何人实施或使用被授予知识产权的智力成果或工商业标记，都构成侵权，要受到法律制裁。知识产权和所有权在专有性的表现上确实是相同的，是一种对世权、绝对权，但知识产权的专有性和所有权的专有性在其他方面又有所不同：第一，侵犯专有性的表现形式不同。对知识产权专有性的侵犯一般表现为非专有人对知识产品进行不法仿制、假冒或剽窃，而所有权专有性的侵犯一般表现为对物的偷窃、抢夺或损毁。第二，保护专有性的方法不同。所有权的专有性可以依靠对物的占有进行保护，而知识产权的专有性只能依靠法律进行保护。第三，专有性的限制不同。知识产权受到的限制多于所有权，大部分国家在立法中规定了对知识产权的合理使用、法定许可、强制许可等制度构成对知识产权专有性的限制，此外知识产权还受到时间性、地域性等的限制。

3. 地域性

地域性，是指知识产权只在授予或确认其权利的国家或地区发生法律效力，受到法律保护，而所有权的保护不受地域性的限制。举例而言，一名中国人在某国被人抢劫，他完全可以要求该国警方抓住劫匪，找回被抢财产。但是，如果中国公民的著作权在某一国家受到侵犯，而该国家未加入中国加入的国际条约或者未与中国签订保护知识产权的双边、多边协定，中国公民的著作权无法在该国受到保护。

4. 时间性

时间性，是指知识产权只在法律规定的期限内受到法律的保护，规定的期限届满，相关的知识产品将进入公共领域，成为全社会的共同财富，任何人可自由使用。例如，《中华人民共和国著作权法》[①]（以下简称《著作权法》）对普通作品规定的权利保护期限为作者终生及其死亡后50年，50年之后，该作品的财产权就不再受《著作权法》保护。同样，依照我国《中华人民共和国专利法》[②]（以下简称《专利法》）的规定，发明专利权的期限为20年，实用新型专利权的期限为10年，外观设计专利权的期限为15年，均自申请日起计算，期限届满后，专利技术将进入公共领域，可以为任何人所自由使用。

二、知识产权法的概念与功能

（一）知识产权法的概念

知识产权法是指调整在创造、使用、保护和管理知识产权的过程中发生的各种社会关系的法律规范的总称。

经过多年的发展，我国知识产权法律法规体系逐步健全。根据现行立法，我国调整知识产权的法律法规主要有《著作权法》《专利法》《中华人民共和国商标法》《计算机软件保护条例》等。此外，我国还缔结或参加了《保护工业产权巴黎公约》《国际商标注册马德里协定》及《保护文学艺术作品伯尔尼公约》等国际公约。

（二）知识产权法的功能

知识产权法在保护智力创造者的合法权益、促进科学技术和文化事业发展方面发挥着重要作用。知识产权法律制度的主要功能是：

第一，规范市场秩序，维护知识产权人的合法权益。知识产权法律制度界定了知识产权的范围，明确了知识产权取得的条件、程序和方法，为知识产权人的权益提供了法律保障。

第二，调动人们从事科学技术研究和文学艺术作品创作的积极性。知识产权法以法律形式保障知识产权人在一定时期内拥有排他性的专有权，使得发明创造的完成人、持有人以及文学艺术作品的作者所付出的心血能够得到物质的回报，使专门从事科学技术研究和文学艺术作品工作成为一种有利可图的谋生职业，从而极大地提高了人们的积极性。

第三，推动科研成果及时而广泛地应用与传播。在知识产权出现以前，人们总是对产品的技术信息严加保密，从而导致科技信息传播的迟滞。在知识产权确立以后，要想取得专利权，知识产权人就必须将其发明创造的内容向社会公开，任何人都可以及时以合理的对价实施或使用该技术，使科技信息得以迅速传播。

---

① 《中华人民共和国著作权法》自1991年6月1日起施行，最新修正是根据2020年11月11日第十三届全国人民代表大会常务委员会第二十三次会议《关于修改〈中华人民共和国著作权法〉的决定》进行的第三次修正，自2021年6月1日起施行。

② 《中华人民共和国专利法》自1985年4月1日起施行，最新修正是根据2020年10月17日第十三届全国人民代表大会常务委员会第二十二次会议《关于修改〈中华人民共和国专利法〉的决定》进行的第四次修正，自2021年6月1日起施行。

第二节　著作权法概述

一、著作权的一般原理

（一）概述

著作权，是指著作权人依法对文学、艺术和科学作品所享有的专有权利。广义的著作权还包括著作邻接权，即与著作权有关的权利，主要有表演者权、录音录像制作者权、广播组织者权及出版者权。

著作权法，是指调整因著作权及相关权利的产生、使用、管理和保护而发生的各种社会关系的法律规范的总称。著作权法有广义与狭义之分，狭义的著作权法指《著作权法》，广义的著作权法还包括《宪法》《刑法》《计算机软件保护条例》等调整著作权法律关系的相关规范。本节所称著作权法为狭义著作权法。

（二）著作权主体

著作权主体，是指依法对作品享有著作权的人。对于著作权的主体可以做以下分类：

（1）作品的创作者，即作者。我国《著作权法》规定，除法律另有规定或合同特别约定的情形，创作作品的自然人即为作品的著作权人。创作是指直接产生文学、艺术和科学作品的智力活动。如果自然人没有实际进行创作，仅组织他人创作、提供物质材料或进行辅助性工作，都不是作者。此外，创作作品是典型的事实行为，不要求自然人具有法律上的行为能力，只要其客观上具有创作能力，实际上创作了作品，即为作者，享有著作权。例如，一个6岁的小孩绘制了一幅具有独创性的图画，小孩作为该图画的作者，享有图画的著作权。

（2）其他依照《著作权法》享有著作权的自然人、法人或者非法人组织。作者以外的自然人、法人或非法人组织根据法律规定或基于继承、委托合同等成为著作权的主体。根据《著作权法》的规定，普通职务作品的著作权由作者享有，但法人或非法人组织在其业务范围内享有优先使用权。特殊职务作品，法人或非法人组织享有除署名权以外的其他著作权。委托作品的著作权由委托人和受托人通过合同约定。合同未作明确约定或者没有订立合同的，著作权属于受托人。视听作品中的电影作品、电视剧作品的著作权由制作者享有，但编剧、导演、摄影、作词、作曲等作者享有署名权，并有权按照与制作者签订的合同获得报酬。

> **探究与发现**
>
> 通过上述学习，你是否对"导入"所提出的问题进行了相关的思考？小说《梦入繁华》与电视剧《梦入繁华》的著作权人分别是谁？
>
> 案例1中，殷某独立完成具有独创性的小说《梦入繁华》，作为《梦入繁华》的作者，对该小说享有著作权。电视剧《梦入繁华》的著作权由C影视公司享有。

(三) 著作权客体

著作权客体,是指《著作权法》保护的作品,即文学、艺术和科学等领域内具有独创性并能以一定形式表现的智力成果。作品由下列要件构成:第一,属于文学、艺术和科学等领域。第二,具有独创性,即作品是作者独立构思、独立完成的,且具有一定水准的智力创造高度。第三,具有一定形式表现,指作品能够被他人欣赏、感知。

根据《著作权法》的规定,受著作权法保护的作品具体包括:文字作品;口述作品;音乐、戏剧、曲艺、舞蹈、杂技艺术作品;美术、建筑作品;摄影作品;视听作品;工程设计图、产品设计图、地图、示意图等图形作品和模型作品;计算机软件以及符合作品特征的其他智力成果。《著作权法》不予保护的作品主要有:法律、法规、国家机关的决议、决定、命令和其他具有立法、行政、司法性质的文件,及其官方正式译文;单纯事实消息;历法、通用数表、通用表格和公式。案例1中,殷某撰写的《梦入繁华》属于文字作品,C影视公司拍摄的电视剧《梦入繁华》属于视听作品,张某创作的电视剧的主题曲与插曲属于音乐作品,这些都是《著作权法》保护的客体。

(四) 著作权内容

著作权的内容是《著作权法》中最核心的部分,是指著作权人享有的专有权利的总称,包括著作人身权与著作财产权。

1. 著作人身权

(1) 发表权,即决定作品是否公之于众的权利。著作权人有权决定是否将其作品公之于众,于何时、何地,以何种方式公之于众。

(2) 署名权,即表明作者身份,在作品上署名的权利。作者与作品的关系常常被喻为父子关系,作者有权在自己的作品上署名。署名权是著作人身权的核心。

(3) 修改权,即修改或者授权他人修改作品的权利。修改,是指对已完成的作品形式进行改变的行为。

(4) 保护作品完整权,即保护作品不受歪曲、篡改的权利。著作权人有权禁止他人歪曲、篡改作品的表现形式、内容、情节或主题思想,有权禁止他人割裂其作品。

探究与发现

通过上述学习,你是否对"导入"所提出的问题进行了相关的思考?案例1中,A出版社侵犯了殷某的什么权利?

案例1中,殷某对《梦入繁华》享有署名权,有权决定是否在该小说上署名以及以何种方式署名(署真名或笔名)。A出版社擅自将故事的主线进行修改,使得原本愉悦、励志的故事充满复仇、血腥的色彩,其行为已经改变了原作者所要表达的思想、情感,甚至有可能损害作者的声誉。A出版社的行为已经构成对原作内容的歪曲、篡改,侵犯了殷某的保护作品完整权。

2. 著作财产权

(1) 复制权,即以印刷、复印、拓印、录音、录像、翻录、数字化等方式将作品制作一份或者多份的权利。根据复制行为涉及的载体类型,可将复制分为五种形式:① 从平面到平面的复制,如复印、打印、照相翻拍等。② 从平面到立体的复制,如将"福娃"美术作品制成"福娃"玩具等。③ 从立体到平面的复制,如对雕刻、雕塑和建筑作品进行临摹、拍照等。④ 从立体到立体的复制,如复制他人的雕塑艺术品等,制作出同样大小或按比例放大、缩小的雕塑艺术品。⑤ 从无载体到有载体的复制,如将口述作品通过录音或速记固定在物质载体上。

(2) 发行权,即以出售或者赠与方式向公众提供作品的原件或者复制件的权利。

(3) 出租权,即有偿许可他人临时使用视听作品、计算机软件的原件或者复制件的权利,计算机软件不是出租的主要标的的除外。例如,某人向公众出租全自动洗衣机,而全自动洗衣机中必然装有固化了计算机软件的电脑芯片,由于该软件并非出租的主要标的,所以,未经著作权人许可出租该全自动洗衣机并非侵犯出租权的行为。

(4) 展览权,即公开陈列美术作品、摄影作品的原件或者复制件的权利。只有美术作品和摄影作品的著作权人才享有展览权。

(5) 表演权,即公开表演作品,以及用各种手段公开播送作品的表演的权利。《著作权法》中的表演有以下两种方式:① 现场表演,即由人对文字作品、戏剧作品及音乐作品等所进行的公开现场表演,如现场演唱歌曲、朗诵诗歌、表演舞蹈等。② 机械表演,即将作品的表演使用机器设备予以公开播放的行为,如商场、超市、KTV 播放背景音乐的行为是典型的机械表演。

(6) 放映权,即通过放映机、幻灯机等技术设备公开再现美术、摄影、视听作品等的权利。

(7) 广播权,即以有线或者无线方式公开传播或者转播作品,以及通过扩音器或者其他传送符号、声音、图像的类似工具向公众传播广播作品的权利。

(8) 信息网络传播权,即以有线或者无线方式向公众提供,使公众可以在其选定的时间和地点获得作品的权利。信息网络传播有一个区别于其他传播方式的重要特征,其采用的是"交互式传播",即可使公众能够在其选定的时间和地点接收自己选择的作品。例如,在某视频网站上观看已播出的电视剧。

(9) 摄制权,即以摄制视听作品的方法将作品固定在载体上的权利。

(10) 改编权,即改变作品,创作出具有独创性的新作品的权利。改编,即以原作品为基础,对作品的表现形式进行改变,创造出具有独创性的新作品,如将《射雕英雄传》小说改编成影视剧本的行为。

(11) 翻译权,即将作品从一种语言文字转换成另一种语言文字的权利。

(12) 汇编权,即将作品或者作品的片段通过选择或者编排,汇集成新作品的权利。例如,某出版社将鲁迅先生的 50 篇杂文汇编成具有独创性的《鲁迅杂文精选》,该书即为汇编作品。

(13) 应当由著作权人享有的其他权利。

> **探究与发现**
>
> 通过上述学习,你是否对"导入"所提出的问题进行了相关的思考?案例1中,殷某与张某分别行使了哪些权利?
>
> 案例1中,殷某授权A出版社出版发行《梦入繁华》,将其包括《梦入繁华》在内的全部小说上传至B网站,供网站会员随时阅读。此外,又与C影视公司签订协议,允许其对《梦入繁华》进行改编和摄制。殷某行使了复制权、发行权、信息网络传播权、改编权、摄制权。张某作为电视剧《梦入繁华》主题曲与插曲的作者,对其音乐作品享有著作权,其在E电视台举办的中秋晚会现场演唱主题曲与插曲,是行使表演权的行为。但需要注意的是,未经张某同意,商场或餐厅播放其音乐作品,将构成对其表演权的侵犯。

二、著作权的使用和限制

(一) 著作权的使用

著作权的使用,是指通过一定的方式使用作品、行使著作财产权的行为。依《著作权法》及其他相关法律的规定,利用和支配著作权的方式主要有许可使用、转让和继承等。

(1) 许可使用,是指著作权人将自己享有的著作财产权中的部分或全部,在一定期限和地域范围内授权给他人使用,并由此而获得相应的报酬。根据许可使用的性质不同,著作权许可使用可以分为两种类型:一是专有许可,是指著作权人在约定的期限和地域范围内,仅许可一个被许可人以特定方式利用作品,而且著作权人自己也不得以相同方式利用作品。二是非专有许可,是指著作权人在约定的期限和地域范围内,可同时许可多个主体以相同方式利用作品,被许可人仅获得以非独占方式使用作品的权利,不能排除他人以相同方式使用作品。

(2) 转让,是指著作权人将自己享有的著作财产权的部分或全部转移给他人所用,并由此获得相应的报酬。著作权的转让与著作权的许可不同,许可使用中著作权仍属著作权人,著作权归属不发生改变,被许可人仅享有使用权。著作权转让中,无论是部分还是全部转让著作财产权,原著作权主体将丧失已转让的著作财产权。

(3) 继承,是指著作权人死亡后,有关的权利由继承人依照法律规定继承。根据法律规定,继承人只能继承著作财产权以及与著作财产权密切相关的发表权,至于署名权、修改权以及保护作品完整权等著作人身权仍然归属于作者所有。

> **探究与发现**
>
> 通过上述学习,你是否对"导入"所提出的问题进行了相关的思考?案例1中,殷

> 某采用哪些方式使用著作权?
> 案例1中,殷某将《梦入繁华》授权A出版社发行,此外,殷某又与B签约,将《梦入繁华》上传至B网站,供会员在线阅读。殷某采用非专有许可的方式,许可A出版社与B网站使用其作品,并由此获得了相应的报酬。除了许可使用外,殷某还与C影视公司签订协议,将其对《梦入繁华》所享有的摄制权、改编权有偿转让给C影视公司。

(二) 著作权的限制

为了协调作品创作者的利益与社会公众的利益,解决权利独占和知识共享之间的矛盾,各国著作权法都规定了著作权的限制。我国《著作权法》对著作权的限制主要包括合理使用和法定许可使用。

1. 合理使用

合理使用,是指他人依照法律规定,在某些情况下,可以不经著作权人许可,无偿使用著作权人已经发表的作品。需要注意的是,合理使用他人著作权,应当指明作者姓名或者名称、作品名称,并且不得影响该作品的正常使用,也不得不合理地损害著作权人的合法权益。根据《著作权法》第二十四条的规定,合理使用的范围包括下列情形:

(1) 为个人学习、研究或者欣赏,使用他人已经发表的作品;

(2) 为介绍、评论某一作品或者说明某一问题,在作品中适当引用他人已经发表的作品;

(3) 为报道新闻,在报纸、期刊、广播电台、电视台等媒体中不可避免地再现或者引用已经发表的作品;

(4) 报纸、期刊、广播电台、电视台等媒体刊登或者播放其他报纸、期刊、广播电台、电视台等媒体已经发表的关于政治、经济、宗教问题的时事性文章,但著作权人声明不许刊登、播放的除外;

(5) 报纸、期刊、广播电台、电视台等媒体刊登或者播放在公众集会上发表的讲话,但作者声明不许刊登、播放的除外;

(6) 为学校课堂教学或者科学研究,翻译、改编、汇编、播放或者少量复制已经发表的作品,供教学或者科研人员使用,但不得出版发行;

(7) 国家机关为执行公务在合理范围内使用已经发表的作品;

(8) 图书馆、档案馆、纪念馆、博物馆、美术馆、文化馆等为陈列或者保存版本的需要,复制本馆收藏的作品;

(9) 免费表演已经发表的作品,该表演未向公众收取费用,也未向表演者支付报酬且不以营利为目的;

(10) 对设置或者陈列在室外公共场所的艺术作品进行临摹、绘画、摄影、录像;

(11) 将中国公民、法人或者非法人组织已经发表的以国家通用语言文字创作的作品翻译成少数民族语言文字作品在国内出版发行；

(12) 以阅读障碍者能够感知的无障碍方式向其提供已经发表的作品；

(13) 法律、行政法规规定的其他情形。

探究与发现

通过上述学习，你是否对"导入"所提出的问题进行了相关的思考？案例 1 中，江某的行为是否属于合理使用的范畴？

案例 1 中，江某在赈灾义演中演唱了《梦入繁华》的主题曲与插曲，该义演活动未向公众收取费用，江某自身也未获得任何酬劳。江某的行为属于《著作权法》第二十四条规定的合理使用他人著作权的范畴。

---

2. 法定许可使用

法定许可使用，是指法律明确规定实施某种受著作权控制的行为，无须经过著作权人的许可，但应按规定向著作权人支付报酬，并且应尊重著作权人的各项权利。我国《著作权法》规定的法定许可使用的范围包括下列情形：

(1) 报刊转载法定许可。作品刊登后，除著作权人声明不得转载、摘编的外，其他报刊可以转载或者作为文摘、资料刊登，但应当按照规定向著作权人支付报酬。

(2) 制作录音制品法定许可。录音制作者使用他人已经合法录制为录音制品的音乐作品制作录音制品，可以不经著作权人许可，但应当按照规定支付报酬，但著作权人声明不许使用的不得使用。

(3) 编写出版教科书法定许可。为实施义务教育和国家教育规划而编写出版教科书，可以不经著作权人许可，在教科书中汇编已经发表的作品片段或者短小的文字作品、音乐作品或者单幅的美术作品、摄影作品、图形作品，但应当按照规定向著作权人支付报酬，指明作者姓名或者名称、作品名称，并且不得侵犯著作权人依照《著作权法》享有的其他权利。

(4) 广播电台、电视台播放作品法定许可。广播电台、电视台播放他人已发表的作品，可以不经著作权人许可，但应当按照规定支付报酬。

三、著作权的保护

(一) 侵犯著作权的行为

著作权是一种排他性的权利，除法律另有规定外，未经著作权人许可而使用受《著作权法》保护的著作权，构成对著作权的侵犯。我国《著作权法》第五十二条、第五十三条列举了具体的侵权行为。

1. 应当承担民事责任的侵犯著作权行为

根据《著作权法》第五十二条的规定，以下行为构成民事侵权行为：

(1) 未经著作权人许可,发表其作品的;

(2) 未经合作作者许可,将与他人合作创作的作品当作自己单独创作的作品发表的;

(3) 没有参加创作,为谋取个人名利,在他人作品上署名的;

(4) 歪曲、篡改他人作品的;

(5) 剽窃他人作品的;

(6) 未经著作权人许可,以展览、摄制视听作品的方法使用作品,或者以改编、翻译、注释等方式使用作品的,《著作权法》另有规定的除外;

(7) 使用他人作品,应当支付报酬而未支付的;

(8) 未经视听作品、计算机软件、录音录像制品的著作权人、表演者或者录音录像制作者许可,出租其作品或者录音录像制品的原件或者复制件的,《著作权法》另有规定的除外;

(9) 未经出版者许可,使用其出版的图书、期刊的版式设计的;

(10) 未经表演者许可,从现场直播或者公开传送其现场表演,或者录制其表演的;

(11) 其他侵犯著作权以及与著作权有关的权利的行为。

2. 应当承担民事、行政甚至刑事责任的侵犯著作权行为

根据《著作权法》第五十三条的规定,下列行为除了应当承担民事责任以外,若同时损害公共利益的,还需承担相应的行政责任;情节严重,构成犯罪的,应当承担刑事责任:

(1) 未经著作权人许可,复制、发行、表演、放映、广播、汇编、通过信息网络向公众传播其作品的,《著作权法》另有规定的除外;

(2) 出版他人享有专有出版权的图书的;

(3) 未经表演者许可,复制、发行录有其表演的录音录像制品,或者通过信息网络向公众传播其表演的,《著作权法》另有规定的除外;

(4) 未经录音录像制作者许可,复制、发行、通过信息网络向公众传播其制作的录音录像制品的,《著作权法》另有规定的除外;

(5) 未经许可,播放、复制或者通过信息网络向公众传播广播、电视的,《著作权法》另有规定的除外;

(6) 未经著作权人或者与著作权有关的权利人许可,故意避开或者破坏技术措施的,故意制造、进口或者向他人提供主要用于避开、破坏技术措施的装置或者部件的,或者故意为他人避开或者破坏技术措施提供技术服务的,法律、行政法规另有规定的除外;

(7) 未经著作权人或者与著作权有关的权利人许可,故意删除或者改变作品、版式设计、表演、录音录像制品或者广播、电视上的权利管理信息的,知道或者应当知道作品、版式设计、表演、录音录像制品或者广播、电视上的权利管理信息未经许可被删除或者改变,仍然向公众提供的,法律、行政法规另有规定的除外;

(8) 制作、出售假冒他人署名的作品的。

(二) 侵犯著作权的法律责任

侵犯著作权的人依法应承担法律责任。一般情况下,侵权人应当承担民事法律责任,但如果侵权行为同时损害了公共利益,还可能承担行政法律责任,情节严重甚至可能导致刑事法律责任。

根据《著作权法》的规定,行为人实施了《著作权法》第五十二条、第五十三条规定的侵权行为,应当根据情况承担停止侵害、消除影响、赔礼道歉、赔偿损失等民事责任。

由于著作权还涉及社会大众的公共利益,因而国家著作权行政管理部门可以以国家公权力的方式,对既侵犯著作权又同时损害公共利益的行为进行行政处罚。根据《著作权法》的规定,行为人实施了《著作权法》第五十三条规定的侵权行为,同时损害公共利益的,由主管著作权的部门责令停止侵权行为,予以警告,没收违法所得,没收、无害化销毁处理侵权复制品以及主要用于制作侵权复制品的材料、工具、设备等,并可处罚款。

行为人实施了《著作权法》第五十三条规定的侵权行为,又同时损害公共利益,情节严重,构成犯罪的,应当依法承担刑事责任。我国《刑法》第二百一十七条、第二百一十八条明确规定了与著作权有关的犯罪及相应的刑事责任。

> **探究与发现**
>
> 通过上述学习,你是否对"导入"所提出的问题进行了相关的思考?案例1中,A出版社应当承担何种法律责任?
>
> 案例1中,A出版社侵犯殷某的保护作品完整权,导致殷某的声誉受到损害,根据《著作权法》第五十二条的规定,A出版社应立即停止出版《梦入繁华》并向殷某公开赔礼道歉。

第三节 专利法概述

一、专利法的一般原理

(一) 概述

专利权,是指国家专利主管机关根据发明人或设计人的申请,依照法定程序在一定期限内授予发明人或设计人独占使用其发明创造的权利。与著作权相比,专利权以向社会公开技术作为授予专利的前提,同时发明创造只有经审查后才能依法定程序授予发明人或设计人专利权。

专利法,是指调整在申请、取得、实施及保护专利过程中发生的社会关系的法律规范的总称。专利法有广义和狭义之分。狭义的专利法指《专利法》,广义的专利法还包括《刑法》《中华人民共和国专利法实施细则》等相关法律法规。本节所称专利法为狭义的专利法。

(二) 专利权的主体

专利权的主体,是指有权提出申请并获得专利权的单位和个人。根据《专利法》的规定,发明人、设计人本人及其所在单位,合作发明及委托发明的权利人以及外国人等都可成为专利权的主体。

(1) 发明人或设计人。发明人或设计人是指对发明创造的实质性特点作出创造性贡献的人。发明人或设计人只能是自然人,由于法人或其他组织本身不具有创造性思维的能力,所以不能成为专利法上的发明人或设计人。发明人或设计人是实际直接参与发明创造活动且对发明创造作出实质性贡献的人,在完成发明创造活动中仅负责组织工作、为物质技术条件的利用提供方便以及从事其他辅助性工作的人不能成为发明人或创造人。此外,与著作权法中的创作类似,发明创造也是一种事实行为,只要公民完成了符合专利法要求的发明创造,即为发明人或设计人。

(2) 发明人或设计人所在单位。根据《专利法》的规定,执行本单位的任务或者主要是利用本单位的物质技术条件所完成的发明创造,申请专利的权利属于该单位;申请被批准后,该单位为专利权人。

(3) 合作发明与委托发明的权利人。根据《专利法》规定,合作发明创造与委托发明创造,除另有协议的以外,申请专利的权利属于完成或者共同完成的单位或者个人;申请被批准后,申请的单位或者个人为专利权人。

(4) 外国人。在中国没有经常居所或者营业所的外国人、外国企业或者外国其他组织在中国申请专利和办理其他专利事务的,应当委托依法设立的专利代理机构办理。申请被批准后,专利权归外国人所有。

> **探究与发现**
>
> 通过上述学习,你是否对"导入"所提出的问题进行了相关的思考?案例2中,林某与公司同事共同完成的变频空调的专利权属于谁?
>
> 案例2中,林某作为W公司技术部的技术人员,本职工作是对空调进行研究,其与公司同事一起完成的变频空调的发明创造为职务发明创造。根据《专利法》的规定,职务发明的专利权属公司所有。因此,该变频空调的专利权人为W公司。

(三) 专利权的客体

专利权的客体,是指专利权法的保护对象,即依法可以授予专利权的发明创造。我国《专利法》保护的发明创造,包括发明、实用新型和外观设计。

1. 发明

发明是指对产品、方法或者其改进所提出的新的技术方案。《专利法》意义上的发明,应当符合四个条件：必须是正确利用自然规律的结果；必须是一种技术方案；必须具有技术上的创新；能够被较为稳定地重复使用。发明可分为两类：① 产品发明，指发明人通过智力创造活动，创造出自然界原来不存在的各种有形物品的发明，例如最早发明的汽车、电脑及超导材料等。② 方法发明，指发明人为制造某种产品或解决某个技术难题，通过智力劳动创造的获取某种物质或实现某种效果的方法或手段，如制造药品的方法、测量方法等。

2. 实用新型

实用新型是指对产品的形状、构造或者其结合所提出的适于实用的新的技术方案。实用新型具有以下特征：① 具有一定形状或构造的产品；② 该形状、构造或组合具有实用价值；③ 创造性要求低于发明，对实用新型的要求是与现有技术相比有实质性的特点和进步。例如，将原有的圆柱形铅笔设计为三棱形或六棱形就是一个典型的实用新型，既有立体形状，又能防止铅笔滚动。

3. 外观设计

外观设计，是指对产品的整体或者局部的形状、图案或者其结合以及色彩与形状、图案的结合所作出的富有美感并适于工业应用的新设计。外观设计与发明、实用新型不同，具有以下特征：① 外观设计的载体必须是相对独立的工业产品；② 外观设计是对产品形状、图案和色彩的设计，需要注意的是，通常情况下，色彩不能单独构成外观设计；③ 外观设计是一种富有美感的新设计；④ 外观设计与现有设计或者现有设计特征的组合相比，应当具有明显区别。

(四) 专利权的内容

专利权的内容，是指专利权人依法享有的各种专有权利的总称。根据《专利法》的规定，专利权主要有以下几种：

1. 独占权

独占权，是指专利权人在取得法律授权后，对其专利产品依法享有进行制造、使用、销售、许诺销售以及禁止他人实施其权利的专有权利。

2. 许可权

许可权，是指专利权人有许可他人实施其专利并收取使用费的权利。专利权人可以通过签订实施许可合同的方式，授权他人实施其专利。被许可人无权允许合同规定以外的任何单位或者个人实施该专利。此外，我国《专利法》还规定了专利实施的开放许可，即专利权人自愿以书面方式向国务院专利行政部门声明愿意许可任何单位或者个人实施其专利，并明确许可使用费支付方式、标准的，由国务院专利行政部门予以公告，实行开放许可。

3. 转让权

转让权，是指专利权人有权将其获得的专利所有权，通过买卖、赠与、出资等方式转让给他人。根据《专利法》第十条的规定，专利申请权和专利权可以转让。转让专利申请权或者专利权的,当事人应当订立书面合同,并向国务院专利行政部门登记,由国务院专利行政部门予以公告。专利申请权或者专利权的转让自登记之日起生效。

4. 标记权

标记权,是指专利权人依法享有在其专利产品或者该产品的包装上标明专利标识的权利。根据《专利法》第十六条的规定:"发明人或者设计人有权在专利文件中写明自己是发明人或者设计人。专利权人有权在其专利产品或者该产品的包装上标明专利标识。"

> **探究与发现**
>
> 通过上述学习,你是否对"导入"所提出的问题进行了相关的思考?案例2中,H公司与Z宾馆的行为侵犯了W公司哪些权利?
>
> 案例2中,H公司未经W公司许可,擅自生产并销售了变频家用空调5 000台,其行为已经构成对专利权人制造权、销售权的侵犯。此外,对专利权的侵权并不以主观过错为前提,只要实施了受专利权控制的行为,就构成侵权。案例2中Z宾馆在不知道H公司侵犯W公司专利权的情况下,从H公司购入200台空调并已安装使用。Z宾馆使用200台空调的行为构成对专利产品使用权的侵犯。H公司与Z宾馆的行为侵犯了W公司对变频空调所享有的独占权。

二、专利权的取得

(一)专利申请的原则

(1)申请在先原则。两个或两个以上的申请人分别就同样的发明创造申请专利时,专利权授予最先申请的人。"最先申请"以"申请日"进行判断。

(2)诚实信用原则。根据《专利法》的规定,申请专利和行使专利权应当遵循诚实信用原则,不得滥用专利权损害公共利益或者他人合法权益。

(3)优先权原则。申请人就其发明创造第一次提出专利申请后,在法定期限内又就相同主题的发明创造提出专利申请的,依照法律规定申请人有权要求以第一次申请日期作为后一次专利申请日期。《专利法》第二十九条规定:"申请人自发明或者实用新型在外国第一次提出专利申请之日起十二个月内,或者自外观设计在外国第一次提出专利申请之日起六个月内,又在中国就相同主题提出专利申请的,依照该外国同中国签订的协议或者共同参加的国际条约,或者依照相互承认优先权的原则,可以享有优先权。申请人自发明或者实用新型在中国第一次提出专利申请之日起十二个月内,又向国务院专利行政部门就相同主题提出专利申请的,可以享有优先权。"

(4)书面申请原则。申请人必须依法以书面形式提出专利申请并办理各种手续。

(5)单一原则。单一原则又称一申请一发明原则,是指一件专利申请应当限于一项发明创造。单一性原则也有例外,如果两个以上发明创造之间密切相关,如属于一个总的发明构思的两项以上的发明或者实用新型、同一产品两项以上的相似外观设计或者用于同一类别并且成套出售、使用的产品的两项以上外观设计,《专利法》允许将这些发明创造放在一个专利申请中提出。

> **探究与发现**
>
> 通过上述学习,你是否对"导入"所提出的问题进行了相关的思考?案例2中,W公司取得变频空调的专利权是否有法律依据?
>
> 案例2中,Q公司于2018年5月20日向中国国家知识产权局提出专利申请,W公司于2018年10月20日向中国国家知识产权局提出专利申请。虽然对于中国国家知识产权局而言,Q公司的实际申请日早于W公司,但根据我国《专利法》第二十九条优先权的规定,应当以W公司在英国专利商标局申请专利的日期(2018年1月15日)作为W公司在中国的申请日。此时W公司的申请日为2018年1月15日,Q公司的申请日期2018年5月20日,根据优先申请原则,W公司在满足其他条件下就可获得变频空调的专利权。

(二)授予专利的条件

申请人提出专利申请必须同时符合法定的形式要件和实质要件才能被批准。形式要件是指专利申请要符合《专利法》规定的程序和文书要求。而实质要件是对发明创造本身的要求,我国《专利法》对发明、实用新型和外观设计规定了不同的实质要件。

1. 发明和实用新型专利授权的实质要件

(1)新颖性。该发明或者实用新型不属于现有技术;也没有任何单位或者个人就同样的发明或者实用新型在申请日以前向国务院专利行政部门提出过申请,并记载在申请日以后公布的专利申请文件或者公告的专利文件中。现有技术是指申请日以前在国内外为公众所知的技术。

(2)创造性。与现有技术相比,该发明具有突出的实质性特点和显著的进步,该实用新型具有实质性特点和进步。

(3)实用性。该发明或者实用新型能够制造或者使用,并且能够产生积极效果。

2. 外观设计专利授权的实质要件

(1)新颖性。授予专利权的外观设计,应当不属于现有设计;也没有任何单位或者个人就同样的外观设计在申请日以前向国务院专利行政部门提出过申请,并记载在申请日以后公告的专利文件中。

(2)区别性。授予专利权的外观设计与现有设计或者现有设计特征的组合相比,应当具有明显区别。

(3)不与他人在先的合法权利相冲突。授予专利权的外观设计不得与他人在申请日以前已经取得的合法权利相冲突。例如,某装饰盒上的外观设计未经许可使用了画家戴某《嫁妹》的主要内容,该外观设计侵犯了戴某的著作权,不符合外观设计的实质要件。

三、专利权的限制与保护

（一）专利权的限制

专利权是一项独占性、垄断性的权利,原则上,未经专利权人同意,任何人不得以营利为目的实施专利技术。但是,为了平衡专利权人的利益与社会公共利益,各国专利法都对专利权作了限制性规定。我国《专利法》对专利权的限制主要包括不视为侵权的使用和专利实施的强制许可。

1. 不视为侵权的使用

根据《专利法》的规定,有下列情形之一的,不视为侵犯专利权：

（1）专利产品或者依照专利方法直接获得的产品,由专利权人或者经其许可的单位、个人售出后,使用、许诺销售、销售、进口该产品的；

（2）在专利申请日前已经制造相同产品、使用相同方法或者已经作好制造、使用的必要准备,并且仅在原有范围内继续制造、使用的；

（3）临时通过中国领陆、领水、领空的外国运输工具,依照其所属国同中国签订的协议或者共同参加的国际条约,或者依照互惠原则,为运输工具自身需要而在其装置和设备中使用有关专利的；

（4）专为科学研究和实验而使用有关专利的；

（5）为提供行政审批所需要的信息,制造、使用、进口专利药品或者专利医疗器械的,以及专门为其制造、进口专利药品或者专利医疗器械的。

> **探究与发现**
>
> 通过上述学习,你是否对"导入"所提出的问题进行了相关的思考？如何理解专利权用尽后的特定实施行为？如何理解先用权人的特定实施行为？
>
> 案例2中,W公司自己或者授权他人销售变频空调后,即意味着其已经许可购买者使用、许诺销售、销售专利产品。假设,在W公司申请发明专利之前,N公司就已经制造和使用变频空调,如果因为W公司取得专利权,而使进行大量投资的N公司无法继续制造和使用变频空调,显得有失公平。根据先用权人特定实施行为不构成侵权的规定,N公司在其原有范围内继续制造、使用的变频空调的行为不构成侵权。

专利先用权

2. 专利实施的强制许可

强制许可是指为了防止专利权人滥用专利权,维护社会整体利益,促进专利的实施,国家专利行政主管部门依照法定程序和法定条件,直接向申请实施专利技术的申请人颁发的使用专利的许可。我国《专利法》规定的强制许可包括以下情形:

(1) 商业性强制许可。根据《专利法》的规定,具备了实施专利技术条件的单位和个人以合理的条件请求专利权人许可实施其专利,而未能在合理时间内获得这种许可时,国务院专利行政部门根据该单位或个人的申请,可以给予实施该专利的强制许可。《专利法》第五十三条规定:"有下列情形之一的,国务院专利行政部门根据具备实施条件的单位或者个人的申请,可以给予实施发明专利或者实用新型专利的强制许可:(一)专利权人自专利权被授予之日起满三年,且自提出专利申请之日起满四年,无正当理由未实施或者未充分实施其专利的;(二)专利权人行使专利权的行为被依法认定为垄断行为,为消除或者减少该行为对竞争产生不利影响的。"

(2) 为公共利益的强制许可。在国家出现紧急状态或非常情况时,或者为了公共利益的目的,国务院专利行政部门可以给予实施发明专利或者实用新型专利的强制许可。我国《专利法》第五十五条规定了对制造出口药品的强制许可,第五十七条规定了对于半导体技术发明的强制许可。

(3) 从属专利的强制许可。根据《专利法》第五十六条规定:"一项取得专利权的发明或者实用新型比以前已经取得专利权的发明或者实用新型具有显著经济意义的重大技术进步,其实施又有赖于前一发明或者实用新型的实施的,国务院专利行政部门根据后一专利权人的申请,可以给予实施前一发明或者实用新型的强制许可。在依照前款规定给予实施强制许可的情形下,国务院专利行政部门根据前一专利权人的申请,也可以给予实施后一发明或者实用新型的强制许可。"

(二) 专利权的保护

1. 专利权的保护范围

专利权的保护范围,即何种产品或方法被认定为专利产品或专利方法,何种产品属于外观设计产品。确定专利权的保护范围是认定专利侵权的前提。发明或者实用新型专利权的保护范围以其权利要求的内容为准,说明书及附图可以用于解释权利要求的内容。外观设计专利权的保护范围以表示在图片或者照片中的该产品的外观设计为准,简要说明可以用于解释图片或者照片所表示的该产品的外观设计。

2. 专利侵权行为

专利侵权行为是指除法律规定以外,未经专利权人许可,以生产经营为目的实施专利权人专利的行为。根据《专利法》的规定,专利侵权行为主要包括下列情形:

(1) 为生产经营目的制造、使用、许诺销售、销售、进口他人的发明或实用新型专利产品;

(2) 为生产经营目的使用他人专利方法以及使用、许诺销售、销售、进口依照该专利方法直接获得的产品;

(3) 为生产经营目的制造、许诺销售、销售、进口他人外观设计专利产品。

> **探究与发现**
>
> 通过上述学习,你是否对"导入"所提出的问题进行了相关的思考?案例2中存在哪些专利侵权行为?
>
> 案例2中,H公司未经W公司许可,擅自生产并销售了变频家用空调;Y家电销售公司未经许可,销售变频空调;Z宾馆未经许可,安装使用变频空调。H公司、Y公司以及Z宾馆违反《专利法》第十一条的规定,构成专利侵权。

3. 假冒专利行为

假冒专利行为,亦称冒充专利行为。假冒专利主要有两种情形:

(1)假冒他人专利,即未经专利权人许可,使用其真实有效的专利号、证书或文件,使人误认为使用者是该专利的专利权人,相关产品或方法是他人的专利产品或方法。案例2中,M公司未经W公司许可,在自己研发的空调上使用W公司变频空调真实有效的专利号、证书或文件。M公司的行为是典型的假冒专利的行为。

(2)以非专利产品冒充专利产品,即捏造出一个根本不存在或不再受保护的专利,然后声称自己的产品或方法是专利产品或专利方法。

4. 专利侵权行为的法律责任

《专利法》对专利侵权行为和假冒专利行为规定了不同的法律责任。

(1)专利侵权的法律责任。侵犯专利权的侵权人依法应当承担停止侵权和赔偿损失的民事责任。《专利法》第六十五条规定:"未经专利权人许可,实施其专利,即侵犯其专利权,引起纠纷的,由当事人协商解决;不愿协商或者协商不成的,专利权人或者利害关系人可以向人民法院起诉,也可以请求管理专利工作的部门处理。管理专利工作的部门处理时,认定侵权行为成立的,可以责令侵权人立即停止侵权行为,当事人不服的,可以自收到处理通知之日起十五日内依照《中华人民共和国行政诉讼法》向人民法院起诉;侵权人期满不起诉又不停止侵权行为的,管理专利工作的部门可以申请人民法院强制执行。进行处理的管理专利工作的部门应当事人的请求,可以就侵犯专利权的赔偿数额进行调解;调解不成的,当事人可以依照《中华人民共和国民事诉讼法》向人民法院起诉。"案例2中,H公司、Y公司以及Z宾馆未经W公司许可,实施其专利,已经构成专利侵权。H公司、Y公司以及Z宾馆应当依法承担相应的民事、行政法律责任。

(2)假冒专利的法律责任。对于假冒专利的行为,除了应当承担停止侵害、消除影响和赔偿损失等民事责任外,还应当承担行政法律责任,甚至刑事法律责任。《专利法》第六十八条规定:"假冒专利的,除依法承担民事责任外,由负责专利执法的部门责令改正并予公告,没收违法所得,可以处违法所得五倍以下的罚款;没有违法所得或者违法所得在五万元以下的,可以处二十五万元以下的罚款;构成犯罪的,依法追究刑事责任。"《刑法》第二百一十六条规定了假冒专利罪:"假冒他人专利,情节严重的,处三年以下有期徒刑或者拘役,并处或者单处罚金。"

第四节 商标法概述

一、商标法的一般原理

(一) 概述

1. 商标的概念与分类

商标,俗称"牌子",是指商品的生产经营者以及服务的提供者为了区别于其他商品生产经营者的商品及服务提供者的服务,而在自己生产经营的商品或提供的服务上使用一种由文字、图形、字母、数字、三维标志和颜色组合或其他要素组合构成的一种专用标记。

按照不同标准,可将商标分为以下几类:

(1) 按照商标的构成不同,可将商标分为平面商标和立体商标。平面商标是指由文字、图形、字母、数字和颜色组合或前述要素相互组合而成的商标,如"娃哈哈"、腾讯 QQ 的企鹅图形商标等。立体商标是指占据一定立体空间的三维商标,如劳斯莱斯车头竖立的"小飞人"、麦当劳的金黄色"M"等。

(2) 按商标的作用不同,可将商标分为联合商标、防御商标、集体商标及证明商标。联合商标,是指在同一或类似商品或服务上注册若干个与已注册商标近似的商标,如"哈哈哇""哈哇哈"为"娃哈哈"的联合商标。防御商标,是指为防止他人注册,商标所有人在不同类别的商品或服务上注册同一商标,如将"可口可乐"商标注册在除饮料以外的其他食品、玩具等商品或服务上。集体商标,是指以团体、协会或者其他组织名义注册,供该组织成员在商事活动中使用,以表明使用者在该组织中的成员资格的商标,如中国电子音响工业协会在音箱等产品上注册了由两个音符图形构成的集体商标,该协会成员在销售相关产品时,可以使用该商标。证明商标,是指由对某种商品或者服务具有监督能力的组织所控制,而由该组织以外的单位或者个人使用于其商品或者服务,用以证明该商品或者服务的原产地、原料、制造方法、质量或者其他特定品质的标志,如绿色食品商标是由农业部中国绿色食品发展中心注册的证明商标,符合条件的单位和个人可向中国绿色食品发展中心申请,经审查符合标准后,可使用该商标。

(3) 按照商标的对象不同,可将商标分为商品商标与服务商标。商品商标,是指使用于商品上,用来区别不同生产经营者的商品的商标。服务商标,是指用于服务项目上,用来区别不同服务提供者服务的商标。

2. 商标权及商标法的概念

商标权,又称商标专用权,是商标所有人在法定期限内,对注册商标所享有的专有权利。

商标法是调整在注册、使用、管理和保护商标专有权过程中发生的各种社会关系的法律规范的总称。商标法有广义和狭义之分,狭义的商标法仅指《中华人民共和国商标法》[①]（以下简称《商标法》），广义的商标法还包括《刑法》《商标法实施条例》等相关法律法规。本节所称商标法为狭义的商标法。制定《商标法》的目的，是加强商标管理，保护商标专用权，促使生产、经营者保证商品和服务质量，维护商标信誉，以保障消费者和生产、经营者的利益，促进社会主义市场经济的发展。

（二）商标权的主体

商标权的主体是指可以申请商标注册并享有商标专有权的单位和个人。根据《商标法》第四条第一款的规定："自然人、法人或者其他组织在生产经营活动中，对其商品或者服务需要取得商标专用权的，应当向商标局申请商标注册。不以使用为目的的恶意商标注册申请，应当予以驳回"。案例3中，A公司在第25类服饰上向商标局申请注册"名媛"商标，并获核准，A公司对"名媛"服饰商标享有商标专用权。

（三）商标权的客体

商标权的客体是商标权指向的对象，即注册商标。根据《商标法》的规定，申请注册的商标应当具备下列要素：

（1）显著性。显著性又称为区别性或识别性，是指用于特定商品或服务的标志具有识别该商品或服务的来源，能够将不同的特定商品或服务区别开来。一般而言，商标与它所指代的商品或服务联系越少，商标的显著性越高。例如一个种植苹果的农场在其出产的苹果上以"苹果图片"作为标志，该"苹果图片"的标志对于苹果这类商品而言不具有显著性，因为这个标志不能区别不同苹果种植商的苹果。但在手机上使用"被咬的苹果"作为标志，则具有显著性，因为该标记能够很明显地将不同手机区别开来。

（2）合法性。合法性是指用于特定商品或服务的标志不得与他人在先取得的合法权利相冲突，也不得违反《商标法》的禁止性规定。

根据《商标法》第十条的规定："下列标志不得作为商标使用：（一）同中华人民共和国的国家名称、国旗、国徽、国歌、军旗、军徽、军歌、勋章等相同或者近似的，以及同中央国家机关的名称、标志、所在地特定地点的名称或者标志性建筑物的名称、图形相同的；（二）同外国的国家名称、国旗、国徽、军旗等相同或者近似的，但经该国政府同意的除外；（三）同政府间国际组织的名称、旗帜、徽记等相同或者近似的，但经该组织同意或者不易误导公众的除外；（四）与表明实施控制、予以保证的官方标志、检验印记相同或者近似的，但经授权的除外；（五）同'红十字''红新月'的名称、标志相同或者近似的；（六）带有民族歧视性的；（七）带有欺骗性，容易使公众对商品的质量等特点或者产地产生误认的；（八）有害于社会主义道德风尚或者有其他不良影响的。"

根据《商标法》第十一条第一款的规定："下列标志不得作为商标注册：（一）仅有本商品的通用名称、图形、型号的；（二）仅直接表示商品的质量、主要原料、功能、用途、重量、

[①] 《中华人民共和国商标法》自1983年3月1日起施行，最新修正是根据2019年4月23日第十三届全国人民代表大会常务委员会第十次会议《关于修改〈中华人民共和国建筑法〉等八部法律的决定》进行的第四次修正，自2019年11月1日起施行。

数量及其他特点的;(三) 其他缺乏显著特征的。"

探究与发现

> 通过上述学习,你是否对"导入"所提出的问题进行了相关的思考?案例3中商标局驳回A公司"舒适"和红色"✚"的商标注册申请是否有法律依据?
>
> 案例3中,A公司在第25类服饰上向商标局申请注册"舒适"和红色"✚"商标,由于"舒适"是对商品质量和功能的直接描述,缺乏显著性,因此A公司在服饰上注册"舒适"商标的申请被驳回。A公司以红色"✚"申请注册商标,违反了《商标法》第十条的规定,因此其申请被商标局驳回。

(四) 商标权的内容

商标权的内容是指商标权人依法享有的专有权,在相同商品或服务上具有较强的排斥他人使用相同或相似商标的权利。根据《商标法》的规定,商标权人依法享有以下权利:

1. 专用权

专用权,即排他权,是指商标权人在核定使用的商品或服务项目上独占使用其注册商标的权利,他人未经商标权人许可不得在特定范围内使用注册商标。

2. 许可权

许可权,是指商标权人享有许可他人使用其注册商标的权利。商标权人可以通过签订商标使用许可合同,许可他人使用其注册商标。许可人应当监督被许可人使用其注册商标的商品质量。被许可人应当保证使用该注册商标的商品质量。经许可使用他人注册商标的,必须在使用该注册商标的商品上标明被许可人的名称和商品产地。许可他人使用其注册商标的,许可人应当将其商标使用许可报商标局备案,由商标局公告。商标使用许可未经备案不得对抗善意第三人。

3. 转让权

转让权,是指商标权人有权将其所有的注册商标转让给他人。商标转让是商标权人处分其商标的一种方式,商标一旦完成转让,商标权人即丧失商标权。根据《商标法》的规定,转让注册商标的,转让人和受让人应当签订转让协议,并共同向商标局提出申请,由商标局进行核准。需要注意的是,转让注册商标的,商标注册人对其在同一种商品上注册的近似的商标,或者在类似商品上注册的相同或者近似的商标,应当一并转让。

4. 标记权

标记权,是指商标权人有权标明"注册商标"或者注册标记。根据《商标法实施条例》的规定,使用注册标记,可以在商品、商品包装、说明书或者其他附着物上标明"注册商标"或者注册标记。使用注册标记,应当标注在商标的右上角或者右下角。

5. 续展权

续展权,是指依照法律规定,商标权人在商标届满前后的一段时间内,享有的要求继续延长注册商标专用权有限期限的权利。注册商标有效期满,需要继续使用的,商标注册人应当在期满前12个月内按照规定办理续展手续;在此期间未能办理的,可以给予6个月的宽展期。每次续展注册的有效期为10年,自该商标上一届有效期满次日起计算。期满未办理续展手续的,注销其注册商标。

> **探究与发现**
>
> 通过上述学习,你是否对"导入"所提出的问题进行了相关的思考?案例3中A公司对于"名媛"注册商标享有哪些权利?
>
> 案例3中,A公司有权在其生产制造的服饰上标明"名媛"注册商标。此外,商标权人享有许可权,A公司与B服装厂签订"商标使用合同",许可B服装厂在其生产销售的服饰上使用A公司的"名媛"注册商标。值得注意的是,在商标被许可使用的情况下,为了防止被许可人因为商品质量低劣,导致商标无法发挥其品质保障功能,损害消费者利益的情形发生,A公司应当监督B服装厂使用"名媛"注册商标的质量,且B服装厂在使用"名媛"商标时,应标明被许可人的名称和商品产地。

二、商标注册

商标注册,是指商标使用人为了取得商标权,将其使用的商标,依照法定的条件和程序,向商标主管机关提出注册申请,经商标主管机关审核批准后,依法取得注册商标专有权的法律活动。

(一) 商标注册原则

根据《商标法》的规定,注册商标应遵循以下原则:

(1) 诚实信用原则。申请注册和使用商标,应当遵循诚实信用原则,商标使用人应当对其使用商标的商品质量负责。

(2) 自愿注册与强制注册相结合原则。我国《商标法》以自愿注册为原则,强制注册为例外。除人用药品和烟草制品两类商品必须申请注册商标外,在其他商品或服务项目上使用商标,由商标使用人根据其意志,自由决定是否进行商标注册。

(3) 申请在先原则与使用在先原则相结合。两个或两个以上的申请人,在同一或类似商品上以相同或近似的商标申请注册的,申请在先的商标,其申请人可以获得商标专用权。申请的先后,以"申请日"来判断,如果是同一天申请,则以使用在先的原则进行补充。

(4) 优先权原则。我国《商标法》规定了两种可享有优先权的情形:① 商标注册申请人自其商标在外国第一次提出商标注册申请之日起6个月内,又在中国就相同商品以同一商标提出商标注册申请的,依照该外国同中国签订的协议或者共同参加的国际条约,或者按照相互承认优先权的原则,可以享有优先权。② 商标在中国政府主办的或者承认的国际展览会展出的商品上首次使用的,自该商品展出之日起6个月内,该商标的注册申请人可以享有优先权。

(二)商标注册程序

1. 商标注册的申请

商标注册的申请是取得商标专用权的前提。根据《商标法》的规定,商标注册申请人应当按规定的商品分类表填报使用商标的商品类别和商品名称,提出注册申请。商标注册申请人可以通过一份申请就多个类别的商品申请注册同一商标。商标注册申请人应当以书面或数据电文的方式向商标注册主管机关递交商标注册申请书、商标图样、申请人身份证明等与商标注册申请有关的文件。

2. 商标注册的审查与核准

(1)对申请注册的商标进行审查。商标注册主管机关在收到商标注册申请之后要进行形式审查和实质审查。形式审查,即对商标注册申请的文件和手续是否齐备进行审查。若商标注册主管机关在审查中发现商标注册申请的手续基本齐备或者申请文件基本符合规定,但是需要补正的,应及时通知当事人限期补正。实质审查,即商标注册主管机关依照法律规定对形式审查合格的商标注册申请所进行的检索、分析、对比、调查研究等,审查商标标记是否具有可识别性和合法性。

(2)初步审定予以公告。对于申请注册的商标,商标注册主管机关经过实质审查,认为符合《商标法》规定的,予以初步审定公告;认为不符合《商标法》有关规定或者同他人在同一种商品或者类似商品上已经注册的或者初步审定的商标相同或者近似的,由商标局驳回申请,不予公告。公告应当刊登在商标局的官方刊物《商标公告》上。

(3)商标异议及其复审。初步审定予以公告并不等同于对商标进行核准注册。对初步审定公告的商标,自公告之日起3个月内,在先权利人、利害关系人认为商标注册违反《商标法》相关规定的,可以向商标局提出异议。商标局受理商标异议申请后,应当将商标异议材料副本及时送交被异议人,要求其在规定期限内答辩。商标局在对双方所述事实和理由进行调查、核实后,应在法定期限内作出是否准予注册的决定。商标局作出准予注册决定的,发给商标注册证,并予公告。异议人不服的,可以依照法律规定向商标评审委员会请求宣告该注册商标无效。商标局作出不予注册决定,被异议人不服的,可以自收到通知之日起15日内向商标评审委员会申请复审。

(4)核准注册。核准注册是商标申请人取得商标专用权的决定性环节。对于初步审定的商标,如果公告期满无人提出异议或者经裁定异议不能成立的,由商标局予以核准注册,发给商标注册证,并在《商标公告》上进行公告。

三、商标侵权及其法律责任

(一)侵犯商标专用权的行为

注册商标专用权,以核准注册的商标和核定使用的商品为限,国家将运用法律手段制止和制裁一切商标侵权行为,保护商标权人的合法权益。为了防止对消费者的欺骗和对商标权人商业利益和信誉的损害,各国商标法均规定商标权人有权禁止他人以可能导致混淆的方式,在相同商品上使用近似商标,在类似商品上使用相同或近似商标。根据《商标法》的规定,有下列行为之一的,均属侵犯注册商标专用权的行为:

(1) 未经商标注册人的许可,在同一种商品上使用与其注册商标相同的商标的。

(2) 未经商标注册人的许可,在同一种商品上使用与其注册商标近似的商标,或者在类似商品上使用与其注册商标相同或者近似的商标,容易导致混淆的。例如,某汽车维修厂与奔驰汽车公司之间无特约维修协议,却在其门口竖立"奔驰汽车特约维修"的标牌,导致消费者误认为该维修厂得到了奔驰汽车的授权,并基于对其质量的信赖而使用其服务。

(3) 销售侵犯注册商标专用权的商品的。

(4) 伪造、擅自制造他人注册商标标识或者销售伪造、擅自制造的注册商标标识的。

(5) 未经商标注册人同意,更换其注册商标并将该更换商标的商品又投入市场的。

(6) 故意为侵犯他人商标专用权行为提供便利条件,帮助他人实施侵犯商标专用权行为的。

(7) 给他人的注册商标专用权造成其他损害的。

> **探究与发现**
>
> 通过上述学习,你是否对"导入"所提出的问题进行了相关的思考?案例 3 中存在哪些侵犯商标专用权的行为?
>
> 案例 3 中,谢某销售假冒"名媛"等品牌服饰,导致消费者产生混淆,该行为属于销售侵犯注册商标专用权的商品,构成商标侵权行为。如果某经营场所的负责人明知谢某有出售假冒商品的侵权行为,却置若罔闻,仍然向其提供场所和其他辅助服务,无异于在纵容和帮助谢某实施商标侵权行为,构成《商标法》规定的间接侵权,应当承担侵权责任。

(二) 侵犯商标专用权的法律责任

商标侵权行为既损害了商标权人的利益,也损害了社会公共利益。对于商标侵权行为,我国《商标法》规定了民事、行政、刑事三种责任。

1. 民事责任

商标权是一种私权,是商标权人享有的民事权利,商标侵权行为损害了商标权人的利益,导致其商品和服务的竞争力下降。因此,根据自己责任原则,侵权人应当对其侵权行为承担民事责任。

2. 行政责任

根据《商标法》的规定,对于侵犯注册商标专用权的行为,商标注册人或者利害关系人可以请求工商行政管理部门处理。工商行政管理部门处理时，认定侵权行为成立的，责令立即停止侵权行为，没收、销毁侵权商品和主要用于制造侵权商品、伪造注册商标标识的工具，并可处以相应罚款。对5年内实施2次以上商标侵权行为或者有其他严重情节的，应当从重处罚。销售不知道是侵犯注册商标专用权的商品，能证明该商品是自己合法取得并说明提供者的，由工商行政管理部门责令停止销售。

3. 刑事责任

根据《商标法》第六十七条的规定："未经商标注册人许可，在同一种商品上使用与其注册商标相同的商标，构成犯罪的，除赔偿被侵权人的损失外，依法追究刑事责任。伪造、擅自制造他人注册商标标识或者销售伪造、擅自制造的注册商标标识，构成犯罪的，除赔偿被侵权人的损失外，依法追究刑事责任。销售明知是假冒注册商标的商品，构成犯罪的，除赔偿被侵权人的损失外，依法追究刑事责任。"

我国《刑法》第二百一十三条至第二百一十五条规定了三种商标侵权的犯罪行为：假冒注册商标罪；销售假冒注册商标的商品罪；非法制造、销售非法制造的注册商标标识罪。案例3中，谢某销售假冒注册商标的商品，数额巨大，已经构成刑事犯罪。

本 章 小 结

当今社会已进入知识经济时代，知识产权法律制度对保障知识产权、规范市场秩序、激发人的创造精神、推动科技进步和经济社会的发展具有重要的意义和作用。本章从知识产权法的概述入手，分析了知识产权的概念和特征、知识产权法的概念和功能等内容；以著作权、专利权、商标权为核心，结合我国《著作权法》《专利法》及《商标法》，重点介绍了著作权、专利权和商标权的主体、客体、内容、使用、限制以及法律保护等基本内容。

思 考 题

1. 著作人身权和著作财产权各包括哪些内容？
2. 简述专利权的授权条件。
3. 如何认定商标的显著性？
4. 简述商标注册的条件和程序。
5. 2016年5月，上海甲研究所研究员乙某利用业务时间和研究所的物质条件研发出一款新型小麦种子，可提高小麦的产量。甲、乙双方因对该发明专利申请权归属存有争议，遂于2016年8月17日分别向专利局就该小麦品种及其生产方法申请发明专利。不料，同年10月，美国公民丙也通过专利代理机构就相同小麦品种及生产方法向我国专利局提出发明专利申请，且已于2016年4月就该小麦品种向美国专利部门提出申请。

问题:
(1) 根据我国《专利法》的规定,甲、乙、丙三方申请的发明是否可授予专利权?
(2) 若该发明符合专利授予条件,专利权应授予何方?为什么?

拓 展 学 习

信息时代的到来,使得在网络环境下的著作权归属问题更加复杂。"孤儿作品"是一个形象的术语,译自英文"Orphan Works",特指尚处于版权保护期内,但其权利人难以确定或处于失联状态的作品。目前,我国法律上并没有专门针对"孤儿作品"的法律法规,对于"孤儿作品"的概念、认定程序、使用规则、使用费或补偿费等问题缺乏研究。如何采取适合我国国情的方式,制定出一整套应对"孤儿作品"问题的方案,在保护作者私人利益的同时,保护公众获取文化、科学、艺术资源的权利,将是未来很长一段时间的重要任务。

参考文献

1. 鲍宏礼：《经济法》(第二版)，中国经济出版社2019年版。
2. 蔡报纯、唐小明：《税法：实务与案例》(第五版)，东北财经大学出版社2019年版。
3. 蔡四青：《经济法》(第三版)，西南财经大学出版社2018年版。
4. 陈大钢：《经济法学理与案例分析》，上海交通大学出版社2004年版。
5. 段宝玫、林沈节：《新编经济法教程》(第五版)，复旦大学出版社2018年版。
6. 段葳、喻树青、黄明欣：《税法》，武汉大学出版社2019年版。
7. 范亚东、石泓：《税法》(第二版)，中国人民大学出版社2019年版。
8. 方赛迎、邓保国：《经济法》(第五版)，暨南大学出版社2019年版。
9. 甘功仁：《财税法学专题》，北京师范大学出版社2015年版。
10. 郭若愚、彭霞：《经济法》，清华大学出版社2014年版。
11. 侯怀霞：《经济法概论》，上海交通大学出版社2011年版。
12. 华国庆、李胜利：《经济法学》，法律出版社2016年版。
13. 黄河、张卫华：《经济法概论》(第四版)，中国政法大学出版社2018年版。
14. 鞠齐：《经济法》(第十版)，四川大学出版社2018年版。
15. 李昌麒：《经济法学》，法律出版社2013年版。
16. 李国本：《经济法概论》(第二版)，中国人民大学出版社2013年版。
17. 李运华、许英：《经济法原理与实务》，中国人民大学出版社2015年版。
18. 刘大洪：《经济法》，中国人民大学出版社2018年版。
19. 刘剑文：《税法学》，北京大学出版社2012年版。
20. 刘军、楚风华：《经济法》，机械工业出版社2007年版。
21. 刘文华：《经济法》(第五版)，中国人民大学出版社2017年版。
22. 倪振峰：《经济法概论》，复旦大学出版社2008年版。
23. 乔新生：《消费者权益保护法总论》，中国检察出版社2018年版。
24. 秦雷、郑轶：《经济法》(第二版)，清华大学出版社2019年版。
25. 曲振涛：《经济法教程》，北京高等教育出版社2018年版。
26. 石薛桥、陈建富、赵公民：《实用经济法教程》，国防工业出版社2007版。
27. 时建中、焦海涛、戴龙：《反垄断法行政执法典型案件分析与解读(2008—2018)》，中国政法大学出版社2018年版。
28. 隋彭生：《合同法要义》(第五版)，中国人民大学出版社2018年版。

29. 孙丹:《经济法》,机械工业出版社 2020 年版。
30. 孙晓洁、杜波:《经济法教程》,大连理工大学出版社 2007 年版。
31. 孙学华:《市场经济法案例评析》,北京工业大学出版社 2006 年版。
32. 田立军:《市场经济法律教程》,复旦大学出版社 2020 年版。
33. 田晓菁:《经济法概论》(第二版),经济科学出版社 2019 年版。
34. 王连合:《物权法原理和案例研究》(第一版),北京大学出版社 2011 年版。
35. 王迁:《知识产权法教程》,中国人民大学出版社 2016 年版。
36. 王卫国、李东方:《经济法学》,中国政法大学出版社 2020 年版。
37. 王晓红、张秋华:《经济法概论》(第五版),中国人民大学出版社 2018 年版。
38. 翁怡:《经济法》,清华大学出版社 2019 年版。
39. 杨桂红、戴秀丽、金春:《经济法概论》(修订版),中国人民公安大学出版社 2007 年版。
40. 杨紫烜:《经济法》,高等教育出版社 2008 年版。
41. 殷洁:《经济法》,法律出版社 2016 年版。
42. 于庆华:《审计学与审计法》,中国政法大学出版社 2005 年版。
43. 张楚:《知识产权法概论》,中国人民大学出版社 2019 年版。
44. 张守文:《财税法学》,中国人民大学出版社 2010 年版。
45. 张守文:《经济法学》,北京大学出版社 2018 年版。
46. 张新莉、武鸣:《经济法实用教程》,中国经济出版社 2010 年版。
47. 张学博:《经济法学前沿问题研究》,中国政法大学出版社 2016 年版。
48. 张裕民:《财政学》,大连海事大学出版社 2010 年版。
49. 张忠野:《经济法案例与图表》,法律出版社 2012 年版。
50. 赵威:《经济法》,中国人民大学出版社 2019 年版。
51. 中华人民共和国审计署法制司:《审计法修订释义读本》,中国时代经济出版社 2006 年版。
52. 周黎明:《经济法教程》,浙江大学出版社 2015 年版。
53. 朱慈蕴:《经济法律教程》,中国财政经济出版社 2002 年版。
54. 曹新明:《著作权法上作品定义探讨》,《中国出版》2020 年第 19 期。
55. 陈群峰:《"资本显著不足"情形下公司法人格否认制度完善研究》,《法学杂志》2020 年第 11 期。
56. 丛立先:《我国著作权法总体趋向与优化进路》,《中国出版》2020 年第 21 期。
57. 韩世远:《民法典合同编一般规定与合同订立的立法问题》,《法学杂志》2019 年第 40 期。
58. 胡骋:《规范商标类别确认——基于限制商标权隐形扩张的考量》,《同济大学学报(社会科学版)》2020 年第 31 期。
59. 李大庆:《财税体制科学化与税收程序契约化的法律路径——兼评我国〈税收征管法〉的修改》,《税务研究》2014 年第 6 期。
60. 龙卫球:《民法"合同编"的编纂进展、主要发展与完善思路》,《内蒙古社会科学(汉文版)》2019 年第 40 期。
61. 宁立志、郭玉新:《专利权权利客体例外制度研究》,《河南师范大学学报(哲学社会科学版)》2020 年第 47 期。
62. 孙良国:《论新〈消费者权益保护法〉中的主要规制技术》,《当代法学》2014 年第 28 期。

63. 涂京骞：《浅议新形势下税收执法与税收司法的衔接——以〈税收征管法〉的修订为视角》，《税务研究》2020年第10期。
64. 王利明：《民法分则合同编立法研究》，《中国法学》2017年第2期。
65. 吴飞飞：《论中国公司法的供给侧结构性改革——兼论中国公司法的"服务型"转向》，《北方法学》2020年第14期。
66. 杨立新：《我国消费者保护惩罚性赔偿的新发展》，《法学家》2014年第2期。
67. 张谷：《民法典合同编若干问题漫谈》，《法治研究》2019年第1期。
68. 张玲玉：《近代中国公司法：历史价值与富强梦想》，《中共中央党校（国家行政学院）学报》2020年第24期。
69. 张毅：《聚焦新〈消费者权益保护法〉》，《中国邮政》2014年第2期。
70. 邹海林：《关于公司法修改的几点思考》，《法律适用》2020年第1期。